W0357266

Knaus

Harald Eschenburg

WIND VON VORN

Roman einer Machtergreifung

Albrecht Knaus

Die handelnden Personen des Romans sind frei erfunden. Jede Suche nach einem Schlüssel bleibt müßig. Historische Persönlichkeiten werden beim Namen genannt, ihre Worte von Gewicht sind belegt.
Zwischen diesen beiden Gruppen treten einige Gestalten auf, die Anklänge an die Zeitgeschichte wachrufen, ohne jedoch Porträts zu sein.

1.–5. Tausend 1980
© Albrecht Knaus Verlag, Hamburg, 1980
Schutzumschlag Manfred Limmroth
Gesetzt aus Korpus Garamond
Gesamtherstellung Graphische Betriebe Mohndruck, Gütersloh
Printed in Germany
ISBN 3-8135-0422-0

Meinem Bruder Theo

Inhalt

I

Regierungsrat Hitler im Majorsrock

«Eine schlechte Figur mache ich», sagte Frau Waterbloem, genannt die Konsulin, zu ihrem Freund v. Warmleben. Sie hatte an seinem Arm vor dem Spiegel auf dem Korridor beigedreht und sich gemustert. «Wi drögt so bi lütten ut, mein Lieber, ganze neunzig Pfund habe ich noch und nichts als Falten. Freund Hein luert all. Wenn ich Ihre Stattlichkeit daneben sehe . . . Wie machen Sie es bloß?» Frau Waterbloem zog ihren Begleiter zur Treppe hin. Die Silberkrücke stampfte auf den Kokosläufer.

«Gnädigste, in meinem Alter waren Sie eine Schönheit, jawohl! Und heute? Ich wüßte außer Ihnen niemanden, der mit fünfundachtzig so frisch den Gang der Welt verfolgt.» Konteradmiral v. Warmleben, Freund der Konsulin, war zwanzig Jahre jünger, zeitig aus dem aktiven Dienst ausgeschieden und hatte sich als langjähriger Gesellschafter des verstorbenen Prinzen und Großadmirals beim Segel- und Motorsport gut konserviert.

Er holte seine Neujahrsvisite nach, die er seit Jahren schon absolvierte. Früher in der Tirpitzallee, bei seinem Crewkameraden Langfeld, dem Schwiegersohn der Konsulin, und als sich Frau Waterbloem mit Langfeld zerstritten hatte und zu ihrer zweiten Tochter Claudia in die Lessingstraße umzog, war es bei der Gepflogenheit geblieben. Nicht nur Pietät diktierte die Pflichtbesuche, v. Warmleben spielte auch eine Art Kurier zwischen der Konsulin und dem Witwer ihrer älteren Tochter Tilli, und, um die volle Wahrheit zu sagen, die gescheite Claudia Spitz übte in ihrer schlichten Eleganz eine merkwürdige

Anziehungskraft auf ihn aus. Dabei war Claudia Sozialistin und demokratisch gesonnen, unbeirrbar. Für ihren Schwager und dessen Kameraden v. Warmleben hatte sie nur Bemerkungen übrig, welche die Verehrer auf Distanz verwiesen. Wenn v. Warmleben in der Lessingstraße klingelte, öffnete stets Frau Claudia die Tür, die Konsulin konnte sich nur noch mit fremder Hilfe bewegen. War Frau Waterbloem noch im Morgenrock, ergab sich ein Plausch vor Spitzens Bibliothek. Himmel, war das schöne Aas widerborstig. «Man hätte die Hohenzollern samt allen Erinnerungen an die schimmernde Wehr begraben sollen, dann hätte diesem Hitler die Anknüpfung gefehlt.» So etwas mutete sie eingefleischten Monarchisten wie den Seeoffizieren Langfeld und v. Warmleben zu.

Frauen, die nicht mit ihren Ehegatten zusammenleben, scheinen die Männerwelt herauszufordern. Leopold, Claudias Mann, hatte sich vor Jahren von seinem Heim, nicht von seiner Frau getrennt. Er hielt es mit der Konsulin unter einem Dach nicht länger aus. Sie hatte durch verletzende Bemerkungen erst ihren Schwiegersohn Robert Langfeld, dann Leopold, ihren anderen Schwiegersohn, bis aufs Blut gereizt, wiegelte beide, die ohnehin in konträren politischen Lagern standen, gegeneinander auf und genoß es lange, daß ihr trotzdem mit erzwungener Höflichkeit begegnet wurde. Schließlich hatte sie ja die beiden Häuser in der Tirpitzallee und in der Lessingstraße den Töchtern geschenkt. Wer wollte es wagen, sie auf die Straße zu setzen.

Claudia litt unter der intriganten Mutter, war aber zu gutmütig, die alte Dame in ein Stift abzuschieben. Als Leopold, Sozius der Anwaltsfirma Dr. Jacobsohn & Dr. Spitz, einem Ruf Otto Brauns folgte und Regierungspräsident im Hannöverschen wurde, war Claudia bei ihrer Mutter geblieben und traf sich zum Wochenende mit ihrem Mann auf halbem Wege. Für die beiden ein Fest, die Konsulin jedoch pflegte montags ungenießbar zu sein, weil sie angeblich trotz Claudias Vorsorgen

im Elend fast umgekommen war: «Wie konntest du vergessen, mir vor der Abreise die Nägel zu schneiden? Die Wärmflasche war noch zu heiß, die Brotrinde hast du wieder nicht akkurat abgeschnitten.»
Claudia liebte ihren Mann, obwohl er äußerlich alles andere als anziehend wirkte. Dicklich, fast schwammig schon, ein kurzsichtiger Glatzkopf, leicht erregbar und zerfahren in seinen Bewegungen, ziemlich hilflos im Praktischen, aber ein klarer Verstand, sehr kunstsinnig, ein Meister des Worts und für Claudia von Liebe erfüllt wie am ersten Tag.
Als v. Warmleben mit der Konsulin am Arm das Wohnzimmer betrat, fanden sie Claudia über den Zeitungen. «Dieser Flegel von Göring, der jetzt auf Paul Löbes Stuhl sitzt, kann nicht einmal richtiges Deutsch schreiben.» Ohne aufzublicken schlug Claudia mit dem Rücken der Hand auf das Blatt. «Hört euch das an! Beim Neujahrsempfang des Reichspräsidenten hat er gekniffen und statt dessen einen geschraubten Brief geschickt: ‹Ew. Exzellenz bitte ich im Namen des Reichstages und seines Präsidiums ergebenst, Ihnen zum Anlaß des Jahreswechsels auf diesem Wege die ehrerbietigsten Wünsche aussprechen zu dürfen. Möge Gottes Gnade auch fernerhin über Ihnen walten, damit Ew. Exzellenz im Neuen Jahre Ihre Kräfte so wie bisher dem Dienste an Volk und Vaterland widmen können. In ausgezeichneter Hochachtung habe ich die Ehre, zu sein Ihr sehr ergebener Hermann Göring.› Warum sagt dieser Arsch nicht gleich: ‹Haben Ew. Exzellenz gefälligst die Ehre, zu berufen den Führer Adolf Hitler zum Kanzler des Reiches›?»
«Claudia, schäme dich!» Die Konsulin stieß den Stock in den Teppich. «Mir ist dieser tapfere Fliegeroffizier viel sympathischer als dein Herr Löbe. In zehn Tagen können wir uns übrigens Herrn Hitler in der Messehalle anhören. Und wenn Ihr mich hintragen müßtet, ich will mir mit eigenen Augen bestätigen, daß er zum Retter Deutschlands taugt.» Frau Waterbloems Unterlippe flatterte, ein stets bewährtes Signal für

einen Triumph. Claudia warf Herrn v. Warmleben einen hilfesuchenden Blick zu.
«Nur um mich zu triezen, aus reiner Dollerei, schlägt sich meine Mutter neuerdings auf die Seite der Nazibanditen.»
v. Warmleben, Kavalier zwischen zwei Feuern, war aufgerufen, Farbe zu bekennen. Nachdem er der Konsulin den Stuhl untergeschoben hatte – sie verabscheute die tiefen Polster, aus denen man nicht wieder hochkam –, lehnte er sich im Sessel zurück und drückte die gespreizten Finger aufeinander. «Lassen Sie mich Ihnen eine Begebenheit erzählen, die der braunschweigische Innenminister einem Freund von mir anvertraut hat. Bekanntlich bedurfte es der Ernennung Hitlers zum Regierungsrat des Landes Braunschweig, damit er als bisher Staatenloser überhaupt gegen Hindenburg bei der Präsidentenwahl antreten konnte. Hitler läßt sich also nach Braunschweig fahren, um den ein Leben lang ersehnten deutschen Paß und die Ernennungsurkunde entgegenzunehmen. Wie man weiß, hat der Herr Regierungsrat nur eine Woche amtiert, ohne einen Finger krumm zu machen. Jedenfalls wurde er vom Minister zum Mittagessen in die Wohnung gebeten und zog sich vor der Mahlzeit kurz ins ministerielle Schlafzimmer zurück, um das verhaßte Zivil, das er bei der Vereidigung zu tragen hatte, mit seiner braunen Montur zu vertauschen. Die Suppe war schon aufgetragen, der Herr Regierungsrat ließ die Gastgeber ungebührlich lange warten.»
v. Warmleben entnahm dem goldenen Etui, einem Geschenk der Konsulin, eine Zigarette.
«Sie spannen uns auf die Folter. Mich wunderte nicht, wenn Herr Hitler vor glücklicher Erschöpfung, nun auch durch Amt und Würden endlich Deutscher geworden zu sein, im Ministerbett eingenickt wäre», sagte die Konsulin.
Der Admiral blies den Rauch gegen die Decke: «Im Gegenteil, meine Verehrte. Ihr Führer war äußerst kregel. Der Minister hatte vergeblich an die Schlafzimmertür geklopft. Von drinnen ertönten gepreßte Kommandos. Als er die Tür einen Spalt

öffnet, sieht er den famosen Volksgenossen vor dem Spiegel agieren. Er hat sich den viel zu knappen eingemotteten Majorsrock des Gastgebers aus dem Schrank geholt und angezogen, die zu große Pickelhaube mit dem Helmbusch wackelt ihm auf dem Kopf. Mit einer Hand hält er sie fest, mit der anderen will er den Säbel ziehen. ‹Vor uns der Feind, Bataillon mir nach, hurra!› Aus. Der Minister wird bald geschaßt werden. Für ihn ist sein oberster Pg. seit dieser Szene ein Scharlatan. Für mich auch, meine Gnädigen.»
Claudia nickte. Die Konsulin faßte nach ihrem schwarzen Spitzenhäubchen, als sei es verrutscht wie Hitlers Helm vor dem Spiegel. «Ist denn das so verwerflich? Vier lange Kriegsjahre hat dieser patriotische Mann, in dem das Zeug zum Befehlen steckt, seinen Offizieren nur gehorchen müssen, hat sich als Ordonnanz im Graben und im Kasino von ihnen abgeguckt, wie man den starken Mann markiert. Und nun gönnt er sich im Kämmerlein die kurze Illusion, das ganze Bataillon höre auf sein Kommando ... Ihr vergeßt, daß es schon am seidenen Faden gehangen hat, und das ganze Deutschland hätte unter seinem Regiment gestanden. Noch ist nicht aller Tage Abend.»
Claudia warf die Zeitung zu Boden: «Mutter, ich kenne dich nicht wieder. In was steigerst du dich da hinein? Die Nazis sind schwer angeschlagen. Im November verloren sie bei den Reichstagswahlen 34 Abgeordnete, Schleicher hat es immerhin geschafft, Gregor Strasser und Hitler zu entzweien, die Partei ist pleite, ob Göring nun die fünf Schwedenmillionen mitgebracht hat oder nicht. Daran ändert auch der Baron von Schröder nichts, der, wie ich hier lese, Papen und Hitler angeblich aus eigener Initiative zusammengeführt hat. Der Hitler wird bei ihm angekrochen sein, weil ihm die Felle weggeschwommen sind. Wie hat dein Führer vorher den Herrn von Papen beleidigt. Jetzt läuft er dem Herrenclub nach.»
Die Konsulin wandte sich an ihren Freund, als sei Claudia Luft. «Wenn Hitler, dieser begnadete Volksmann, sich mit

wirklichen Herren umgeben würde, wäre das Vaterland wieder aufzurichten. *On revient toujours à ses premiers amours.* Wir hatten 1864 bei meinen Eltern österreichische Offiziere in Quartier. Das waren mir noch Herren von Haltung und Geist, urbane Erscheinungen, wie ich sie seither nicht wieder erlebt habe. Herrn v. Seeckt und Sie, lieber Herr v. Warmleben, ausgenommen.»

Der Admiral verbeugte sich vor der Konsulin. Claudia holte Portwein. Sie selbst verzichtete. «Bevor die Lichter brennen, rühre ich keinen Alkohol an. Sonst falle ich um vor Müdigkeit. Du kannst deinen Jungmädchenschwarm für einen k. und k. Rittmeister, Mutter, doch nicht zum Maßstab für die Entscheidungen des Jahres 1933 machen. Einen böhmischen Gefreiten hat der alte Hindenburg den Hitler genannt. Hindenburg hat sich von den Republikanern wiederwählen lassen, er kann es sich nicht leisten, diese Republik zu verraten.»

«Sieh einer an, jetzt versteckst du dich hinter dem breiten Rücken des Feldmarschalls», sagte die Konsulin. «Wie hast du früher über den alten Herrn gelästert . . . Ein Präsident hat auf die Stimme des Volkes zu hören. In unserer Vaterstadt wird nächste Woche der Senat abtreten müssen. Gauleiter Hildebrandt hat alle, die Deutschnationalen, die Hanseaten, die Grundeigentümer, sogar die Kommunisten für einen Mißtrauensantrag zusammengebracht. Die Tage deines Herrn Leber sind gezählt. Und im Freistaat Oldenburg? Da sind die Hitlerleute schon ganz allein an der Regierung. Niemand darf ihnen hineinreden.»

Nun griff Claudia doch zum Glas. Wie bittere Medizin schluckte sie den Portwein hinunter. «Dieser Röver in Oldenburg ist der letzte Dreck. Weißt du, daß Oldenburg seit Wochen keine Gehälter mehr zahlen kann, daß man dort vor Ratlosigkeit eine Schlachtsteuer eingeführt hat? Es gärt in der Bevölkerung, der neue Regierungspräsident in Eutin hat sich zum bestgehaßten Mann gemacht. Den Forstarbeitern will er die Löhne um ein Drittel kürzen. Soll ich deinem Faible für

den salbadernden Goebbels einen Knacks versetzen? Dumm ist der Bursche nicht. ‹Das Jahr 1932 sieht uns entweder an der Macht oder in den Gefängnissen›, hat er vor Jahresfrist verkündet. Hätte man ihn nur eingesperrt. Für dieses Jahr ist er, höre gut zu, auf Moll gestimmt.» Claudia blätterte in den Zeitungen. Sie fand schnell das Gesuchte. «‹Es wird ein Jahr großer Krisen und schwerer Kämpfe sein›, sagt dein Prophet heute, das klingt nicht nach Sieg Heil!»
v. Warmleben erhob sich. «Ich sehe Hitler auch noch nicht an der Macht. Richtig wäre es schon, ihn einzuspannen. Man muß das Risiko wagen, um ihn abzunützen. Er kann auch nur mit Wasser kochen . . . Einstweilen stehen wir im Zeichen des Margarinekriegs. Ich habe mir von der Prinzessin sagen lassen, daß die Landwirte für den Zentner Butter nur noch 65 Prozent des Preises von 1913 erlösen. Dabei kann niemand existieren. Ob Hindenburg gut beraten war, der Margarineindustrie die Beimischung von Butter zu verordnen, übersehe ich nicht. Die Nazis behaupten, im Margarinepreis steckten nur zu einem Viertel Lohnkosten, die Industrie verdiene zu viel. Ein Sturm im Wasserglas. Ganz Deutschland ereifert sich an der Margarine.»
Die Konsulin reichte ihm die Hand zum Kuß. «Ich verstehe nicht, wie die Leute Margarine zu sich nehmen können, ein Brechmittel wie Rizinus. Wozu haben wir die vielen Kühe? Grüßen Sie Ihre liebe Frau von mir.»

v. Warmleben legte den Weg zur Tirpitzallee zu Fuß zurück. Knapp eine halbe Stunde. Gegen den Schneematsch schützten die Gamaschen, Claudia nannte den Admiral deshalb, *pars pro toto*, das «Hundedeckchen». Kurz vor Langfelds Haus traf er auf den Oberbürgermeister, der seinen Mops spazierenführte. Sie tauschten Neujahrswünsche aus. Dr. Sybel, der Oberbürgermeister, äußerst zivil nach Gesinnung und Umgangsformen, legte gleichwohl Wert auf beste Beziehungen zur Marine. Die Marine prägte zwar nicht mehr das Bild der Stadt wie in kaiserlichen Zeiten, aber sie gehörte immer noch dazu, war ein Teil des städtischen Profils wie die Universität, wie die Werften, wie der Kaiser-Wilhelm-Kanal, den Dr. Sybel je nach Auditorium auch Nordostsee-Kanal nannte.

Dr. Sybel, vor einem dreiviertel Jahr gegen den Sozialdemokraten Hansen erneut auf zwölf Jahre wiedergewählt, wird nicht mehr lange Stadtoberhaupt bleiben, dachte v. Warmleben. Kreisleiter Ahrens sägt an seinem Stuhl. Ein wildgewordener kleiner Schuhhändler will diesen hochgebildeten Juristen ersetzen. Wie hatte es im «Kampfruf», dem hiesigen Wochenblatt der Nazis, geheißen? «Deutscher, das sind deine Feinde: Bata-Schuhe, Karstadt, Lindorstrümpfe, Woolworth und die Schuhhäuser Mercedes, Rheingold und Salamander. Kauft nicht bei Juden!» Famos, wie das klappt. Nur wer bei Ahrens seine Schuhe kauft, ist Deutscher. Heil Hitler! Ein anderer Pg., Möbelhändler, ereiferte sich in dem gleichen Blatt gegen ein jüdisches Einrichtungshaus, weil es an Beamte und Soldaten gegen Kredit verkauft. «Ich frage das Stationskommando, ist Wehrmachtsangehörigen Schuldenmachen nicht verboten?»

Langfeld empfing seinen Crewkameraden in einer Lodenjoppe, deren Brandlöcher die Peepchen, Langfelds Hausdame, unermüdlich gestopft hatte. Wenn Langfeld am Flügel phantasierte, die Kolbenpfeife zwischen den Zähnen, geschah es immer wieder, daß glühende Asche herabfiel.

Langfeld schlug dem Freund auf die Schulter. «Schon in der Lessingstraße gewesen, mein Getreuer?» v. Warmleben berichtete.

«Mit ihrer Aversion gegen die Nazis hat meine schöne Schwägerin ausnahmsweise recht», sagte Langfeld. «Endlich einmal eine Frau, die gegen die Flötentöne dieses Rattenfängers immun bleibt.»

Das Hausmädchen Ida kredenzte einen Mosel. «Meine Schwiegermutter ist ein hoffnungsloser Fall, es sähe ihr ähnlich, diesem Hitler ihre Habe zu vermachen. Unsere Haus-

dame, Fräulein Peepchen, hat der Kerl auch verrückt gemacht. Was finden die Weiber nur an dem Kretin? Aus dem Luisenbund, den meine liebe Tilli unter Frau v. Hadeln aufgebaut hat, laufen sie scharenweise zur NS-Frauenschaft über. Mir wird von soviel brauner Farbe speiübel. Prost!» v. Warmleben sog den ersten Schluck durch die Zähne. «Abfüllung des Geschwaderclubs? Vortrefflich! Du solltest dich in die Weinkommission wählen lassen, bei deinem Weinverstand.»
Dazu lasse ihm der Stahlhelm keine Zeit, entgegnete Langfeld. Er war Kreisführer. «Mir unterstehen jetzt viertausend Mann. Wir haben eine hohe Antrittsstärke. Die Leute wollen der SA zeigen, daß sie sich nicht an die Wand drücken lassen. Auf dem letzten Bundestreffen sprach ich den Prinzen Eitel Friedrich. Wacker, wie er seine Zentner durchs Gelände schleppt. Auch du solltest mitmachen.»
v. Warmleben wich aus. «Mein Lieber, du erinnerst dich unserer Aspirantenzeit, welch miserabler Fußfantrist ich war. Eine Schnapsidee, uns damals in unserem noblen Zivil exerzieren zu lassen. Auf Kammer gab es noch Drillich genug.»
«Als dir der Börsenhut in den Sand kullerte, meintest du, der Korporal solle ihn gefälligst aufheben. Mein Gott, waren das Zeiten. Geschadet hat es uns nicht.»
«Gewiß nicht. Aber ich kann mir Angenehmeres denken, zum Beispiel deinen wirklich vorzüglichen Mosel.»
Beide Herren trugen einen Spitzbart, leicht angegraut. v. Warmleben hatte ein fein gebildetes Gesicht, eine schmale Nase unter den stets etwas sinnenden Augen. Seine schlanke Figur wurde durch die Kunst des Maßschneiders Hertling vorteilhaft betont. Er kleidete sich in feinsten Jersey. Zum Besuch nachtblau. Langfeld kehrte den biederen Seemann heraus. Seine Augen lagen über einer Knollennase im geröteten Gesicht. Die zu kurz geratenen Beine türmten einen langen kräftigen Oberkörper auf. Er war Sitzriese.
«Wenn wir etwas jünger wären, gäbe es jetzt leckere Kommandos für uns beide. Oder hättest du keine Lust, an Waß-

ners Stelle als erster deutscher Marine-Attaché nach London zu gehen? Ein hübsches Plätzchen.»
v. Warmleben verzog den Mund. «Um unsere Kümmermarine bei den mächtigen englischen Vettern zu vertreten? Wenig Neigung.»
«Ich beneide v. Fischel, wenn er am 1. April auf Panzerschiff ‹Deutschland› Flaggen und Wimpel heißen läßt. Das ist ein Schiff, mit dem ich auch noch einmal zur See fahren möchte. Mordsgeschwindigkeit. Am gleichen Tag läuft Panzerschiff B vom Stapel. Es geht reichlich langsam voran, mein Lieber, aber immerhin, Speichen hat sich durchgebissen.» Speichen, allseits anerkannter Chef der Marineleitung, hatte die Panzerschiffe, die dem Ausland als Wunderwaffe galten, über alle politischen Hürden gebracht. Frankreich hatte mit dem Bau der «Dunquerque», dem ersten Schlachtschiff seit 1922, prompt reagiert.
«Meine gute alte ‹Bayern› läuft morgen Reykjavik an. Der frisch gebackene Kommandant wird sich in den Islandstürmen noch umsehen. Ich hätte nie gedacht, daß Speichen den durchtriebenen Benares von Berlin fortließe. Abwehrspezialisten sind rar. Aber verlaß dich drauf, das Bürschchen spinnt seine Fäden, wo immer es mit meinem alten Zossen vor Anker geht. Es heißt, der Ministerpräsident kommt zum Frühstück an Bord. Benares wird ihn gehörig einseifen.»
Das Gespräch kam auf die «Niobe». Das einzige Segelschulschiff der Marine war vor einem halben Jahr im Fehmarnbelt in einer unvorhersehbaren Sturmbö gesunken, der Kommandant, Kapitänleutnant Ruhfuß, war gerettet worden. Von den siebzig Opfern waren noch immer zwanzig vermißt. «Gestern ist die Leiche des Schiffsarztes geborgen worden, wir werden ihm die letzte Ehre zu erweisen haben. Ein prächtiger Mann. Ich möchte nicht in der Haut des armen Ruhfuß stecken, der jedesmal, wenn die See wieder einen hergibt, die Angehörigen trösten soll. Er hat als Seemann einwandfrei gehandelt, ist absolut schuldlos, aber Jammern hilft nicht weiter. Es müßte so-

fort ein neues Schulschiff auf Kiel gelegt werden, nur unter Segeln werden Offiziersanwärter zu richtigen Seeleuten. Ich habe schon an Speichen geschrieben.»
«Du korrespondierst mit ihm? Ich dachte, du wärst wütend auf Speichen, schließlich hat er dich gefeuert. Ich bin ja noch von dem kleinkarierten Strittmacher abgehalftert worden.»
Langfeld trank sein Glas leer, nachdem er es gegen v. Warmleben leger erhoben hatte. «Ich weiß, ich weiß. Hier geht es um die Sache. Meine Stimme soll verhüten, daß die Hengste seines Stabes ihm einreden, es fehle künftig an Meldungen für den Nachwuchs, wenn man an der gefährlichen Ausbildung auf dem Segelschulschiff festhalte. Was heißt gefährlich? Wen ein vereinzelter Unfall abschreckt, unser Handwerk zu erlernen, der soll bei Muttern bleiben.»
«Und was wird aus dem Wrack?» wollte v. Warmleben wissen.
«Es liegt abgetakelt im Hafen. Vielleicht findet sich ein ziviler Interessent. Wie ich hörte, hat die Marineleitung über das Abwracken noch nicht entschieden. Das nächste Schulschiff sollte mindestens zweitausend Quadratmeter Segel haben, die ‹Niobe› war zu klein. Mein Lieber, es dauert nicht mehr lange, dann fallen die Rüstungsbeschränkungen ganz von selbst, dann brauchen wir zwei oder drei von den Dingern.»
Als Langfeld den Freund an der Haustür verabschiedete, kam Hausmeister Seelund mit einem Korb Kartoffeln aus dem Keller. «Ach, Herr Seelund, unsere Heizung im Eßzimmer tut es nicht mehr. Haben Sie etwas Zeit für mich?» Seelund kratzte seine Hausschuhe auf der Fußmatte ab und ließ die Kartoffeln an der Treppe stehen. Er war strohblond und etwas klein geraten, beim Gehen knickte er an der Hüfte ab. Langfelds hatten seine Familie beim Erwerb des Hauses durch die Konsulin als lebendes Inventar übernommen. Seelunds bewohnten die Mansarde. Wenn der Mann nur nicht Kommunist gewesen wäre! Kein Organisierter, keine Kämpfernatur, aber ein überzeugter Pazifist und lauter Bewunderer der

Sowjetunion. Zur Zeit war der Anstreicher auf der Werft arbeitslos. Seelund konnte alles, klempnern, schlossern, tischlern, sogar auf elektrische Anlagen verstand er sich.
«Nicht verzagen, Seelund fragen. Nur zu viel Luft drin, Herr Admiral», sagte er. Seelund besaß Manieren. Die Peepchen redete er mit «Gnädiges Fräulein» an und zur Stütze sagte er «Fräulein Ida». Aber Ida riß aus, wo er sich blicken ließ. Seelund griff sich eine Vase, hielt sie unter das Ventil und schraubte auf. Die Luft und ein paar Tropfen zischten heraus. «Alles wieder klar, Herr Admiral, nun brauchen Sie beim Essen nicht mehr zu frieren.»
Langfeld brachte Zigarren. Die mit der Bauchbinde schienen ihm für Seelund zu teuer. Seelund drückte seinen Priem in die Backe und wollte Langfeld das entflammte Streichholz abnehmen. Fast hätten sich beide dabei verbrannt. Des Hausmeisters Blick fiel durch die offene Flügeltür auf die Weinflasche.
«Sollen wir der Buddel den Garaus machen, Herr Seelund? Mein Besuch hat es nicht geschafft.»
«Junge, Junge, so was Feines schon am Vormittag, da sage ich nicht nein.» Langfeld ließ durch Ida ein Glas kommen. Als sie den grinsenden Seelund im Sessel sitzen sah, vergaß sie vor Schreck, das Tablett und v. Warmlebens Glas mitzunehmen. Sie stürzte hinaus.
«Ida dreht in Männergesellschaft leicht durch», kommentierte Langfeld. Er fragte Seelund nach den Aussichten, Arbeit zu finden.
«Ich habe genug im Keller zu pütschern, die Unterstützung reicht eben und eben, aber was das Schlimme ist, der Hitler hat schon ein groß Teil der Arbeitslosen zu sich herübergelockt, läßt sie einkleiden und für den Bürgerkrieg ausbilden, alles finanziert von der Schwerindustrie, der er enorme Profite verspricht, wenn er erst an die Macht kommt.»
Langfeld litt darunter, daß der «Stahlhelm» finanziell nicht mithalten konnte. Da mußte erst ein Kamerad versterben, um

der Witwe die Ausrüstung für einen mittellosen Anwärter abzuluchsen: «Weiß der Deibel, woher die Penunzen für die SA fließen, die Industrie, mein Guter, hat andere Sorgen, als Geld für die braune Kluft auszuspucken. Im letzten Jahr haben wir 30 Prozent weniger Eisen erzeugt, beim Stahl sind es 35 Prozent. Unsere Werften haben bei einer Kapazität von 700000 Bruttoregistertonnen jährlich nur Aufträge für knapp ein Zehntel.» Langfeld las den Wirtschaftsbericht des «Generalanzeigers» mit Verstand. «Im letzten Friedensjahr 1913 gab es bei uns 60000 Werftarbeiter, heute sind es nur noch ganze 12000. Von daher kann nichts kommen.»

Seelund meinte, dann seien es eben die Banken, die den Nazis Kredite geben. «Warum glauben Sie, Herr Admiral, bringt der Bänker von Schröder den Papen mit Hitler zusammen? Verscheuert werden wir. An eine Verbrecherbande. Hier!» Seelund zog aus der Tasche seiner Strickjacke eine gefaltete Zeitungsseite.

«Hitlers beste Kameraden», las Langfeld. «Rückblick auf die SA-Kriminalität 1932». Der «Volksbote», das Blatt der «Eisernen Front» mit den drei Pfeilen im Zeitungskopf, zählte auf einer ganzen Seite die Strafurteile gegen Angehörige der SA auf, angefangen bei den Mördern von Potempa, über Totschlag, Landfriedensbruch, Brandstiftung, Betrug und Unterschlagung. 14000 Jahre Zuchthaus und Gefängnis, anderthalb Millionen Mark Geldstrafe. Für Langfeld war der «Volksbote» ein rotes Tuch, doch die in ihrer Fülle erschlagenden Fakten schienen zu stimmen. Zu jedem Urteil waren Gericht und Aktenzeichen angegeben.

«Können Sie die Seite ein paar Tage entbehren?» fragte Langfeld. «Ich möchte diesen Schandkatalog meinen Unterführern zu Gemüte führen. Im ‹Jungstahlhelm› glauben nämlich einige Kameraden, die SA sei unser Verbündeter. Sie sollen kuriert werden. Man muß immer an den Anstand der Menschen appellieren.»

Seelund ließ sich gern nachschenken. «So ein Tröpfchen habe

ich seit Kaisers Zeiten nicht mehr gehabt. Als mein Vater in Heide einen Bullen versilbert hatte, brachte er eine Buddel mit. Mutter war auf der Palme, das Geld so zu verjubeln. Wir waren neun Kinder. Damals hatten alle ihr Auskommen.»
Langfeld strahlte. «Das sage ich immer.» Ihm war nach einem Hurra auf Seine Majestät zumute. Aber in Seelunds Gedankensprüngen soll sich erst einer auskennen. Er steuerte sein Lieblingsthema an, die Befreiung des russischen Proletariats vom Zarenjoch, und verdarb die Stimmung gründlich.
«Gehen Sie mir nur mit Lenin», verwahrte sich Langfeld. «Das ist nicht unsere Welt.»
«In der Sowjetunion gibt es keinen einzigen Arbeitslosen, Herr Admiral. Das kriegt heute nur die Planwirtschaft zuwege. Nun läuft das Arbeitsbeschaffungsprogramm von Herrn Gereke schon Monate. Und der Erfolg? In den letzten beiden Wochen zweimal hunderttausend Arbeitslose mehr. Über sechs Millionen sind jetzt registriert. Registriert! Da können Sie glatt noch zwei Millionen Unerfaßte zuzählen. Der Kapitalismus macht sich selbst kaputt. Nur durch Rüstung käme er wieder auf die Beine. Und das wissen die Brüder. Junge, kann die Wut einem hochkommen.»
Langfeld gab auf. Es war sinnlos, diesem verbohrten Menschen den doppelten Segen einer deutschen Aufrüstung klarzumachen. Ein Glück, auch und gerade für die Wirtschaft, daß das ewige Genfer Abrüstungspalaver nichts erbracht hatte. Das gab den Weg für die Zukunft frei.
«Herr Seelund, mein Sohn Wilhelm kehrt Ostern heim. Vier Semester hat er sich draußen umgesehen, nun beginnt der Ernst an unserer Universität. Er hat unterwegs eine Menge Bücher gesammelt, für die in seinem Zimmer noch Regale fehlen. Könnten Sie ihm Latten schneiden? Zusammenleimen und beizen soll er sie selbst. Fichte genügt.»
«Machen wir, Herr Admiral. Ich freue mich schon auf Ihren Sohn. Wir beide vertragen uns prima. Ich habe unten allerhand Material zu liegen. Wollen Sie es sehen?»

Der Hausherr winkte ab. «Besprechen Sie es mit Wilhelm.» Seit dem Einzug hatte er noch nie den Keller oder Seelunds Mansarde betreten. Die Audienz war beendet. Langfeld setzte sich zu einem Brief an Wilhelm vor den Schreibtisch. «Mein lieber Junge!» begann er in seiner drucklosen, dekorativen Schrift und berichtete von den Abmachungen mit Seelund. «Wenn Du bei ihm im Keller arbeitest, lasse Dich nur nicht auf politische Diskussionen ein. Der Mann ist verhetzt und dreht Dir das Wort im Munde um.» Es folgten Ermahnungen zu einer sparsamen Lebensführung. Wilhelm sollte aus den Zeilen herauslesen, daß er die längste Zeit auswärts studiert hätte. Langfeld besaß keine Rücklagen mehr.

Fräulein Peepchen trat ein, beladen mit Einkäufen. «Wenn Sie erlauben, Herr Admiral, werde ich mich künftig selbst Ihrer Oberhemden annehmen.» Sie wies auf ein hohes Wäschepaket in Seidenpapier, das von Nadeln zusammengehalten wurde. «Zwei Mark für Waschen und Bügeln von fünf Oberhemden, das übersteigt mein Haushaltsgeld. Ich muß Ihnen einmal vorführen, was die Sachen alle kosten: Kalbsfrikassee, das Pfund 38, Heringe 15, Rosenkohl auch, 10 Eier 70 Pfennig, Butter, das Pfund 1 Mark 19. Für den Zentner Kartoffeln nehmen sie jetzt 4 Mark.»

Langfeld beförderte die Demonstrationsobjekte vom Schreibtisch auf einen Stuhl. «Ich brauche keine Butter, ich wäre mit Schweineschmalz zufrieden. Und ich weiß, daß Lebensmittel nicht umsonst zu haben sind. Wenn Sie nicht auskommen, muß ich im neuen Jahr dreißig Mark je Monat zulegen. Hier sind zehn Mark für die erste Dekade.» Er zählte ihr drei «Thaler» und eine Mark in die Hand. «Wenn Wilhelm ab April bei uns wieder zu Tisch sitzt, müssen wir einen neuen Satz ausmachen.»

Fräulein Peepchen, die ihren schwarzen Strohhut vom Madonnenscheitel abgenommen hatte, strömte über von Dank. «Sie sind die Güte selbst, Herr Admiral. Meine innere Stimme raunt mir zu, es kommen bald bessere Zeiten. ‹Predige den

Glauben, bis Du ihn hast. Dann wirst Du ihn predigen, weil Du ihn hast›, sagt Hans Grimm. Und Hanussen sieht schon das Hakenkreuz auf uns niederschweben. Ganz sicher. Ich bete darum, daß die Wahlen in Lippe den Führer zum Sieg führen. Dann muß unser Hindenburg das Vaterland seinen Händen anvertrauen. Ich habe ein Gedicht geschrieben, das das freudige Ereignis vorwegnimmt: ‹Adolf Hitler regiert Deutschland›. Wo habe ich nur mein Papier?» Sie kramte in ihrer Handtasche, während sie die beiden ersten Zeilen aus dem Gedächtnis hersagte:

«Die Stunde schlug, der greise Marschall hielt umschlossen
Die Hand des Mannes, dem sein Volk vertraut . . .»

Langfeld war zum Fenster ausgewichen. «Ach, Fräulein Peepchen, mir ist absolut nicht nach Ihrer Poesie zumute. Ich habe Sie schon mehrfach gebeten, mich damit zu verschonen.»

Fräulein Peepchen knipste die Handtasche zu und schluchzte. «Wie können Sie meinen patriotischen Sinn nur so verkennen. Manchmal denke ich, Herr Admiral, Sie sind mit meinem Wirken nicht zufrieden. Tat ich unrecht?»

Langfeld schloß die Augen. Er holte Luft. «Lesen Sie im heutigen ‹Generalanzeiger›, was der Abgeordnete Unterlaufen, den Sie mit uns im letzten Jahr zweimal treu gewählt haben, über die Hitlerpartei sagt. Verbonzt ist sie und längst mit den Marxisten verfilzt. Beim Streik der Berliner Verkehrsgesellschaft hat sie mit den Kommunisten gemeinsame Sache gemacht. In meinem Hause ist für den Braunauer kein Platz, wenn Sie sich darauf einstellen wollen. Ich brauche wirklich nicht täglich zu wiederholen, wie sehr ich Ihre Leistungen für den Haushalt schätze.»

Die Hausdame wischte sich die Augen und klemmte ihre Pakete unter den Arm. Langfeld hielt ihr die Tür auf.

II

Das Lebenslicht der Republik – ausgepustet

Irene holte den Vater selbst von der Bahnstation ab. Sie war aus ihrem alten «Wanderer» ausgestiegen und hielt Ausschau nach dem Abteil für «Reisende mit Traglasten». Langfeld, dessen einziges Gepäckstück aus der zerknitterten «Hebammentasche» bestand, pflegte nur Holzklasse zu fahren, er liebte es, im Zuge unter Handwerkern und Gemüsefrauen ein Kreuzworträtsel zu lösen. Schon einmal hatte er Ehlsen, die fünfte Station mit dem Bummelzug, überfahren, weil angeblich der Schaffner nicht laut genug ausgerufen hatte. Heute kam er mit gemischten Gefühlen nach Sternthal, wo seine Tochter als junge Gutsherrin lebte. Ihr Mann, Archibald Freiherr v. Hochhirsch, stand als Rittmeister im 2. Kavallerieregiment in Osterode, Irene mußte zusehen, wie sie mit Hilfe des eigenwilligen Administrators Maibohm über die schweren Zeiten hinwegkam.

Letztes Jahr war die Ernte durch den verregneten August sehr spät eingefahren worden, in Sternthal ging es noch zügiger, denn Maibohm hatte die Gespanne durch Trecker ersetzt. Aber wer kann schon zehn Trecker auf einen Schlag bezahlen?

Langfeld, wie gesagt voll unguter Erwartungen, winkte Irene von weitem zu. Es war eben alles nicht mehr so wie früher. Früher hielt Kutscher Ferdinand mit Schimmeln und Jagdwagen vor dem Bahnhof, grüßte mit der Peitsche am Zylinder und trug den Herrschaften das Gepäck. Irene wollte ihren klapprigen Motor nicht abstellen, es war immer so mühsam, ihn mit der Kurbel anzuwerfen. Langfeld setzte die Tasche ab

und schloß die Tochter in die Arme. «Habt Ihr Ferdinand gekündigt?»
«Ferdinand hat unsere Reitpferde nach Düsseldorf überführt und ist im Tattersall meiner Schwiegermutter geblieben. Er konnte sich von seinen Tieren nicht trennen. Sollte er hier ohne Pferde den Knecht spielen, während er dort in der Reitbahn herumschnalzen kann?»
Am Kanal drehten die Räder mehrmals durch, unter dem Neuschnee war der Weg spiegelglatt. Auf dem Wasser trieben Eisschollen, es verkehrten nur noch große Schiffe. Die Fähre wurde nicht mehr von Hand betrieben, sie knatterte bereits, wartete aber Irenes Auffahrt ab. Langfeld zündete sich eine Pfeife an.
«Hier ward nich smökt!» Der Fährmann hatte seinen Kopf aus dem Steuerhaus gesteckt und wies auf die Verbotstafel. Sonst hatte Langfeld die alten Männer, die die Fähre an Ketten aufs andere Ufer hinüberzogen, in seinen Tabaksbeutel greifen lassen.
Die nächste Enttäuschung bereitete die Gutsauffahrt. Die in den Novemberstürmen abgesplitterten Äste lagen noch immer in der Allee, die Fassade des Gutshauses hätte längst wieder einen Anstrich vertragen. Inmitten des unberührten Schnees wirkten die Wände schmutzig grau. Irene steuerte das Gefährt in die Wagenremise.
«Wo sind alle eure Kutschwagen geblieben?»
«Kleinholz, verheizt. Niemand wollte sie haben.» Der Pferdestall stand leer, Spatzen pickten zwischen den Steinen.
Langfeld empfand es als wohltuend, daß wenigstens sein Zimmer geheizt war. Er rieb sich die Hände und hielt sie an die Kacheln des runden weißen Ofens. «Sag mir offen, Irene, habt ihr große Schwierigkeiten?»
Irene ließ sich in den schwarz-grün gestreiften Biedermeiersessel fallen und streckte die Füße von sich. «Wenn das Vorwerk verkauft ist, kommen wir durch. Es sollen drei Bauernstellen daraus werden. In zwei Monaten muß die Höfebank

Geld zeigen, sonst platzen die schon mehrmals prolongierten Wechsel für die Trecker. Maibohm hat mich da in etwas hineingeritten, was ich nicht überschauen konnte. Ihm fehlt das Verhältnis zu Tieren, er spricht von einem Gut wie von einer industriellen Fabrikationsstätte. Nur weil er sich mal ein Jahr in den USA aufgehalten hat, meint er, die Farmerzustände von drüben auf uns übertragen zu müssen. Sein Maschinenfimmel spart nicht Kosten, er ruiniert uns. Von Maibohm höre ich nur Zukunftsmusik. Wenn Hitler erst an der Macht ist, geht die Landwirtschaft rosigen Zeiten entgegen. Der Herr ist der SS beigetreten. Jeden Sonntag haut er mit seinem Motorrad ab. Darré, Hitlers Fachmann, würde das Landvolk retten. Fein wäre es.»

Langfeld streichelte über ihr Haar. »Und wenn du dich von Maibohm trennst? Kann der Verwalter vom Vorwerk nicht seinen Posten übernehmen?»

«Ausgeschlossen. Badenreither ist ein besserer Vogt. Sehr gewissenhaft und fleißig, aber menschenscheu und weltfremd. Die Viehhändler, die Saatlieferanten, die Ernteaufkäufer, alle würden sie ihn übers Ohr hauen, er ist viel zu gutmütig und in seiner Harmlosigkeit diesen Hyänen nicht gewachsen. Badenreither würde sich für mich in Stücke schlagen lassen, die treue Seele. Mit Treue kommt Sternthal jedoch nicht aus den roten Zahlen. Archibald hofft, im Herbst verabschiedet zu werden. Sein Kommandeur hat ein Gesuch bei der Division befürwortet. Sobald er eingearbeitet ist, kann Maibohm gehen und seine Ideen im Stabe Darrés austoben. Komm, laß uns Kaffee trinken.»

Auch im Wohnzimmer brannte ein wärmendes Feuer. Langfeld warf einen Blick auf Diele und Veranda, in das Gartenzimmer, in die Jagdstube und in den Saal. Überall schlug ihm Eiseskälte entgegen. Beruhigend nur, daß kein Stück des Mobiliars fehlte. Irenes Schwiegermutter hatte offenbar an keinem Teil gehangen und sich in Düsseldorf ganz modern eingerichtet. Nicht einmal das Ölporträt des Barons als

Gardekürassier hatte sie mitgenommen, aber zur Zeit, als es gemalt wurde, war Archibalds Vater ja noch mit der früh verstorbenen ersten Baronin, einer geborenen Gräfin Dahlwieck, verheiratet.

«Fühlt sich deine Schwiegermutter wohl in der neuen Heimat?»

Irene verzog den Mund. «Wir haben es aufgegeben, ihr zu schreiben. Ihr ist gleich, was aus Sternthal wird. Hauptsache, sie hat ihr Amüsement in Düsseldorf. Sie soll es ziemlich toll treiben, aber nie ihr Geschäft aus dem Auge verlieren.»

«Ja, ja», sagte Langfeld, «ein flottes Persönchen war sie immer. Das kleine Luder weiß ganz genau, was es will. Sie wikkelt die Männer um den Finger.»

Irene hatte für ihren Vater einen Bismarckkringel gebacken. «Köstlich! Wie bei deiner lieben Mutter, meiner guten Tilli.» Langfeld überflog mit flüchtigem Blick Irenes Figur. Nein, immer noch nichts in Sicht. Er hatte keine Eile, Großvater zu werden.

Nach dem Kaffee unternahm er einen Rundgang über den Hof. Senta, die alte Teckelhündin, winselte dankbar, als er sie im Zwinger abholte. Sie folgte ihm auf dem Fuße. Langfeld stapfte durch den Park, an den Hagebutten vorbei zum Stellmacher. Wo sonst die Leiterwagen standen und die Wagenräder auf dem Haken hingen, roch es nach Diesel. Ein junger Schlosser hantierte mit Schraubenschlüsseln und Ölkanne an der Düngersaatmaschine. «Herr Kamerad, wo ist der Stellmacher abgeblieben?»

Der Mann spuckte vor dem Kameraden in den Sand. «Hei vertehrt sin Pengschon in Ehlsen. Wi hebbt keen Rademoker mehr.»

Die Schmiede stand schon lange leer, das Fenster des Böttchers war jetzt mit Latten vernagelt, die Meierei lag ausgestorben da. Langfeld hatte zu den Meiersleuten und Gutshandwerkern ein freundschaftliches Verhältnis gehabt. Er vermißte ihre Begrüßung.

Erst im Schweinestall traf er auf Leben. Noch immer fütterte der x-beinige Korel das Vieh. Der verwachsene Kauz, seine Hände hingen bratpfannengroß unterhalb der krummen Knie, verstand sich auf Schweinemast. Er galt als nicht ganz dicht im Kopf. Weil die Wochenlöhner ihn immer wieder gehänselt hatten, schlief er jetzt im Schweinestall, brauchte mit niemandem mehr die Kammer zu teilen. Sogar beim Essen in der Leuteküche fehlte er. Er holte sich seine Mahlzeiten im Kochgeschirr ab.
«Se sünd all lang nich hier west, Kaptein. Min Swin kennt Se gor nich wedder.» Er kratzte sich in seinen Bartstoppeln. Korel rasierte sich nur sonntags, zum Kirchgang. Langfeld ging mit ihm die Boxen ab. Ein Überfluß an Ferkeln und viele trächtige Säue. Den ältesten Eber titulierte Korel noch immer als Herrn Graf. «De Mors mokt dat nu bi söben Johr. Hei kann nich nuch kregen vun dat Jucken. Wat, Herr Graf, du olen Swinegel?»
Auch im Kuhstall war äußerlich alles beim alten geblieben. Allerdings hielt Maibohm die Schweizer gerade um sich versammelt, um ihnen eine Neuerung zu erklären. «Schluß jetzt mit den albernen Namen. Drei Wochen nach dem Wurf wird den Kälbern Jahrgang und laufende Nummer auf die Keule gebrannt. Dann braucht ihr euch beim Weideabtrieb nicht zu streiten, ob die Kuh unter Paula oder Petra ihr Loch im Stall zu suchen hat. Die reinste Energieverschwendung, sich die blöden Visagen deshalb zu merken.»
Den Einwand, das Vieh fände seinen Platz von selbst, ließ Maibohm nicht gelten. «Wenn eins geschlachtet ist, wird herangeschlossen. Stammquartiere gibt es nicht mehr.»
«Wenn dat man nich an de Melk geiht», wagte der Oberschweizer zu äußern.
Langfeld las die Visitenkarten der Dreijährigen, Holztafeln, auf denen in Schönschrift mit Teerfarbe die weit hergeholten Namen gepinselt waren. Quarantäne, Quasselstrippe, Querflöte und was den geplagten Köpfen sonst noch für den Ge-

burtsjahrgang 1930 eingefallen war. Weil Maibohm keinen Widerspruch duldete, würden die störrische Quelle und die ergiebige Quitte nur noch Nummern sein.
Maibohm verließ an der Seite Langfelds den Kuhstall. Wo früher ein steinaltes Pony die Häckselmaschine in Gang gehalten hatte, stand jetzt ein Motor im Wege.
«Lebt die alte Liese noch?»
Maibohm schüttelte den Kopf. «Nein, Herr Admiral. Buchstäblich in den Sielen verendet. Eines Tages legte sie sich mitten im Trott nieder, der Gärtnerjunge kriegte sie nicht wieder auf die Beine. Zu dumm, den Motor hätten wir uns schenken können. Kein Bedarf mehr für Häcksel, seit wir die Pferde abgeschafft haben. Hafer bauen wir auch nicht mehr an. Die Landwirtschaft steht vor großen Veränderungen.»
«Ob zum Besten, steht dahin», bemerkte der Besucher aus der Stadt. «Ich habe gelesen, daß wir in der Provinz laut Viehzählung innerhalb von zwei Jahren 130000 Schweine und 10000 Schafe weniger haben. Das ist doch ein katastrophaler Rückgang der Nahrungsproduktion.»
Maibohm lächelte. «Der Viehbestand pendelt sich nach den Marktpreisen ein. Dahinter steckt keine Unfähigkeit. Anders bei den Sowjets. Dort hat sich die Viehhaltung als Folge der Kollektivierung halbiert. Bedenken Sie unsere wachsenden Ernteerträge. Mit Einführung der künstlichen Düngung haben sie sich verdoppelt.»
«Und trotzdem spricht Graf Kalckreuth, der Präsident des Reichslandbundes, von einer Verelendung der Landwirtschaft, schlimmer als zu Zeiten des marxistischen Kanzlers Müller-Franken. Er wirft Schleicher vor, er ließe die Landwirtschaft zugunsten der international verfilzten Exportindustrie ausplündern.»
Maibohm stieß seinen Stock in den Schnee. «Starke Worte, aber im Kern wahr. Hindenburg ist eingeschnappt, weil der Graf diese Erklärung just vor dem Empfang beim Reichsprä-

sidenten in die Presse geschleust hat. Nun wird hier nicht mehr verhandelt. Der Reichskanzler sperrt sich.»
«Gibt es überhaupt noch eine Gruppe, mit der sich Schleicher nicht überworfen hat?»
Wieder setzte Maibohm sein unausstehliches Lächeln auf. «Wenn Sie mich fragen, Herr Admiral, die Festung liegt sturmreif da. Mit dem Ergebnis der Lippeschen Landtagswahlen ist die NSDAP aus der Verteidigung wieder zum Angriff übergegangen, ist die Schlappe vom letzten November ausgewetzt. Hitler hat viele Trümpfe gegen Hindenburg in der Hand. Der Alte zittert vor weiteren Beschwerden der Preußischen Regierung beim Staatsgerichtshof gegen die Eigenmächtigkeit seiner Kommissare, er hat Angst, was noch alles bei der Osthilfe hochkommen wird. Ihn kann nur noch die Berufung Hitlers retten, wenn alle die krummen Touren vom Massenjubel überspült werden sollen.»
Senta lief zum Zwinger, wo Irene ihr die Abendmahlzeit in die Kumme geschüttet hatte. Schwarzbrot in heißer Milch. Es dampfte. Auch der Chow-Chow erhielt sein Fressen. Das Tier war Irenes ganze Freude. Immer hatte sie sich als Kind einen Chow-Chow gewünscht. Mit den Worten «Hunde gehören nicht auf die Etage» war ihr der Wunsch von der Konsulin verwehrt worden, die damals in der Tirpitzallee über viele Dinge entschied. Sie hätte sich jetzt in der Lessingstraße, wo sie den Pudel Obadja ertragen mußte, gefreut, wie konsequent die Enkelin ihre Köter der Wohnung fernhielt. Zwinger, auch im Winter, oder freies Feld. Dahin gehörten sie nach Meinung der Konsulin, deren Widerwillen gegen Vierbeiner von jedem Hund gewittert wurde, bevor sie noch die Stirn runzelte. Maibohm versuchte, unter der Hoflaterne seine Uhr zu entziffern: «Zeit zum Abendbrot, wenn wir die Nachrichten nicht verpassen wollen.»
Vom Kanal her tutete ein dicker Brocken. Die Gegensegler sollten in die Weiche gehen.
«Eine Frage noch, Herr Maibohm. Sind nach Ihrer Kenntnis

bei der Osthilfe wirklich Unregelmäßigkeiten vorgekommen?»
«Na, und ob! Die Regierung verschanzt sich hinter dem Steuergeheimnis und will im Haushaltsausschuß nicht mit Zahlen auf den Tisch. Ausnahmsweise hat mal ein Sozi recht. Der Abgeordnete Hertz pocht darauf, das Steuergeheimnis gelte nur für Zahlungen an den Fiskus, nicht für seine Ausschüttungen. Von den 32 Millionen des Kuchens ist aktenkundig mehr als ein Viertel der Entschuldungsdarlehen an nur 190 Großgrundbesitzer gegangen. Der Januschauer, Hindenburgs Intimus, hat allein 450000 Mark erhalten. Freiherr von Braun, der Ernährungsminister, steht unter scharfem Druck von links. Eine Meldung, auch die Hermine, Verzeihung, die Frau des Kaisers, habe Osthilfe in Anspruch genommen, bringt das Faß zum Überlaufen. Jedenfalls bei den Sozis.»
Langfeld blieb stehen. «Ihre Majestät wird sich für Prinz Hans Georg und Prinzessin Margarethe, Mitglieder der prinzlich Carolathschen Linie, verwendet haben. Was gibt es da zu beanstanden?» Langfeld bemerkte nicht, daß sich Maibohms Gesicht zu einem Grinsen verzogen hatte.
«Die Hohenzollernsche Hausverwaltung hat jede Einschaltung der Hohen Frau bestritten, aber inzwischen ist herausgekommen, daß sie persönlich beim Leiter der Landstelle Frankenburg wegen Osthilfe vorstellig geworden ist.»
Langfeld räusperte sich verärgert. «Verrückte Zeiten, in denen Fürstlichkeiten auf Ämter laufen müssen, um ihr selbstverständliches Recht einzutreiben. Wäre dieser Leiter der Landstelle ein Kavalier gewesen, hätte er Ihrer Majestät ohne viel Federlesen die ganze Schose fix und fertig gemacht und zur Unterschrift vorgelegt, wie es sich gehört. Guten Abend!»
Langfeld war das Abendbrot verleidet, obwohl Irene vorzüglichen Hasenpfeffer auftischte. Er hatte die Gesellschaft einer jungen Gutssekretärin erhofft, statt dessen mußte er mit dem parfümierten Administrator vorliebnehmen.
«Eine Gutssekretärin können wir uns nicht leisten, ich bin

noch so eingefuchst, daß ich das nebenher erledige. Da staunst du. Mein Tag hat vierzehn Stunden. Nur bei den Mahlzeiten hole ich etwas Luft.»
Langfeld legte ihr die Hand auf den Arm. «Armes Kind. Es wird Zeit, daß Archibald kommt und dich entlastet.»
Maibohm beobachtete die Szene mit verkniffenem Gesicht. Er hatte Joppe und Reitstiefel mit einem Nadelstreifenanzug vertauscht. Statt mit der Serviette fuhr er sich mit seinem seidenen Ziertuch über die Lippen, bevor er trank. «Baronin, Senshöhe hat angerufen, ob sie einen unserer Bullen für eine Woche haben können. Am liebsten Odin. Ihr Bulle ist beim Brand des Kuhstalls umgekommen. Sollen wir die übliche Deckprämie fordern?»
«Natürlich. Senshöhe hat bei der Versicherung einen enormen Schnitt gemacht. Haben Sie nicht gesehen, wie die Leute mit Feuerhaken die Grundmauern eingerissen haben, damit es wirklich nach Totalschaden aussah? Kein Anlaß zur Wohltätigkeit. Wer garantiert uns, daß wir nicht beschummelt werden, wenn Odin die halbe Herde deckt? Sollen doch die Senshöher ihre Kühe hierher schaffen.»
Maibohm setzte wieder sein Lächeln auf. «Den Berg zum Propheten, Baronin? Der Schweizer von Senshöhe ist in meinem SS-Sturm, auf seine Angaben kann ich mich verlassen. Er steht mit dem Herrenhaus etwas überquer, wäre ein Mann für uns.»
Irene sah Maibohm durchdringend an. «Herr Maibohm, versuchen Sie es nicht immer wieder. Ich denke nicht daran, mich von unserem Oberschweizer zu trennen, bloß weil Ihnen seine Nase nicht paßt. Und den Nachbarn Leute wegzuengagieren, kommt schon gar nicht in Betracht.»
Maibohm verbeugte sich leicht. «Wie Baronin meinen. Ich werde das Inkasso in Senshöhe selbst wahrnehmen.»
Langfeld war von seiner Tochter sehr angetan. Famos, wie sich die Kleine durchzusetzen verstand. Meine Schule, dachte er. Irene hob die Dreiertafel auf. Maibohm stürzte zum Laut-

sprecher. Die erste Meldung fingen sie nur noch halb auf.
Hatte der Reichskanzler den Gesamtrücktritt seines Kabinetts erklärt? So viel ließ sich entnehmen, Schleicher war die Ermächtigung zur Auflösung des Reichstages von Hindenburg verweigert worden. Die gefürchtete Rote Mappe blieb in der Wilhelmstraße. Dafür hatte Hindenburg an v. Papen den Auftrag zu Sondierungsgesprächen gegeben, ihn aber nicht mit der Regierungsbildung beauftragt.
«Er soll das Zentrum zur Tolerierung Hitlers gewinnen», merkte Maibohm mit erhobenem Zeigefinger an. «Hitler kommt!»
«Dann gute Nacht, Marie», sagte Langfeld.

Langfeld hatte sich sein endgültiges Urteil über Hitler auf einer Versammlung gebildet, die Mitte des Monats in der «Wacht am Rhein» von der Kreisleitung der NSDAP abgehalten wurde.
v. Warmleben wollte nicht mitkommen. «Zu den Rabauken laufe ich nicht.»
So war Langfeld in Begleitung seines Stahlhelmadjutanten, beide in Zivil, hingegangen. Sie waren früh erschienen, nahmen auf der Empore seitlich vom Rednerpult Platz und konnten von dort aus gut überblicken, wie sich die Halle füllte. In der dritten Reihe entdeckte Langfeld seine Schwiegermutter, neben ihr seine Hausdame, die Peepchen. Die Unterlippe der Konsulin zitterte, sichtlich war ihr lästig, wie die Peepchen auf sie einredete. Fräulein Peepchen schien schon eine Stunde vor der Ankunft ihres Führers enthusiasmiert zu sein, ihr verklärtes Gesicht wendete sich immer wieder zum Mittelgang hin und begann zu strahlen, als sie Langfeld oben auf der Galerie erspäht hatte. Die Konsulin ließ sich von der Neuigkeit nicht rühren, sie würdigte den Schwiegersohn keines Blicks.
«Was will er hier?» tuschelte sie zur Peepchen. «Sein Hochmut versteht sich auf die Volksseele nicht die Bohne.»

Das Musikkorps der SA-Brigade rückte ein, der Musikmeister meldete es Gruppenführer Gütlich, einem leicht verfetteten Kalbskopf mit breitem Silberband um die Mütze. Beim ersten Marsch zogen die Fahnen und Standarten ein. Die Massen sprangen auf und reckten die Hände. Langfeld stützte seine Fäuste auf die Brüstung. Die Konsulin blieb sitzen.
«Dieses dumme Aufstehen habe ich schon in der Kirche nie leiden können», sagte sie zu ihrer Nachbarin. «40. SS-Standarte, 187. SA-Standarte und Bann 184 der Hitler-Jugend, Herr Admiral», erläuterte der Adjutant. Die Fahnen hingen den Trägern über die Kragenspiegel.
«Rot, ich sehe nichts als rot. Und diese Kopie der römischen Feldzeichen, was soll uns das auf deutschem Boden? Auch die braune Kluft paßt nicht in die Landschaft. Ich verstehe nicht, was da so zieht. Die Brechfarben müßten die Leute doch abstoßen.»
«Eingeschüchtert werden sollen sie, wie durch eine Armee von einem anderen Stern.»
Soeben pflanzte sich Kreisleiter Ahrens – Langfeld erkannte ihn wieder, bei ihm hatte er seine Ledergamaschen gekauft – vor dem Gauleiter Fest auf.
«Ahrens scheint mir ein Biedermann zu sein, *cum grano salis* versteht sich. Die Visage von Fest gefällt mir nicht. Solche Typen verstecken die Augen hinter der Brille.»
Am Saaleingang kam Unruhe auf. Das Musikkorps intonierte den Badenweiler Marsch. Langfeld war fasziniert. Nicht von Hitler, der unter Heilgeschrei Einzug hielt, sogar die Konsulin hatte es vom Stuhl gerissen, nein, Langfeld drang die Musik in die Knochen. Er hörte den Badenweiler Marsch zum erstenmal.
«Donnerwetter, hat das Saft! Geradezu elektrisierend.» Er blies auf den Lippen mit. Buhó, buhó, buhó! «Das muß ja die Leute verhexen.»
Erst jetzt blickte er auf Hitler. Der Mann im Braunhemd ließ sich den Jubel entgegenbranden.

«Lippe hat seine Brust wieder geschwellt», bemerkte der Adjutant.
«Die reine Hysterie», flüsterte Langfeld. «Der Kerl badet förmlich im Irrsinn der Masse.»
Hitler winkte den Beifall ab. Er begrüßte Fest, Gütlich und Ahrens. Ziemlich geringschätzig, schien es. Nun ja, der Begeisterungssturm hatte gezeigt, neben ihm waren alle anderen nur Kreaturen. Als er den Fahnen und Standarten mit versteinertem Gesicht und vorgerecktem Arm seine Achtung bezeugt hatte, setzte das Musikkorps mit einem Paukenschlag aus.
«Deutsche!» rief er seine Zuhörer auf und redete eine halbe Stunde von den vierzehn Jahren der Schmach. «Entweder es gelingt, aus diesem Konglomerat von Parteien, Weltauffassungen, Standesdünkel und Klassenwahnsinn wieder einen eisenharten Volkskörper herauszuarbeiten, oder Deutschland wird am Fehlen dieser Konsolidierung zugrunde gehen. Mit dem heutigen Volkskörper kann man keine Außenpolitik mehr treiben. Ich sehe zwei Prinzipien, die sich schroff gegenüberstehen: das Prinzip der Demokratie, das überall, wo es sich auswirkt, das Prinzip der Zerstörung ist. Und das Prinzip der Autorität der Persönlichkeit, das Leistungsprinzip, weil alles, was überhaupt Menschen bisher leisteten, alle menschlichen Kulturen nur aus der Herrschaft dieses Prinzips heraus denkbar sind. Zusammenbrechende Wirtschaften haben als Vorläufer immer den zusammenbrechenden Staat gehabt. Nicht umgekehrt. Es gab keine karthagische Wirtschaft ohne karthagische Flotte und keinen karthagischen Handel ohne karthagische Armee, und es kann keine deutsche Wirtschaft geben, ohne daß hinter dieser Wirtschaft der schlagkräftige politische Wille der Nation steht.»
«Das läßt sich hören», bemerkte Langfeld.
Der Adjutant schüttelte den Kopf. «Der Mann ist mit seinen Gedanken weit weg. Gestern hat er in Franken den SA-Gruppenführer Stegemann und einen Standartenführer gefeuert,

acht Sturmführer aus der SA ausgestoßen. Knies mit dem Gauleiter Streicher wegen Geldsachen. Schlägereien zwischen SA-Stürmen im Nürnberger Hitlerhaus. Adolf sagt uns hier seine Rede vorm Industrie-Club in Düsseldorf auf, er hat sie wohl auswendig gelernt, um sich vor den Bossen nicht zu blamieren. Bei den einfachen Leuten kommen diese Töne nicht an.»

In der Tat ließ der Beifall zu wünschen übrig. Hitlers Stimme überschlug sich. «Wenn acht Millionen deutscher Menschen erst einmal zehn Jahre aus dem nationalen Produktionsprozeß ausgeschaltet sind, ist für sie der Bolschewismus die logische Folge ihrer tatsächlichen wirtschaftlichen Situation.»

«Sehr wahr!» rief Gauleiter Fest, und Ahrens klatschte. Hitler griff, von der Beifallswelle einen Augenblick entrückt, zum Wasserglas. Er erfaßte das Pult mit beiden Händen, ging etwas in die Knie und wippte hoch.

«Was will unser Nationalsozialismus? Volksgenossen und -genossinnen! Der Graf im Schloß und der deutsche Arbeiter sind eines Blutes, und unser Herrgott hat dem Grafen das Schloß vermacht. Der Graf darf aber nie vergessen, daß er der Bruder des deutschen Arbeiters ist.» Jubel.

«Auf den Glauben, der Berge versetzt, kommt es an. Wie war es denn im Großen Kriege? Da lag vorn im Graben, allein auf sich gestellt, der deutsche Soldat. Die Tanks des Feindes, sie rollten heran, und er schoß und schoß mit seinem Maschinengewehr zurück, bis zur letzten Patrone. Dieser Soldat wußte, ich stehe hier an meinem Platz für das ganze Deutschland.» Starker Beifall.

«Er redet die Leute besoffen. Kein Wort, wie er die Misere in den Griff bekommen will, was geändert werden soll. Paß auf! Wir nageln ihn.»

Langfeld beugte sich vor. «Wie steht der Herr Redner zur Monarchie?»

Jetzt sah die Konsulin doch zu Langfeld hinauf. «Mein Schwiegersohn ist von allen guten Geistern verlassen. Wichtig

machen will er sich. Die Stunde gehört dem Volksmann Hitler, die Hohenzollern helfen uns nicht mehr weiter.»
Fräulein Peepchen nickte. Wichtig machen war ihr zwar ein zu hartes Wort gegen den herrlichen Mann auf der Galerie, aber heute strömten nur vom Führer her immer neue Verse in sie ein. Hitler warf einen Blick auf Fest, als ob der Gauleiter für den Zwischenrufer verantwortlich wäre.
«Mein Herr, Sie sollen Ihre Antwort haben, obwohl das deutsche Volk, der Allmächtige weiß es, dringendere Sorgen hat als jene ewig Gestrigen.«
Hitlers Finger zeigte auf Langfeld. «Sie scheinen die Not dieses Volkes nicht zu teilen. Zur Frage: Ich halte in der Tat die monarchische Staatsform als eine für Deutschland gemäße. Man kann aber die Monarchie nicht aufbauen auf einem Trümmerhaufen, und den habe ich zu übernehmen. Morgen, in einem Monat, kein Jahr geht mehr darüber hin, weil die Zeit einfach nicht länger warten kann. Wenn man mir sagt, ich hätte doch in die Regierung Papen oder in die Regierung des Herrn Schleicher gehen sollen, um für uns von hinten herum die Macht zu gewinnen, da kann ich nur sagen, das Spiel hinter den Kulissen habe ich nicht gelernt. Und ich will es nicht erlernen. Die Macht gebührt uns, wir haben sie durch unseren Kampf vor dem Herrgott erstritten. Die Tage des Herrn Schleicher sind gezählt. Die Macht, sie wird uns gehören, so wahr ich hier vor meinem Volke stehe. Und wenn . . .»
Die Worte gingen in Heilrufen unter. Schweißüberströmt wischte sich Hitler die Stirn, strich seine Mähne aus dem Gesicht und zeigte abermals auf Langfeld.
«Wenn Sie heute noch abseits stehen und Du und Du», die Hand fuhr in die verschiedenen Richtungen des Saales, «Eure Kinder, die Euren Namen tragen, sind längst bei uns. Deutschland – Sieg Heil!»
Langfeld hatte das Horst-Wessel-Leid nicht mehr abgewartet. Hinter den aufgestandenen Reihen bahnte er sich mit seinem Adjutanten den Weg zur Treppe. Es war wie ein Spießruten-

laufen durch die SA-Kette bis zum Ausgang hin. Die meisten kannten Langfeld als Stahlhelmführer, es juckte ihnen in den Fäusten, aber man rührte ihn nicht an. Bis auf die Straße standen die Leute und sangen «Marschiern im Geist in unseren Reihen mit». Die frische Abendluft tat gut. Es fiel wieder Schnee.

«Meine Kinder sind gegen diesen Spuk immun», sagte Langfeld. «Wie kommt der Kerl zu der Behauptung, sie hingen ihm an. Außer Phrasen nichts gewesen. Dieser Mann ist doch außerstande, eine Reichsregierung zu führen. Können Sie sich vorstellen, daß er die Geduld aufbringt, auf seinen vier Buchstaben Akten und Berichte durchzusehen? Solche Schaumschläger können nur auf der Bühne stehen und sich hochjubeln lassen.»

War Irene wirklich gegen Hitler gefeit? Auf seine Söhne, Daniel und Wilhelm, konnte sich Langfeld verlassen. Beide waren Demokraten und Republikaner. Schlimm genug für den monarchischen Vater, aber eine solide humanistische Bildung hatte wenigstens verhindert, daß sie auf den Scharlatan hereinfielen. Daniel schrieb für die «Vossische Zeitung», hatte für Theodor Heuss und Gertrud Bäumer Wahlagitation getrieben, weiß Gott nicht im Sinne des Vaters. Wilhelm schwärmte für seine Tante Claudia, eine Sozialistin. Beide gingen also in Richtungen, von denen heute keine Gefahr drohte. Die Gefahr hieß Hitler. Nicht im Traum dachte dieser Österreicher an die Rückkehr der Hohenzollern. An sich, an nichts sonst dachte der Schwadroneur.

«Was sollte Hitler für die Landwirtschaft tun können?» fragte Langfeld jetzt seine Tochter. Irene legte den Finger auf die Lippen und wies auf Maibohm. Der Administrator besaß auf seinem Zimmer kein Radio, er sollte nicht um die Nachrichten gebracht werden. Der Rundfunksprecher verweilte heute besonders lange bei der Innenpolitik. Protest von SPD und KPD gegen Reichstagspräsident Göring. Er habe seine Befugnisse

überschritten, weil er die Reichstagssitzung einfach ausfallen ließ, die vom Ältestenrat beschlossen war.
«Göring läßt sich nicht einschüchtern», sagte Maibohm.
Weitere Nachrichten. Reichsarbeitsminister Syrup hat im sozialpolitischen Ausschuß über den Freiwilligen Arbeitsdienst berichtet: 1931 mit dreihundert Mann begonnen, steht jetzt eine Viertelmillion beim FAD. Die von der NSDAP im Ausschuß geforderte Arbeitsdienstpflicht wurde mit den Stimmen des Zentrums abgelehnt.
Weiter. Die Beflaggung des Landtagsgebäudes zum Reichsgründungstag mit den alten Reichsfarben Schwarz-Weiß-Rot wird noch ein Nachspiel haben. Initiative der Fraktion der SPD.
Der Reichsgründungstag hatte in Berlin zu stürmischen Ovationen für den Kronprinzen geführt, als Hindenburg bei der Feier seinem einstigen Armeeführer in der Loge die Hand reichte. Schleicher hatte in einer allerhand Wirbel verursachenden Rede das Recht auf allgemeine Wehrpflicht in Deutschland gefordert.
Die Parallelfeier in der Marinestadt setzte solche politischen Akzente nicht. Erschienen waren der Chef der Marinestation, Vizeadmiral Ulbrich mit seiner Gattin, die an der Spitze der Marinefrauenvereine stand. Auch Langfeld wurde als Leiter der Arbeitsgemeinschaft vaterländischer Verbände namentlich begrüßt. Die Abendstunde galt der Vergangenheit. Einzug der Veteranen von 1870/71, von Abordnungen in historischen Uniformen, ein lebendes Bild «Des Reiches Schmiede». Durch die ganze Festrede schimmerte der Prunksaal von Versailles. Hier blieben die Deutschnationalen unter sich.
Am Vormittag hatten sich die Universitätsangehörigen in der Aula versammelt, der 18. Januar war vom Rektor, Professor Dr. rer. pol. Meschkulat, der seit Menschengedenken über die preußischen Manufakturen las, zum *dies academicus* erklärt worden. Die Festrede hielt ein Paläontologe über den Mammutzahn, den man bei der Ausschachtung des Kaiser-Wil-

helm-Kanals gefunden hatte. Auch dieser Gelehrte ritt seit Jahrzehnten sein Steckenpferd. Die Kunst von Magnifizenz bestand darin, rhetorisch die Brücke von der Eiszeit zu den Einigungskriegen zu schlagen.
Der Rundfunksprecher war inzwischen bei der Außenpolitik angelangt. Loyd George hatte in einem Interview an die Übereinkunft der drei britischen Parteiführer von 1931 erinnert, das Deutschland gegebene Wort einzulösen. Das Reich habe sich in Versailles den Entwaffnungsklauseln nur unterworfen, weil ihm die Gleichbehandlung in der Abrüstung zugesagt sei.

«Die Engländer und besonders dieser liberale Wirrkopf Loyd George haben Sorgen», sagte Leopold Spitz, der die gleichen Nachrichten in der Lessingstraße hörte, zu der neben ihm sitzenden Claudia. Nach Jahren hatte er sich zum ersten Male wieder mit seiner Frau in der eigenen Wohnung getroffen. Die Konsulin war, als sie aus der überhitzten Hitlerversammlung in die Nacht trat, von einer Lungenentzündung befallen worden und lag, anfangs sehr geschwächt, im Sanatorium am Hohenstaufenpark.
«Wunderschön, daß du kommst», hatte ihn Claudia empfangen. «Lange wirst du leider nicht bleiben können. Mutter beginnt bereits, die ganze Klinik auf Trab zu bringen. Du weißt, wie zäh sie sein kann. Man wird sie bald loswerden wollen. Ich sehe sie in einigen Tagen ankutschiert kommen.»
Spitz hatte vorsorglich für eine Woche Urlaub genommen, sobald er von Claudia erfuhr, daß die Luft rein sei. Seine Urlaubsbewilligung war eine der letzten Amtshandlungen des Oberpräsidenten Noske gewesen. Neun Monate vor Erreichen der Altersgrenze war er von der kommissarischen preußischen Regierung pensioniert worden, der letzte sozialdemokratische Oberpräsident.
«Deine Mutter hat sich selbst überlebt», sagte Leopold. «Wenn sie doch dort bleiben würde, wo sie jetzt ist, und ruhig

einschlafen. Dann hätten wir Frieden.» Claudia widersprach nicht.
«Ich habe nicht die geringste Lust, ins Amt zurückzukehren», fuhr Leopold fort. «Die Kommissare regieren wie die Kurfürsten in alles hinein, grotesk, was sie sich personalpolitisch leisten. Papen hat in Preußen ein Regierungschaos heraufbeschworen. Otto Brauns legale Staatsregierung ist nach dem Spruch des Reichsgerichts allein befugt, den Haushalt vors Parlament zu bringen. Die Mitwirkung am Etat aber wird ihr von den Kommissaren verweigert. Werden wir zwei verschiedene Haushaltspläne bekommen?» Claudia kannte den Wirrwarr von ihrer Freundin Gesine her. Gesine Jansen war SPD-Abgeordnete im Landtag, eine streitbare Frau.
«Dein Artikel im ‹Volksboten› zur Luftschutzübung hat mir gefallen, Claudia. Du hast den Kern getroffen. Was die Folgen eines Krieges ‹mildert›, wird tadellos organisiert. Übung voll gelungen. Lob verdient allein, was den Krieg selbst verhindert.» Claudia war glücklich und versuchte, Leopold Mut zu machen.
«Ich finde es großartig, daß die preußischen Polizeibeamten den Obersten Heimannsberg zu ihrem Vorsitzenden gewählt haben, nachdem er von den Kommissaren aus dem Amt verjagt wurde. Auch das Mißtrauen gegen den Lübecker Senat ist in der zweiten Lesung abgeschmettert worden, die Kommunisten der Stadt haben ihre Mitglieder in der Bürgerschaft zurückgepfiffen. Und in Dortmund ist ein Sozialdemokrat, der Sohn des früheren Reichsgerichtspräsidenten Simons, zum Bürgermeister gewählt worden. Sind das nicht Lichtblicke?»
Leopold ergriff Claudias Hand. «Du liebe Güte, die letzten Lebenslichter der Republik flackern noch einmal auf, die Rechte plant den Staatsnotstand!» Leopold holte aus dem Mantel die «Deutsche Zeitung».
Claudia las: «Wir verlangen, daß die Reichsregierung sich endlich zu einem Verbot der KPD und zur Ungültigkeitserklärung der kommunistischen Parlamentsmandate ent-

schließt. Der dann folgende Zustrom kommunistischer Elemente zur Sozialdemokratie würde einer starken Regierung die Möglichkeit geben, dem Verbot der Kommunistischen Partei ein solches der Sozialdemokraten folgen zu lassen.»
Claudia war fassungslos. «Das schreibt ein bürgerliches Blatt? Das ist ja die Aufforderung zum glatten Verfassungsbruch. Man will die gesamte Arbeiterschaft mundtot machen.»
«Genauso ist es. Die ‹Deutsche Allgemeine› drückt es anders aus. ‹Kann mit dem Reichstag nicht regiert werden, dann muß es eine Zeitlang ohne Reichstag gehen.› Fabelhaft, nicht?»
Die Tür wurde aufgestoßen, und Obadja, Spitzens Pudel, kam auf Leopold zugeschossen. Die erste Wiedersehensfreude war auf beiden Seiten ergreifend gewesen. Das Tier hatte sich immer geschüttelt, als könne es nicht begreifen, daß es wirklich sein Herr sei, der vor ihm stand.
Leopold kraulte Obadja den Hals. «Wir gehen bösen Zeiten entgegen, du treues Stück.» Er wandte sich wieder seiner Frau zu. «Ich bin inzwischen deinen Ansichten nähergekommen, die Entwicklung hat dir recht gegeben. Den Nazis gegenüber wäre es falsch, sich jetzt noch scharf gegen die KPD abzugrenzen. Im Kampf gegen Hitler wird jeder gebraucht, der sein Feind ist. Auch die Kommunisten sollten aus dem Aufmarsch der SA vor dem Karl-Liebknecht-Haus gelernt haben und in der SPD nicht ihren Rivalen sehen. ‹Klassenkampf, nicht Bruderkampf. Proletarier Deutschlands, vereinigt Euch!› hat der ‹Vorwärts› nach der Naziparade am Bülowplatz geschrieben.»
Beide, Leopold und Claudia, waren von politischer Leidenschaft so erfaßt, daß sie noch lange nicht zum persönlichen Gespräch hinfanden. Ihre zwanzigjährige Ehe glich einer einzigen Diskussion, wobei sich anfangs Leopold, später Claudia als der radikalere Partner zeigte. «Schleicher, er ist seit heute ja nur noch geschäftsführend, hat vor einigen Tagen Breitscheid gefragt, ob die SPD auf die Barrikaden gehen würde, wenn er nach der Reichstagsauflösung zunächst keine Neu-

wahlen ausschriebe. Breitscheid hat geantwortet, eine solche Provokation der Arbeiterklasse würde ohne Zweifel die stärksten Stürme hervorrufen. Und die Reichstagsfraktion der SPD verkündete, ein solcher Staatsstreich würde einen rechtlosen Zustand schaffen, gegen den aber auch jeder Widerstand erlaubt und geboten ist. Ich fürchte, Claudia, solchen starken Worten, dem rückhaltlosen Schleicher entgegengeschleudert, würden gegen Hitlers Bürgerkriegsarmee keine Taten folgen. Ich sehe die Republik und uns schon Hitlers Herrschaft ausgeliefert.»

Leopold zog Claudia an sich. Sie strich über seinen nur noch spärlich bewachsenen Kopf. «Reichsbanner und Roter Frontkämpferbund sind zusammen stark genug, der Generalstreik würde die Nazis lahmlegen», sagte sie. «Nur gegen die ‹Deutschen Christen› kommen wir nicht an. Der ‹Volksbote› hat aus dem NS-Sonntagsblatt zitiert. ‹Wir müssen werden eine SA Christi, in der wir als Seine Soldaten schlicht und treu unseren kirchlichen und evangelischen Dienst tun.› Fein, was?»

Beide lachten. Obadja schrak auf. Bei Spitzens wurde nicht oft gelacht.

«Sage mal, was ist in unseren Polizeipräsidenten gefahren? Wir sollen unsere Plakate mit dem Mordregister der SA von den Litfaßsäulen zurückziehen? Die Polizei kann den Vermieter nicht länger schützen? Das hieße doch Kapitulation vor dem Terror.»

Statt einer Antwort sog Claudia an ihrer Zigarette. Schließlich sagte sie resigniert. «Gesine hat im Landtag eine Kleine Anfrage eingebracht. ‹Billigt das Staatsministerium die Haltung des Polizeipräsidenten?›»

Auch Leopold verzagte. «Kleine Anfrage . . . Die preußische Polizei ist das letzte Bollwerk der Republik. Wenn es wankt?«

Claudia stellte die Heizung herunter. Sie hatten sich in Feuer geredet. «Du, in Thüringen hat die SPD richtig reagiert. Auf den Erlaß der Naziregierung hin, der das Verbot von Partei-

fahnen, sprich Hakenkreuz, für öffentliche Gebäude aufhebt, hat unsere Kommunalkonferenz beschlossen, in Gemeinden mit marxistischer Mehrheit die rote Fahne auf den Rathäusern zu hissen. Das wäre ein Anblick für Schwager Robert. Seine alte ‹Bayern› war wieder dran. Ein Schlosser hat an einige Angehörige der Besatzung eine sogenannte Zersetzungsschrift, den ‹Kompaß›, geschickt. Schlußsatz: ‹Jedes deutsche Kriegsschiff ein Panzerkreuzer Potemkin!› Urteil für den KPD-Mann: drei Jahre Gefängnis wegen Vorbereitung zum Hochverrat. Ich hätte Lust, darüber zu schreiben. Robert braucht sich ja nicht mehr getroffen zu fühlen.»
Leopold legte ihr die Hand auf den Arm. »Bitte verzichte darauf. Du weißt, was ich von revolutionärem Zungenschlag halte. Nicht um Robert zu schonen. Aufwiegeln bleibt Aufwiegeln und muß geahndet werden, auch wenn wir beide die Reichswehr samt Marine für überflüssig halten.»

Der Sprecher gab die Wetteraussichten bekannt. Das Thermometer fiel weiter. Starke Behinderung der Schiffahrt. Gute Möglichkeiten für Wintersport.
«Kümmern Sie sich bitte um den Dücker», sagte Irene zu Maibohm. «Notfalls muß das Eis mit der Lötlampe abgetaut werden. Nicht auszudenken, wenn uns in den Ställen das Wasser ausgeht.»
Famos, was sie alles weiß, dachte Langfeld.
Maibohm zeigte sein mildestes Lächeln.
«Ist bereits geschehen, Baronin», sagte er. «Ich habe auf Sternthal schon härtere Winter erlebt. An Wasser hat es nie gefehlt.»
Maibohm stellte den Rundfunk ab. Auf das Hörspiel über den blinden Kantor konnten sie verzichten.
«Nun darf ich wohl meine Frage loswerden», sagte Langfeld. «Was sollte Hitler für die Landwirtschaft tun können?» Er zündete seine Pfeife an und blickte von Irene zu Maibohm. Die Tochter zuckte die Achseln.

«Wir müssen hoffen, mehr bleibt nicht.»
Maibohm setzte den Mokka ab. «Erstens ein totales Schuldenmoratorium. Verbot jeder Pfändung bei ländlichen Betrieben. Zweitens eine Höfeordnung, die dem Hoferben die Forderung der Nachgeborenen vom Halse hält. Und drittens eine Zollpolitik, die die landwirtschaftliche Erzeugung wieder lohnend macht und steigert.»
«Sanierung auf Kosten anderer? Ein Patentrezept. Meinen Sie, Herr Kamerad, die spielten mit?»
Maibohm kniff die Augen zusammen.
«Die Leute werden nicht lange gefragt, Herr Admiral. Hitler weiß, was er will, er läßt seine Bauern nicht weiter unterbuttern.«

Zwei Tage später hatte der Administrator Oberwasser. Der Postbote brachte die Neuigkeit. «Adolf hät dat to faten kregen. Hei is nu bobenan in Dütschland.» Herr Maibohm, der sonst den Schein wahrte und bei Irene Erlaubnis einholte, wenn er den Hof verließ, stürzte mit den Worten «ich muß nach Rendsburg» aus dem Kontor, warf sich auf seinem Zimmer in die SS-Uniform und brauste mit dem Motorrad davon, ohne dem Vogt eine Anweisung hinterlassen zu haben. Irene lief ihrem Vater in die Arme.
«Fast hätte mich dieser rabiate Maibohm angefahren, rücksichtslos wie alle Motorradfahrer. Was will er denn heute in Uniform?»
Irene hakte den Vater unter und zog ihn ins Haus. «Hitler ist Kanzler geworden», sagte sie, «und Maibohm spielt verrückt. Ich weiß nicht einmal, ob er die Arbeit für den Nachmittag eingeteilt hat. Entschuldige mich, ich muß den Vogt ausfindig machen und versuchen, Badenreither an die Strippe zu bekommen.»
Den Vogt fand sie in der Scheune, umringt von einem Dutzend Arbeitern.
Die Botschaft des Briefträgers hatte sich über Sternthal wie ein

Lauffeuer verbreitet. Die Arbeiterfrauen standen vor den Katen zusammen. Alle Arbeit ruhte.
«Nu ward dat düster bi uns», sagte ein alter sozialdemokratischer Tagelöhner.
«Ne, Krischan, du olen Spökenkiker», widersprach ihm der Vogt, «dat geiht nu de Sünn to.» Er drehte sich um. «De Baronin!»
Alle eilten mit ihren Forken an die Plätze, um weiter das Stroh aufzustaken. Ein Glück, Irene brauchte sich keine Anweisungen auszudenken, die Arbeit reichte für den Nachmittag. Schlimmer stand es mit dem Vorwerk. Badenreither war nicht erreichbar. Die Zugehfrau hatte ihn mit zwei Knechten in Richtung Rendsburg wegradeln sehen, alle drei in SA-Uniform. Der Hitler, der uns helfen soll, holt die Leute von der Arbeit weg, dachte Irene. Sie warf ihr Auto an und fuhr zum Vorwerk hinaus.
Langfeld setzte sich vor den Lautsprecher. Keine neuen Meldungen. Marschmusik. Er trommelte auf der Armlehne. Nun war also die Harzburger Front wiedererstanden. Damals war er mitmarschiert. Er entsann sich noch der Rivalitäten zwischen Hitler auf der einen und Hugenberg und Seldte auf der anderen Seite. In Bad Harzburg stellte der Stahlhelm das imponierendere Kontingent. Jetzt war Seldte, wie Irene gehört hatte, Hitlers Arbeitsminister geworden. Ein Opportunist, der gewiß schon den Stahlhelm verschachert hat. Duesterberg, der noble Offizier, wird an die Wand gedrückt. Der Badenweiler Marsch riß Langfeld aus seinen Gedanken. Buhó, buhó, buhó! Langfeld sang aus vollem Halse mit. Großartig, diese Melodie und ein Rhythmus! Jammerschade, daß der Scheißkerl von Hitler diesen Marsch für sich gepachtet hat.
Ein Stubenmädchen mit Staubtuch schrak beim Eintreten vor Langfelds Donnerstimme zurück. Er lief ihr nach und faßte sie um die Taille. «Mein Fräulein, das Zimmer steht zu Ihrer Verfügung. Ich mache noch einen Weg mit Senta.»
Nach dem Abendbrot – Langfeld und Irene nahmen allein

Bratkartoffeln und Rote Grütze zu sich – wurde der Rundfunk wieder angestellt.
«Stelle dir vor», sagte Irene, «als ich draußen ankam, hockten alle Knechte in einer Kate zusammen, begierig zu hören, was es Neues aus Berlin gibt. Während der Arbeitszeit! Bloß, weil mein Badenreither in Rendsburg aufmarschiert. Dabei sollte heute der Grünkohl abgeerntet werden. Warte, ich kürze ihnen den Lohn, und Maibohm und Badenreither streiche ich einen Urlaubstag. Wenn ich das durchgehen ließe, tanzt mir künftig die ganze Gesellschaft auf der Nase herum.»
Langfeld nickte. «*Principiis obsta.* Du machst es richtig, Irene. Ich würde gern ein Gespräch mit Daniel anmelden. Ich lasse mir die Gebühren durchsagen und erstatte sie dir bar.»
Irene lächelte. «Das ist mir die Sache wert. Schone dein Portemonnaie. Daniel weiß immer so gut Bescheid.»
Langfeld und Irene warteten im Kontor auf das Amt. Irene strich den Arbeitern des Vorwerks eine Stunde in den Lohnlisten, den beiden SA-Knechten einen halben Tag, Langfeld blätterte in «Wild und Hund».
Nach zwanzig Minuten war Daniel am Apparat. «Guten Abend, mein Junge. Bei euch in Berlin ist wohl der Deibel los. Ich bin bei Irene auf Sternthal.»
«Grüße sie sehr herzlich von mir, Vater. Falls sie zur Grünen Woche kommt, kann sie bei meiner Wirtin logieren. Ja, Berlin gleicht dem Kölner Karneval. Ein Rosenmontagszug wälzt sich durchs Brandenburger Tor. Wir erleben einen Quartalssuff der deutschen Geschichte. Als ob die Wiedertäufer angerückt kämen. Alle Straßen voller Beefsteaks.»
«Wie soll ich das verstehen?»
«Na, außen braun, innen rot. Die Hälfte der SA hier besteht aus übergelaufenen Kommunisten.» Langfeld röhrte.
«Hörst du mich? Hitler hat den großen Poker gewonnen. Vor einem halben Jahr wollte ihm der Alte allenfalls das Postministerium geben. Damals hat Schleicher die Reichswehr Papens Staatsstreichplänen verweigert und Papen damit lahmgelegt.

Jetzt rächt sich Papen und hat es geschafft, Hindenburg die angeblich maßvollen Ansprüche Hitlers zu suggerieren und den Alten in ein Komplott gegen seinen Kanzler Schleicher hineinzuziehen. Die Kamarilla, Meißner und Sohn Oskar, hat kräftig mitgeschoben. Hindenburg war das dauernde Improvisieren mit dem Paragraphen 48 leid. Hitler verspricht ihm ein Ermächtigungsgesetz. Verstehst du? Der Alte möchte wieder ruhig schlafen.»

«Ich verstehe. Siehst du kein Zurück?»

«Nein, die letzte Chance ist verspielt. Die Sozialdemokraten fanden nicht aus ihrer Haut heraus, sie haben sich gegen Schleicher gesperrt und dafür Hitler eingehandelt. Das kostet teuer. In der Politik muß man ein Gespür für das kleinere Übel haben, sonst gewinnt der Hasardeur.»

«Hitler? Er ist doch in seinem Kabinett ziemlich isoliert. Hugenberg, Papen, die ganzen Fachminister. Sie haben ihn sich nur als Aushängeschild engagiert. Wer ist die Spinne, wer die Fliege? Hitler oder Papen?»

Daniels Stimme wurde lauter. «Mein lieber Vater, war das nicht deine Konstellation? Ihr werdet euch wundern. In einem halben Jahr können wir beide nicht mehr so offen miteinander telephonieren. Das Reich wird von einem Netz von Spitzeln überzogen sein, ein Heer von Kriminellen im Braunhemd lauert auf die Nacht der langen Messer. Herr Hugenberg wird sich umsehen, wie Hitler ihm mitspielt. Wenn der Karren erst auf die abschüssige Bahn geraten ist, gibt es kein Halten mehr. Nicht wahr?»

Langfeld schwieg.

«Hörst du mich noch?»

«Nur zu gut, mein lieber Junge. Das sind ja grauenvolle Aussichten. Laß uns abbrechen. Es wird zu teuer. Ich würde mir an deiner Stelle im Schreiben etwas Zurückhaltung auferlegen.»

«Keine Zeile schreibe ich mehr. Gegen Bajonette kann man nicht diskutieren.» Daniels Stimme vibrierte. «Wenn ich mit

den Nerven am Ende bin, komme ich nach Sternthal, um mich bei Irene zu erholen.»
Vater und Tochter gingen ins Wohnzimmer zurück.
«Daniel sieht sehr schwarz für die Zukunft. Er prophezeit die finsterste Barbarei.» Irene hatte die Mappe mit den Bankauszügen mitgenommen. «Schlimmer kann es nicht kommen», sagte sie. «Hitler hat versprochen, die Arbeitslosigkeit zu beseitigen. Damit steht und fällt er. Und wir auch. Unterstützungsempfänger können sich Fleisch und Butter nicht leisten.»
Im Rundfunk meldete sich der Reporter Bley. «Stundenlang hat der Vorbeimarsch gedauert. Er dauert noch immer an; jetzt erst fängt der Stahlhelm an, vorbeizumarschieren. In diesem Augenblick tritt Reichsminister Göring ins Zimmer. Wir bitten ihn, ans Mikrophon zu kommen.»
Göring: «Hunderttausende strömen vorbei, um den geliebten Führer zu sehen, um kundzutun, daß heute ein Wendepunkt in der deutschen Geschichte gekommen ist. Das Unglaubliche ist Wahrheit geworden, das Volk hat zu sich selbst zurückgefunden.»
Wulf Bley löst Göring ab.
«Im Nebenzimmer sind immer noch der Reichskanzler Hitler mit dem Berliner Gauleiter Dr. Goebbels und dem Reichsführer des Kampfbundes für deutsche Kultur, Alfred Rosenberg. Wir haben den Versuch gemacht, einige von der Straße heraufzubitten.»
Eine Frau: «Ich bin hierher gekommen, um meinen Mann zu sehen, weil er in der SA mitmarschiert.»
Ein Stahlhelmer: «Ich habe mich hier heute hingestellt, um mir das mal richtig anzukieken. Ich muß sagen, daß ich jetzt restlos begeistert bin.»
«Das sieht dir Zündloch ähnlich.» Langfeld war der Abend total verdorben. Der Sprecher kündigte den nächsten Prominenten an.
Dr. Goebbels: «Wir sind schon seit heute morgen um fünf auf

den Beinen und hundemüde. Wir alle sind maßlos glücklich. Es ist ein Triumph der Zähigkeit. Morgen früh beginnen wir mit der neuen Arbeit und mit dem neuen Kampf. Man kann mit gutem Recht sagen: Deutschland ist im Erwachen.»
Langfeld stellte ab. «Hättest du einen Cognac? Ich muß den Schleim hinunterspülen.»
Irene war ratlos. Alkohol gab es auf Sternthal im Haushalt schon lange nicht mehr. «Maibohm hält immer einige Flaschen in seinem Kleiderschrank. Du verstehst, ich möchte da nicht herangehen.»
Der Vater tastete sich zur Garderobe und kehrte mit einer Feldflasche zurück, die er auf die Pirsch mitzunehmen pflegte. «Hier ist Rum, koche uns Wasser für einen steifen Grog. Bevor wir gehen flöten, laß uns einen verlöten.»

III

Braun und Feldgrau Hand in Hand?

Claudia hatte sich getäuscht. Von einer Rückkehr der Konsulin konnte vorläufig nicht die Rede sein. Frau Waterbloem war eines Abends aufgestanden, um bei den Schwestern in der Etagenküche nach dem Rechten zu sehen, gelangte aber nur bis auf den Korridor, wo sie vor Schwäche zusammensank.

«Bei uns zu Hause gehst du keinen Schritt allein, und in der Klinik machst du dich einfach selbständig, weil du das Inspizieren nicht lassen kannst», schalt Claudia am nächsten Tag. Die Neuigkeit war ihr von der Oberschwester durchgerufen worden. Noch in der Nacht.

Die Mutter lag kleinlaut da.

»Leopold meint, man sollte dich am Bett festbinden, damit du zur Vernunft kommst.»

«Leopold?» Die Lebensgeister der Konsulin erwachten. «Woher weiß denn der von meinem Malheur?»

«Er besucht mich, mit deiner gütigen Erlaubnis. Nur, solange du abwesend bist.»

«Freut euch nicht zu früh, daß ich abkratze. Ich werde euch den Gefallen noch nicht tun. Dein Romeo kann schon seine Koffer packen, nächste Woche bin ich wieder in der Lessingstraße.»

Aus der Woche wurden Monate. Erst vor Ostern sollte der Chefarzt Claudia eröffnen, daß an den Atmungsorganen der Konsulin kein negativer Befund mehr zu finden sei, Frau Waterbloem fehle organisch nichts, nur ihre Schwäche bedürfe der Pflege. Dafür sei die Klinik leider nicht zuständig.

Es war Anfang Februar. Claudia und Leopold überlegten, wie sich ihre Zukunft gestalten ließe.
«Görings Aufpasser lauern auf einen Anlaß, mich zu verschrotten. Meine Tätigkeit ist künftig nur noch von Stolperdrähten durchzogen. Noskes Nachfolger, irgendeiner der herumlungernden SA-Führer, wird mir das Leben sauer machen. Mutter kommt nicht wieder zurück, und wenn, dann nur, um sich hier zum Sterben hinzulegen. Ich könnte bei dir bleiben, ohne ihr im Hause zu begegnen. Du, Claudia, ich denke, ich sage diesem Beamtendasein ade. Jeder politische Einfluß ist für mich auf null geschrumpft.»
Claudia fiel ihm um den Hals und schlug mit den Beinen aus. «Dein erster guter Gedanke seit fünf Jahren, Leone! Es wird wunderbar werden, trotz aller Misere ringsum. Jetzt setzt du dich sofort hin und schreibst Göring ein Abschiedsgesuch, oder wie man solchen Schrieb an den Pascha nennt. Gib gesundheitliche Gründe an, dein Hexenschuß sei nur noch flach auf dem Sofa auszuhalten, oder berufliche, dein Sozius trage sich mit dem Gedanken auszuwandern. Dir fällt schon etwas ein.»
«Ephraim macht mir Sorgen. Er will die Gefahr für seine Existenz, für sein Leben nicht sehen. Sein Vaterland verlasse man nicht, sagt er. Dabei hat er Verwandte in einem Bankhaus der Londoner City.»

Ephraim Jacobsohn, der fünf Jahre die Anwaltssozietät für Spitz mit wahrgenommen und deshalb seinen Lebensstil von Grund auf geändert hatte – früher war er ein Bohemien gewesen –, Jacobsohn beglückwünschte seinen Freund zur bevorstehenden Rückkehr.
«Du kannst gleich anfangen. Zwei Strafanzeigen der Sozialistischen Arbeiterjugend gegen Hampe, den Bannführer der HJ. Wir sollen die Nebenklage vertreten. Die SAJ ist beim Abtransport ihrer Zeltbahnen, die sie auf Segelbooten nach Dänemark in Sicherheit bringen wollte, von Hitlerjungen ge-

prellt worden. Die zweite Ladung, neun große Zelte, wurden von einem Speicher auf dem Ostufer gestohlen. Jetzt liegt die Beute im HJ-Heim in der Drosselstraße.»
«Ein anderer Fall: Bei der Durchsuchung des SAJ-Heims sind alle Jungsozialisten von der Polizei auf die Straße getrieben worden. Hitlerjungen drangen derweil unbemerkt übers Dach ins Bodenmagazin ein und haben 160 neue Windjacken über die Feuerleiter abgeschleppt. Die Windjacken sollen an Pimpfe im Kreis Plön verteilt worden sein. Sachschaden zusammen dreitausend Mark. Da müssen wir helfen, auch wenn es Ärger gibt.»
Spitz war wieder in seinem Element. Er hatte die Tätigkeit eines Anwalts nie als Broterwerb aufgefaßt, im Anwaltverein galt er mit seinem unverdrossenen Eintreten für Minderheiten und Unterdrückte als Außenseiter. Wo die Kollegen erst die Gebührenordnung aus der Brusttasche zogen, bevor sie nachzudenken begannen, fragte er nur, wo Recht verletzt sei.
«Ich nehme das in die Hand, Ephraim. Vorher müssen wir aber über dich sprechen. Du weißt, wie gern ich mit dir zusammengearbeitet habe, über zehn Jahre bis 1928, und wenn es nach mir ginge, jetzt noch einmal so lange. Du täuschst dich darüber, was auf uns zukommt. Die Nazis schrecken vor nichts zurück. Laß Hitler, Goebbels und Genossen erst etwas Boden unter den Füßen gewinnen, dann werden sie eine Pogromstimmung entfachen, bei der Plünderungen von Geschäften nur zu den Randerscheinungen gehören. Auf die Dauer, Ephraim, ist dein Leben in Gefahr.»
Jacobsohn schlug sich mit einem Lineal über das Knie. «Du siehst Gespenster, Leopold. Wir sind nicht in Polen. Ich habe Vertrauen zu unserer Justiz und zu unserer Polizei. Ich war deutscher Frontsoldat genau wie Hitler. Wie sollten mir seine Leute ein Haar krümmen? Geplündert haben in dieser Stadt bisher nur die Kommunisten.»
Die KPD hatte am Tage nach Hitlers Ernennung zum Reichskanzler in der Innenstadt eine Demonstration veranstaltet,

während im Rathaus die Kollegien tagten. Der kommunistische Stadtverordnete Wirtzer machte sich im Ratssaal zum Sprecher der Kundgebung draußen und bedrängte den Oberbürgermeister, die Kollegien sollten eine Abordnung der Demonstranten empfangen. Sybel sträubte sich und ließ nach drei Ordnungsrufen den aufgebrachten Wirtzer durch Polizei aus der Sitzung entfernen. Als die Menge sich verlief, wurde in der nahen Schleswiger Straße eine Bäckerei im Handumdrehen durch Hunderte von Menschen ihrer gesamten Ware beraubt. Die Polizei war machtlos.
«Die Leute froren und hatten Hunger», sagte Spitz. «Dahinter steckt kein System, das hat mit der KPD nichts zu tun. Zurück zu dir: Die Ausrottung, verzeih, so formulieren die ungestraften Scharfmacher die buchstäbliche Ausrottung des Judentums, ist und bleibt Programmpunkt der Nazis, auch wenn es noch human verbrämt wird. Sie werden die Daumenschrauben immer fester anziehen. Was willst du machen, wenn es eines Tages heißt, nicht nur Staatsanwälte und Richter, auch Anwälte und Notare müßten zur Ausübung ihres Rechtsberufes Arier sein, wie sie es nennen. Ich sehe ganz schwarz in die Zukunft.»
«Wenn du meinst, will ich vorsorglich an meinen Vetter in London schreiben. Mein Englisch ist mäßig, und ich hänge an dieser Stadt, in der ich aufgewachsen bin. Man kann seine Nationalität nicht wie das Hemd wechseln. Denke ich an meine Kameraden im Bund jüdischer Frontkämpfer, müßte ich mir wie ein Verräter vorkommen, würde ich mich heimlich davonstehlen.»
«Du kennst doch Kampfer, den Mephistodarsteller vom Schauspiel. Sein Vater hatte in Lübeck ein kleines Pelzgeschäft. Der ‹Kampfruf› richtet an Kampfer, nur weil er Jude ist, in der letzten Nummer folgende Fragen: ‹Stimmt es, daß Sie im *Glaskasten*, dem roten Verbrecherlokal, verkehren? Stimmt es, daß Sie kommunistische Sprechchöre einstudiert haben? Beantworten Sie unsere Fragen oder aber schütteln Sie

den Staub dieser Stadt von Ihren Schuhen.› So wird es gemacht.»
«Ausgerechnet Kampfer! Wo stünden die Theatergruppen der Schulen, wenn nicht er immer wieder als unbezahlter Gastregisseur eingesprungen wäre. Wir haben schon größere Schauspieler an unserer Bühne gehabt, Conrad Veit und Gründgens zum Beispiel. Für sie war unser Schauspiel das Sprungbrett nach Berlin. Kampfer aber ist trotz verlockender Angebote beim Ensemble geblieben, trägt das Theater – und jetzt dieser Fußtritt!»
Beiden, Spitz und Jacobsohn, lag das Theater sehr am Herzen. Jacobsohn hatte sich zum Schriftführer der «Gesellschaft zur Erhaltung der Städtischen Bühnen» wählen lassen, die vom Rektor, Professor Meschkulat, ins Leben gerufen war. Es bestand Gefahr für das Orchester, Banausen in allen Fraktionen hielten es für überflüssig. Auch hatte der Magistrat der Intendanz noch nicht die Mittel für Neuengagements freigegeben. Versammlungen, Resolutionen, Appelle. Jacobsohn leistete Formulierungshilfe.
«Apropos Meschkulat. Wie übel hat man dem Rektor mitgespielt», sagte Spitz. «Die ‹Freie Studentenschaft›, alles Nazis, will als offizielle Vertretung der Studenten anerkannt sein. Sie fordert für das nächste Semester eine Vorlesung über Kriegsgeschichte und Wehrpolitik, *publice et gratis*. Sie verlangt das Verbot der freisozialistischen Studentenschaft und der kommunistischen Studentengruppe. Der Rektor soll die Abordnung in seinem Arbeitszimmer ‹sitzend› empfangen haben. Das war zuviel für den bulligen Sprecher Paolo Carelli – weiß der Kuckuck, woher er den italienischen Namen hat –, er drohte mit Hörerstreik. Der Senat ist ihm zuvorgekommen und hat die Universität auf drei Tage geschlossen. Als ich eben vorbeikam, riefen Sprechchöre an der Freitreppe: ‹Nieder mit Meschkulat, nieder mit dem verjudeten Senat!› Die Aula soll schlimm demoliert sein. Dabei ist Magnifizenz die Friedfertigkeit in Person.»

Jacobsohn ging an seinen Schreibtisch und holte eine Cognac-Karaffe hervor, dazu zwei Zinnbecher, geschmückt mit Motiven aus Judas Krieg wider die Cananiter. «Du weißt, ich trinke sonst nie, aber ich könnte verstehen, wie man bei dieser Pestilenz zum Säufer wird. Da beruft der brave Löbe den ‹Ausschuß zur Wahrung der Rechte der Volksvertretung› ein, um pflichtgemäß die Freiheit der Wahl zu sichern. Was passiert? Radauszenen, angezettelt durch seinen Stellvertreter, eine NS-Größe. Löbe wird beiseite geschubst, er sei als Vorsitzender untragbar, heißt es, solange er nicht seine Beleidigungen Hitlers im Lippeschen Wahlkampf zurücknehme. Er soll den ‹Führer› angeblich einen Slowaken tituliert haben. Das ist nicht Löbes Stil. Göring, der Löbe decken müßte, schweigt. Jeder Anstand geht verloren. Prost, mein Lieber, auf erneutes gutes Zusammenwirken!»
Spitz genoß den Schluck und schenkte sich gleich noch einen Becher ein. Es war nur mäßig geheizt in der Kanzlei, der Hafen begann zuzufrieren.
«Weißt du, Ephraim, wenn der ‹Kampfruf› Verlage wie Mosse und Ullstein ‹Rotationssynagogen› nennt, dann erwarte ich von diesen Brüdern keinen besseren Geschmack. Wenn aber der bürgerliche ‹Generalanzeiger› schreibt: ‹Der Geist des Alten Fritz geht jetzt um. Die Schläge des Krückstocks fallen hageldicht›, dann widert mich solche Instinktlosigkeit an. Gemeint ist Hindenburg als Fridericus, weil er die laut Staatsgerichtshof Otto Braun verbliebenen Rechte einfach an Papen übertragen hat. Begründung: Eine geordnete Staatsführung sei unmöglich geworden. Ja, durch wen? Eben durch Hindenburg. Nur Bayern hat dagegen protestiert, daß Preußens Stimmen im Reichsrat von einem Reichsorgan, nämlich durch den Staatssekretär Nobis, vertreten werden.»
«Der Hitler hat kein Staatsrecht studiert, die Verfassung ist ihm schnuppe. Bitte schön, er verzichtet auf sein Kanzlergehalt. Als man ihm klarmacht, daß das nicht geht, läßt er erklären, er verdiene sich sein Geld als Schriftsteller. Das Kanzler-

gehalt sei für die Hinterbliebenen der im Kampf für die Bewegung Gefallenen bestimmt.»
«Schriftsteller!» höhnte Spitz und schenkte sich den dritten Becher voll. Jacobsohn blieb nüchtern.
«‹Mein Kampf› als Pflichtlektüre. Jede Schule, jede Amtsstube soll diesen Mist anschaffen. Ich habe keine drei Seiten von dem Krampfzeug aushalten können. Andere natürlich auch. Sonst wären sie gewarnt gewesen.»
«Was sagt dein Schwager, der Admiral, zu der ganzen Entwicklung?» wollte Jacobsohn wissen.
«Mitgefangen, mitgehangen. So habe er sich die nationale Erneuerung nicht vorgestellt. Er ist einer, der sich von Hitler wohl die Rückkehr der Monarchie erträumt hat. Mensch, Ephraim, der alte Wilhelm war ja Gold gegen das, was wir jetzt auf dem Halse haben.»
Spitz zog mit seinem vierten Becher um den Tisch und sang: «Wir wollen unseren alten Kaiser Wilhelm wiederhaben!»
Jacobsohn verschloß die Karaffe. «Fräulein Parchim soll uns einen starken Kaffee brauen. So lasse ich dich nicht auf die Straße.»
Spitz nahm sich zusammen, als Fräulein Parchim eintrat. Sie war an die Stelle des inzwischen in den Ruhestand getretenen Bürovorstehers Lemmel gerückt. Eine äußerst korrekte Dame in mausgrauem Kostüm mit dunklem Ponykopf. Sie fiel auf durch ihre Länge. Zu ihr werde ich aufblicken müssen, meditierte Spitz. Wie hat sich Ephraim nur eine solche Figur nach Potsdamer Zuschnitt verschreiben können? Die Frau Kronprinzessin Schmalformat. Am liebsten hätte Spitz seinen *cantus* von vorn angestimmt. Ich kann mich bremsen, dachte er. Man darf die Autorität nicht bei der ersten Begegnung verspielen. Ich soll noch lange mit der Parchim auskommen.
Beim Kaffee erkundigte sich Jacobsohn nach Leopolds Familie. Er hatte Claudia fast ein Jahr nicht mehr gesehen.
«Mache uns das Vergnügen und komm heute abend mit uns ins Gewerkschaftshaus. Die *Comedian Harmonists* treten auf.

Wunderbare Stimmen. Wer weiß, wie oft wir so etwas noch zu hören bekommen. Claudia macht uns vorher ein paar Brote.»

Jacobsohn willigte ein, und Spitz zog sich in sein altes Büro zurück, die Klage der SAJ unter dem Arm. Der Raum roch muffig. Er drehte die Heizung hoch und zog die Gardinen auf. Das Bild des ersten Reichspräsidenten hing immer noch zwischen den Fenstern. Was war von Eberts Werk übriggeblieben? Spitz fühlte sich abgekämpft. Wenn er am Tiefpunkt angelangt war, konnte ihn nur eines retten, Claudias Stimme. Er rief sie an.

«Was gibt es, Leone?»

«Ich möchte dich hören, mehr nicht.»

«Wie reizend! Du klingst so verändert . . .»

«Wir haben gezochen, das heißt, Ephraim hat zugesehen, wie ich ihn um seinen Cognac erleichtert habe.»

«Hast du Kummer?»

«Wenn du sprichst, ist er verflogen. Ephraim kommt heute zum Abendbrot. Wir nehmen ihn mit in die Vorstellung.»

«Fein, daß ich es erfahre. Wir sollten auch Robert einmal bitten, jetzt, wo Mutter außer Hauses ist.»

«Kaiser Wilhelm ohne Ende . . . Ja, er soll kommen. Lädst du ihn ein?»

«Lieber wäre mir, du tätest es. Geht es von dir aus, klingt es unverfänglicher.»

«Wie du meinst, Schatz. Ich rufe ihn gleich an. Mir geht es wieder gut. Ich danke dir.»

Langfeld nahm die Einladung des Schwagers wider Erwarten gnädig auf. Leopold und Robert hatten einander nie ausstehen können. Sie wichen sich aus, und wenn sie notgedrungen, zum Beispiel auf Geburtstagen der Konsulin, zusammentrafen, hatte es immer Krach gegeben. Der Druck von außen stimmte die Familien versöhnlicher.

«Sehr begreiflich, Leopold, deinen Regierungspräsidenten an den Nagel zu hängen. Ich möchte diesen cholerischen Göring auch nicht zum Dienstherrn haben. Morgen bin ich allerdings verhindert, da treffen wir uns, einige Offiziere alter Couleur, zu einem Ausspracheabend. Aller Meinung stimmt überein, die Dinge haben eine gefährliche Wendung genommen. Jeden anderen Abend gern. Dank und herzliche Grüße an Claudia!»

Einmal im Monat tagte der «Nationalverband Deutscher Offiziere» im Geschwaderclub. Am Schwarzen Brett stand nur angeschlagen: 20 Uhr Konteradmiral a. D. Langfeld und Herren. Königszimmer. An der Spitze des N.D.O. in Berlin fungierte ein pensionierter General, der sich als Fühlungshalter des Kaisers in der Republik verstand. Die Republik war nun seit zwei Wochen *de facto* passé, wer weiß, wie lange das neue Regime den monarchischen Verband noch dulden würde. Er war nicht sehr straff organisiert. Die eingeschriebenen Mitglieder trafen sich in losen Zusammenkünften, den Vorsitz führte der am Ort Rangälteste.
Langfeld hatte seine Herren fester im Griff. Er hielt nichts vom Austausch von Kriegserinnerungen, das mochte man dem Kyffhäuserbund überlassen. Admiralstabsmäßig hatte er in den letzten Jahren monarchisch zuverlässige Offiziere in die Schlüsselstellungen verschiedener Vereine geschleust, hervorragend unterstützt von Fregattenkapitän a. D. Renner, sozusagen sein Chef des Stabes. Renner war vermögend und Junggeselle, korrespondierte mit Gott und der Welt und hielt sich mehrere Tageszeitungen, die er mit Leserzuschriften eindeckte. Das meiste wurde abgedruckt, weil Renner einen brillanten Stil schrieb und mit historischen Details aufzuwarten wußte. Etwa zwei Dutzend Herren hatten sich eingefunden. Steputat, der Steward, schenkte einen Rheinhessen ein. Er trug am weißen Messejackett das Hoheitsabzeichen der Partei, war Zellenwart des Stadtteils Holm, in dem die Kasernements lagen. Steputat spekulierte darauf, die Großkantine der Marine in Pacht zu bekommen. Eingetreten in die NSDAP

war er schon 1927, sobald er als Proviantmeister der «Baden» wegen eines Trommelfellrisses aus der Reichsmarine entlassen wurde. Der Steward verstand es, den Schwerhörigen zu spielen, tatsächlich schnappte er beim Bedienen allerhand auf und trug es brühwarm seinem Kontaktmann in der Gauleitung zu.
«Haben alle Stoff? Dann laß uns mal eine Stunde allein, Steputat!» sagte Langfeld. «Kameraden! Es besteht kein Anlaß zur Fröhlichkeit. Zwar haben wir die marxistische Brut vom Halse, sind dafür aber vom Regen unter Umgehung der Traufe direkt in den Scheibenkleister gefallen. Ich habe den Eindruck, daß dieser Hitler nicht so leicht auszumanövrieren sein wird. Noch hat er Gegengewichte in der Regierung, aber er scheint nicht nach Recht und Gesetz zu fragen. Was er seine Nationale Revolution nennt, kann auf die Dauer zu verheerenderen Folgen führen als der November 1918. Doch ich will Ihnen nicht vorgreifen, lieber Renner. Schießen Sie los mit Ihrem Bericht zur Lage.»
Renner glättete noch einmal sein Konzept und die Zeitungsausschnitte. «Herr Admiral, meine Herren! Auf unserer letzten Zusammenkunft konnte ich noch mit einigem Vorbehalt die Möglichkeit skizzieren, daß es dem Kanzler v. Schleicher gelänge, seine Regierung auf eine breitere Basis zu stellen, ohne Hitler an die Macht zu lassen. Man sieht daraus, wie leicht man auf die Bierbank geraten kann. Deshalb will ich auch die angeblichen Staatsstreichpläne des Generals v. Hammerstein nicht zu hoch veranschlagen, offenbar gutgemeinte Absichten vom Chef des Ministeramtes v. Bredow, der wohl aus diesem Grunde v. Reichenau weichen mußte. Binnen Tagen haben sich Ereignisse vollzogen, die eine neue Epoche deutscher Politik einläuten.
Lassen Sie mich das Für und Wider abwägen. Zweifellos erfährt der Kampf gegen Versailles einen bisher nicht gekannten Elan, weil das Volk in seiner Breite künftig mitziehen wird. Die Wiederaufrüstung steht außer Frage, sie ist nur noch ein

Problem des Zeitablaufs. Die Wirtschaft kann wieder Tritt fassen, weil sie von Streiks und Tarifquerelen freigestellt sein wird. Dafür bürgt Hugenberg, der seinem Ministerium entscheidende Teile des Arbeitsministeriums Seldtes eingegliedert hat. Hugenbergs Staatssekretär Dr. Bang hat alle Illusionen über eine Brechung der sogenannten ‹Zinsknechtschaft› vom Tisch gefegt.

Diesen Positiva steht eine bedenkliche Entwicklung der Innenpolitik gegenüber. Schon wie Kanzler Hitler die maßvollen und durchaus berechtigten Fragen des Prälaten Kaas vom Zentrum durch die Reichstagsauflösung überspielt hat, verrät seine Methode. ‹Man will die Fackelzugstimmung ausnutzen› schreibt das ‹Berliner Tageblatt› zum überstürzten Termin der Neuwahlen. Die Behandlung des Preußischen Landtages erscheint noch dubioser. Der Landtag hat seine Auflösung abgelehnt. Das Dreimännerkollegium: Landtagspräsident, Ministerpräsident, Präsident des Staatsrats, bringt nicht die gewünschte Mehrheit. Dr. Adenauer äußert dazu: ‹Die Verordnung des Herrn Reichspräsidenten widerspricht dem Artikel 17 der Reichsverfassung. Ich bin daher nicht in der Lage anzuerkennen, daß der Reichskommissar v. Papen das dem Ministerpräsidenten Braun zustehende Recht auszuüben befugt ist.› Herr v. Papen hat es ausgeübt, der Landtag ist aufgelöst.

Solchen Beugungen von oben, die Sie, meine Herren, vielleicht langweilen, aber trotzdem symptomatisch bleiben, geht bei den unteren Organen ein nacktes Revoluzzertum parallel. Hören Sie bitte, was der hiesige ‹Kampfruf› verbreitet: ‹Das Ergebnis der kommenden Wahlen zu den Reichs- und Länderparlamenten ist uns total gleichgültig. Wenn wir günstig abschneiden, ist es gut, schneiden wir ungünstig ab bei diesen Majoritätsabstimmungen, dann ist es uns auch einerlei. Eher wird man uns die Knochen zerschlagen, als daß wir die Macht wieder aus den Händen geben.›»

Ein Satz nach dem Herzen Steputats. Er drückte die Klinke

nieder und bat den Referenten ans Telephon. Die Herren, die Zeit ihres Lebens keinen Pfifferling auf die Demokratie gegeben hatten, fanden die Haltung des NS-Blattes empörend.
Langfeld nutzte die Pause, um die Kameraden für ein persönliches Vorhaben einzuspannen. «Wie Sie wissen, meine Getreuen, sollen die Herren der nächsten Umgebung Seiner Majestät in der Öffentlichkeit für den Kaisergedanken werben, den allgemeinen nationalen Aufbruch in eine Hinwendung zur Monarchie umpolen. Ich habe für heute in zwei Wochen im Auftrage der Königlichen Schatulle die ‹Wacht am Rhein› gemietet und werde dort einen Vortrag halten, Thema: ‹Die Lüge von der Flucht des Kaisers und der Wunsch des Volkes nach seiner Rückkehr.› Freie Aussprache. Frage, wer könnte im Inserat als offizieller Veranstalter auftreten?»
Renner war zurückgekehrt, kein Teilnehmer hatte sich gemeldet. «Die Krone darf nicht auf das Postulat der Offiziere begrenzt werden, der N.D.O. als Veranstalter spräche zu einseitig für den ‹Wunsch des Volkes›. Ich würde, Herr Admiral, schlicht als ‹monarchische Bewegung› unterschreiben.»
«Das leuchtet ein, Renner. Ich hoffe, alle Kameraden an dem Abend vorzufinden. Bitte fahren Sie fort mit Ihrer Lagebeurteilung.»
«Vollzähliges Erscheinen wird uns Ehrensache sein, Herr Admiral. Hitlers erste Amtshandlung, ein Telegramm an Bundeskanzler Dollfuß, wirft ein Licht auf seine Zielrichtung: ‹Durch den Herrn Reichspräsidenten an die Spitze der deutschen Regierung berufen, beeile ich mich, Ihnen, Herr Bundeskanzler, meine herzlichsten Wünsche für die Wohlfahrt des deutschen Brudervolkes in Österreich zu übermitteln. Reichskanzler Hitler.› Nach meinem Dafürhalten, meine Herren, wird der Anschluß auf Biegen oder Brechen angestrebt. Was die beiden Vierjahrespläne zur Rettung der Bauern und des Handwerks betrifft, dürfte eine Stimme von ‹Dagens Nyheter› zu den deutschen Zollerhöhungen für Vieh, Fleisch und Fett interessieren.»

Renner blätterte in seinen Zeitungen. «Hier. ‹Wir nähern uns einer Lage, die einem Handelskrieg gleicht. Unter Hugenberg ist Deutschland im Begriff, seine skandinavischen Märkte zu verlieren.› Da scheint schon etwas zu greifen. Hugenberg wird übrigens in allen Wahlkreisen an der Spitze der Vorschläge für die ‹Kampffront Schwarz-weiß-rot› stehen, eine gelungene Wortschöpfung für die etwas verbrauchten Deutschnationalen. Herr v. Papen und Franz Seldte führen die Reichsliste an. Ich brauche nicht zu verklaren, wie sehr es darauf ankommt, das Gewicht dieser Gruppe innerhalb der Regierung zu stärken.»
Wieder öffnete sich die Tür, aber Langfelds Ärger verflog, als statt des lästigen Stewards die Ökonomin des Clubs, Frau Mutzlaff, eintrat. Langfeld hatte eine Schwäche für Frau Therese, die lebenslustige Witwe eines im Mittelmeer gebliebenen U-Bootkommandanten. Sie hatte sich nicht wieder verehelicht, ließ sich von den Augen der Herren verschlingen und verdeckte mit ihrem Charme, der alle Clubmitglieder gewann, eine handfeste Geschäftstüchtigkeit.
«Denken Sie sich, meine Herren, die Hochzeit des Kommandanten der ‹Gazelle› ist mir heute ausgefallen, seine Braut soll mit einem Cellisten durchgebrannt sein. Nun sitze ich da mit zwei Dutzend Hummern. Hätten die Herren Appetit?»
«Auf meine Kappe, Mützchen!» rief ein Oberassistenzarzt a.D., heute Zahnarzt mit einer gutgehenden Praxis. «Und sechs Flaschen Schampus, Hausmarke!»
Während Frau Mutzlaff den Auftrag mit einer Andeutung von Knicks quittierte, eilte Steputat bereits mit den Hummerbestecken herbei.
Langfeld wies ihn hinaus. «Erst wird Dienst gemacht. Bitte, Renner, fassen Sie sich kurz.»
Der Referent blätterte einen Stapel seines Konzepts um. «Ich beschränke mich auf einige bezeichnende Personalien. Der hiesige sozialdemokratische Stadtverordnetenvorsteher Hansen ist einstimmig in sein Amt wiedergewählt worden. Des-

gleichen sein Vertreter vom Bürgerblock, unser Freund v. Remus. Der neue Reichskommissar für das Preußische Kultusministerium, Rust, hat den Assessor Kopf vom Gymnasium hier als Abteilungsleiter für alle studentischen Fragen ins Ministerium berufen. Meines Erinnerns hat sich eines unserer Mitglieder mit dem Herrn vor Jahren einmal in der ‹Sevilla› geschlagen.»
«Ein Skandal, Renner, daß er im Schuldienst belassen wurde. Dieser Kopf warf eine Bierflasche nach einer jüdischen Tänzerin, unser Stabsarzt scheuerte ihm darauf eine, aber der Herr Studentenschaftsführer kniff vor der Forderung.»
«Jawohl, Herr Admiral. Weiter: Oberst a.D. Hierl wird Reichskommissar für den freiwilligen Arbeitsdienst. Eine Dienstpflicht ist geplant. Dem Admiral v. Levetzow soll in dem berüchtigten SA-Führer Graf Helldorf ein Konkurrent um das Amt des Berliner Polizeipräsidenten erwachsen sein. Das wäre ein schwerer Rückschlag für uns. Levetzow, der in das Berliner Nachtleben einigen Anstand zurückbringen will, ist den Herren Goebbels und Röhm angeblich zu prüde. Ihnen geht es nicht um Moral, sie wollen den Sumpf nur arisieren. Reichsinnenminister Frick hat sich dem Reichsrat als bayrischer Föderalist vorgestellt. Wer's glaubt . . .
Göring will als Minister Reichstagspräsident bleiben. Er kann den Hals nicht voll genug kriegen. Die Geschäftsordnung hat es nicht für nötig gehalten, eine solche Unmöglichkeit auszuschließen. Sein Staatssekretär Milch wird in der neuen Stellung die kaufmännische Leitung der Lufthansa beibehalten. Wohin soll das führen? Meine Herren, man fragt sich, wie wird es erst in Jahren aussehen, wenn sich die braunen Machthaber schon in ihren ersten Tagen derart segnen.
Und noch ein Schlaglicht von der Gegenseite: In der Kölner ‹Rheinlandhalle› hat der Sozialdemokrat Sollmann Stalin aufgefordert, er solle die KPD zu einem Nichtangriffspakt mit der SPD anhalten, wie Stalin ihn mit Polen und Frankreich abgeschlossen habe. Ich will sagen: noch haben die Marxisten

nicht aufgegeben. Thema durch.» Langfeld dankte dem Referenten. «Menschenskind, Renner, Sie hören das Gras wachsen. Was wären wir Rindviecher ohne Ihre Informationen. Fazit des Gehörten? Distanz halten! Mir war dieser nachgeholte Fackelzug vor dem Rathaus wahrhaftig nicht nach der Mütze. Was der Grubenarbeiter Börger aus Bochum uns da verzapfte, ging auf keine Kuhhaut. Und ganz unter uns: Was tut der Gauführer des ‹Stahlhelm›, unser sonst so geschätzter Oberst Seidener? Statt den Pg. Börger auszupunkten, tönt er von ‹Braun und Feldgrau Hand in Hand› und läßt den Rütlischwur herhalten. Armer Schiller! Ich mache solche Gemeinschaftsveranstaltungen nicht mehr mit, ja, meine Herren, ich habe mich zu prüfen, ob der ‹Stahlhelm› von morgen noch unser guter alter ‹Stahlhelm› von gestern sein kann. Ich werde Sie meinen Entschluß rechtzeitig wissen lassen.»
Renner fuhr zusammen. Den «Stahlhelm» hinschmeißen, niemals! Womit sollte man dann noch operieren? Langfeld ist mit seinen Männern viel zu verwachsen, um sie in Stich zu lassen. Ich verdufte jetzt. Renner pflegte stets nur während des dienstlichen Teils der Zusammenkünfte zu bleiben, die Besäufnis überließ er den anderen. Sein Magen neigte zur Anfälligkeit. Er besaß zu Hause das modernste Rundfunkgerät, mit dem er Nachrichten sogar aus Paris und Kopenhagen empfing. Er war unermüdlich im Sammeln von Orientierungen.
«Melde mich gehorsamst von Bord, Herr Admiral.»
«Schon wieder an die Arbeit, Renner? Das mit dem Dreimännerkollegium müssen Sie mir privatim noch einmal auseinanderpulen. Scheint ein standfester Mann zu sein, der Doktor Adenauer.»

IV

Waffenträger der Nation

Am 24. Februar wurde der Doppelposten vor dem Reichspräsidentenpalais von der Marine gestellt. Hindenburg empfing in Anwesenheit Admiral Speichens den australischen Minister Bruce, der das Namensschild des Kreuzers «Emden» feierlich an das Deutsche Reich zurückgab. Die «Emden» (II) war im Kriege nach Aufbringen von 8300 BRT durch den australischen Kreuzer «Sidney» schwer beschädigt worden. Sie mußte vom Kommandanten auf ein Riff gesetzt werden. Jetzt würde das Namensschild auf dem Kleinen Kreuzer «Emden» (III) der Reichsmarine einen Ehrenplatz finden. Die bürgerliche Presse feierte die Geste Australiens.

Wenige Tage vorher hatte Reichswehrminister v. Blomberg der Flotte seinen ersten Besuch abgestattet. Der Chef der Marineleitung begleitete ihn. Flottenchef Vizeadmiral Schwerdt meldete die Flotte zur Besichtigung auf Reede, das Linienschiff «Hessen» feuerte 19 Schuß Salut. Die Grußerwiderung «Guten Morgen, Herr General!» war mit der Besatzung des paradierenden Flottenflaggschiffs gründlich eingeübt worden, aber nun rief der neugebackene Minister der Crew plötzlich «Heil, Soldaten!» zu. Dadurch geriet das erste Bild von der Marine für den hohen 85er – in der Marine rangierten alle Feldgrauen unter der Nummer des alten Holsteinischen Infanterieregiments 85 – wenig zackig. Einige riefen «Guten Morgen», andere «Heil», dritte verbesserten sich, es wurde eher ein Volksgemurmel.

Gern hätte Speichen seinem Vorgesetzten das erste Panzerschiff vorgeführt, die «Deutschland» lag jedoch noch im Arsenal zur letzten Ausrüstung, und die auf ihr herumkrabbelnden Werftarbeiter hätten ein zu unordentliches Bild geboten. Bei ähnlicher Gelegenheit hatte in früherer Zeit ein hilfloser Wachoffizier «Arme Leute stillgestanden!» kommandiert. Nein, lieber keine Zivilisten bei militärischem Zeremoniell. Auch U-Boote und Marineflieger konnte Speichen dem Gast noch nicht vorführen. Der von der Reichsmarine geforderte Bau von 16 U-Booten war zwar vom Kabinett Schleicher am 15. November 1932 nach der gescheiterten Genfer Abrüstungskonferenz genehmigt worden. Die Realisierung jedoch brauchte Zeit.

Der Minister zeigte sich von allem Gebotenen befriedigt, er wußte nur zu gut, daß seine Truppenbesuche einstweilen mehr der Selbstdarstellung galten. Die Reichswehrangehörigen sollten spüren, daß nach Noske, Geßler und Groener ihr Minister endlich Soldat und nichts als Soldat war.

Einige Stunden später versammelte sich das Offizierskorps in der Aula des Stationskommandos, wo der Stationschef, Vizeadmiral Ulbrich, den Minister bat, das Wort an die Offiziere zu richten. Für Ulbrich, der knapp über den Rand des Pults blicken konnte, war eine Backskiste untergestellt worden, die sein Adjutant im letzten Moment beiseite schob, als der baumlange v. Blomberg den Stationschef ablöste. Die Ansprache fiel erstaunlich moderiert aus. Der Wehrminister rief die Herren auf, das Werk der nationalen Regierung jeder an seinem Platz zu stützen und zu stärken, betonte aber, daß die Wehrmacht «unpolitisch über den Parteien» stehe.

Gauleiter Fest tobte, als er am nächsten Tag die Kurzfassung der Ansprache in der Zeitung las. «Die Parteien werden weggeblasen, der unpolitische Blomberg hinkt hinterher.»

Gruppenführer Gütlich beruhigte ihn. «Wenn unser Stabschef Ernst Röhm erst die Reichswehr übernimmt, und das kommt mit Sicherheit, wird der Kurs stimmen. Entweder die Generale parieren, oder sie werden von uns zum Teufel gejagt. Das muß dem Führer klar sein.»

Fest, der das Korps der Politischen Leiter für des Führers treueste Gefolgschaft hielt, fixierte Gütlich skeptisch durch die Brille. «Übernehmt euch nur nicht. Der Führer bestimmt, wer Waffenträger der Nation sein soll.»
Fest hatte genug Ärger gehabt mit Landräten, die sich bei ihm wegen Übergriffen der SA beschwerten. Das mochte Gütlich, der es im Kriege bis zum Vizewachtmeister gebracht hatte, in den Kram passen, von einem zum anderen Tag General in der Wehrmacht zu werden. Ohne jede Vorbildung! Fest selbst strebte das Amt des Oberpräsidenten der Provinz an. Das war ihm Göring schuldig. Mit Gütlichs Ambitionen nicht zu vergleichen. Für politische Ämter kommt es auf die Kämpfernatur an. Zum Sachverstand verschreibt man sich einige zuverlässige Regierungsräte. Die beiden Männer trennten sich in der stillen Gewißheit, daß jeder den anderen in der Tasche habe.
Bei v. Blombergs Flottenbesuch zeigten die Schiffe noch die schwarz-rot-goldene Goesch in der Reichskriegsflagge. Schon wenige Wochen später löschte Hindenburg diesen Schönheitsfehler. Der obere Flaggenstreifen erhielt sein «fleckenloses» Schwarz zurück, der republikanische Reichsadler auf der Mütze wurde durch die schwarz-weiß-rote Kokarde ersetzt. Bis zur endgültigen Regelung, die nicht lange auf sich warten ließ, wurden die Reichsfarben Schwarz-Weiß-Rot und das Hakenkreuz auf weißem Feld in rotem Grund zu Staatsflaggen erklärt.
Damit hielt der Tischstander der Reichsmarine endlich seinen Einzug im Geschwaderclub. Speichen hatte sich als Stationschef vergeblich darum bemüht. Der Kastanienwirt, eine kaiserliche Exzellenz, die am Stammtisch des Clubs, der «Blühenden Kastanie», den Vorsitz führte, wollte sich durch den «Schandflicken» nicht die Freude an der Kameradschaft verderben lassen.
Langfelds Reaktion war zwiespältig. Die gereinigten Reichsfarben taten ihm wohl, das Hakenkreuz schmeckte ihm nicht.

Die letzten Wochen hatten die Fronten verwirrend durcheinandergebracht. Wenn er jetzt zu seinem ihm widerwärtigen Schwager Leopold ging, was hatte Vorrang? Der Dissens in der nationalen Frage oder das Einverständnis in der Bekämpfung dieses Emporkömmlings Hitler? In außenpolitischer Hinsicht schien der Reichskanzler national zuverlässig zu sein. Seine Auflehnung gegen Versailles konnte man nur unterschreiben. Daß gangbare Wege beschritten würden, dafür bürgte hoffentlich die Umsicht des Außenministers, des Frhrn. v. Neurath. Immerhin ein Fachmann. Hitlers Interview im «Sunday Express» schien Langfeld einleuchtend. Rückgabe des polnischen Korridors, Verhandlungen mit England in der Kolonialfrage. «Deutschland braucht jetzt einen Cromwell» hatte der Kanzler zum Schluß gesagt und damit alles wieder verdorben. Für Langfeld blieb der Lordprotektor ein Königsmörder. Verdammt in alle Ewigkeit. Und innenpolitisch? Dieses schleichende Revoluzzertum hält eine preußische Natur nicht aus. Dagegen ist Front zu machen.

Claudia öffnete Langfeld. Sie trug einen grauen Faltenrock und eine duftige helle Bluse. Der Besucher war sofort von ihr gefangen. Leopolds wabblige Finger mußten beim Händedruck ertragen werden. Robert war mit dem Vorsatz gekommen, um Claudias wegen Leopold hinzunehmen, wie er war. Bis an die Grenze des Zumutbaren.

Die Hausfrau hatte den Abendbrottisch hübsch gedeckt. Es gab kalten Aufschnitt, Salate und Bier. Leopolds Art, zu schlingen und dabei noch zu dozieren, ließ Langfeld wegsehen, sein Auge hielt sich an Claudia schadlos. Sie saß belustigt zwischen den beiden ungleichen Männern, immer auf dem Sprung, mit einem Scherz abzulenken, wenn es kritisch wurde.

«Steckst du schon wieder im Geschirr?» fragte Robert seinen Schwager. Spitz erzählte von den Räubereien der Hitlerju-

gend, deretwegen er der Staatsanwaltschaft auf den Fersen sei.
«Noch läßt sich die Justiz nicht einschüchtern, aber der Boden wird schon brüchig. In einigen Jahren, wenn die heutigen Examenssemester aus dem NS-Studentenbund Recht sprechen, gilt nur noch das ‹gesunde Volksempfinden›. Dem Führer hat es mißfallen: Rübe ab. Den Leuten fehlt die Phantasie, sich auszumalen, was auf uns zukommt. Stalin und Mussolini werden Waisenknaben sein gegenüber Hitler mit seiner deutschen Gründlichkeit. Die gesamte Führungsschicht neuer, aber auch alter Provenienz ist einem Psychopathen zu Willen. Das muß ein grauenvolles Ende nehmen.»
Claudia löste Leopold im Plädoyer ab. «An einem einzigen Tag setzt Göring vierzehn Regierungs- und Polizeipräsidenten ab, unter anderen Zörgiebel in Dortmund. Unsere Wahlversammlung mit Grzesinski wird vom Grafen Reventlow mir nichts, dir nichts verboten. Die öffentliche Sicherheit sei gefährdet.»
Nun waren Grzesinski und Zörgiebel in früheren Jahren für Langfeld Reiz- und Schimpfwörter gewesen, Aushängeschilder des Systems, Unterdrücker des «Stahlhelms». Es war wirklich schwierig, die richtige Position zu finden.
Claudia enthob ihn einer Äußerung und fuhr fort: «Das Innenministerium verkündet, für die Wahlen bleibe es dabei, die Benutzung des Rundfunks für die Parteien und von den Parteien wird ausgeschlossen. Ausgeschlossen sind die anderen. Hitler, Göring und Goebbels tönen Tag für Tag aus dem Kasten, man möchte ihn zu Kleinholz zerschlagen.»
Langfeld nickte. Auch er wußte etwas beizusteuern. «Gestern gehe ich durch die Schleswiger Straße. Und wen treffe ich? Den alten Aufklarer meines I.O. auf der ‹Bayern›, den Matrosenobergefreiten Zeug, vollbepackt in einer smarten Chauffeurslivree. ‹Was machst du denn hier?› frage ich ihn. ‹Ich besorge Marinaden für Hermann Göring›, antwortet er.»

Leopold und Claudia legten die Gabeln nieder und blickten gespannt zu Robert hin.

«Den Mann durfte ich nicht so schnell laufenlassen, das hätte mir mein Kamerad Renner, der immer scharf auf Informationen ist, nie verziehen. Ich lade also Görings Fahrer in die ‹Zementdestille› ein, und nach dem dritten Korn fängt er ganz proper an, vom Leder zu ziehen. ‹Frau Emmy Sonnemann hat mich durch eine Nummernanzeige im «Generalanzeiger» an Land gezogen. Gesucht wurde ein Fahrerdiener, der auch Hermanns Motoryacht steuern kann. Die Reise zur Vorstellung wurde spendiert, ich wollte schon immer mal nach Berlin, aber fast hätte ich den Posten ausgeschlagen. Keine hundert Mark im Monat war ich Hermann wert. Doch Frau Emmy, seine Freundin, sagte, wenn ich meine Sache gut mache, wird zugelegt. Hermann hat Vertrauen zu mir, er hat mich engagiert, weil er um keinen Preis einen seiner Leibwächter als Diener haben wollte. Vor diesen SA-Leuten, die ihm vom Gruppenführer Ernst aufgeschwätzt sind, hat er höllisch Manschetten. Er mißtraut ihnen, und das mit Recht. Es sind dieselben Leute, die, wenn Sie mich fragen, den Reichstag angezündet haben. Die Tage vorher waren Ernst und seine Banditen dauernd bei uns zwischen Hermanns Palais und dem Reichstag zugange. Göring wußte von nichts. Er hat es nicht getan. Das kann ich beschwören. Ich habe ihn in der Brandnacht in den Reichstag begleitet. Sie hätten sehen sollen, Herr Kapitän, wie er in sein Büro stürzte und zu heulen anfing über die angesengelten Wandteppiche und die verbrannten Photographien auf seinem Schreibtisch. So down habe ich ihn noch nie erlebt. Als er auf den Führer zuging, stolperte er über die Feuerwehrschläuche, ein gebrochener Mann. Ganz anders Adolf. Dessen Augen flackerten wie irre, er schrie etwas von Zeichen der Vorsehung. Hermann müsse sofort damit beginnen, die kommunistische Pestbeule mit Stumpf und Stiel auszubrennen. Und gleich war mein Chef wieder der alte Kämpfer.› Und nun kommt ihr!»

«Sehr interessant», sagte Spitz. «Ich bin gespannt, wie sich das Reichsgericht aus der Affäre ziehen wird. Die Kriminalisten sind natürlich nur auf Torgler und die Kommunisten angesetzt, in Richtung Ernst und Helfershelfer fahndet niemand. In Preußen wird nicht mehr anständig regiert wie unter Braun und Severing, in Preußen wütet jetzt ein Morphinist.»
«Halt!» rief Langfeld. «Das bestreitet Zeug entschieden. Kinder, die Kammerdienerperspektive war nie mein Fall, aber woran soll man sich halten? *Relata refero.* Jeden Morgen läßt sich Göring von Zeug rasieren. Er hat nur ein Thema, sein Gewicht. Mit Sauna, Masseur und Unmengen von Schlankheitspillen, nicht mit Morphium, Leopold, kämpft er gegen seine fast drei Zentner an. Vor lauter Schwitzen zieht er sich fünfmal am Tage bis aufs Hemd um. Cholerisch, wie er ist, löst ein Wutanfall den anderen ab und, so Zeug, wenn er wütend ist, überfällt ihn eine unvorstellbare Freßgier, die ganze Abmagerungskur ist dann wieder perdu. Zeug erzählt: ‹Nachts, wenn Angstträume ihm zusetzen, weckt er mich. Dann muß ich aus dem Eisschrank Gänseleberpastete, Kieler Sprotten, Bier, Kuchen und Schlagrahm auftischen. Mein Chef liegt in ständigem Clinch mit seiner Verfressenheit.› Dein Geflügelsalat, Claudia, ist auch nicht von schlechten Eltern.»
Claudia traktierte Robert, Leopold gluckste. «Ich habe die Sonnemann mal in Weimar erlebt, als Gretchen. Zum Schütteln, sage ich euch, sie paßt wunderbar zu diesem germanischen Heldentenor. Am Wochenende kommt sie nach Berlin herübergefahren und schlüpft in Görings Stadtwohnung am Kaiserdamm, heißt es.»
«Warum soll sie nicht? Zeug meint, die beiden werden bald heiraten. Ist ihr Besuch angekündigt, schenkt der Minister ihm ein Kinobillett, Urlaub bis zum Wecken. Meinen Segen haben sie. Wenn ich mir dagegen ausmale, daß der ‹Stahlhelm› diesem widerwärtigen Röhm unterstellt würde, dann ohne mich, darauf könnt ihr euch verlassen.

Vor ein paar Tagen hat Göring übrigens die Spitzen der Industrie zu sich ins Palais des Reichstagspräsidenten eingeladen. Krupp, Bosch, Dr. Vögler von den Vereinigten Stahlwerken und wie die Magnaten alle heißen. Er hat ihnen gehörig eingeheizt und verkündet, dies wären die letzten Wahlen für die nächsten hundert Jahre. Nachher mußte Zeug mit Görings Gamsbarthut herumgehen und eine kleine Spende für die Partei einsammeln. Ratet mal, wieviel da zusammengekommen ist? Sage und schreibe Schecks über drei Millionen Mark haben die beiden ausgezählt, behauptet Zeug, und zu Hermann will er gesagt haben: ‹Und mich wollen Sie mit ganzen hundert Mark im Monat abspeisen? Der Dicke hat gegrinst und, weil er gerade die Spendierhosen anhatte, mir mein Gehalt rückwirkend verdoppelt. Noch in der Nacht rief er Goebbels an und stellte ihm alle die schönen Moneten für die Propaganda zur Verfügung. «Jetzt sind wir die Herren des Landes», soll Goebbels geantwortet und die Rotationsmaschinen sofort angeworfen haben. Drei Millionen in Druckerschwärze verpulvert, Herr Kapitän, es könnte einen Hund jammern.› Meinem Zeug kamen fast die Tränen.»
«Das Kapital finanziert Hitler nicht erst seit heute», sagte Claudia. «Die Industrie hat ihn schon vor Jahren gekauft. Im Innern soll er die Gewerkschaften an die Wand quetschen, durch Rüstung für Profite sorgen, und wenn die Wehrmacht erst steht, losschlagen, um seinen Geldgebern einen größeren ‹Binnenmarkt› zu erschließen.»
Langfeld wollte widersprechen, aber Spitz war schneller: «Mir wäre im Traum nicht eingefallen, daß Göring das Geld an seinen Konkurrenten Goebbels abliefern könnte. Erst mal kultiviert er selbst ja ziemlich kostspielige Liebhabereien, und dann wetteifert er doch auf Teufel komm raus mit Goebbels um die Gunst Hitlers. Nun streicht das Füchslein den Dank ein für das, was der Bär angeschafft hat.»
Langfeld fand an dem Vergleich Gefallen. «Nur noch wenig von Zeug, dann sollten wir das Thema verlassen, ich möchte

gern hören, wie es Mutter geht. Hinter die Sonnemann sollen sich Leute stecken, die von Göring etwas erreichen wollen, jüdische Schauspieler, denen nach Goebbels' Hetze im ‹Angriff› Verlust ihrer Engagements droht. ‹Wer Jude ist, bestimme ich›, lautet nach Zeug Görings Entscheidung. Fabelhaft, nicht wahr? Erstaunlich, wie scharf manchmal einfache Leute beobachten können. ‹Im Hause›, sagt Zeug, ‹ist Göring der große Herr, gleich ob als SA-Führer, Parlamentspräsident, Reichsminister oder preußischer Minister. Das bringt zusammen ein hübsches Sümmchen ein. Entweder spielt er den Gönner, der den Leuten auf die Schulter klopft, oder er schreit sie an, wenn ihm etwas nicht paßt. Wird er aber zum Führer gerufen, schlottert die Büchs, dann schluckt er jede Menge Beruhigungstabletten, wird vor lauter Aufregung richtig fahrig. Kommt er aus der Reichskanzlei zurück, weiß ich, was die Stunde geschlagen hat. Entweder er hat Dunst bekommen, dann gibt er schäumend seine Wut an die Umgebung weiter, oder er hat Lob geerntet, dann ist den Tag über eitel Sonnenschein. So was von Stimmungen können Sie sich nicht vorstellen, Herr Kapitän. Was für ein ruhiger Verein waren wir doch auf der «Bayern». Trotz prima Verpflegung habe ich schon einige Pfunde verloren.› Man sah es ihm nicht an.»
«Ein dickes Lob für deine Ausgeglichenheit an Bord, Robert», sagte Claudia und öffnete dem Schwager eine neue Bierflasche. «Mutter ist abwechselnd kregel und matt. Jetzt hat sie sich Kopfhörer am Bett installieren lassen und klingelt fortgesetzt nach den Schwestern, um ihnen einzutrichtern, was sie soeben an Neuigkeiten vernommen hat. Ich muß Konfekt und kleine Geschenke herbeischleppen, damit sie die geplagten Hausgeister bei Laune hält. Ihr Geiz scheint verflogen zu sein, das könnte auf das Ende hindeuten.»
«Ob ich sie mal besuche?» Die Frage war Langfeld herausgerutscht. Im Grunde konnte er sich nicht vorstellen, wie er ihr gegenüberzutreten habe, nachdem er sie vor fünf Jahren aus der Tirpitzallee vergrault hatte.

«Mich bekommt sie nicht zu sehen», entschied Spitz. «Soll ich mir die albernen Sprüche über ihren ‹Volksmann› Hitler anhören? Was heißt Volk? Hitler hat das entwurzelte Bürgertum und den nichtorganisierten Teil der Arbeiterschaft hinter sich gebracht, der positive Kern der Volkssubstanz lehnt ihn ab. Ob dieser innere Widerstand der gewaltigen Propagandamaschinerie der Nazis standhält, wird die Zukunft zeigen.»
Claudia hätte dazu manches auf der Pfanne gehabt, sie verschob aber ihren Kommentar, bis Robert gegangen war. «Soll ich dich bei Mutter anmelden, Schwagerherz? Es ist nicht vorherzusehen, wie sie reagieren wird. Sie kann dir die Wasserkaraffe ins Gesicht werfen, sie kann dich aber auch an ihre welke Brust ziehen und dich ihren Allerbesten nennen.»
Robert schmunzelte. Claudias Frische steckte immer wieder an. «Ich werde Mutter besuchen. Sobald sie von Hitler anfängt, verabschiede ich mich postwendend. Meine Tilli im Himmel wird den Entschluß gutheißen, daß ich wenigstens den Versuch mache, von Mutter in Frieden zu scheiden.»
Claudia und Leopold sahen sich fassungslos an. Spitz unterdrückte den Vorschlag, sogleich über Tischrücken mit der verstorbenen Tilli in Verbindung zu treten. Für Freidenker vom Schlage des Ehepaars Spitz war Roberts religiöses Gemüt ein Rätsel. Als er gegangen war, rückten sie zusammen und rekapitulierten den Abend.
«Robert befindet sich in einem Umlernprozeß. Er beginnt zu verbrennen, was er angebetet hat. Wir haben immer gewarnt, leider vergeblich.»
«Es ist vortrefflich gegangen mit euch beiden, Leone. Zum erstenmal, seit ich euch kenne, habt ihr nicht miteinander gestritten. Wozu der Hitler nicht gut ist . . .»
Leopold entzündete zwei Zigaretten der Marke «Freiheit», auf denen die drei Pfeile der «Eisernen Front» aufgedruckt waren. «Jede Zigarette finanziert ein Flugblatt zur Aufklärung», hatte es in der Reklame geheißen. Er steckte Claudia den Glimmstengel in den Mund. «Der Tabak ist schlecht, und

die Flugblätter werden beschlagnahmt, kaum daß sie gedruckt sind. Ich denke, wir kehren zur ‹Muratti› zurück. 3 1/3 Pfennig kosten beide.»
Claudia legte ihre Hand auf Leopolds Schulter. «Warum lassen wir alles über uns ergehen, warum, das mochte ich in Roberts Gegenwart nicht fragen, warum schlagen nicht wenigstens die Kommunisten los?»
«Sehr einfach, Liebste. Sie dürfen nur auf Weisung der Zentrale in Moskau handeln. Hitler paßt offenbar in Stalins Konzept. Mich soll nicht wundern, wenn er eines Tages mit ihm gemeinsame Sache macht. Die Tausende deutscher Kommunisten, die jetzt in den Konzentrationslagern gequält oder von der SA und SS einfach liquidiert werden, kümmern Stalin nicht. Soll sich Hitler die Hände mit Blut beschmieren, das lenkt das Weltgewissen von Stalin ab.»
In Claudia stieg Empörung auf. «Es ist zum Verzweifeln. Heute rächt es sich, Leone, daß wir 1918 nur eine politische, keine soziale Revolution gemacht haben. Dein Ebert wollte sie nicht.»
«Sagen wir», schränkte Spitz ein, «er wollte sie nicht riskieren. Der Ausgang war ihm zu ungewiß. Hätte er die Dinge laufen lassen, wäre die Diktatur vielleicht schon fünfzehn Jahre früher über uns gekommen. Die Geschichte steckt voller Rattenkönige, immer von neuem bleibt die Vernunft auf der Strecke. Ich bin, weiß Gott, Demokrat, Claudia, aber das Wort des Vorsitzenden Wels: ‹Es ist besser, mit den Massen zu irren, als die Massen gegen sich zu haben›, unterschreibe ich nicht unbesehen.»
Sie diskutierten bis tief in die Nacht.

Einen Tag vor der Reichs- und Landtagswahl, am «Tag der erwachenden Nation», einem bisher nicht gekannten, von Goebbels inszenierten Propagandarummel, ging Langfeld in die Klinik. Die Arbeit ruhte. Überall in der Stadt Aufmärsche und Platzkonzerte, Versammlungen und Kundgebungen in

allen Stadtteilen. Abends Fackelzug und Übertragung von Hitlers letztem Appell aus Königsberg. Langfeld hatte seinen Stellvertreter Kruse angerufen, einen ehrgeizigen Bäckermeister, der nicht oft genug das stattliche Stahlhelmkontingent befehligen konnte.
Kruse war nicht erreichbar gewesen, aber Frau Kruse garantierte für alles. «Beste Genesung für Ihre Schwiegermutter, Herr Admiral. Da muß man ein Einsehen haben, Familie geht vor. Herr Kruse, was mein Mann ist, wird alles bestens besorgen. Dem Geschäft bekommt es nicht so gut, wie Sie sich denken können, aber Herr Kruse, was mein Mann ist, sagt immer, die große Sache hat Vorrang.»
«Was mein Mann ist . . .» Langfeld rief in letzter Zeit oft Frau Kruse an, ihn erwärmte ihre Redeweise. Claudia hatte ihn zum Besuch der Konsulin noch einmal ermuntert. «Erst war Mutter ganz Abwehr. ‹Das könnte Robert so passen, seine Feindin geschwächt im Bett liegen zu sehen.› Dann besann sie sich. ‹Er soll kommen. Ich will ihm verzeihen. Der gute Kern in ihm hat sich geregt. Dein kernloser Leopold kann sich zu nichts aufraffen. Was habe ich dir denn getan? Tilli, nicht dich habe ich auf dem Gewissen.› Zum Schluß drang sie in mich. ‹Bitte, Claudia, Robert darf nicht lange überlegen. Ich will mich bei ihm entschuldigen für alles, was ich ihm in der Tirpitzallee angetan habe. Ich muß wieder gesund werden, um Robert noch einmal am Flügel spielen zu hören. Bitte, sage ihm das.› Was hiermit geschehen ist.»
Auf dem Wege zur Klinik wich Langfeld den Marschkolonnen aus und kaufte am Kiosk neben dem Pförtner ein Pfund ausgesuchter Pfirsiche. Eine junge Schwester, neben der er gern noch länger über den Korridor gegangen wäre, geleitete ihn zur Patientin auf Zimmer 22.
Jahre hatte er seine Schwiegermutter nicht mehr gesehen. Das Gesicht unter der schwarzen Spitzenhaube war noch schmäler geworden, die Tränensäcke an den geröteten Augen bestimmten mit ihren vielen Falten jetzt alle Züge. Die von Le-

berflecken übersäten Hände hielten den «Kampfruf» fest, Frau Waterbloem hatte kaum Zeit gefunden, ihre Brille unter dem Kopfkissen zu verstecken. Er braucht nicht zu wissen, daß ich ohne Glas nicht mehr auskomme, sagte sie zu sich. Optiker hatte sie immer eine ganz überflüssige Zunft genannt, pure Einbildung, mit Brille besser zu sehen.

«Mein Junge!» rief sie, wischte die Zeitung von der Bettdecke und streckte ihm ihre dürren Ärmchen entgegen. «Laß dich ansehen! Gut siehst du aus. Unverändert, so wie ich dich im Gedächtnis behalten habe.»

Robert küßte ihr die Stirn und mußte sich lange festhalten lassen. Für das Obst bedankte sie sich überschwenglich. «Ich bekomme hier nur fades Kompott. Sie sparen an Zucker und verstehen nichts von Vitaminen. Claudia ist es nie eingefallen, mir frisches Obst mitzubringen. Du guter Junge!»

Sie klingelte nach der Schwester – zu Roberts Enttäuschung nicht das hübsche junge Ding –, ließ sich Teller, Messer und Handschale bringen und duldete nicht, daß Robert einen Stuhl herbeizog.

«Setze dich zu mir auf die Bettkante, ich will dich ganz aus der Nähe ansehen. Und nun schmausen wir, du mußt mithalten. Ist das ein Fest!»

Während Langfeld die Pfirsiche aufschnitt, streichelte sie über seinen Handrücken. «Weißt du, daß ich von deinen Händen oft träume? Sie waren immer so edel, manchmal habe ich Tilli um ihretwillen beneidet. Auch die Peepchen singt ein Lied davon. Die törichte Person scheint es noch immer auf dich abgesehen zu haben.»

«Ihre Anhänglichkeit ist zum Auswachsen. Ich verschanze mich förmlich vor ihrer Zudringlichkeit. Neuerdings schwärmt sie von den Freuden der Mutterschaft. Bildet sie sich etwa ein, daß ich . . .»

«Robert, ich verstehe nur zu gut, daß du sie dir vom Leibe hältst. Die Peepchen ist nicht deine Kragenweite. Um mich kümmert sie sich rührend, das muß ich sagen. Jede Woche

kreuzt sie auf, um mir ihre Gedichte vorzulesen, nicht ganz mein Geschmack, aber was willst du vor Langerweile mehr verlangen? Sie ist dankbar, einen geduldigen Zuhörer gefunden zu haben, meine Kritik schmeichelt ihr. Genug. Wenn ich dich so vor mir sehe, Robert, du könntest noch eine Frau glücklich machen. Warum heiratest du nicht wieder? Glaube mir, mein Junge, es wäre in Tillis Sinn.»
Langfeld entzog seiner Schwiegermutter die Hand und lächelte, ein wenig schamhaft, schien es der Konsulin. «Dazu gehören zwei, Mutter. Ich wüßte nicht, wen. Wer sein Leben mit der guten Tilli geteilt hat, dem genügt niemand. Tagsüber und die meisten Abende habe ich Kameraden um mich, bald kommt Wilhelm zurück. Im Grunde bin ich sehr allein.»
Die Konsulin dachte nach. «Als ihr noch am Gottorpplatz wohntet, hattet ihr ein so reizendes Paar zu Freunden, ich meine, Mautbergs hießen sie. Du bist einmal auf der Jagd bei ihnen gewesen, v. Warmleben wußte zu berichten, daß der Mann einem Unfall zum Opfer gefallen ist. Wenn seine Witwe noch lebte, müßte sie in einem für dich passablen Alter sein. Die jungen Dinger taugen nichts für gesetzte Männer. Das hat das Beispiel Hochhirsch wieder gezeigt.»
«Deine Sorgen, Mutter, möchte ich haben. Ich war bei Mautbergs, falls es dir entfallen ist, als das Unglück mit Tilli passierte. Frau Marga Mautberg ist eine nette Frau. Ich fürchte, das Waldgut meines Crewkameraden wächst ihr über den Kopf. Auf meine Kondolation hat sie nie geantwortet, sie bleibt auch in den Crewrundbriefen stumm.»
«Das besagt nichts», wendete die Konsulin ein. «Soll ich ihr einmal schreiben?»
«Da sei Gott vor!» Langfeld hob den «Kampfruf» auf, er konnte das Blatt nicht länger auf dem Boden liegen sehen. «Hast du keine bessere Lektüre?»
«Was willst du mehr? Ein kämpferisches Organ, wie es die Zeit braucht. Manchmal etwas ruppig, aber geradeaus. Kürzlich haben sie deinen Freund, den Kinobesitzer der ‹Königs-

halle›, ins Visier genommen. ‹Sally, Sohn der Wüste, sag mal, hast du deine letzte Lebensversicherung bezahlt?› Das kömmt davon, weil er lauter Judenfilme laufen läßt. Man sollte ihm das Kino wegnehmen. Das ist meine Meinung.»
Langfeld sprang auf. «Mutter, ich schäme mich für dich, daß du dir zu eigen machst, was dieses infame Journal von sich gibt. Sally Aufrechter ist ein grundanständiger Kamerad, seine Filme enttäuschen nie. Merkst du nicht, daß hier eine Morddrohung ausgesprochen wird?»
Die Konsulin fiel aus allen Wolken, fing sich aber schnell. «Du mit deinen Judenfreunden. Ich habe mir solche Gesellschaft zeitlebens vom Halse geschafft und halte es mit Rumpelstilzchen: ‹mang uns mang is keener mang, der nich mang uns mang jehört›. Jetzt muß reiner Tisch gemacht werden. Auch Sybels Tage sind gezählt. ‹Treten Sie ab, Herr Oberbürgermeister›, schreibt der ‹Kampfruf›. ‹Sie sind ohne Rückgrat. Bei uns wird alles friedlich verlaufen, wenn Sie freiwillig und schleunigst aus dem Rathaus verschwinden. Volksrecht bricht totes Paragraphenrecht.› Es folgten Beispiele aus Plauen und Koblenz, wo man unsanfter mit den Herren umgesprungen ist. Pranger und was weiß ich.»
Langfeld griff zum Paletot. «Wenn dir Schuster Ahrens als Oberbürgermeister geeigneter erscheint, bitte sehr! In einer halben Stunde geigt Bernhard Etté im Rundfunk, und ich möchte ihn nicht versäumen. Dir wünsche ich gute Besserung, von weiteren Besuchen dispensierst du mich wohl.»
Die Konsulin schwankte, ob sie einlenken solle oder nicht. Sie fühlte sich in guter Kondition. «Am ‹Tag der erwachenden Nation› wird Etté kaum zu Gehör kommen. Der mag das ganze Jahr über fideln. Der heutige Tag gehört Adolf Hitler. Dafür fehlt dir leider die Antenne, Robert.»
«Lieber einen König von Gottes Gnaden als einen Führer von Berchtesgaden.» Langfeld schlug die Tür zu, sein Zorn verrauchte erst, als er auf dem unteren Flur noch einmal den Weg der jungen Schwester kreuzte.

«Mein reizendes Fräulein, lassen Sie sich von dem Drachen auf Zimmer 22 nichts gefallen. Sie sind viel zu hübsch, um von meiner Schwiegermutter kujoniert zu werden. Verstanden, Kleines?»

«Zu mir ist die Patientin sehr nett.» Sie streifte den Gummihandschuh ab und hielt Langfeld einen schmalen Rubinring entgegen. «Ein Geschenk von Frau Waterbloem, nur weil ich ein paar Vertrauensgänge für sie besorgt habe.»

Vor dem Wahllokal traf Langfeld am nächsten Tage auf zwei Stahlhelmer, die sich ein Plakat der «Kampffront Schwarzweiß-rot» umgehängt hatten. Sie verloren sich in den Scharen von SA-Männern, die in der Schule wie in ihrer eigenen Kaserne herumliefen. Die übrigen Parteien waren nur durch Stellschilder anwesend. «Die Deutsche Volkspartei kann als einzige politische Mannschaft von sich sagen, daß sie stets und überall die Gardetruppe des Generalfeldmarschalls v. Hindenburg ist.» Ach, du Dingeldey, dachte Langfeld. Er gab den beiden Kameraden, Arbeitslosen, wie er wußte, je ein Markstück in die Hand.

«Wärmt euch mit einem Grog, aber nacheinander, bitte ich mir aus.»

«Besten Dank, Herr Admiral. Minister Göring hat für heute allen Ausschank von Branntwein verboten. Wir holen uns Bockwürste.»

Langfeld wurde durch v. Warmleben abgelenkt, der soeben seiner Wahlpflicht genügt hatte. «Menschenskind, töw mal, wir gehen noch auf einen Kirchencocktail in den Geschwaderclub.» Die stillschweigende Übereinkunft, daß an diesem Frühschoppen eigentlich nur teilnehmen dürfe, wer vom Gottesdienst aus der Garnisonskirche komme, war längst durchlöchert. Langfelds Kirchenbesuch hatte seit Wilhelms Konfirmation nachgelassen, der neue Prediger, ein Deutscher Christ, lag ihm nicht. Er machte seine Kreuze bei Liste 4, der Kampffront, und hakte sich bei v. Warmleben ein. Skeptisch sah er den Crewkameraden von der Seite an. «Trübsinnig?»

«Ich mache mir Sorgen um meinen Jüngsten. Er will partout Rechtswissenschaft studieren, obwohl das Preußische Justizministerium dringend vor diesem Studium warnt. 11 000 Jurastudenten sind für Preußen einfach zuviel. Nur noch sieben Prozent der Referendare, mit Prädikat gut und besser, erhalten einen bescheidenen Unterhaltszuschuß für den Vorbereitungsdienst. Die Haushaltsmittel sind geschrumpft. Das bedeutet, ich soll ihm nicht nur das Studium finanzieren, sondern auch noch drei Jahre Referendarzeit. Ein bißchen happig, findest du nicht?»
«Claudias Mann, mein Schwager Leopold, sieht rabenschwarz für die Zukunft der Justiz. Hitler werde nicht ruhen, bis er das Recht völlig denaturiert habe. Warum geht dein Sohn nicht zur Marine? Immer noch ein sauberer Verein, noble Kameradschaft, gute Aussichten, wenn die Neubauten erst in Serie gehen, und du hast ihn sofort von der Tasche.»
«Mein Sohn beurteilt die Marine nach seinem Vater. Für ihn, der durch die Hitlerjugend verhetzt ist, sind du und ich hoffnungslose Reaktionäre, die dafür gesorgt haben, daß in der Marine der neue Geist, wie er sich ausdrückt, keinen Fuß fassen kann. Wenn die Wehrpflicht kommt, will er Kampfflieger werden. Als ob sich das in einem Jahr erlernen ließe. Alles Schwarmgeister, diese jungen Leute.»
In der Bibliothek des Geschwaderclubs waren erst vier Herren versammelt. Die Neuankömmlinge klopften auf den Tisch und ließen sich nieder. Steputat, der Steward, setzte unaufgefordert vor jeden einen Schoppen Rheinhessen. «Heil Hitler, die Herren.»
Als er draußen war, sagte Langfeld. «Das muß man sich nun in diesen vier Wänden bieten lassen. Der Kerl wird immer frecher. Was hat Hitler in unserem Club zu suchen? Der Kastanienwirt sollte sich Steputat mal vornehmen. Er sollte ihn *mores* lehren. Unser Freund, der Kapitän Ehrlicher, traut sich bereits nicht mehr her.»

Kapitän z.S. (Ing.) Fuchs, dem Langfelds scharfe Tonart gegen den Strich ging, lenkte das Gespräch auf die Übergabefahrt der «Deutschland» ab. «Schade, daß Schlicktown Heimathafen wird. Der schmucke Neubau hätte uns hier gut zu Gesicht gestanden. Nun müssen wir uns bis zum Ersatz der ‹Lothringen› gedulden, der vom Stapel läuft, wenn die ‹Deutschland› in Dienst gestellt wird. Zwo von den Pötten nach W'haven, da würden sie ja größenwahnsinnig an der Jade. Ich war auf der Schleuse, als das stolze Schiff unter Verantwortung der Werft mit Handelsflagge in den Kanal einlief. Ein Bild für Götter!»

Langfeld, der das laute Organ des schwerhörigen Fuchs nur schlecht ertragen konnte, kam auf sein Lieblingsthema, die Segelschulschiffe, zu sprechen. Hier war der Ingenieuroffizier nicht zuständig.

«Speichen hat meinen Appell verstanden. Damit die Segelausbildung nicht unterbrochen wird, bis wir für die ‹Niobe› Ersatz haben, ist die Yacht ‹Gud Win› von der Marineleitung gechartert und als Ketsch getakelt worden. Nicht viel, aber immerhin. Den 33ern hätte etwas gefehlt, wenn sie nie unter Segeln gefahren wären, ein Makel der Crew für alle Zeiten.»

Die Herren nickten. v. Warmleben, dem der vierschrötige Fuchs auch nicht recht paßte, nahm sich den Ingenieuroffizier vor. «War das nötig, Fuchs, Ihr Leserbrief zum Film ‹Morgenrot›? Da haben wir endlich einmal einen anständigen U-Bootfilm, und dann kommen Sie und meckern an Kleinigkeiten herum.»

«Ich habe nicht gemeckert, ich habe die Kleinigkeit, wie Herr Admiral es nennen, richtiggestellt. Der Film ist ein aufrüttelndes Heldenlied. Das habe ich ausdrücklich betont. Schließlich bin ich selbst auf U-63 als L.I. gefahren. Herr Admiral wissen wie ich, daß drei Fünftel der Besatzung eines U-Boots vom Maschinenpersonal gestellt wird, nur zwei Fünftel sind Seeleute. Der Film zeigt mit boshafter Einseitigkeit nur die Seeleute. Sogar das Tauchmanöver in der Zentrale läßt er den Wachoffizier fahren. Das ist unwahr, das war immer Sache des L.I. Ich konnte den Undank meinen gefallenen Kameraden gegenüber nicht auf dem Ingenieurkorps sitzen lassen.»

Langfeld, in der Marine der Ingenieurfresser genannt, mußte Fuchs, so schwer es ihm auch fiel, beipflichten. «Ein Schönheitsfehler, mein lieber v. Warmleben, zugegeben. Mit den Filmleuten sind die Pferde durchgegangen. Lieschen Müller unterscheidet nicht so scharf wie unser guter Fuchs, für sie handeln auf der Leinwand nur tapfere Marinesoldaten. Darauf kommt es an. Ich hätte die Sache nicht an die große Glocke gehängt.»

«Jawohl, Herr Admiral.» Fuchs fühlte sich rehabilitiert und stieß weiter vor: «Zur Wahl müssen alle Mann an Deck. Jetzt wird sogar die Marine eingespannt. Die deutsche Kolonie in Las Palmas kann auf Kreuzer ‹Leipzig› wählen, natürlich auch die Seeleute von der Handelsmarine, soweit Schiffe im Hafen liegen. Der Kommandant als Wahlvorsteher, wer hätte das gedacht.»

«Fehlt nur noch, daß die Wähler aus der Kombüse verpflegt werden.» Langfeld hielt nichts von solcher Zweckentfremdung des Schiffes.

Die Maßnahme lohnte sich für die Regierung. Am Abend funkte die ‹Leipzig› das Ergebnis in die Heimat: NSDAP 154, Kampffront Schwarz-weiß-rot 44, KPD 14, SPD 10 und Zentrum 4 Stimmen. So überwältigend war im Reich der Sieg für die Regierungsparteien nicht ausgefallen. Sie hatten eine Mehrheit von knapp 52% errungen. Die Nationalsozialisten gewannen im Reich fünf Millionen, in der Stadt zehntausend Stimmen hinzu. Sechs Orte des Kreises Rendsburg meldeten 100% für Adolf Hitler. Die Deutschnationalen blieben sich annähernd gleich, die SPD verlor im ganzen hunderttausend Stimmen, in der Stadt blieb sie konstant, obwohl ihr jede Wahlagitation aus der Hand geschlagen war.

Auf der letzten nicht verbotenen Versammlung der SPD hatte Gesine Jansen ausgerufen: «Die illegale preußische Regierung stolpert nicht über die Zwirnsfäden eines Urteils des Staatsgerichtshofs. Staatsgerichtshof muß das Wählervolk werden.»
Die Wähler verstanden zu differenzieren. Für den Preußischen Landtag verdoppelten die Deutschnationalen in der Stadt ihre Stimmen, leichte Gewinne der Kommunisten glichen sich mit Verlusten der Sozialdemokraten aus, die NSDAP gewann nichts hinzu.
Kreisleiter Ahrens lud seine ganze Wut auf den Oberbürgermeister Dr. Sybel ab. «Der Schlaks soll mir dafür büßen, daß er uns am ‹Tag der erwachenden Nation› den Rathausbalkon verweigern wollte. Nächsten Sonntag bei der Kommunalwahl wird er aus seinem Sessel gefegt. Wir werden die erste Großstadt sein, die Adolf Hitler das Ehrenbürgerrecht verleiht.»
Daß Sybel kürzlich erst für zwölf Jahre wiedergewählt war, focht Ahrens nicht an. «Wir ekeln ihn hinaus. Fertig.»
Während Sybel sich mühte, mit der Kämmereikommission den Fehlbetrag im Haushalt von drei Millionen auf eine Million zusammenzustreichen, verwendete Ahrens seine ganze Energie aufs Flaggenhissen. Er ließ SA- und SS-Kommandos ausschwärmen, der Himmel mochte wissen, woher die großen Hakenkreuzfahnen plötzlich alle kamen. Man wollte sich nicht lumpen lassen. In Trier hatten sie sogar aus dem Geburtshaus von Karl Marx das Hakenkreuz herausgehängt. Wenn das kein Sieg war ...
Beim Arbeitsamt hatten sie Glück. Die Überraschung gelang. Auch vom Rathaus wehte seit dem 6. März das Hakenkreuz herab. Bei der Oberfinanzdirektion mußten sie unverrichteter Dinge abziehen. Der Leiter der Hauptzollabteilung, mit Langfeld befreundet, gab den Schlüssel zur Dachluke nicht heraus. Die Quittung erhielt er durch einen Torpedoschuß des «Kampfrufs»: «Untragbar, dieser verstockte Zeitgenosse.»
Die Schulen, die am 8. März auf Weisung Rusts schulfrei hatten, übernahm die HJ. Auch hier fanden sich widerstrebende

Direktoren und Oberstudienräte im «Kampfruf» angeprangert. Mit Namen. Hatte nicht Göring durch Erlaß angeordnet, dem Hissen der nationalen Fahnen keinen Widerstand entgegenzusetzen?
Einen großen Auflauf gab es vor der Hauptpost. Der Pförtner hatte die NS-Kommandos nicht abgewartet, sondern aus eigener Autorität die alte schwarz-weiß-rote Fahne mit dem Posthorn aus dem Asservatraum geholt. Zum Gaudium der Menge schwebte über dem Posthorn eine große goldene Kaiserkrone. Langfeld, der gerade einen Einschreibbrief nach Doorn aufgegeben hatte, in dem er SM eine Denkschrift über den «Erziehungsfaktor der Segelschulschiffe» alluntertänigst zu Füßen legte, geriet aus dem Häuschen und rief: «Bravo!» Tatsächlich klatschten einige.
Die Postmonarchie währte jedoch nur eine Viertelstunde. Der alarmierte Postdirektor hatte eilends eine schlichte schwarz-weiß-rote Fahne, natürlich ohne Posthorn, herbeischaffen lassen, und der Pförtner mußte zur Enttäuschung Langfelds und der eher belustigten Menge die Krone wieder einrollen.
«Dieser schlappe Briefmarkenverkäufer!» fluchte Langfeld über den Postgewaltigen vor sich hin. Die Peepchen hatte mittags nichts zu lachen, die Suppe war von der Post versalzen.

V

Wir haben ein Kind!

Am 9. März, als mit Bayern die letzte Bastion der Republik fiel – Frick übertrug die Geschäfte des Ministerpräsidenten Held durch telegraphischen Befehl an Ritter von Epp, genannt der «Muttergottes-General» –, am 9. März läutete kurz vor Mitternacht bei Spitzens noch das Telephon. Redakteur Matthias Bratt vom «Volksboten» war am Apparat. Ob Claudia wohl die Tochter seines Kollegen Baumgarten für ein paar Tage bei sich aufnehmen könne. Baumgarten sei nach Einbruch der Dunkelheit vor seiner Wohnung in der Lessingstraße niedergestochen und in hoffnungslosem Zustande in die Chirurgie eingeliefert worden.

Claudia kannte die kleine Eva Baumgarten, die vor zwei Jahren schon die Mutter durch Leukämie verloren hatte. Claudia hatte Eva eine Schultüte geschenkt, als die Halbwaise an ihrer Hand den Gang zum ersten Schultag antrat.

Eva war ein sehr folgsames Kind, las mit frühreifem Verständnis dem Vater die Wünsche von den Augen ab. Nur Zöpfe wollte sie nicht tragen, sie bürstete zu gern die langen schwarzen Locken. Über ihren dunklen Augen lag ein seltsamer Glanz. Den meisten galt sie als verschlossen, in Claudias Gegenwart taute sie auf, konnte sogar ausgelassen sein.

«Verlaß dich auf mich, Matthias, wir nehmen die Kleine erst einmal bei uns auf. Ich hole sie gleich ab. Laß uns bitte vom Ergehen Baumgartens wissen.»

Leopold ging erregt im Zimmer auf und nieder. «Wieder ein politischer Mord! Wer sonst sollte an Baumgarten Interesse haben. Sicher der Racheakt für seine letzte Reportage über die

Auswüchse bei der Hilfspolizei. Hätte er nur nicht einen weiteren Bericht mit Untaten der SA angekündigt: ‹Wir werden Namen nennen›. Nun haben die Schurken ihn zum Schweigen gebracht.»
«Wie Georg Landgraf, den Verleger der ‹Chemnitzer Volksstimme›, den ein SA-Führer gestern niedergeschossen hat», sagte Claudia. «Komm, begleite mich, ich habe Angst allein im Dunklen.»
Leopold steckte einen Schlagring in die Manteltasche. Er hatte ihn Anfang Februar einem Reichsbannerkameraden abgekauft, der ein Dutzend davon vor einem Aufmarsch verteilte. Spitz hatte anfangs gezögert, das Ding zu übernehmen. Er verabscheute Gewalt.
«Das gibt dir Mumm, bevor sie dir die Fresse einschlagen!» hatte der Kamerad gesagt. Nun konnte er das Eisen plötzlich brauchen. Man wußte ja nicht, ob die Banditen noch Zeugen erledigen wollten. Im Parterre der Lessingstraße 11, einem viergeschossigen Mietshaus, brannte in einem Zimmer Licht, die Haustür war offen. Sie klingelten vergeblich, nichts rührte sich. Leopold klopfte gegen die Tür, Claudia rief: «Ich bin es, Eva, Tante Claudia!»
Die Kette fiel, Eva drückte ihr Köpfchen gegen den Mantel der «Tante». Sie war völlig verstört. Die Nachbarin von gegenüber, eine Plätterin, kam herüber und schilderte den Hergang. Sie war wenige Minuten nach Baumgarten heimgekommen, sah ihn vor der Haustreppe liegen und zwei dunkle Gestalten zum Hohenstaufenpark weglaufen. Sonst keine Menschenseele. Von Eva aus habe sie die Polizei angerufen und anschließend den «Volksboten» verständigt. Als erstes sei der Krankenwagen der Feuerwehr gekommen.
«Ich wollte die Kleine ja zu mir nehmen, aber Evilein sträubte sich, sie hat sich eingeschlossen. Wer nur wieder die Haustür offengelassen hat? Man ist seines Lebens nicht mehr sicher.»
Die Plätterin setzte sich erschöpft nieder. «Wenn Sie Eva mitnehmen, kann ich jetzt zu Bett gehen. Ich habe morgen Früh-

schicht, in der Marinewaschanstalt. Der arme Herr Baumgarten, er war so ein netter Mensch. Erst die Mutter, jetzt der Vater . . .»
Sie hob Eva auf den Arm und versuchte ihr einen Kuß aufzudrücken. Aber Eva wandte das Gesicht ab. «Das Kind ist noch ganz durcheinander. Ich weiß auch nicht, wie ich in Schlaf kommen soll. Gute Nacht also.»
Claudia packte einen kleinen Koffer und sammelte die verderblichen Lebensmittel in einen Karton. Eva ließ sich geduldig die Schlüssel um den Hals hängen, sie wollte immer noch mehr Sachen mitnehmen. Ihre Puppe hielt sie fest im Arm. «Meinen Puppenwagen schiebe ich selbst. Anja darf nicht zurückbleiben. Wenn sie wiederkommen . . .»
Spitz sah sich in Baumgartens Büchern um. Von den Klassikern des Sozialismus fehlte kein Titel. Rosa Luxemburgs Briefe an Karl und Luise Kautsky lagen aufgeblättert im Sessel. Spitz wußte selbst nicht, warum er diesen Band hinter der «Propyläen-Kunstgeschichte» verschwinden ließ, als draußen Sturm geläutet wurde. Da Claudia nicht öffnete – sie hatte sich beim ersten Anschlagen der Glocke mit Eva in der Küche eingeschlossen –, ging Leopold zur Etagentür.
Vor ihm standen zwei Polizisten mit Tschako und ein Hüne von SA-Truppführer, der eine winzige Damenpistole am Koppel trug. Er war durch eine weiße Armbinde als «Hilfspolizist» kenntlich gemacht. Schmisse kreuz und quer zerschnitten sein etwas aufgedunsenes Gesicht, er mochte erst dreißig Jahre zählen.
«Heil Hitler! Sind Sie Baumgarten?»
Der Hilfspolizist schien wie ein Kommissar das Wort zu führen. Drei Mark Tagegeld empfing er für seinen Dienst. Der Polizeimeister und der Oberwachtmeister waren zu Statisten verurteilt.
Spitz sah das Trio entgeistert an. «Nein, ich bin ein Bekannter von *Herrn* Baumgarten. Rechtsanwalt Dr. Spitz. Der Polizei müßte geläufig sein, daß Herr Baumgarten hier auf der Straße

vor zwei Stunden niedergestochen und zur Chirurgie gebracht worden ist. Mit seinem Aufkommen wird nicht mehr gerechnet.»

Der Truppführer drehte sich zu den Polizisten um. «Merkwürdig. Das hat wohl das Revier erledigt. Auf dem Präsidium war nichts davon bekannt. Der Auftrag wird trotzdem durchgeführt. Sie gestatten!»

Das Monster schob Spitz beiseite, die Rotte betrat die Wohnung und machte sich an die Durchsuchung, beginnend mit dem Wohnzimmer. Spitz lief gestikulierend um die Polizisten herum und rief immer wieder: «Das können Sie doch nicht. Mit welchem Recht?»

Schließlich hatte er den Polizeimeister in der Ecke vor sich. «Wenn Sie mir nicht augenblicklich Ihren Durchsuchungsbefehl vorweisen, beschwere ich mich beim Polizeipräsidenten, Graf Reventlow, wegen Ihres Hausfriedensbruchs.»

Der Polizeimeister ließ sich nicht stören. Spitz griff zum Telephon. Der Hilfspolizist drückte die Gabel nieder: «Was haben denn Sie in Baumgartens Wohnung zu suchen, Volksgenosse Spitz?»

«Meine Frau und ich holen *Herrn* Baumgartens Tochter ab, ein Mädchen von sieben Jahren. Sie hat einen Schock erlitten, als sie ihren Vater auf der Straße liegen sah, und jetzt wollen Sie das Kind von neuem verängstigen?»

«Unser Graf hat andere Sorgen als Ihren lächerlichen Einspruch. Zur Zeit wird er in der Klappe liegen. Wir brauchen keinen Durchsuchungsbefehl. Als Jurist müßte Ihnen die Verordnung des Reichspräsidenten ‹zum Schutz von Volk und Staat› bekannt sein. Ist Ihnen entgangen, daß der ‹Volksbote› zehn Tage verboten war? Da gibt es allerhand nachzuprüfen.»

Bald lag der gesamte Inhalt des Schreibtisches auf dem Fußboden, obendrauf die durchgefilzten Leitzordner. Außer unverfänglich Privatem war nur Gedrucktes zum Vorschein gekommen, Belege, Zeitungsausschnitte.

«Sie kennen sich doch hier aus in der Wohnung. Wo haben wir die Konzepte und Entwürfe des Baumgarten zu suchen? Wird's bald?» Der Truppführer richtete sich zu seiner ganzen Größe auf und bedrängte Spitz.
«*Herr* Baumgarten pflegt in der Redaktion zu arbeiten.»
Nach Abzug der Bande könnte man dort anrufen, damit sie alles vernichten. Falls dort nicht gleichzeitig durchsucht wird.
Eva hielt die Tür auf, und Claudia kam lächelnd mit einem Kaffeetablett ins Zimmer. «Die Herren wollen sich sicher etwas aufwärmen bei dieser Kälte.» Sie blinzelte den Truppführer an, während sie ihm einschenkte. «Trinken Sie mit Rahm? Zucker?»
Der Hilfspolizist schlug die Hacken zusammen. «Sehr liebenswürdig, gnädige Frau. Bitte so schwarz wie die Soutane eines Priesters.»
Die Polizisten legten die Tschakos ab und machten es sich gemütlich. Der Oberwachtmeister begann seine Pfeife zu stopfen. Der Meister nahm mehr Sahne als Kaffee.
«Eigentlich darf ich nur Pfefferminztee trinken.»
«Dann nehmen Sie die übrige Wohnung in Augenschein, bevor wir aufbrechen.»
Kein Zweifel, der Hilfspolizist hatte das Sagen. Er ließ die Blicke wandern von Frau Claudia zu Spitz und wieder zur kleinen Eva. Seine Gedanken waren nicht schwer zu erraten. Wie kommt dieser Miesepeter zu der hübschen Frau? Ob das Kind wirklich arisch ist? Über Baumgarten existierte kein Judenvermerk.
«Wo steckt denn Frau Baumgarten? Hat sie ihn zur Klinik begleitet?»
Eva, die auf dem Teppich gesessen hatte, sprang auf. «Du Dummer, meine Mama ist schon lange tot. Nun verschwindet endlich, wir wollen los!»
«Wir nehmen das Kind die nächsten Tage zu uns. Herr Baumgarten hat keine Verwandten», kommentierte Claudia.

Der Oberwachtmeister schenkte sich die zweite Tasse ein, sein Kraut stank zum Erbarmen. Claudia holte ihre Zigaretten aus der Handtasche, der Truppführer sprang mit Feuer herbei. Spitz musterte den Stuck an der Decke. Zum ersten Male hatte er an Claudia ein Schauspielertalent entdeckt. Wahrhaftigen Gottes, sie scherzte mit dem zerhackten Ganoven. Auf sich gestellt wäre er in diesen Zeiten aufgeschmissen, sie rettete jede Situation.

Der Polizeimeister kehrte zurück, in der Hand einen Tesching. «Im Kohlenkeller, hinter der Kartoffelkiste. Munition nicht auffindbar. Und diese Visitenkarte, aus der Smokingweste. Die Kurzschrift kann ich nicht lesen.»

Der Oberwachtmeister streckte seine Hand aus und holte mit der anderen seine Brille hervor. «Klar, Stolze-Schrey. Warten Sie, das kriege ich heraus. Ich war im Stenographenverein: ‹Alfred-Rosenbergs-Liebesbriefe-an-Lisette-Kohlrausch-Klammer-Jüdin-Klammer-Ausrufungszeichen›. Das ist alles.»

«Du Schwein!» rief der Truppführer und riß die Karte an sich. «Ich meine den Baumgarten. Der Tesching wird mitgenommen. Wie kann man eine Waffe so versauen lassen? Der erste Schuß ein Laufkrepierer.» Er zog Eva heran. «Kennst du das?»

Das Kind riß sich los und suchte hinter Claudias Rock Zuflucht. «Das haben große Jungens zum Schießen.»

«Jetzt nicht mehr, verrostet, wie es ist», sagte Claudia und räumte den Tisch ab. Die Polizisten bedankten sich für den Kaffee, der Hilfspolizist schmetterte nur «Heil Hitler!».

Sie waren fort. Spitz umarmte Claudia. «Mädchen, ohne dich hätten sie mich verhaftet. Ich schaffe es nicht, mich solchen Leuten anzupassen. Es fehlte nur noch, daß auch du ‹Heil ihn› gesagt hättest.»

«Um dich zu retten, täte ich auch das, Leone. Es kostet ja nichts. Ein Volk, ein Führer – ein Theater!»

Eva wurde im Zimmer der Konsulin untergebracht. Als Claudia eine Stunde später noch einmal nach ihr sah, hielt die Kleine in jedem ihrer Fäustchen eine Porzellankatze aus dem Nippes-Schrank fest. Sie träumte schon. Claudia erschrak und war glücklich in einem. Wenn die Konsulin wüßte ... Spitzens waren viel zu aufgeregt, um zu Bett zu gehen.
Sie riefen noch einmal Bratt an, um ihm zu versichern, daß Eva geborgen sei. Bratts Stimme zitterte. «Baumgarten hat es nicht überlebt. Ihm ist erspart geblieben, mitansehen zu müssen, wie uns hier der Laden endgültig dichtgemacht wird. Ich gehe nach Berlin, treffe mich mit meinem Freund, dem Maler Buchmann, mal sehen, wie wir uns durchschlagen. Bleibt gesund, ihr beiden. Tschüs!»
«Baumgartens Tod ist ihm sehr nahe gegangen. Man spürte, es kochte in dem guten Matthias. Nun verläßt auch er uns. Bratt ist der beste aus dem ganzen Nachwuchs, in einigen Jahren hätte er einen glänzenden Redner im Reichstag oder als Gesines Nachfolger abgegeben. Zehn Jahre weiter, und ich würde ihn zum Oberbürgermeister vorschlagen. Ein Mann von Temperament und Ideen, der eine ganze Verwaltung mitreißen kann. Gewesen, Claudia. Jetzt taucht er in Berlin unter und wird irgendwelche Handlangerdienste leisten, um sich über Wasser zu halten.»
Claudia hatte sich auf das Lammfell niedergehockt und hielt ihre Knie mit den Händen umschlossen. «Leone, jetzt kommt es darauf an, zu helfen. Rednertalente richten für unsere Sache nichts mehr aus. Wollen wir Eva ein dauerndes Zuhause geben? Bitte, sage ja.»
Leopold legte seine Hand auf ihren Pilzkopf. «Es geht mir schon die ganze Zeit durch den Kopf. Die Last hast du, Liebste. Zu dritt kommt man schwieriger über die Grenze, findet nicht so leicht Quartier, von den Schul- und Spracherschwernissen einmal abgesehen. Mit Eva sind wir hier gebunden. Das gilt es zu bedenken.»
Claudia sprang auf. «Aber wir haben ein Kind! Ein liebes so-

gar. Und ein Stück Zukunft, das uns über die politische Misere hinweghilft. Wir dürfen nicht nur an uns denken. Wo bliebe Eva, wenn wir sie nicht behalten? Ich kann sie nicht dem Ungewissen aussetzen . . .»
Leopold drückte seine Zigarette aus. Er spürte Stiche in der Brust. Manchmal dachte er, weiterzuleben, ginge über seine Kräfte. Es war Claudia, die solche Gedanken schnell wieder verscheuchte. Welche Vitalität, jetzt noch ein Kind aufziehen zu wollen.
«Gut, Claudia, wenn es denn dein Wunsch ist. Aber mit allen Konsequenzen, ohne Bedenkzeit. Versteh mich richtig. Wenn wir erst eine Probezeit ausmachen würden, in der ich oder du Vormund würden, wäre die Adoption später erschwert. Also gleich Annahme an Kindes Statt. Vormundschaftsgericht und Jugendamt werden keine Einwendungen machen. Ich denke, für die kleine Eva sollte der Name Baumgarten an unseren angehängt werden. Ephraim kann den Annahmevertrag aufsetzen und als selbständiger Notar fungieren. BGB 1766 bleibt außen vor. Warum sollten wir Eva vom Erbrecht ausschließen?»
«Wie praktisch du denkst, Leone. Mutter wird die Wände hochgehen, daß Eva einmal dieses Haus bekommen soll. Wilhelm sind unsere Bücher sicher und Irene mein Schmuck. Wir müssen ein neues Testament machen, mein Lieber.»
«Und wir dürfen uns nicht mehr scheiden lassen.» Sie umarmten sich. Baumgartens Tod schien vom Glück in den Hintergrund gedrängt zu sein.

Die Rektoratsübergabe von Meschkulat an den Professor der Botanik Dr. Kurt Ludwig Bähr zeigte zum letzten Male akademisches Gepränge, in den Bänken der Aula überwog schon die braune Uniform. Studentenführer Carelli hatte auf SA-Sturmbannführer Friedrichsen eingewirkt, daß man zu Ehren der neuen Magnifizenz, auf die man politisch große Hoffnung setzte, in Uniform aufmarschieren wolle. Auch der Hoch-

schulring nationalsozialistischer Studentinnen hatte sich zum Einheitskostüm verabredet, weiße Leinenbluse und dunkelblauer Rock.
Die beiden Würdenträger in scharlachrotem Talar konnten gegensätzlicher nicht gedacht werden. Meschkulat, kurz vor der Emeritierung, glich in seiner Leibesfülle mit den Pausbakken König Friedrich Wilhelm IV., ihm gegenüber wirkte Bähr wie ein Strichmännchen, an Lebensalter der jüngste Rektor im ganzen Reich. Das *tertium comperationis* bestand lediglich darin, daß beide lange schmale Koteletten trugen, eine im gesamten Lehrkörper sonst ungewohnte Zierde.
Meschkulat hatte in den letzten Wochen zur Gelassenheit und zum Frieden mit Carellis Mannen zurückgefunden, es lohnte sich nicht mehr, allzuviel Energie gegen den neuen Ungeist aufzubieten. Bähr hoffte, den Geist zu retten, als er sich in die Fluten der nationalen Revolution stürzte. Er gedachte, die akademische Jugend zu lenken, indem er sich mit ihr verbrüderte. Seine Festrede galt Goethes Urpflanze. Bähr war für alles und jedes zu begeistern. Seine Kollegs pflegten in Exkurse auszuufern, die das tags zuvor Aufgenommene in weitem Bogen reflektierten. Ein neu Hinzugekommener mochte glauben, sich im Hörsaal geirrt zu haben. Bährs Planktonvorlesung irrte in die Gefilde der Ozeanographie, des Völkerrechts, der Metaphysik, ja in die Tagespolitik ab. Auch dichtete er für sich und besaß eine stattliche Märchensammlung. Was tat er nicht? Er segelte, machte geologische Bestimmungen und kannte sich sogar in Horoskopen aus.
Ausgerechnet diesen als Pflanzenphysiologen sehr exakten Forscher, im Kern aber undisziplinierten Geist hatte es zur Formstrenge Stefan Georges hingezogen, und er versuchte Anschluß zu finden an den «Kreis», den an der Universität leuchtende Namen schmückten. Er prallte ab, sie verschlossen sich ihm. Bähr gab nicht auf. Als er dem lustwandelnden Meister eines Sommertages 1932 im Buchengehölz über den Weg lief – George residierte alljährlich drei Wochen bei dem Na-

tionalökonomen Schümann –, zog er nicht nur den flachen Filzhut mit der breiten Gelehrtenkrempe vom Schopf, er nahm sich die Kühnheit, den Meister anzusprechen. Der Dichter legte zwei Finger an das Barett, die er darauf wieder zwischen den zweiten und dritten Knopf des Jacketts schob, eine Art kurzen Lutherrocks, wenn man den Namen des protestantischen Volksmannes überhaupt in einem Atem nennen durfte mit dem Propheten eines neuen Griechentums.

Die Begegnung währte wenige Minuten, der Dichter fand sich in seinen Gedanken gestört. Daß auch Bähr aus Bingen stammte, ließ ihn kühl, der Typus mißfiel ihm. Bährs spitzes Kinn und die wulstigen Lippen versprachen keinen edlen Zuwachs für die Jüngerschaft. Bähr zog erneut den Hut, verbeugte sich tief, das Idol entschritt kopfschüttelnd. Auf dem Heimweg fiel dem Botaniker ein einprägsames Bild ein: die Begegnung Goethes mit Beethoven in Karlsbad. Fühlte er sich nun geschmäht wie der Olympier? Nein, Bähr hatte die Züge Georges tief in sich aufgenommen. Die brüske Abfertigung durch den Dichter erhöhte in seinen Augen dessen Rang.

Hilfe kam ein halbes Jahr später von dem Historiker Paulsen. Paulsen, eine imposante, hochgewachsene Erscheinung mit stahlblauen Augen, aber verbitterter Miene, stets in eine moosgrüne Samtjacke ohne Revers gekleidet, über der die goldene Uhrkette kunstvoll verschnürt war, litt an mangelnder Beachtung, was sich von Bähr durchaus nicht sagen ließ. Paulsens Veröffentlichungen, leider fast nur Editionen, also seine Vor- und Nachworte und die Zwischenbemerkungen, zeichneten sich durch einen hymnischen Stil aus, ohne unpräzise zu sein. Um so spröder waren seine Vorlesungen. Er hatte eine Art, seinen Gegenstand mit hoher, eintöniger Stimme zu umschreiben, daß die Hörer spätestens nach der dritten Seite seiner Vorlage das Gähnen ankam. Paulsen blieb der ewige Extraordinarius.

Als Bähr zum Rektor *designatus* gekürt war, empfing er von Paulsen eine ihn überraschende Einladung zum Abendessen.

Paulsen hatte sich als Mitglied des Senats für ihn verwendet und hatte ihn dies auch etwas gönnerhaft wissen lassen. Also ging Bähr, der Junggeselle, einen Rosenstrauß in der Hand, zu Paulsens Tempel, denn Paulsen gehörte zum «Kreis», war in den «Blättern für die Kunst» mit einem Aufsatz über Ludwig II. von Bayern und mit einem Gedicht auf Theoderich den Großen vertreten.

Diesmal in tiefblauem Samtjackett empfing er den Gast in der Halle, die von einem hellgrauen Mosaik überwölbt war. Auch die übrigen Räume verbreiteten Exklusivität, im eichenen Speisezimmer hätte sich König Artus' Runde heimisch gefühlt, die Bibliothek wäre einem Viscount des vergangenen Jahrhunderts wohl angestanden. Als Hausfrau – Paulsen war Witwer – trat seine älteste Tochter Clothildis auf, eine ungelenke Jungfrau mit Pickeln am Kinn, aber äußerst bewandert in der attischen Tragödie. Sie hatte schon auf der Schule die Rolle der Antigone und der Medea gespielt, Kampfer hatte als Regisseur seine liebe Mühe mit ihren linkischen Bewegungen gehabt.

Ganz anders die jüngste der drei Schwestern, Astrid. Eine allerliebste Quartanerin im roten Dirndlkleid mit weißer Schürze, dem griesgrämigen Erzeuger ganz und gar unähnlich. Bähr hatte nur Augen für Solveig, Paulsens zweite Tochter, die ihm sofort als Inkarnation einer Märchenprinzessin erschien. Solveig hatte das sechzehnte Lebensjahr noch nicht vollendet, der Staatsanwalt beschirmte ihre Tugend vor der Ungeduld des Prinzen; sie war ein unerwecktes, scheinbar schüchternes Wesen mit verträumten Augen. Sie war eben erblüht, trug ihr seegrünes Mousselinekleid, in der Taille von einer malvenfarbenen Schärpe geteilt. Paulsen schämte sich nicht, dem Kollegen einen billigen Marokkowein vorzusetzen, auch die Kochkunst von Clothildis hielt Wünsche offen. Die Kalbszunge war zäh geblieben, und die Erbsen waren zu groß geraten. Die Kartoffeln konnte man besten Willens nicht gar nennen.

Karl Ludwig schilderte bei dieser Gelegenheit seine Begegnung mit dem Dichter, die sich, das halbe Jahr seither mochte die Vergeßlichkeit entschuldigen, für den Adepten erheblich freundlicher darstellte. Paulsen merkte auf. Er wollte sich mit Hildebrandt und Schümann besprechen, ob man die Rektoratsrede dem Meister als Empfehlung vorlegen solle. Wie ein Kleinod zog er die erste Ausgabe vom «Stern des Bundes» aus dem Regal und wies Bähr die Widmung des Dichters vor. Karl Ludwig, der sich auch auf Graphologie zu verstehen glaubte, gab eine ehrfürchtige Interpretation der Schriftzüge von sich.
Später, in den Ledersesseln, steuerte Paulsen das eigentliche Ziel seiner Einladung an, den unerläßlichen Wechsel in der Leitung des Historischen Seminars. «Unsere Universität muß die erste im Reich werden, die man mit Fug nationalsozialistisch nennen kann. Was nützt eine von starkem Willen beseelte Studentenschaft, wenn die Ordinarien weiter ihr liberalistisches Unwesen ausstreuen.»
Vom Führerprinzip sei auf der Universität noch wenig zu spüren, der künftige Rektor brauche ein Korps von gleichgestimmten Institutsdirektoren, besonders in der Philosophischen Fakultät und bei den Rechts- und Staatswissenschaften.
«Die überständigen Theologen haben wir wohl die längste Zeit als Fremdkörper der *universitas* mit durchgeschleppt. Wie mutig bekannten sich schon voriges Jahr die Mediziner, mit Ausnahme des jüdischen Physiologen natürlich, in Aufrufen öffentlich zu Hitler!»
Paulsens Bemerkung über die Theologen war Wasser auf Bährs Mühle. K. L. hatte schon als Student die Kirche verlassen und liebte es, sich im Senat mit den Vertretern der violetten Fakultät anzulegen. Schwierig war es, Paulsen die Leitung des Historischen Seminars in die Hand zu spielen. Wie lieblich schaut Solveig aus! Wenn dieser fade Kollege nur etwas von Substanz veröffentlicht hätte, daß man seine Berufung zum Ordinarius verantworten könnte ...

«Ich reise nächste Woche zur Rektorenkonferenz nach Berlin. Ich will sehen, was sich beim Minister Rust ausrichten läßt. So, wie es jetzt steht, darf es nicht bleiben.»

Paulsen erhob sich erleichtert. Er war in der letzten Stunde blasser und blasser geworden. Der saure Wein, zu hastig von ihm genossen, hatte schon bald nach dem Essen Wirkung gezeigt, er kniff in den Magenwänden. «Bitte entschuldigen Sie mich, Herr Bähr, ich fühle mich unwohl. Meinen Töchtern wird es ein Vergnügen sein, Ihnen Gesellschaft zu leisten.»

K. L. brach nicht auf, wie Paulsen es selbstverständlich erwartet hatte. Da auch die kleine Astrid müde war, hatte der Gast nur noch Clothildis als Kulisse für die bezaubernde Solveig zu ertragen. Wäre Solveig nur nicht so schweigsam gewesen! Sie ließ sich anschauen, immerdar.

Clothildis bemühte sich um Bähr, zeigte Bilder von ihren Aufführungen. «Sehen Sie, dieser Choreut hat sein Gewand verkehrt herum angezogen, es fehlt der untere Streifen. Ein Sohn des Oberbürgermeisters, Kampfer hatte das Versehen nicht bemerkt. Mein Vater entdeckte es sofort. Er ist ein Mann der Form.»

Clothildis holte vom Schreibtisch ein in Leder gebundenes Manuskript, ihre Übersetzung der Eumeniden des Aischylos. K. L. las laut: «Nächtliche Mutter, vernehme ...»

Die beiden Mädchen lauschten ihm. Clothildis stolz, wie gut ihre Verse aus Bährs Munde klangen, Solveig verliebt in ihren Erwecker. Man mochte über K. L. denken, was man wollte, seine Gegenwart bestach, weil er auf allen Gebieten sofort zum Kern vorstieß. Kurz vor Mitternacht wurde Clothildis unruhig, sie müsse zeitig aufstehen, weil sie mit dem Frühzug zur Jahresversammlung der Goethe-Gesellschaft nach Weimar aufbrechen wollte. K. L. ließ sich nicht rühren, wünschte ihr gute Nacht und angenehme Reise und verwies darauf, daß Solveig noch kein Zeichen von Müdigkeit zeige. Die Schwestern nahmen in einer flüchtigen Umarmung voneinander Abschied, von Bähr wie ein inniges Bildnis betrachtet.

Als Clothildis gegangen war, veränderte sich Solveigs Wesen erstaunlich. Sie wurde keck, holte eine Flasche Sekt aus dem Eisschrank, drehte am Knopf des Rundfunkgeräts, bis sie die richtige Musik gefunden hatte, und schwebte vor K. L. tanzend durch den Raum, daß er es kaum fassen konnte. Bähr rückte die Sessel zur Seite und tanzte mit Solveig, sie fester und fester an sich ziehend. Der Rektor *designatus* ließ es bei seinem Anfangserfolg bewenden und verabschiedete sich. Solveig maulte. An der Gartenpforte gab sie ihm einen ganz und gar mißlungenen Kuß aufs Kinn.

«Ich hole dich morgen vom Gymnasium ab. Ein Uhr?» Solveig nickte glücklich. Sie hatte befürchtet, ihren Ritter mit seinem Fortgang verloren zu haben. K. L. winkte ihr von der Straße zu und ging federnden Schrittes heim.

Jeden Mittag fand er sich nun vor dem alten Ziegelbau in der Wallstraße ein und schlenderte mit Solveig an den Stadtteichen vorbei, durch den einsamen Professorengang zur Universität zurück. Sie aßen zusammen in der Mensa und genossen den Blick über den Hafen. Bald ging K. L. in Paulsens Hause aus und ein. Der Historiker sah mit saurer Miene dem Treiben zu, in seiner Sache verbesserte sich nichts.

VI

Gemeinnutz geht vor Eigennutz

Die Kreisleitung der NSDAP glich in diesen Tagen einem Taubenschlag. Ahrens ließ sein Schuhgeschäft im Stich und stürzte sich mit Energie auf die Machtergreifung in der Stadt. Daß die Partei die Kommunalwahl am 12. März gewinnen würde, bezweifelte er nicht, es juckte ihn, durch einen revolutionären Akt die Oberhoheit im Rathaus zu erringen. Mit Hilfe der Stimmzettel Stadtoberhaupt zu werden, das konnte jeder. Amtsleiter Bockhals hatte immer neue Entwürfe für Flugblätter zu Papier zu bringen, der Hauptschriftleiter des «Kampfrufs» wurde zweimal täglich in die Kreisleitung zitiert, um die Parolen abzustimmen. «Zwei Dinge müssen den Volksgenossen eingebleut werden: Die Macht gehört uns, gleichgültig, wie die Wahl ausgeht, und dieser Sybel muß umgehend verschwinden. Er paßt nicht in die Landschaft der nationalen Erhebung, er ist ein Hohn auf das Zeitalter Adolf Hitlers.»
Ahrens, dem Glatze und eckiges Kinn die Züge einer nordischen Variante Mussolinis verschafften, stemmte die Faust in die Seite und blickte seine Umgebung zürnend an. «Meine Parteigenossen, schreiben Sie: ‹Es gilt, am 12. März dem geschlagenen roten Gegner, wenn er sich letztmalig bei Wahlen zum Stadtparlament stellen muß, den endgültig vernichtenden Schlag zu versetzen.› Unter uns: Jetzt kommen sie alle angekrochen, die Märzgefallenen. Der Kreismedizinalrat hat die Fraktion ‹Volkswohl› verlassen und ist zu unseren drei Stadtverordneten als Hospitant gestoßen. Sein Mandat hat er so oder so verloren, das ‹Volkswohl› saugen wir auf, und bei

uns ist er nicht mehr auf die Liste gekommen. Das hätte sich der Herr früher überlegen sollen. Medizinalrat mag er bleiben, vielleicht deshalb seine Torschlußpanik. Immer mit der Wurst nach dem Schinken ... Nicht anders die Grundeigentümer. Ihre vier Männeken haben von vornherein darauf verzichtet anzutreten, der Hausbesitz reiht sich bei uns ein.»

Mit diesem Schritt hatte der «Haus- und Grundeigentümerverein» in seinem Organ einen Paragraphen aus der Städteordnung des Reichsfreiherrn vom Stein ins Gedächtnis gerufen: «Von den in jedem Bezirk zu erwählenden Stadtverordneten müssen wenigstens zwei Drittel mit Häusern in der Stadt angesessen sein. Männer sollen bestimmen, deren Anhänger auch die Hauptsteuerträger sind.»

«Das möchten sie wohl», sagte Ahrens. «Mich können sie nicht mehr auf den ollen Stein festlegen. Die haben den deutschen Sozialismus noch nicht begriffen. Bin etwa ich Hausbesitzer? Weiter! Auf unserer letzten Kundgebung wird der Bürgermeister von Eckernförde sprechen. Pg. Dr. Duve hat kommunalpolitisch große Erfahrung und versteht, die Leute mitzureißen.»

Beide Eigenschaften fehlten Ahrens. Er war nur ein mäßiger Redner und mußte mangelnde Sachkenntnis anfangs hinter festem Auftreten verbergen. Einen redlichen Willen sprachen ihm auch manche Gegner nicht ab. Ahrens war ein Mann, der durch Fleiß, Lernbereitschaft, einen Schuß Gutmütigkeit und auch Gerechtigkeitssinn in eine Rolle hineinwachsen konnte, zu der ihn seine geistige Mitgift nicht befähigte.

«Nicht nur Sybel muß weg. Von den vier hauptamtlichen Magistratsmitgliedern kann nur der Verkehrs- und Gesundheitsdezernent bleiben. Die Schule gehört in unsere Hand, und bei den Licht- und Wasserwerken haben wir unerbittlich hineinzuleuchten. Der Dezernent ist sofort zu isolieren, bevor er die Korruption im Hause verschleiern kann. Bei den Ehrenamtlichen ist an erster Stelle der Genosse Verdacht auszuschalten, die Wohnungskommission hat zu viel Gewicht, um sie diesem demagogischen Hinkepod zu überlassen. Pg. Bockhals, bereiten Sie einen Runderlaß an alle Dienststellen der Stadt vor: Keine Aufträge mehr an jüdische Unternehmen. Dem Fürsorgeamt wird untersagt, weiterhin das rote Beerdigungsinstitut zu beauftragen, Sie wissen schon, das im Bonzenhaus sein Büro hat. Warum soll der Stahlhelmer Fließ nicht die Kröten verdienen?«

Ahrens war entschlossen, das Vergabewesen nach seinen Vorstellungen aufzupolieren. Endlich konnte man die Handwerker und Geschäftsleute belohnen, die für die Bewegung Opfer gebracht hatten. Gemeinnutz geht vor Eigennutz! Am Tag vor der Wahl war von Bockhals in die Morgenzeitung lanciert worden, Dr. Sybel habe den Regierungspräsidenten um seine vorläufige Beurlaubung gebeten. Da Bockhals immerhin zweiter Mann in der Kreisleitung war, hatte die Redaktion keine Not gesehen, beim Präsidenten rückzufragen. Vor dem Rathaus lief eine Menschenmenge zusammen. Die einen wollten ihrem Oberbürgermeister ein Lebewohl zurufen, die anderen gedachten sich an seiner Vertreibung zu weiden. Um neun Uhr marschierte SA am Rathaus auf, kurz darauf stürmte Ahrens in Begleitung von Bockhals und zwei Standartenführern durchs Hauptportal.

Im holzgetäfelten Amtszimmer des Oberbürgermeisters angelangt – die Sekretärin war vom Vorzimmer in die Rotunde geflüchtet, als sei ihr der Teufel leibhaftig erschienen –, ließ sich Ahrens den Verwaltungsdirektor kommen. «Ich übernehme hiermit vorläufig die Geschäfte eines amtierenden Oberbürgermeisters. Lassen Sie die Dienststellenleiter augenblicklich in den Magistratssaal rufen.»

Der Verwaltungsdirektor, Vorsitzender der Kriegervereine, reagierte prompt auf den ungewohnten Ton. «Wie Sie befehlen, Herr Kreisleiter.» Er beeilte sich, zu Diensten zu sein. Ahrens sah sich um und nickte seinen Begleitern anerkennend zu. Das ist eine andere Kiste als mein Kontor, dachte er. Wenn ich mich dort umdrehe, fallen mir die Schuhkartons auf den

Dez, so eng ist es. Auch der Magistratssaal sagte ihm zu. Wer hier den Vorsitz führt, hat etwas zu melden. Aber man saß nicht. Der Verwaltungsdirektor hatte die Herren stehend im Halbkreis gruppiert. Nicht auszudenken, wenn einige beim Eintritt des Herrn Kreisleiters demonstrativ sitzen geblieben wären. Ahrens überflog mit geringschätzigem Blick die Schar seiner künftigen Mitarbeiter wie ein Kapitän, dem das Heuerbüro eine Crew von lauter Nieten angemustert hat. «Nehmen Sie zur Kenntnis, meine Herren, die Besetzung des Rathauses stellt nicht etwa eine illegale Handlung dar, sondern ist nur der Ausdruck des Mehrheitswillens der Bevölkerung dieser Stadt. Ich bin gewillt, jeden Widerstand, der sich in diesem Hause gegen mich richtet, rücksichtslos zu brechen und genauso rücksichtslos für die Entfernung des Trägers etwaigen Widerstandes zu sorgen. Ich hoffe, Sie haben mich verstanden. Heil Hitler!»
«Heil Hitler!» antwortete der Verwaltungsdirektor und sah sich um. Das Echo hätte kräftiger ausfallen können. Ahrens war schon wieder draußen, um vom Balkon zur Menge zu sprechen. Bockhals zog ihn beiseite. Aus der Kreisleitung komme telephonisch Nachricht, die Marinegarnison sei im Alarmzustand. Urlaubssperre. Schiffsstammdivision marschiere unter Gewehr vom Holm Richtung Stadt.
Ahrens stutzte. Der Stationschef, Vizeadmiral Ulbrich, ohne dessen Wissen so etwas nicht geschehen könnte, war doch der nationalen Bewegung gewogen. Sybel könne sich hinter die Marine klemmen, soviel er wollte, die rührten keine Hand für ihn. «Bockhals, bleiben Sie am Draht und unterrichten Sie mich laufend. Ich spreche jetzt zur Bevölkerung.» Ahrens trat auf den Balkon.
Der Amtsleiter rief den Adjutanten der Schiffsstammdivision, einen Schulkameraden, an. «Mensch, Pfeiler, was für Zicken macht ihr da? Was soll euer Marsch in die Stadt bedeuten?»
«In die Stadt?» fragte Pfeiler. «Reine Routineangelegenheit. Die halbjährliche Bereitschaftsübung. Der Alte will Zeit neh-

men, wie lange wir brauchen, um aus den Kuttern hier draußen marschmäßig vor der Rantzaubrücke klar zum Einschiffen zu stehen. Eure Aufmärsche kreuzen wir nicht. Auch zurück geht es über den Hafenkorso.»
«Ihr habt also keine scharfe Munition gefaßt?»
«Quatsch. Pro Mann fünf Exerzierpatronen. Was soll die Fragerei? Ist was im Busch? Du sitzt doch an der Quelle.»
«Irgendeiner hat durchgedreht, als er die Gewehre sah. Die Polen könnten ja verrückt spielen oder was weiß ich. Bin in Eile. Heil Hitler!»
Noch ahnte die Menge nicht, was sich im Rathaus ereignet hatte. Ahrens hielt eine Wahlrede. Hinhaltend, bis er Gewißheit hätte. Als er eine Pause machte, um den von Bockhals zugeschobenen Zettel zu entziffern, rief ein Beherzter aus dem Hinterfeld, wo gerade keine SA-Männer standen. «Wi wüllt uns Oberbörgemester to sehen kregen!»
Ahrens gab sich einen Ruck. «Meine Volksgenossen! Der Herr Sybel ist die längste Zeit Oberbürgermeister gewesen, er hat einen Urlaub angetreten und wird zu gegebener Zeit zur Rechenschaft gezogen. Seine Geschäfte habe soeben ich kommissarisch übernommen und werde dafür sorgen, daß im Rathaus Sauberkeit und Ordnung einziehen. Wir sind für euch, für das Wohl der Bürger unserer Stadt am Werk. Jetzt wird in die Hände gespuckt, jetzt wird hingelangt, jetzt geht es wieder aufwärts mit Deutschland. Wir ruhen und rasten nicht. Adolf Hitler, Sieg Heil!»

Seit Jahresbeginn war kaum ein Tag vergangen, an dem die Zeitungen nicht erfüllt waren von Meldungen über politischen Mord und Totschlag. Kommunisten und Reichsbannerleute, Stahlhelmer und SA-Männer wurden aus dem Hinterhalt niedergeknallt, auf der Flucht erschossen, zu Tode geprügelt, im Nahkampf erledigt. Die Zeit der Straßenkämpfe und Saalschlachten gehörte seit der Machtergreifung der Vergangenheit an, jetzt erhob das heimliche Verbrechertum aller

Farben das Haupt, lauerte im Dunkel, übte Rache, tarnte die kriminelle Anlage mit Gesinnung.

Der Anschlag auf Baumgarten war den Lesern gar nicht als politische Untat zum Bewußtsein gekommen. Den «Volksboten» hatte man mundtot gemacht, der übrigen Presse nach hatte es auch ein Raubmord sein können. Die Meldung war sehr kurz abgefaßt worden. Graf Reventlow hatte dem Wunsch von Kreisleiter Ahrens nachgegeben, das politische Motiv im Polizeibericht außer Betracht zu lassen. «Bedenken Sie, Herr Präsident, die verheerenden Folgen für die Kommunalwahl, wenn das uns in die Schuhe geschoben würde. Ich verbürge mich für den anständigen Geist unserer SA und SS.»

Die Bürgschaft hielt keine zwei Tage. Diesmal ließ sich Graf Reventlow nicht beirren. Bevor Ahrens eingreifen konnte, gab er schon eine Stunde nach der Tat eine Meldung an die Presse, die in der Morgenzeitung des Wahltages nicht zu übersehen war.

«Rechtsanwalt Fliege von unbekannten Tätern ermordet. In der Nacht zum 12. März verlangten gegen ein Uhr dreißig zwei Personen in der Wohnung des Rechtsanwalts Fliege, Waldstraße 42, Eintritt. Auf die Frage von Frau Fliege nach dem Anlaß, wurde von draußen gerufen: ‹Aufmachen, Polizei!› Rechtsanwalt Fliege öffnete, bat die Besucher in sein Arbeitszimmer und wurde auf dem Wege dorthin durch einen Schuß in den Hinterkopf aus nächster Nähe tödlich getroffen. Die Täter flüchteten unerkannt. Es handelt sich um eine größere Person in SA-Uniform (Provokateur) und eine kleinere in Zivil. Für ihre Ergreifung hat der Regierungspräsident in Schleswig eine Belohnung von tausend Mark ausgesetzt.»

Rechtsanwalt Fliege war nicht irgendwer. Seine Familie erfreute sich hohen Ansehens in der Stadt. Er kandidierte für die SPD auf dem achten Listenplatz, gleich nach dem Redakteur Matthias Bratt, der sein Mandat nun wegen Fortgangs nach Berlin niederlegen würde, und noch vor dem kämpferischen

Kalkulator Callsen und dem besonnenen Elektriker Dünner. Seine Wahl stand außer Zweifel. Fliege war Jude. Sechs Jahre, von 1919 bis 1925, hatte er als Stadtverordnetenvorsteher das höchste Ehrenamt der Stadt inne, für das die Fraktion nach seinem Rücktritt Leopold Spitz ausersehen hatte, der es bis 1928 versah.

Ahrens stand kurz vor dem Schlaganfall, als Bockhals ihn von dem Verbrechen unterrichtete. «Diese verfluchten Schweine vermasseln uns die ganze Wahl!» Wenn Ahrens auf Versammlungen gegen die Verjudung in Politik, Wirtschaft und Wissenschaft vom Leder gezogen hatte, mußte Flieges Name oft herhalten. Der Führer werde Gesetze schaffen, die den Parasiten den Saft abdrehten. Aber doch nicht Mord! Höchste Zeit, die Revolution abzublasen. Sonst drohte das Chaos. Hätte er mit der Eroberung des Rathauses besser den Tag nach der Wahl abwarten sollen? Der Oberbürgermeister war ihm sicher. Zu spät, jetzt mußte gehandelt werden. Es blieben nur noch wenige Minuten bis Redaktionsschluß.

Bockhals schob ihm eine Notiz über den Tisch und sah seinen Kreisleiter erwartungsvoll an. «Wie wir soeben von der Kreisleitung der NSDAP erfahren, sind bereits zwei Stunden nach dem Mordanschlag in der Gegend des Bahnhofs und auf dem Ostufer Flugblätter der KPD gefunden worden, die zum Protestmarsch gegen die Ermordung Flieges aufrufen. Die Mörder, die den Nationalsozialisten ein Verbrechen anlasten wollen, haben sich durch ihre von langer Hand vorbereiteten Flugblätter selbst entlarvt. Wähler und Wählerinnen! Laßt euch nicht beirren. Erteilt Rotmord eine klare Absage, wählt Nationalsozialisten! Ahrens, Kreisleiter.»

Ahrens atmete auf. «Haben Sie so ein Flugblatt zur Hand?»

Bockhals, in der Kreisleitung der kleine Goebbels genannt, hielt die leeren Hände offen. «Notwehr! Wenn nachgefaßt wird, hat man uns eben falsch unterrichtet.»

«Bockhals, wie Sie mich kennen, verabscheue ich krumme Touren.» Ahrens sah auf die Uhr. Er sog an seiner Zigarette

und schloß die Augen. «Los, sagen Sie Ihren verdammten Text durch. Wir haben keinen anderen Ausweg.»
Der Chef vom Dienst nahm Ahrens' Hinweis auf die Kommunisten noch mit in den Umbruch, ließ aber den Kommentar des Chefredakteurs stehen. Die «Morgenzeitung», von bürgerlichen Journalisten gemacht, gebärdete sich hundertprozentiger als das Parteiblatt, der «Kampfruf».
So blieb unter «Unsere Meinung» zu lesen: «Rechtsanwalt Fliege hat sich wiederholt so stark für den Marxismus engagiert, daß er die Konsequenzen, die ihm aus persönlicher, von ihm selbst hervorgerufener Gegnerschaft erwuchsen, mit dem Risiko seines Lebens tragen mußte.»
«Die eigentlichen Mörder sitzen am Schreibtisch», sagte Claudia zu Leopold, als sie zur Wahl aufbrachen.
Spitz ging, von der Nachricht ganz benommen, neben ihr her. «Ephraim darf nicht länger hier bleiben. Flieges Tod setzt ein Signal. Judenleben ist für diese Verbrechergesellschaft schlicht unwertes Leben. Jeder kann sich daran vergreifen. Da gehen wir nun brav zur Wahl. Haben wir noch eine Wahl? Die kommunistischen Stadtverordneten haben im Rathaus gar nicht erst Zutritt, und die Sozialdemokraten werden, verlaß dich drauf, bald hinausgeworfen werden. Dagegen gibt es keine Berufungsinstanz mehr. Gestern ist die Republikanische Beschwerdestelle polizeilich geschlossen worden. Wir sind vogelfrei.»
Die Wahlhandlung verlief umständlich. Zuerst war auf einem rötlichen Stimmzettel ein Feld für den Provinziallandtag anzukreuzen, danach mußte man einen weißen Stimmzettel für die Kommunalwahl holen und erneut in die Zelle treten. Dann erst sollten beide dem Wahlvorsteher für die Urne ausgehändigt werden. Im Wahllokal kam der kleine Klink vom «Volkswohl» auf Spitz zugelaufen und kondolierte ihm zum Tode des früheren Fraktionskollegen Fliege. «Das kann Ahrens und seine Leute teuer zu stehen kommen, meinen Sie nicht auch? Mein Haufe, der schon dahinzuschmelzen droht,

kann es noch einmal eben schaffen, wenn die Menschen einen Funken von Ehrgefühl im Leibe haben. Flieges Tod ist ein Schandfleck.»

Man hätte denken sollen, daß sich der kleine Klink mit der Hitlerpartei arrangieren würde. Er hatte sein Leben einer Reform des Kalenders verschrieben, von ihm ersonnen, von ihm mit allen erdenklichen Mitteln betrieben. Diese Reform, die die Feiertage ein für alle Male im Jahr festschrieb, jeden Monat gleichmäßig dreißig Tage haben ließ und die so eingesparten Tage ohne Wochentagsbezeichnung als Feiertage vorsah, hatte weltweite Resonanz gefunden. Nur die Kirchen sperrten sich noch. Rudolf Hess hatte ein offenes Ohr für Klinks Programm gehabt, bat um Verständnis, daß dem Führer zur Zeit der Kampf um die Macht vorginge.

Herrn Klink, der eine Weltreform anstrebte, wäre mit der Erprobung im eigenen Lande durchaus gedient gewesen. Die Vorzüge seines Programms seien so eklatant, daß bald ganz Europa, Amerika und der Rest des Globus nachziehen würden. Bisher ordnete er alles dem Durchbruch seiner Ideen unter. Jetzt zeigte er, daß er kein Opportunist war. «Hitlers Unterschrift wäre mir sicher. Sein Befehl – und in Deutschland würde mein Kalender gelten. Aber von ihm nehme ich nichts mehr an.» Der kleine Klink wuchs in den eigenen Augen vom Volksbeglücker zum Märtyrer über sich hinaus.

«Herr Kollege», sagte Klink wie in alten Zeiten, als beide in den Kollegien gewirkt hatten. Spitz war natürlich nicht aufgestellt worden. Als er in die Stadt zurückkehrte, war die Liste der SPD schon fertig.

«Herr Kollege, Sie hätten hören sollen, was Dr. Duve gestern der Schlußversammlung zur Rettung unserer Wirtschaft anbot. ‹Wir kommen in dieser Stadt wirtschaftlich nur auf die Beine›, sagte er, ‹wenn man politisch die Voraussetzungen schafft für den Bau einer starken Kriegsflotte. Allein darauf kommt es an.› Die Leute jubelten über die Armada am Horizont. Wer sie bezahlt, sagte Duve nicht.»

Am Abend zeigte sich, daß Klink es geschafft hatte. Das «Volkswohl» hatte nur zwei Drittel der Sitze eingebüßt, die Nummer eins, Klink, zog noch einmal mit drei anderen ins Rathaus ein. Vorläufig. Ahrens' Mannschaft hatte sich verzehnfacht, die Sozialdemokraten verloren sechs Stadtverordnete. Da Bratt und Fliege ausfielen, rückten Callsen und Dünner weiter nach vorn. Flieges Ermordung hatte das Wahlergebnis nicht mehr beeinflußt.
Am Montag segnete der Regierungspräsident die Eigenmächtigkeit von Ahrens ab. Mit rückwirkender Kraft wurden dem Kreisleiter die Zuständigkeiten des Oberbürgermeisters und des gesamten Magistrats übertragen. Ahrens wurde für die nächsten Wochen im Rathaus mit «Herr Staatskommissar» angeredet. Auch Göring ließ nicht lange auf sich warten. Mit sofortiger Wirkung beurlaubte er die Oberbürgermeister Dr. Adenauer/Köln, Brauer/Altona und – Bockhals triumphierte, «was habe ich gesagt? Auf Hermann ist Verlaß» – Dr. Sybel. Brauer konnte die Beurlaubung nicht zugestellt werden. Sie war übrigens mit «vorsorglicher» Schutzhaft verbunden. Brauer befand sich bereits auf dem Weg in die Vereinigten Staaten.
Die Stadt wurde fortab von einem Triumvirat regiert. Ahrens gab als Staatskommissar, später als Oberbürgermeister die breite Axt ab, gönnerhaft jovial, anfangs noch kameradschaftlich gegen den Stahlhelm, besonders gegen dessen Exponenten, den Schmerbauch Schönle, einen Studienrat vom Gymnasium, dem der Bierkonsum hoch über Homer und Horaz stand. Bockhals, noch unentbehrlicher als bisher, wurde der Privatsekretär von Ahrens, eine Position, die der Stellenplan im städtischen Haushalt nicht vorsah, aber das ließ sich beheben. Nun brauchte die Kreisleitung Bockhals nicht mehr zu besolden.
Der wichtigste dritte Mann in der Stadtverwaltung, erst junges Mitglied der Partei, weil von Hause aus konservativ, war über Platz sieben der NSDAP-Liste ins Rathaus gewählt

worden: Rechtsanwalt Werner Mahler. Er wußte Ahrens mit Bedacht zu nehmen, hatte als Sohn einer geborenen Scholl-Latour die feine Witterung dafür, wie weit sich ein Rauhbein wie Ahrens steuern ließe. Mahler setzte als Bürgermeister die Intentionen von Ahrens geschickt in Verwaltungsanordnungen um, gebot aber Halt, wenn Recht verletzt zu werden drohte. Ahrens hörte auf ihn, wies manche Einflüsterung von Bockhals zurück und geriet so in den Augen der Bevölkerung allmählich in den Ruf eines väterlichen Stadtoberhaupts.

Ahrens rief die Bürger auf, den Sitzungssaal der Licht- und Wasserwerke zu bestaunen. Konnte es einen angenehmeren Treffpunkt für Tagungen und Besprechungen geben? Gediegene Möbel, Teppiche, Sessel, Lüster, alles was das Herz begehrt. Den Bonzen hatte es nicht gereicht. Unter Glas konnten die Volksgenossen schwarz auf weiß beäugen, wie ihre Groschen verpulvert waren. Die Schnüffelkommission hatte Belege der letzten vier Jahre ausgegraben: 22. April 1929 im Ratskeller sechs Gedecke zu RM 33,77. 23. August 1929 fünf Gedecke im Hotel «Stadt Schleswig» zus. RM 44,80 (!).

Auf einem Plakat stand zu lesen: «Die teuersten Restaurants waren den Herren gerade fein genug. Wer sich des Verbrechens am Volksvermögen schuldig macht, gehört vor die Volksjustiz, er ist um keinen Deut besser als die Sklareks und Barmats. Den Proleten wurde die Stromrechnung nicht gestundet, die Bonzen aber praßten vom Geld der arbeitenden Bevölkerung.»

Die «Ausstellung» hatte täglich Hunderte von Besuchern und mußte verlängert werden.

«Wir hoffen, daß das Rathaus zu einem Volkshaus werden wird», sagte Ahrens im Rundfunk. «Unsere Bewegung hat sich durch das Mittel der direkten Aktion das Sagen in der Stadt verschafft, ohne jede Anweisung von oben.» Nachdem der Coup geglückt war, konnte sich Ahrens nicht oft genug an seiner Machtergreifung sonnen. Eine der ersten Maßnahmen war, Flieges Bruder, einem sehr beliebten Kinderarzt, die

Sprechstunde in der städtischen Säuglingsfürsorgestelle zu verbieten. Da der «Volksbote» nicht mehr erschien, rührte sich keine Stimme des Protests. Die Zahl der Bürger, die an der Willkür gegen Juden mitlitt, schmolz zusammen.

Max Seelund gehörte zu den Ausnahmen. Er traf sich mit seinem Freund, dem Amtsrichter Martin Menzel aus Neumünster, auf halbem Wege in Bordesholm. Der «rote Menzel», das wußte Seelund noch nicht, hatte den Justizdienst quittiert und gedachte sich in Bordesholm als Rechtsanwalt niederzulassen. In Neumünster hätte er, der vor fünf Jahren das Volksbegehren gegen den Panzerkreuzer unterschrieben hatte, auf die Dauer Schwierigkeiten gehabt. In Bordesholm lief eine Praxis aus, deren Inhaber, hoch in den siebzig, zu Menzel Vertrauen gefaßt hatte, weil der Bauer Schlichting, Menzels Schwiegervater, über Jahrzehnte sein Mandant gewesen war.

«Untertauchen, lautlos neu anfangen, anders läßt sich nicht überleben», sagte Martin zu Max, als er ihm von außen sein künftiges Domizil, einen kleinen unansehnlichen Ziegelbau, zeigte. «Mein Vorgänger geht ins Altersheim. Hier werden wir also wohnen, und ihr könnt uns oft besuchen kommen, eine Stunde mit dem Fahrrad.»

«Besuch nennst du das? Mensch, hier habe ich an die vier Wochen zu tun, um dir den alten Kasten wieder flottzumachen. Die Fenster fallen bald aus dem Rahmen, die Haustür ist hin, der Garten braucht ein neues Gitter. Sieh dir das an, nach Nordosten sind die Ziegel total vermoost. Junge, Junge, tuschur travajeh, aber ich habe ja Zeit.»

Max und Martin waren Kriegskameraden gewesen und hatten sich nach der Revolution der USPD angeschlossen. Der KPD waren sie nicht beigetreten, erhielten aber ihre Sympathie für die Ziele der Weltrevolution aufrecht. Jetzt wanderten sie ein Stück über Land. Was sie sich zu sagen hatten, war für die Ohren der Machthaber wenig geeignet.

«Ist man bei euch am Gericht in Neumünster auch so gegen die Juden vorgegangen? Bei uns nennt es der ‹Kampfruf› den

Umzug der Richter des Alten Testaments. Der NS-Juristenbund verlangt, daß alle jüdischen Richter von den Strafkammern an die Zivilkammern versetzt werden. Untersuchungs- und Jugendrichter dürfen sie nicht mehr sein.»
«Das ist erst der Anfang», versicherte ihm Menzel. «Laß Herrn Kerrl und seinen Freisler man erst in Gang kommen. In einem Jahr ist Preußens Juschtiz judenfrei bis auf ein paar Kriegsteilnehmer, an die man sich nicht herantraut. Und wenn man die Juschtiz erst von den Juden ‹gesäubert› hat, kommen die übrigen ‹Staatsfeinde› dran. Wir leben auf einer Hallig, das Wasser steigt immer höher. Bald muß man auf das Dach steigen, um trockene Füße zu behalten. Am liebsten würde ich mit Meta nach Mexiko abhauen, aber von irgend etwas soll der Ofen ja rauchen. Wo du hinsiehst Hyschterie.» Menzel, der stets ein scharfes St sprach, pflegte bei Fremdwörtern zwischen S und T ein Ch einzufügen.
«Hysterie. Das ist das richtige Wort. Bei uns kriegen es viele mit der Angst, sie würden für Juden gehalten. Die Buchhandlung Leipziger und Schreiner inseriert: ‹Wer über unsere arische Firma Unwahres verbreitet, setzt sich schärfster Strafverfolgung aus.› Da muß ich dir etwas erzählen. Ich wohne doch bei dem Admiral. Der ist vielleicht sauer auf die Nazis! Eines seiner früheren Besatzungsmitglieder von der ‹Bayern› arbeitet jetzt als Lakai bei Göring. Ich kann dir sagen, wenn Langfeld anfängt auszupacken, was der ehemalige Matrose in Berlin so erlebt, da ist das Ende von weg.»
Menzel zog Seelund am Arm hinter sich her, der Landjäger überholte sie auf dem Fahrrad. «Heil Hitler!» – «Moin, moin!» – «Ja, Mahlzeit auch», rief der Landjäger, der abspringen mußte, weil er auf den Acker geraten war, als er sich nach den beiden umdrehte. «Wenn Sie nach Meimersdorf wollen, gehen Sie besser zur Chaussee zurück, dieser Weg wird nachher bös morastig.»
«Schieß los!» sagte Menzel.
Seelund wartete, bis der Dorfpolizist außer Sicht war, dann

goß er ungeniert das Kartoffelwasser ab. «Meine Fresse, was für dumme Sprüche der Hermann macht. ‹Wenn man einen politischen Gegner foltert›, hat er gesagt, ‹dann ist das so, als verweigere man einem angeschossenen Stück Wild den Fangschuß.› Über dem Schreibtisch des Reichsjägermeisters hängt der Spruch: ‹Wer Tiere quält, verletzt das deutsche Volksempfinden.› Für Menschenquälerei gilt das natürlich nicht.

Den armen Teddy haben sie nachts in der Lützowstraße geschnappt, als er auf sein Zimmer wollte. Tagsüber hielt er sich in der Laubenkolonie versteckt. Er muß durch die Leute von Ernst furchtbar geschunden worden sein. Ganz verquollen im Gesicht. Göring läßt ihn sich in sein Amtszimmer kommen. Streng bewacht. Vorher wurde Teddy ordentlich geschrubbt, erzählt der Matrose, tadellos rasiert und bekam neue Kledasche an den Leib. Göring drückt Teddy mit seiner Pranke, auf der ein Ring neben dem anderen sitzt, die Hand und fängt doch an, sich allen Ernstes für die schlechte Behandlung zu entschuldigen. ‹Mein lieber Thälmann, wenn Sie zur Macht gekommen wären, hätten Sie mich am gleichen Tage einen Kopf kürzer gemacht. Schlagen ist nicht gut, aber wo gehobelt wird, fallen Späne.› Nun kommst du.»

Menzel schob die Zigarette vor der Brust hin und her. Wenn er nachdachte, zogen sich seine mächtig vorstehenden Augenbrauen zusammen. «Teddy hat sich wacker gehalten. Zum Dank haben ihn die Komintern als Führer der KPD abgesetzt. Wegen ‹unrichtigen› Verhaltens. Nun sollen Kippenberger und Heinz Neumann das Geschäft besorgen. Wo Stalin befiehlt, kann nichts gedeihen. Ihm ist das Schicksal der deutschen Genossen schnuppe, wenn er nur seinen Frieden mit Hitler machen kann. Rapallo ist von beiden stillschweigend verlängert worden. Darauf kam es Stalin an.»

Seelund spuckte seinen Priem aus. «Junge, Junge, wir werden verschaukelt. Die kapitalistische Presse schreibt von Tag zu Tag freundlicher über Deutschland. Warum? Weil es bei uns den Kommunisten an den Kragen geht. Und Stalin sieht mit seiner großen Roten Armee artig zu. Was soll man überhaupt noch glauben?»

Sie kehrten um. Der Landjäger kannte seine Wege besser, und Seelund hatte nur Sandalen an den Füßen. Martin legte ihm die Hand auf die Schulter. «Max, du bist doch nicht dumm. Sieh, die ganze Entwicklung zielt auf den letzten gewaltigen imperialistischen Krieg ab. Dagegen wird der andere Krieg eine Spielerei gewesen sein. Diesmal wird er zwar kurz abgehen, aber noch viel blutiger werden. Die Bomber zerstören die Städte in ein paar Stunden. Man muß zusehen, wie man am Leben bleibt. Danach können wir die Welt aufbauen, wie wir sie uns vorstellen. Eher nicht.»

Seelund war stehengeblieben. «Mannomann, sind das Aussichten! Dann lieber gleich ins Massengrab. Du, jetzt beneide ich fast deinen lieben Max Hölz. Er soll sowjetischer Staatsbürger geworden sein. Weißt du noch, wie wir uns seinetwegen in die Haare gekriegt haben?»

«Deine Schpekulation ist nicht aufgegangen. Waren alles Lügen über Max Hölz. Ob er sich bei den Russkis schicken wird, müssen wir abwarten. Langsam ist er wohl aus dem Sturm und Drang heraus.»

Gegen Monatsende scharte der Nordmarkführer des Stahlhelm, Oberst Seidener, seine Kreisführer im Hotel «Stadt Schleswig» um sich. Auch der dicke Stahlhelmredner Schönle war zur Teilnahme befohlen. Unaufgefordert setzte der Kellner eine ganze Maß vor ihm nieder, die übrigen Herren tranken kleine Biere, Seidener sprach als einziger dem Rotspon zu. Sein Gesicht erschien heute noch stärker blaugeädert, seine Stimme klang noch abgründiger als sonst. Er sprach sehr langsam, wie eine auslaufende Schallplatte. Die Atmosphäre war gespannt, der Stahlhelm stand vor einer Zerreißprobe. Es galt zu retten, was noch zu retten war.

Der braunschweigische Innenminister hatte den Bund der

Frontsoldaten verboten. Angeblich waren Putschpläne entdeckt worden, nach denen die Regierungsgebäude besetzt und NS-Größen entmachtet werden sollten. Es verlautete, der Stahlhelm werde durch Massenaufnahme von Reichsbannerleuten zersetzt, das Heft gleite der Führung aus der Hand.
«Meine Herren, wir warten noch auf den Kameraden aus Braunschweig. Es ist müßig, den Punkt zu erörtern, bevor wir seinen Bericht gehört haben. Ich benutze die Zeit zu einem Rückblick auf die Ereignisse der letzten Wochen. Durchweg sehr erfreuliche Ereignisse, wie mir scheint, Prost!
Seit Mitte des Monats fahren unsere Kriegsschiffe das Hoheitsabzeichen mit dem Hakenkreuz am Heck, Kreuzer ‹Karlsruhe› trägt es als erstes Schiff in fremde Gewässer. Das Ausland wird sich daran zu gewöhnen haben. Unser Ehrenmitglied, der Reichspräsident, hat den Abgeordneten Dr. Goebbels zum Reichsminister für Volksaufklärung und Propaganda ernannt. Ich habe diesen Könner, meine Herren, in unseren Kreisen schon als Reichsspruchbeutel abgekanzelt gehört. Kameraden, hätten wir im großen Völkerkampf einen solchen Kopf für unsere Kriegspropaganda gehabt, mir wäre wohler gewesen! Auch die Ernennung Dr. Hjalmar Schachts zum Reichsbankpräsidenten sollte uns nicht gleichgültig lassen. Jetzt ist Schluß mit dem falsch verstandenen Währungsschutz, jetzt kann die Arbeitsbeschaffung in Gang kommen. Schacht hinterließ der Reichsbank 1930 drei Milliarden an Gold und Devisen, sein Nachfolger hat diesen Bestand buchstäblich dezimiert. Zum Staatsakt in Potsdam brauche ich nicht viel Worte zu machen. Der Tag war die Erfüllung dessen, wofür wir ein Jahrzehnt unseren Dienst gemacht haben. Darauf können wir uns, verdammt noch mal, einen genehmigen. Zum Wohle, Kamerad Schönle!»
«Komme nach», ächzte der Studienrat. Seine Maß war schon geleert.
«Ein kolossales Gefälle hat dieser Altphilologe», flüsterte Langfeld seinem Nachbarn, einem Gutsbesitzer aus dem

Kreise Rendsburg, zu. «Er muß schon als Student nur gesoffen haben, beim Unterricht soll er eine Schwarte in seinem Livius versteckt halten.»
Den Tag von Potsdam hatten sie auf dem Holm erlebt. Zu Beginn der Feldgottesdienst. Marineoberpfarrer Freitag: «Gott hat uns nicht gegeben den Geist der Furcht sondern der Kraft, der Liebe und der Zucht.» Sein katholischer Amtsbruder: «Mut und Begeisterung sind wieder auferstanden.» Es folgte die Ansprache des Stationschefs Vizeadmiral Ulbrich: «Wir geloben, daß wir, wenn es sein soll, Leib und Leben einsetzen für die Freiheit unseres Vaterlandes. Deutschland – hurra!»
In das Dröhnen von 21 Salutschüssen – die Schiffe der Reichsmarine waren über die Toppen beflaggt – rief Staatskommissar Ahrens dem Gauleiter Fest ins Ohr: «Dieser Ulbrich, kein Wort von Adolf Hitler! Was bilden sich die Herren eigentlich ein?»
Der Vorbeimarsch der Garnison, der Polizei, SA, SS und des Stahlhelms, der Korporationen und Marinevereine dauerte über zwei Stunden. Langfeld ließ die anderen ihre Beine werfen, mit versteinertem Gesicht marschierte er ohne einen Ansatz von Stechschritt vor seinen feldgrauen Kolonnen an Ulbrich und Seidener vorbei.
Mit dem Feldgrau stimmte es nicht mehr so ganz. Es gab einige gelbliche Einsprengsel, Stahlhelmer in ehemaligen Windjacken des Reichsbanners, wie es schien. Das war ja der wunde Punkt der heutigen Zusammenkunft. Aber der Kamerad aus Braunschweig war immer noch nicht zur Stelle. Seidener nahm den Faden wieder auf.
«Mit dem Gesetz ‹Zur Behebung der Not von Volk und Reich›, meine Herren, sind wir endlich am Ziel unserer Bestrebungen angelangt, der Parlamentarismus ist in Deutschland durch Ermächtigungsgesetz abgeschafft. Die Gesetzgebung liegt jetzt in den Händen des Kanzlers. Über den Artikel fünf, der das Gesetz 1937 außer Kraft setzt, können Sie ruhig hinweglesen. Wir verbürgen, daß es in Kraft bleibt. Für alle

Zeit. Und noch etwas muß ich sagen zu dieser denkwürdigen Reichstagssitzung in der Krolloper. Auch in unseren Reihen hat es Männer gegeben, die da behaupten, der Kanzler lasse sich seine Reden von anderen Leuten fabrizieren. Wer seine famos improvisierte Antwort auf die Ausführungen des Sozialdemokraten Wels gehört hat, kann Adolf Hitler das staatsmännische Format nicht mehr absprechen. Das mußte ich einmal loswerden.»

Seidener begrüßte die Amnestie für Verbrechen und Vergehen, die in vaterländischer Absicht begangen worden seien. Alle Urteile aus der Kampfzeit würden aufgehoben, die Namen im Strafregister gelöscht. «Da steckt auch für unsere Männer einiges drin. Ich komme nun zu unserer Nordmark. Erfreulich der frische Wind, der in den Schleswig-Holstein-Bund eingezogen ist. Einige von Ihnen erinnern sich des skandalösen Verhaltens von Herrn Harboe Benzel, der den Gruppenführer Gütlich und meine Wenigkeit mit fünfzig Pfennig zur Kasse bat, als wir seiner Kundgebung die Ehre gaben. Der neue Vorsitzende, Dr. Duve, ist aus anderem Holz geschnitzt. ‹Das Unrecht von 1918/20 brennt wie ein Schandmal in der Seele. Wir wollen unser Nordschleswig wieder haben›, hat er bekannt. Das kann man nur unterschreiben. Ich jedenfalls tue es.»

Nach einer kurzen Atempause fuhr er fort. «Die Betriebsratswahlen haben gezeigt, daß die Angestellten in großer Mehrheit auf unserer Seite stehen und daß bei der Arbeiterschaft ein tiefer Einbruch in den marxistischen Block erzielt ist. Im Marinearsenal und im Artilleriedepot haben wir bereits das Übergewicht, im Marinelazarett alle fünf Sitze im Betriebsrat. Wenn ich wir sage, meine ich die NS-Betriebszellenorganisation. Es wäre Wahnsinn, eigene Kandidaten der Kampffront daneben zu stellen. Ich möchte an dieser Stelle einmal etwas Grundsätzliches sagen: Die Wahlgemeinschaft mit den Deutschnationalen war ein Zweckbündnis, sie ist keine heilige Ehe, bis daß der Tod uns scheidet. Wenn ich den Bundesfüh-

rer Seldte richtig verstanden habe, ist sein Übertritt zur NSDAP nur eine Frage des zündenden Zeitpunkts.»
«Hören Sie sich das an!» sagte Langfeld leise zu seinem Nachbarn, von dem er wußte, daß er erzkonservativ war. Der Großagrarier war verschwägert mit den Augustenburgern. Seidener pichelte ein Glas Rotwein und blickte finster in Langfelds Ecke: «Meine Kameraden, jeder prüfe sich, was er tut. Wie der Reichsschatzmeister Schwarz bekanntgibt, zählt die NSDAP jetzt anderthalb Millionen Mitglieder. Nach dem Willen des Führers soll bei zwei Millionen das Tor dichtgemacht werden. Das kann schon in einem Monat eintreten. Es schadet unserer Sache nicht, wenn wir darauf pochen könnten, so und so viele unserer Kameraden stünden in den Reihen der Partei. Mehr sage ich dazu nicht.
Aber an einem Punkt, nicht mein Dollpunkt, meine Herren, kann und will ich mich nicht vorbeimogeln, dem Freimaurertum. Wir haben diese heikle Frage lange genug dilatorisch behandelt. Das geht nicht mehr. Ich hoffe, Sie haben es mit mir als Schändung der Flagge empfunden, daß die Synagoge und die Loge am Tage von Potsdam schwarz-weiß-rot geflaggt haben. Unter diesen Farben haben Heer und Marine für das Vaterland, nicht für Juden und Freimaurer gekämpft.»
Die meisten Anwesenden klopften mit den Knöcheln auf den Tisch. Nicht so der Kreisführer von Stadt Altona, der glaubte, die Führerschaft im Stahlhelm mit seiner preußischen Logenbrüderschaft vereinbaren zu können. «Gestatten Sie, Kamerad Seidener, daß ich das folgende Telegramm meiner Brüder aus Dresden, gerichtet an das Propagandaministerium, zur Kenntnis gebe. ‹Die große Landesloge der Freimaurer in Sachsen gelobt in christlich-nationaler Pflichttreue wie bisher im Geiste ihres Bruders, Friedrichs des Großen, mit der Reichsregierung zu arbeiten für Deutschlands Ehre und Größe, Einigkeit und Freiheit.› Dieser Konfession habe ich nichts hinzuzufügen.»
Der Kamerad setzte sich. Er hatte Mühe, ein Zittern seiner

Hände zu verbergen. Schönle, der bei der dritten Maß angelangt war, blickte auf die Uhr und durchbrach das peinliche Schweigen. «Freimaurer hin, Freimaurer her, ich soll morgen abend in Plön sprechen. Die Leute brennen darauf, zu wissen, was wir zu Braunschweig zu sagen haben. In einer halben Stunde muß ich mit meinen Primanern Thukydides übersetzen. Ich bitte um eine Marschanweisung.»
Seidener sah leicht verglast in die Runde. Ihm wurde gemeldet, der Kurier sei in Lüneburg aus dem Zug geholt worden. Festgenommen.
«Ja, meine Herren, dann müssen wir, auf uns gestellt, eben sehen, was zu tun ist. Ich habe heute morgen mit dem Gauleiter Fest telephoniert und ihm im Namen des Stahlhelm zur Ernennung zum Oberpräsidenten gratuliert. Herr Fest zeigte sich sehr entgegenkommend und ließ nicht durchblicken, daß er gegen unsere Gauführung etwas im Schilde führt. Auch des Gruppenführers Gütlich habe ich mich versichert. Nun wollen wir mal Nägel mit Köpfen machen. In welchen Kreisverbänden sind Reichsbannerleute aufgenommen, wie viele, und wo stehen Aufnahmeanträge an? Der Adjutant schreibt mit.»
Die meisten Kreisführer meldeten Fehlanzeige. In Altona, Neumünster und Eckernförde hielten sich die Zahlen unter je einem Dutzend. Langfeld hatte seine Ziffer nicht genau im Kopf, zwischen fünfzig und sechzig, eher nach sechzig hin. Acht Aufnahmeanträge würden noch geprüft, die Hälfte habe positive Aussicht.
«Positiv!» Seidener ließ die Hände auf den Tisch fallen. «Meine Herren, ich verhänge hiermit eine sofortige Aufnahmesperre für Angehörige des ehemaligen Reichsbanners. Das ist Punkt eins eines Gaubefehls. Zweitens: Die Vergangenheit der leider bereits aufgenommenen Kavaliere aus dem Reichsbanner ist noch einmal scharf zu durchleuchten. Scharf! Wenn einer Kriegsauszeichnungen erworben hat und sie, darauf lege ich Wert, auch trägt, lasse ich mit mir reden. Bei den übrigen

wird sich mit etwas Grips eine Begründung finden, die den Schaumschlägern den Austritt nahelegt. Drittens verbiete ich, daß die Überläufer in der Öffentlichkeit noch irgendwo mit ihren gelben Windjacken auftreten. Zur Stahlhelmkluft gehört nicht nur die feldgraue Schirmmütze. Das Bild, Langfeld, das Ihr Kreisverband auf dem Holm bot, glich einem Flekkerlteppich. So etwas will ich nie wieder vor die Augen bekommen.» Seidener goß sich den Rest aus der Flasche ein. Die Kameraden hielten die Luft an. Langfelds Kreisverband galt als der stärkste und bestgeführte im ganzen Gau. Und nun die Abkanzelung.

Langfeld war im Gesicht aschfahl geworden. Er sprang auf, stützte die Fäuste auf den Tisch und blickte den Gauführer steinern an. «Herr Oberst Seidener! Belieben Sie zu befehlen, was Ihnen der Druck der Machthaber eingibt. Die Angehörigen meines Kreisverbandes sind auf Herz und Nieren geprüft. Ich käme mir schäbig vor, wollte ich nur einen dieser Männer aus unseren Reihen ausschließen. Die Kameraden, die aus dem Reichsbanner zu uns gefunden haben, sind, was meinen Kreisverband betrifft, ausnahmslos Frontkämpfer, Familienväter aus ehrbaren Berufen, Werkmeister, Handwerker, Angestellte. Sie wachsen in den Stahlhelmgeist hinein, gehören bald ganz zu uns. Wenn ich damit die SA der Herren Röhm, Ernst und auch Gütlich vergleiche . . . danke ergebenst. In Berlin hat sich die SA zu einem Drittel aus Kommunisten, Ringvereinen, Zuhältern und ähnlichem Gesindel rekrutiert. Das geht in Ordnung, das wird gedeckt. Der Stahlhelm driftet zu gefährlichen Küsten ab, meine Herren. Seit Duesterbergs Einfluß zurückgedrängt wird und Seldte sich im braunen Fahrwasser nach vorn manövriert, ist der Stahlhelm nicht mehr das, was er war. Laufen Sie, meine Herren, wenn Sie es für richtig halten, dem Hakenkreuz nach, ich stehe zur Krone Preußens.»

Langfeld trat an Seidener heran, nahm das Stahlhelmabzeichen von der Mütze und legte es neben das Rotweinglas. Er

grüßte, den Gauführer ausnehmend, in die Runde und verließ das Sitzungszimmer. Draußen ließ er sich, während er seinen Stellvertreter Kruse anrief, einen Korn bringen.
Der Bäckermeister war unterwegs zur Innung, Frau Kruse meldete sich am Apparat. «Hören Sie, Frau Kruse. Ich übergebe hiermit Ihrem Mann das Kommando über den Kreisverband. Lassen Sie ihn suchen. Er muß sich sofort zum Hotel ‹Stadt Schleswig› in Marsch setzen und sich bei Herrn Seidener als stellvertretender Kreisführer melden. Ich gehöre seit heute dem Stahlhelm nicht mehr an.»
«Mein Gott, Herr Admiral, wie soll man das begreifen? Hat es mit Braunschweig zu tun? Herr Kruse, was mein Mann ist, wird alles prompt erledigen. Was für Zeiten sind das bloß . . .»

VII

Kein Haar gekrümmt

Um zehn Uhr hatten sie Posten gefaßt. Vor jedem jüdischen Geschäft standen zwei SA- oder SS-Männer, ebenso vor Arztpraxen und Anwaltskanzleien, deren Inhaber während der Woche zuvor als jüdisch verfemt waren, in Presselisten, die die Kreisleitung zusammengestellt hatte. Zweimal mußte Bockhals revozieren, insgesamt sechs als Juden denunzierte Mitbürger hatten mit Erfolg protestiert. Es wurde bürokratisch genau unterschieden: Die Woolw*e*rth-Einheitspreisgeschäfte sind zu boykottieren, auf keinen Fall aber die Woolw*o*rth-Einheitspreisgeschäfte. Der Schlag richtete sich ausdrücklich gegen Juden deutscher Staatsangehörigkeit.
Leiter des «Zentralkomitees zur Abwehr der jüdischen Greuel- und Boykotthetze» war Julius Streicher. Ihm zur Seite im Komitee stand Robert Ley, beide nicht gerade Verkörperungen eines germanischen Jungsiegfried-Ideals. Dabei konnte sich Goebbels, der «Schrumpfgermane» und Erfinder des Judenboykotts, nicht genugtun, den Nibelungenfilm des Regisseurs Fritz Lang als wegweisend für nationalsozialistisches Filmschaffen zu preisen.
In Annaberg in Sachsen war die Aktion schon einen Tag vorher losgegangen. Dort drückten SA-Kolonnen den Käufern beim Verlassen der Geschäfte einen Stempel auf die Stirn: «Wir Verräter kauften bei Juden.»

So war Streichers Weisung wörtlich befolgt worden, dem Publikum nicht den Zutritt zu verwehren, sondern nur aufklärend auf die Käufer einzuwirken. Der Presse wurde untersagt, weiterhin Inserate jüdischer Firmen aufzunehmen. Wer die Boykottausrufe nicht veröffentliche, habe schwere Folgen zu tragen.

Bereits um neun Uhr hatte Jacobsohn ein Anruf aus dem Schlachthaus erreicht. SA habe die Schächtmesser beschlagnahmt. «Dagegen kann ich gar nichts unternehmen», sagte Ephraim zu Leopold. «Es tut mir so leid, daß du gleichsam mitboykottiert wirst. Kein Mandant wird sich an den Posten vorbei zu dir hinauftrauen.»

«Ach, Ephraim, ich finde schon durch. Du machst mir Sorgen. Laß um Himmels willen deine Termine heute sausen, du kommst ins Gerichtsgebäude nicht hinein. Die SAJ-Akte habe ich der Parchim zur Ablage gegeben. Die Staatsanwaltschaft schreibt, mit der Besetzung des SAJ-Heims durch die Hitlerjugend sei die ‹Übernahme› der Zeltbahnen und Bekleidungsstücke ‹legalisiert› worden. Eigentum ist nicht mehr geschützt. Mich soll es nicht wundern, wenn sich Herr Ley eines Tages das ganze Vermögen der Gewerkschaften unter den Nagel reißt. Hast du gelesen, Ahrens entscheidet jetzt persönlich, wer den Zuschlag bei Ausschreibungen erhält? Jedem Dorf seinen kleinen Hitler.»

Jacobsohn schloß die Schreibtischschublade auf und ließ eine Pistole durch die Hand gleiten. «In meiner Radfahrkompanie war ich der beste Pistolenschütze. Mein einziges nützliches Erinnerungsstück an den Krieg. Ob die Patronen noch taugen? Das Eiserne Kreuz schützt mich nicht mehr ... Ach, Leopold, das Leben ist sinnlos geworden.»

Spitz streckte die Hand aus. «Gib das Ding her, ich werfe es nachts in den Hafen. Wenn sie es bei dir finden, bist du geliefert.»

Jacobsohn schüttelte den Kopf und schloß die Waffe wieder ein. «Schönes Deutschland, was haben sie aus dir gemacht! Warum ist es Hitler im Reichstag so leichtgemacht worden? Warum hat das Zentrum beim Ermächtigungsgesetz mitgespielt? Warum haben deine Sozialdemokraten nur ganze 94 Abgeordnete dagegen auf die Beine gebracht?»

«Sehr einfach. Hitler hat Kaas getäuscht. Angeblich war ein Brief unterwegs, der auf die Forderungen des Zentrums nach Wiederherstellung der Grundrechte einging. Der Brief ist nie abgeschickt worden. Tricks, nichts als Schmierenkomödie. Severing und meinen Freund Leber aus Lübeck hat man vorm Betreten der Krolloper verhaftet und verschleppt. Als Severing, von Kriminalbeamten bewacht, doch noch zur Abstimmung zugelassen wurde, wollte Göring gerade das Ergebnis verkünden. Großzügig ließ er Carls Nein-Votum noch mitzählen. Andere inhaftierte Fraktionskollegen wurden einfach zurückgehalten. Mein lieber Ephraim, Otto Wels hat für Jahre hinaus das letzte freie Wort im Reichstag gesprochen: ‹Kein Ermächtigungsgesetz gibt Ihnen die Macht, Ideen, die ewig und unzerstörbar sind, zu vernichten!› Daran müssen wir uns halten. Der SPD blieb nichts anderes übrig, als aus der zweiten Internationale auszutreten, damit sie nicht für deren Beschlüsse gegen Hitlers Regime hierzulande geknebelt wird. Gegen diese Diktatur gibt es einstweilen von innen heraus keinen effektiven Widerstand.»
Spitz schob vorsichtig die Gardine beiseite. Der Markt füllte sich mit Neugierigen. Auf den Plakaten, die den Posten um den Hals hingen, war auch aus der Entfernung deutlich zu lesen: «Deutsche, wehrt euch! Kauft nicht bei Juden!» Am dichtesten war das Gedränge zur Chattenstraße hin. Bis ins 19. Jahrhundert hinein war sie noch die «Judengasse», jetzt standen vor jedem zweiten Geschäft die Wächter mit ihren Parolen.
Im Nachbarhaus waren die Fensterflügel geöffnet, v. Remus, der deutschnationale Fraktionsvorsitzende im Rathaus, und sein Kollege Schönle lehnten sich hinaus. Nachdem der Studienrat in der «Börse» seinen ersten Bierdurst gestillt hatte, war er besorgt zu v. Remus geeilt. Langfelds Austritt aus dem Stahlhelm war dem Anwalt schon zugetragen. «Ein schwerer Verlust für unsere Sache. Aber nun Unterlaufens Resignation . . .»

Dr. Unterlaufen, einst Irenes Klassenlehrer am Lyzeum, Vorsitzender der deutschnationalen Reichstagsfraktion, hatte demonstrativ sein Mandat im Reichstag niedergelegt. Gewiß, wenn es den großen Unterlaufen nicht gegeben hätte, dessen Begabung jeder Platz zu machen hatte, wäre v. Remus vielleicht einmal in den Reichstag eingezogen. Er hatte immer im Schatten des kenntnisreichen Politikers und begnadeten Redners gestanden. Durfte er sich über die Lücke, die sich da bot, freuen? Nein, die bürgerliche Rechte der Stadt war ihrer Repräsentanz in der großen Politik plötzlich beraubt. Wie oft hatte sich v. Remus auf Parteisitzungen wichtig machen können. «Wie ich vertraulich von unserem Abgeordneten Dr. Unterlaufen erfahren habe . . .» Damit war es aus.
Auch Schönle zeigte sich ratlos. «Unterlaufen wird seine Gründe gehabt haben. Er habe gegen die sogenannte Gleichschaltung protestieren wollen, heißt es, er sei es leid, als MdR zum Mitglied eines Reichsgesangsvereins degradiert zu werden. Es geht bergab mit uns, Herr v. Remus, die da draußen haben bald alles überschwemmt. Wenn auch wir erst getreten werden, müssen wir zugeben, daß Unterlaufen und Langfeld richtig gehandelt haben. Ich soll jetzt meinen Sekundanern Tacitus eintrichtern. Kommen Sie noch mit auf ein schnelles freundliches Helles? Ich habe einen irren Brand.»
Herr v. Remus verneinte höflich. Er befand sich in einem inneren Zwiespalt. Daß das Anwaltsbüro von Spitz nebenan belagert wurde, tat ihm im Herzen wohl. Zu oft hatte ihn Spitz früher in den Kollegien mit seiner geschliffenen Dialektik gereizt. Unter der Anwaltschaft gab es entschieden zu viele Juden. Ein *numerus clausus* könnte nicht schaden. Aber alles bitte mit Maßen! Seine Praxis hatte seit der Machtergreifung starken Zulauf bekommen, endlich sahen die nationalen Kreise der Wirtschaft ein, daß man sein Geld nicht zu den meist linksgerichteten jüdischen Anwälten und Notaren tragen dürfe. Morgen wollte er sich ein neues Auto, einen BMW

303, anschaffen. Ab morgen waren die Autos von der Steuer befreit. Einige der Maßnahmen zur Ankurbelung der Wirtschaft konnte man schon billigen.
Auf der Chattenstraße fielen zwei Schüsse, Handgemenge ließ sich durch die Gardine erkennen. Spitz und Jacobsohn zuckten zusammen. Nebenan bei v. Remus wurden die Fensterflügel zugeschlagen. Ein Menschenklumpen versperrte die Sicht auf Schmuhls Lampengeschäft. Der Sohn des Elektromeisters Schmuhl gehörte zur Kollegenschaft von Spitz und v. Remus.
Rechtsanwalt Schmuhl war der Zutritt zum Landgericht am Anglerwall verweigert worden. Sein Hinweis, die Berufungsverhandlung müsse vertagt werden, die Schöffen und vor allem die vielen Zeugen von weit her müßten unverrichteter Dinge und gebührenpflichtig heimgeschickt werden, fruchtete nichts. Er stand auf der Liste der ausgesperrten Juden. Basta.
Als er bei seiner Rückkehr seine Wohnung oben im Schmuhlschen Hause durch das elterliche Geschäft betreten wollte, warnten SS-Leute den unerkannten Volksgenossen vor den jüdischen Lampen des Volksschädlings Schmuhl.
Der Anwalt spuckte in seiner Erregung dem Posten vor die Füße und drückte ihn zur Seite. «Als ihr Rotznasen noch in die Windeln machtet, hat sich der Volksschädling Schmuhl, mein Vater, freiwillig ins Feld gemeldet und sich für euch seine Verwundungen geholt. Lassen Sie mich gefälligst in meine Wohnung!»
Die Wut der Bewacher, den Judenjungen Schmuhl für einen Volksgenossen gehalten zu haben, ließ alle Befehle, heute keinem Juden ein Haar zu krümmen, vergessen. Sie schlugen auf ihn ein und traten ihn in den Rinnstein. Inzwischen war der Vater aus dem Laden gestürzt und warf sich zwischen den Sohn und seine Peiniger. Es ging alles so schnell, daß später niemand den Hergang genau rekonstruieren konnte. Als die SS-Leute über den Vater herfielen, feuerte der Sohn in seiner Not aus dem Liegen einen Schuß in die Luft. Wie er noch die

Kraft fand, einen Revolver aus dem Paletot zu zerren, blieb allen unverständlich.
Der Vater beugte sich unter Beschwörungen zum Sohn nieder, versuchte ihm die Waffe zu entwinden, und dabei löste sich ein zweiter Schuß, der einen der SS-Männer traf. Nur der allgemeinen Sorge um den Verwundeten war es zu danken, daß Vater und Sohn fast unbemerkt in den Laden entweichen und die Tür hinter sich verriegeln konnten.
Nun stürmte Verstärkung das Geschäft, die Scheiben wurden eingeschlagen, und der Mob riß sämtliche Lampen von der Decke. Mitten im Scherbenhaufen lag die Pistole, die Vater Schmuhl nach heftigem Wortwechsel mit dem Sohn über die Theke geworfen hatte. Beide hielten sich unter ihr, hinter abgerolltem Einschlagpapier versteckt. Sie wurden erst gefunden, als ein SS-Trupp die Menge aus dem völlig demolierten Laden hinausgedrängt und das Haus Meter für Meter abgesucht hatte.
Ein Pfeifkonzert der Straße begleitete den Abtransport der Schmuhls, die sich erst im Polizeigefängnis in Sicherheit wähnten. Aber auch hier lauerten Krawallmacher. Sie drangen unter Gejohle in das Gebäude ein, entrissen den alten Schmuhl seiner Eskorte und trampelten ihn buchstäblich zu Tode. Der Sohn entging dem Anschlag nur mit knapper Not.
Der Nachmittag forderte einen zweiten Toten. Anton Sybel, auch Toni oder der Kronprinz genannt, ältester Sohn des geschaßten Oberbürgermeisters, wollte seine Freundin Mirjam Silberling im Teppichhaus ihrer Eltern zum Tanztee abholen. Die Silberlings hatten sich in drei Generationen zur Textildynastie der Schleswiger Straße aufgeschwungen. Dem Onkel Mirjams, Bruder ihres Vaters, gehörte eine Tuchhandlung, die fast alle Schneider im Umkreis mit Stoffen belieferte. Dieser Onkel hatte gleichfalls eine Tochter, Ruth Silberling, eine hochbeinige Schönheit mit großen hellblauen Augen, das ebenmäßige Gesicht von tiefblauschwarzem Haar umschlossen. Wo die beiden Cousinen auftauchten, drehten sich die

Leute nach ihnen um. Die kleine kraushaarige Mirjam, die lebhaften schwarzen Augen um sich werfend, in knappem, engem Kleid, neben ihr die lässige Ruth, die es liebte, durch extravagante, um nicht zu sagen verrückte Hüte aufzufallen. Sie trug überlange, locker fallende Kleider, auch sommers Handschuhe, und war, zumindest auf der Straße, durch eine gewisse Unnahbarkeit abgeschirmt.
Nur einmal im Jahr, beim Kolonialfest, fielen Hüllen und Scheu. Rotseidenes Brusttuch und Baströckchen verbargen nur noch wenig von den Reizen der Silberlingmädchen, die das «Kolofe» zum begehrtesten der Kostümbälle machten. Toni, der Beau, in weiter weißer Hose mit blauem Sweater, eine amerikanische Matrosenmütze über die hellblonde Mähne gestülpt, schritt im Seemannsgang über die Treppen der «Wacht am Rhein» und musterte, was die Festivität zu bieten hätte.
Zum Kummer seines Vaters war der Kronprinz ein sehr vorgerücktes Semester. Immer wieder schob Toni es hinaus, sich dem ersten juristischen Staatsexamen zu stellen. Er hatte in aller Welt «studiert», vom zehnten Semester ab war sein Wechsel so beschnitten worden, daß er zu den Mahlzeiten an den mütterlichen Tisch zurückkehren mußte, wenn er sich weiter eine sturmfreie Bude leisten wollte. Auf sie mochte er nicht verzichten, denn es ging manchmal ziemlich laut zu, wenn Toni nach einem Abend im «Sevilla» mit neuen Bekanntschaften noch nach oben zog.
Als Ruth und Mirjam an ihm vorbeizogen, pfiff er auf dem Schlüssel und zog die lange Schöne in den Wirbel. Ruth war ein Bild von einem Mädchen, der grün eingefärbte Sombrero ließ die exotisch getönte Haut noch verlockender wirken. Aber Toni, dem es nie schwergefallen war, ein Mädchen in Feuer zu bringen, scheiterte an Ruths Steifheit. Sie war wirklich nur zum Anschauen da. Er ließ Ruth fahren und machte sich auf die Suche nach Mirjam.
Auf der Matte eines schummrigen Zeltes fand er sie, umlagert

von einer Schar junger Männer, die sie quasi gefangenhielten. Es bedurfte nur Tonis Fingerschnalzens, Mirjam sprang auf und tanzte mit dem Kronprinzen eng umschlungen, bis die Kapellen am Morgen ihre Instrumente einpackten.
Der fast tägliche Tanztee im «Belvedere» wurde zu ihrem Ritual. Toni, in grauer Flanellhose und weißem Hemd mit kurzen Ärmeln, die seinen Bizeps spielen ließen, holte Mirjam für zwei Stunden von den Teppichen fort, worein sich der alte Silberling nur schwer schicken konnte. Sie schlenderten Hand in Hand am Wasser entlang, Mirjam trippelnd, Toni mit langen, elastischen Schritten. Der Kellner hielt ihnen den besten Fensterplatz gegenüber den Geigen reserviert. Mirjam geizte nicht mit Trinkgeld, Toni war immer blank.
Sobald der erste Geiger seine Violine mit dem Saxophon vertauschte, tanzten beide bis zum Ende des Tees. Ihre Art zu tanzen unterschied sich von der aller übrigen. Sie standen versonnen aneinander gelehnt und bewegten nur die Fußspitzen und Hacken synkopisch und warfen dabei den Kopf ein wenig in den Nacken. Manches Paar versuchte ihnen diese Novität, die noch nicht aus Amerika importiert war, abzusehen. Vergeblich. Die Tänzer gerieten aus dem Takt, es war viel bequemer, sich über Toni und Mirjam lustig zu machen.
Auch heute ging der Kronprinz, der keine Zeitung las und an den Ereignissen vorbeilebte, arglos zum Teppichhaus Silberling, um Mirjam ins «Belvedere» abzuholen. Er hatte nur Augen für hübsche junge Mädchen, die Uniformierten mit ihren Plakaten sah er nicht und tat sehr erstaunt, als er am Betreten des Teppichhauses gehindert wurde.
«Noch nichts davon gehört, daß Deutsche nicht bei Juden kaufen?» sagte ein älterer SA-Mann und hielt Toni am Arm fest. Der Student riß sich los und versuchte die drei Stufen des Eckhauses mit einem Satz zu nehmen. Ein jüngerer SA-Kamerad stellte ihm ein Bein und drehte das Gesicht des Hingeschlagenen zu sich hin, indem er Tonis Kopf am Blondschopf herumriß. «Der Herr Sybel junior will zu seiner Juden-

schickse. Schluß mit der Schweinerei, aus der Traum! Dir Ferkel soll der Spaß vergehen.»

Er drehte Toni den Arm auf den Rücken und brachte ihn zu einem Lastwagen, der gerade die Ablösung für die Schleswiger Straße herangeschafft hatte. Bewacht von zwei SA-Männern wurde er abgefahren. Mirjam stand drinnen am Schaufenster, ein Bündel Elend.

Der Lastwagen hielt vor dem Haus der Mergenthalerstraße, wo unter dem Dach Tonis Bude lag. Die SA-Männer mußten aus der gleichen Straße stammen, sie kannten seine Lebensgewohnheiten sehr genau. Auf der Treppe überlegte der Student einen Moment, ob er es schaffen würde, sich der beiden Flegel durch Fußtritte, die Stufen hinunter, zu entledigen. Bisher hatte er kein Wort gesagt. Über Kräfte verfügte er. Aber hinter den beiden stand ja eine Übermacht, die morgen Rache nehmen würde für das, was ihm nur im Augenblick Erleichterung verschafft hätte.

Er schloß die Tür auf und ließ seine Begleitung sich umsehen. Das Bild war nicht einladend. Ein ungemachtes Bett, Batterien leerer Flaschen, überlaufende Aschenbecher und ein klägliches Mobiliar. «Hier treibst du es also mit dem Judenstück, du Mistkerl.»

Das war erfunden. Mirjam hatte im Leben noch nicht die Mergenthalerstraße betreten. Toni wollte sie heiraten und hielt in diesem Punkt an den altmodischen Anschauungen des Elternhauses fest: Mit einem Mädchen, das man zu heiraten gedenkt, schläft man nicht vorher. In den letzten Wochen hatte er sogar ernsthaft zu arbeiten begonnen, einige Lehrbücher mit Lesezeichen deuteten darauf hin. Aber so viel hatte auch Toni von der neuen Zeit begriffen, vor einer Ehe mit Mirjam türmten sich hoffnungslose Hindernisse. Und was könnte ein Gerichtsreferendar mit seinen Kenntnissen im Ausland anfangen?

Der heutige Anschauungsunterricht in der Schleswiger Straße ermutigte nicht gerade, in die Firma des Schwiegervaters einzutreten, abgesehen davon, daß Herr Silberling Tochter und Firma niemals freiwillig einem Goi anvertraut hätte. Der Faden war abgeschnitten.

Der jüngere der beiden SA-Männer, Drogistensohn von der Ecke, schlug überraschend andere Töne an. Er setzte sich auf die Bettkante, zog Toni fast brüderlich zu sich nieder und legte ihm die Hand aufs Knie. «Mensch, Sybel, wenn du von dem Biest nicht loskommst, um keinen Preis, dann gibt es nur eins, Schluß machen. Ich kenne das, wenn man behext ist. Bei mir war es leider kein Weibsstück, sondern ein Lehrling von uns, ein verdammt hübscher Bengel. Ich bin drüber hin, Gott sei Dank.»

Der andere SA-Mann hatte nicht zugehört, sonst hätte er dem Drogisten wohl gehörig Bescheid gestoßen. Er blätterte in einem Stapel älterer Magazine, deren Nuditäten ihn ganz gefangen hielten. So entging ihm auch, wie der Drogist Toni fast zärtlich seine Pistole in die Hand drückte und ihm zuflüsterte: «Es geht ganz schnell, dann bist du die Last los. Wir warten eine halbe Treppe tiefer.»

Toni rückte angewidert beiseite. Wäre ihm der Kerl mit seinem Mitleidsfimmel, hinter dem etwas ganz anderes steckte, noch näher gerückt, er hätte auf ihn abgedrückt. Nazis sind die Pest. Das hatte sein Vater zu spüren bekommen. Schwule kotzten einen an. Toni hatte in der Plätscherhalle unter dem Bahnhof einmal einem Arscheologen einen Tritt verpaßt. Und nun ein warm angehauchter Nazi? «Raus!» brüllte Sybel.

Der Drogist riskierte nicht, die Pistole zurückzufordern. Er blickte traurig auf den Beau und ging rückwärts zur Tür. Der andere ließ einen Blick über das Bücherregal schweifen und wickelte die Magazine in Packpapier. «Beschlagnahmt, die Sauerei.» Sie schlugen die Tür hinter sich zu.

Toni prüfte Magazin und Sicherungshebel. Zwei Patronen. Wenn eine versagte . . . Er drehte den Schlüssel herum und holte seine letzte Flasche Whisky hervor. Wozu noch ein Glas schmutzig machen? Im Gegenteil. Er begann aufzuwaschen, aufzuräumen, sogar seine Schuhe rieb er ab. Dann öffnete er das Dachfenster und wurde einen Augenblick schwankend, als die Sonne durch die Wolken trat, daß er blinzeln mußte. Der Whisky tat gut. Mit jedem Schluck wurde der Geschmack sanfter. Toni legte sich auf die glattgezurrte Steppdecke, die Pistole schon in der Hand.

Er sprang wieder auf. Wortlos fortzugehen, hinterließe Rätsel. Er schrieb zwei Zettel aus.

«Nicht traurig sein, liebste Mirjam, bleib obenauf! Dein Toni»

Den für die Eltern beschnitt er ringsum mit einer Schere. So hatte es auch der Vater gehalten, wenn er den Kronprinzen bei Professor Koschitzki entschuldigen mußte, weil Toni nach der Kneipe im Ruderclub unpäßlich war.

«Es geht nicht mehr weiter. Verzeiht eurem undankbaren Sohn Toni»

Ein letzter Schluck. Dann fiel der Schuß.

Goebbels sprach am nächsten Tage von der beispielhaften Disziplin des deutschen Volkes am Tage des Boykotts. Keine Gewaltanwendungen, keine Tätlichkeiten, keine Beleidigungen. «Die Reichsregierung hat mit Befriedigung davon Kenntnis genommen, daß die jüdische Greuelhetze des Auslandes im Abflauen begriffen ist.»

Alfred Rosenberg, zum Ärger des Außenministers Freiherrn v. Neurath am gleichen Tage zum Chef des neu geschaffenen Außenpolitischen Amtes der NSDAP berufen, strafte Goebbels und die Reichsregierung Lügen. Eine ratlose bürgerliche Presse sehe die jüdische Hetze schon abgeebbt. «Das ist nicht der Fall!» schrieb er auf der ersten Seite des «Völkischen Beobachters».

Bereits in den ersten Monaten seiner Herrschaft rief Hitler immer neue Parallelämter neben den staatlichen Instanzen ins Leben. Je wütender die Diadochen sich ineinander verbissen, um so unangefochtener wuchs seine Autorität.

Schon bald nach Beginn des neuen Schuljahres empfing Claudia einen Brief von Evas Klassenlehrer, Herrn März. Das Betragen des Kindes biete zu Beanstandungen erheblichen Anlaß, ein Erziehungsberechtigter möge sich zwecks Rücksprache einfinden. Aus Eva war nichts herauszubekommen, was die Rügen des Schulmeisters erklären konnte. Also mußte sich Claudia unvorbereitet zur Mädchenvolksschule aufmachen. Sie lag dem Arbeitsamt gegenüber und konnte mit ihren rostroten Steinen nicht häßlicher gedacht werden. Ein Zwischending zwischen Kaserne und Gefängnis.

Die Mädchen wirbelten während der Pause auf dem staubigen Schulhof umher. Eva zeigte der Mutter Herrn März, der als Pausenaufsicht auf und nieder schritt, in der linken Hand ein Butterbrotpaket, in zerknittertes Pergamentpapier gewickelt, in der Rechten eine Wurststulle, an der er wie ein Specht pickte. Eva schickte er sogleich fort, für die übrigen Mädchen in seiner Nähe beschrieb er mit dem Zeigefinger einen Bannkreis. Er wünschte keine Zeugen für seine Unterredung.

Herr März war an Wuchs nur klein geraten, er trug einen schütteren Mittelscheitel, sein Gesicht wurde von einer langen Flügelnase beherrscht. Er artikulierte mit sonorer Stimme, wobei eine Unzahl von Amalganplomben ins Auge fielen. Er sprach etwas durch die Nase. Während er redete, legte er am Ende jedes Satzes den Kopf schief und blickte seinen Partner von unten an, als wollte er sagen, habe ich nicht recht?

Claudia starrte während der Unterredung auf Märzens Parteiabzeichen, was den Träger zu irritieren schien. Er vermied es, Evas Mutter geradeaus anzublicken, fuhr gelegentlich herum, als ob es in einer Schulhofecke eine Unbotmäßigkeit zu monieren gelte. Im übrigen ließ er sich beim Frühstück nicht stören.

«Meine Dame, die Sache ist die, daß Evakind jede Konzentration beim Unterricht vermissen läßt. Ich beobachte sie jetzt über ein Jahr. Im ersten Schuljahr konnte ich sie loben, was Betragen, Aufmerksamkeit und Fleiß anbelangt, jetzt muß ich sie laufend tadeln. Eva Baumgarten war eine gute Schülerin, Eva Spitz, meine Dame, ich bedaure, das feststellen zu sollen, entwickelt sich zum Gegenteil.»

Claudia wies den Schulmeister auf den Schock hin, den die Ermordung des Vaters für ein so sensibles Kind bedeutet habe. Herr März kaute, was bei seiner Gründlichkeit nicht ohne Schmatzen abging.

«Was sollte es wohl mit dem Schock zu tun haben, wenn sich das Mädchen während des Unterrichts wiederholt das Haar kämmt. Eva meint, ich sehe so etwas nicht. Mir entgeht nichts! ‹Evakind›, habe ich gesagt, ‹zweimal habe ich dich schon beim Kämmen während der Stunde ertappt, das dritte Mal nehme ich dir den Kamm weg.› Was antwortet mir die kleine Person? ‹Wir haben zu Hause noch mehr.› Ich bitte Sie, meine Dame, wollen Sie mir zumuten, das Ungehörige der Antwort zu überhören?» Wieder stellte der Lehrer den Kopf schief und blickte Claudia aus den Augenwinkeln von unten an, wobei er erwartungsvoll den Mund spitzte.

«Ist das alles?» fragte sie.

«Am schlimmsten macht sich Evas Art zu sitzen bemerkbar. Wir haben gleich anfangs geübt, daß der junge Mensch seinen Oberkörper in der Bank aufrichtet. Kein Hohlkreuz, beileibe nicht, das Gewicht hat auf dem Gesäß zu ruhen. Was aber tut Eva, die sehr wohl weiß, wie sie zu sitzen hat? Sie streckt öfters die Beine von sich, wippt mit dem Kreuz auf der Kante und läßt den Kopf rückwärts über die Lehne fallen.» Herr März versuchte die Sitzarten, die richtige und die beanstandete, der Besucherin plastisch vorzuführen. Das gelang aus dem Stand nicht so einfach. Die Mädchen ringsum kicherten über seine Freiübungen.

«Sonst noch etwas?» Claudia hatte schwerere Vorwürfe erwartet.

Herr März ließ den Deckel seiner Uhr aufspringen und legte sein Gesicht in Falten. «Die Schulleitung legt Wert darauf, von den Kindern ein fröhliches ‹Heil Hitler!› zu hören. Zugege-

ben, meine Dame, Fröhlichkeit kann ich von Eva nicht verlangen. Aber sie darf sich nicht ausschließen von der deutschen Volksgemeinschaft, sie würde verkümmern. Das dürfte auch nicht in Ihrem Sinne liegen. Oder?»
«Eva soll nicht verkümmern. Deshalb haben wir sie ja angenommen.»
«Sehen Sie! Wir gehen einig. Als ich sie fragte, warum sie nicht mitmache, wenn alle anderen Kinder mir morgens zur ersten Stunde ihr ‹Heil Hitler!› entgegenschmettern, antwortet das kleine Wurm: ‹Zu Hause sagen wir es auch nicht.› In der Erziehung, meine Dame, müssen Elternhaus und Schule Hand in Hand arbeiten. Täusche ich mich da?»
Claudia reichte Herrn März die behandschuhte Rechte. Er wischte vorher seine Wurstfinger in einem Taschentuch ab, das gewiß nicht frisch aus der Wäsche kam. «Ich werde Ihre Beanstandungen mit meinem Mann durchsprechen und sehen, was sich ändern läßt, damit Eva das Wohlwollen der Schule zurückgewinnt. Ich zähle auf Ihre Nachsicht, das Kind hat Unmenschliches durchgemacht.»
März blickte ihr nach. Merkwürdig, dachte er, den Rektor, den Schulrat, das Ministerium und den Führer erkenne ich als Autoritäten über mir an. Die Schülerinnen und auch die Eltern, ja alle Eltern können von mir nur lernen. Was verschafft dieser Frau solche Überlegenheit? Als ob ich in den Wind geredet hätte . . .

VIII

Die Herzen gewinnen

«Ist es die Möglichkeit? Deinem Vater wäre so etwas nie passiert. Ein Ehrenmann falliert nicht», sagte die Konsulin zu Claudia und versuchte, sich in ihren Kissen aufzurichten. Claudias Besuche in der Klinik waren seit Leopolds Rückkehr auf dreimal die Woche eingeschränkt worden. «Diese Schande über unseren ehrlichen Namen zu bringen. Der Kaufmann gehört ins Kontor, in Monte Carlo hat er nichts zu suchen. Fräulein Schimmelmarck, die Nichte meiner lieben Lehrerin, hatte mir schon Andeutungen gemacht. Nun ist unsere noble Firma total ruiniert.»
«Wieso unsere? ‹Waterbloems Nachfolger› gehört seit acht Jahren Herrn Verminder. Du hast Vaters Holzhandlung gegen gutes Geld an ihn verkauft. Es war seine Sache, was er daraus macht, jedenfalls nach den kapitalistischen Spielregeln, auf die du sonst schwörst. Meinst du, dieser Herr hätte beim Jeu an die Existenz seiner Lagerarbeiter gedacht? Wieder fünfzig Arbeitslose mehr, denen er vermutlich noch Lohn schuldet.»
Im Wirtschaftsteil des «Generalanzeigers» war von dem überraschenden Konkurs in der benachbarten Hansestadt berichtet worden. Verminder, dieser Bankrottier, hatte also mit dem Zylinder in der Hand den Weg zum Amtsrichter angetreten. Robert Langfeld, der seit Jahren «Waterbloems Nachfolger» bei den Werften vertrat, wunderte sich schon, daß die Provisionsabrechnung auf sich warten ließ. Nun las er in der Zeitung, warum seine Anmahnung ohne Antwort geblieben war.

«Schweinkram!» sagte er zu Wilhelm, der sich während der Semesterferien bei Seelund im Keller Regale zusammenleimte. «Den Sommer in Graz mußt du dir aus dem Kopf schlagen, mußt mit unserer hiesigen Alma mater vorliebnehmen. Ohne das Zubrot von Verminder kann ich dir keinen anständigen Wechsel mehr schicken.»

Das sah Wilhelm ein. Es bestand gegenwärtig ja kaum Aussicht, daß der Vater eine neue Vertretung fände. Die Doppelverdiener prangerte man an. Zwar war des Vaters Pension von der Sorge für den älteren Bruder entlastet, Daniel wirkte seit einem Monat als Assessor am Kammergericht in Berlin. Auch er mußte sich einschränken. Nicht nur, weil er heiraten wollte. Mit dem 30. Januar, als sich die braunen Kolonnen durch das Brandenburger Tor zur Wilhelmstraße wälzten, hatte er sich auferlegt, keine Zeile mehr zu veröffentlichen, bis der Spuk vorüber sei. Das mochte Jahre währen. «Tante Voss», wie man die «Vossische Zeitung» auch nannte, hatte seinen letzten großen Aufsatz über «Lausanne und das Ende der Reparationen» noch einmal fürstlich honoriert. «Die faschistische Diktatur kann man nur durch Schweigen austrocknen», schrieb er an den Vater.

Der Vater drückte Wilhelm hundertundfünfzig Mark in die Hand. «Das muß reichen für die Einschreibgebühr und die Kolleggelder. Manche Vorlesungen und nicht die schlechtesten sind gratis. Es hat wenig Sinn, den Stundenplan zu voll zu packen. Du sollst schließlich alles verarbeiten.»

Das Vorlesungsverzeichnis kündete in Themen der geisteswissenschaftlichen Disziplinen bereits vom Atem der neuen Zeit. Professor Bierzapf, ein Landsmann Hitlers, nannte seine vierstündige Vorlesung «Metaphysik der deutschen Seele». Zum Speien. Dabei hatte Wilhelm Bierzapfs früheren Vorträgen in der Kantgesellschaft allerhand abgewonnen.

Der Student entschied sich für das große Hegelkolleg von Diademer, dessen Dekanatsjahr gerade begonnen hatte, nahm sein Mittelseminar hinzu und belegte die «Arbeitsmethoden der Soziologie» bei dem Privatdozenten Senkerle. Über «Planwirtschaft der Sowjetunion, mit Übungen» wollte er beim Vater seines Schulfreundes Schümann hören und Paulsens dreistündige Vorlesungen über die Sozialgeschichte Englands anschließen.

Blieb noch der Sport zu bedenken. Die akademischen Leibesübungen waren jetzt Pflichtfach für alle Semester. Wilhelm, der in den letzten Jahren einen kräftigen Schuß getan hatte – «nun hast auch du Gardemaß wie alle Langfelds», so der Vater –, litt unter seinem asthenischen Habitus. Dem könnte Rudern etwas abhelfen. Morgens von sechs bis acht in der «Arche», wie der breite Doppelachter der Anfängerriege hieß.

Das Gebäude der Universität, vor sechzig Jahren aus gelben Ziegeln errichtet, glich äußerlich einer Mischung aus florentinischem Palazzo und preußischem Bahnhof. Nur die vier Fakultätsheiligen auf der Freitreppe vor den Portalen verrieten den hohen Zweck des Bauwerks. Aristoteles vertrat die Theologie, Platon die Philosophie, Hippokrates stand für die Medizin auf seinem Sockel, die Jurisprudenz schmückte sich mit Solon. Die Bildhauer Begas und Eberlein hatten den mächtigen Faltenwurf aus Sandstein gehauen und konnten nicht ahnen, daß die Gebärden der Geistesheroen den Volksmund zu unziemlicher Deutung inspirierten, als ob sich ein Köter zu Füßen der Griechen verewigt hätte.

Wie riecht es hier? schien der erste zu sagen. Ich merke es auch, der zweite. Da liegt es ja, zeigte der dritte mit dem Finger, und der vierte wandte sich ab: Ich bin es nicht gewesen. Wilhelm wußte von seinem Vater, der nach der Revolution ein Semester Botanik belegt hatte, auch die plattdeutsche Version dieser markanten Aussprüche. Sie entfernte sich noch um einiges mehr von hellenischer Würde.

Als der Student die Quästur betrat, beschlich ihn das Gefühl, er laufe in eine Falle. Es gab keine Schlangen, denen er sich anzuschließen hatte, die einzige Sekretärin, die zu erblicken

war, stand ganz zu seiner Verfügung. Gespenstisch wie im Traum, dachte er. Neben der Dame thronte, erhöht und durch eine Barriere abgetrennt, ein SA-Sturmführer mit Habichtsvisage. Seine dunkelbraune Tuchuniform schien frisch vom Maßschneider zu kommen. Herr Dachsel, so hieß der merkwürdige Überwacher, musterte Wilhelms Erscheinung und kontrollierte von oben, was die Sekretärin in Wilhelms Anmeldebuch eintrug.
Wahrhaftig, sie reichte wie selbstverständlich das Testatheft an das Vogelgesicht weiter, statt es Wilhelm zurückzugeben. «Heil Hitler! Herr Langfeld. Wie ich sehe, haben Sie vergessen, den Wehrsport einzutragen. An unserer Universität ist das SA-Hochschulamt beauftragt, alle arischen Studenten, und das sind Sie doch hoffentlich, bis zum sechsten Semester wehrsportlich auszubilden. Mittwoch nachmittag drei Stunden Schießen, Sonnabend nachmittag vier Stunden Geländedienst.» Ohne aufzublicken oder zu fragen, schrieb die Respektsperson in die letzte Rubrik des Heftes «Name des Dozenten: Dachsel. Übung: Wehrsport. Stundenzahl 7». Hinter «Reichsmark» machte Dachsel einen Strich.
«Sie sehen, wir tun das ganz für umsonst. Nur den Sportanzug wird Ihnen Ihr Alter Herr stiften müssen. Langschäfter, braune Hose, Braunhemd mit Binder, Koppel und SA-Mütze. Kragenspiegel gibt es erst, wenn Sie sich bewährt haben. Alles zusammen kostet nicht halb so viel wie die Gebühren, die Sie soeben bezahlt haben. Unsere Geschäftsstelle am Kaiser-Friedrich-Platz hält alle Maße auf Lager. Ich testiere gleich an. Mein Abtestat erhalten Sie nur, wenn Sie an achtzig Prozent der Übungen teilgenommen haben. Schaffen Sie das nicht, können Sie Ihr Semester in den Schornstein schreiben.» Symbolisch durchkreuzte er die Seite des Testatheftes in der Luft. «Noch Fragen?»
Wilhelm hätte ihn fragen mögen, welches Gesetz es gestatte, Studenten zur SA zu pressen. Dagegen waren ja die Werber des Soldatenkönigs, den der Vater so hoch in Ehren hielt, die

reinsten Täubchen gewesen. Wilhelm nahm seine Papiere an sich und schlug grußlos die Tür der Quästur hinter sich zu. Wie blind, dachte er, bin ich dem Drill in die Arme gelaufen ...

Gegen Drill hatte Wilhelms Vater nichts einzuwenden. Jeder junge Deutsche sollte lernen, sich im Gelände zu bewegen und mit dem Gewehr umzugehen. Aber sein ehemaliger Stahlhelm hatte in der Wehrausbildung mehr Erfahrung bewiesen als diese Käppiträger, von denen vor ein paar Jahren noch niemand ein Stück Brot genommen hatte. Den Sohn zweimal die Woche im Braunhemd bei Tisch sitzen zu sehen, das würde Robert Langfeld gehörig den Appetit verderben.

Wilhelm ging mit seinem Schulfreund, dem Germanisten Lambert, den das gleiche Geschick ereilt hatte, zur Einkleidung.

«Ob an allen deutschen Universitäten solche Zustände herrschen?»

Lambert, der sich sehr prononciert auszudrücken pflegte und zur Resignation neigte, sagte: «Schleswig-Holstein voran! Unser leuchtendes Beispiel wird Schule machen. In ein bis zwei Jahren sind alle deutschen Universitäten zu Kasernen degradiert. Es sei denn, die Entente schreitet gegen unsere Soldatenspielerei ein.»

Am Sonnabend der ersten Vorlesungswoche war es soweit. Wilhelm hätte vor Scham versinken mögen, als er, in die neue SA-Uniform eingekleidet, beim Verlassen der Tirpitzallee Seelund in die Arme lief.

«Junge, Junge, wie hast du dir verändert. Verdammich, frisch aus dem Ei gepellt. Da wird sich Herr Admiral gefreut haben. Gottogott, Wilhelm, auch du?»

Der SA-Anwärter schüttelte den Kopf. «Später, Herr Seelund.»

Er stiefelte davon, zum Kaiser-Friedrich-Platz. Hier standen schon einige hundert Studenten in Gruppen beisammen, die Mehrzahl schien sich in der fremden Kluft recht unglücklich

zu fühlen. Einer Minderheit strahlte der Stolz aus den Augen, ihr war die Schadenfreude am Los der Gepreßten anzumerken. Vorm Eingang zum Arbeitsamt hielt der neu gebackene Sturmbannführer Friedrichsen seine Unterführer um sich geschart. Man hatte alle Studenten aus der Standarte der Stadt ausgegliedert, um ein Universitätskader aufzustellen. Das hatte für die studentischen «alten Kämpfer» Beförderung um einen Dienstgrad bedeutet. Friedrichsen, 14. Semester der Medizin, der eine Milz kaum von einer Leber unterscheiden konnte – er hatte nämlich die vergangenen Jahre darauf verwendet, über den Weg zur Macht nachzudenken –, konnte den Hals nicht weit genug aus dem Kragen recken, um sich an seiner neuen Machtfülle zu berauschen. Er warf den Kopf zurück, schlug die Arme durch die Luft und schnippte mit den Fingern. «Ich bitte mir Härte aus, dulde aber nicht eine Verletzung unserer jungen Kameraden. Der nordische Mensch kennt keinen Kadavergehorsam. Wir wollen zu politischen Soldaten erziehen, müssen die Herzen gewinnen.»
Um alle Fakultäten und Landsmannschaften, auch die Verbindungsstudenten mit den Nichtkorporierten durcheinanderzuwirbeln, wurden die Einheiten alphabetisch aufgestellt. Langfeld fand sich als Nebenmann des gleich großen Lambert. Beide packte ein Entsetzen, als sich ihnen der Scharführer Pult, der sie künftig schleifen sollte, vorstellte.
Pult pflanzte sich breitbeinig vor dem Häuflein auf und wippte in seinen ins Violette verschossenen Reitstiefeln. Sein Gesicht war pockennarbig, eine rotblonde Strähne, die unter der Mütze hervorquoll, strich er fortgesetzt in den mit Furunkeln gespickten Nacken. Dabei klirrten seinen Kettenarmbänder, an denen mehrere Bierzipfel hingen, gegeneinander. Pult war Kandidat der Zahnmedizin, zeigte beim Feixen vier Goldzähne und zotete unentwegt, wenn er nicht gerade vom Saufen sprach. Seine Gangart glich der eines Paradepferdes, wobei er den breiten Hintern nach oben warf. «Meine Herren», sagte er, «im Dienst bin ich ein Wolf, außer Dienst bin

ich ein Lamm. Für euch bin ich das erste Jahr immer im Dienst. Gefressen?»

«Tiefer als mit diesem Heini konnten wir nicht in die Scheiße greifen», flüsterte Lambert Wilhelm zu. Die Kolonne setzte sich in Bewegung. Zehn Meter voraus schlug der Pfau Friedrichsen sein Rad. Passantengrüße erwiderten er und sein Adjutant auf verschiedene Weise. Während der Adjutant seinen Arm wie ein Messer vorflitzen ließ, knickte Friedrichsen den Arm jovial am Ellbogen ab und ließ sein Auge blitzen.

«Es zittern die morschen Knochen» wurde durch die Reihen gegeben. «Ein Lied, drei, vier!» Der Marschgesang fiel dürftig aus. «Wartet, Ihr Schwanenhälse, das üben wir noch. Bis zur Vergasung!» rief Pult seiner Schar zu.

Am Fichtelberg, kanaleinwärts, begann die Einzelausbildung. Vorbeigehen mit Erweisen des Deutschen Grußes. Pult war nicht zufriedenzustellen. «Zurück, marsch, marsch! Sie lahmes Gestell. So wollen Sie den Führer grüßen? Adolf Hitler dreht Sie durch den Wolf, Sie Minuskaninchen. Zweihundert Meter voraus ein Kugelbaum. Gruppe Pult einmal um den Kugelbaum, marsch, marsch! Hinlegen! Auf! Etwas mehr Tempo, meine Herren! Das Wasser im Arsch muß kochen.«

Truppführer Jonas näherte sich Pult. «Sachte, sachte mit den jungen Pferden. Pfeif sie zurück, Pult! Die brechen ja in die Knie, am ersten Tage . . .»

Jonas stand kurz vor dem jurisitischen Referendarexamen. Er fiel auf durch einen runden Rücken, als ob er bisher nur Mehlsäcke geschleppt hätte. Er stammte aus dem an Dänemark abgetretenen Apenrade, seine Mutter war Dänin, aber Jonas hatte wenig von ihrem Humor mitbekommen. Er wirkte eher mürrisch, trat rauhbeinig auf, konnte jedoch sein gutmütiges Herz nicht verbergen.

Eine kurze Verschnaufpause gab es für die Anwärter, als sie einzeln zum Sturmführer gerufen wurden. Sturmführer Kunze wollte sich ein persönliches Bild von seinen neuen Männern verschaffen. Ihn hatte Alfred Rosenberg der Bewe-

gung zugeführt. Kunze, der als Historiker einem Großdeutschen Reich zuarbeiten wollte, stammte aus einer Familie, die der Freikörperkultur huldigte. In der Leibesverachtung des Christentums sah er die Ursache für alle Irrwege der abendländischen Geschichte. Seine konfusen Ideen hatten ihn im Historischen Seminar zum Sonderling abgestempelt. Seit Hitlers Machtantritt fand man seine Ansichten plötzlich bemerkenswert.
Wilhelm baute sich vor Kunze auf. Der Sturmführer zerquetschte bei der Begrüßung fast seine Hand. Er durchdrang ihn mit einem Blick, als wollte er ihn zum Kreuzzug verpflichten. Zum Hakenkreuzzug, versteht sich. Kunze wirkte, obwohl ungedient, wie ein geborener Offizier. So sahen die Leutnants aus, die Wilhelm an Bord erlebt hatte, als sein Vater noch Kommandant des Linienschiffs «Bayern» war.
«Was studieren Sie, Langfeld, Semesterzahl?»
«Philosophie und Sozialwissenschaft, Sturmführer, im fünften Semester.»
«Haben Sie das Hauptkolleg bei Bierzapf oder bei diesem Judenstämmling Diademer belegt?»
«Ich höre die Hegelvorlesung von Spectabilis Diademer, Bierzapfs Kolleg bringt mich nicht recht weiter. Es hat wenig Substanz.»
Kunze legte Wilhelm die Hand auf die Schulter und forderte ihn zum Mitgehen auf. «Bei Bierzapf mögen Sie recht haben, er hat sich uns verdammt eilig an den Hals geschmissen. Trifft es zu, daß Diademer den Hörsaal mit dem Deutschen Gruß betritt? Ich habe diese Unverschämtheit für einen schlechten Witz gehalten.»
Wilhelm bejahte. Das Bild hatte sich ihm fest eingeprägt. Etwa zweihundert Studenten fiebern dem ersten Auftritt Diademers im neuen Semester entgegen. Das Auditorium Maximum verstummt, als er hoch aufgereckt, die Miniatur des EK I am Aufschlag, im Portal erscheint und seine funkelnden Augen über die Hörer hinfliegen läßt. Ein Trampeln ohne

Ende wird zur Sympathiekundgebung für den geschmähten Hochschullehrer. In seiner hölzern eckigen Art, steigt er aufs Katheder, streckt den Arm aus und ruft «Heil Hitler!». War diesem Mann noch zu helfen? Mosaischen Glaubens und glühender Preuße zugleich, wollte er die akademische Jugend in der Hoffnung auf eine bessere Zukunft Deutschlands bestärken. Nicht um seine Haut zu retten, spielte er das Theater. Er wäre in der SA mitmarschiert, wenn man seine Rasse nicht verfemt hätte. Für Bierzapfs Würdelosigkeit hatte er nur Verachtung übrig. Einige wenige scharrten. Es ging in erneutem Trampeln unter. Wilhelm bedauerte, sich die Stenographie noch immer nicht angeeignet zu haben. Bei Diademer war jedes Wort wert, festgehalten zu werden.

«Verlassen Sie sich drauf, wir legen dem Judenlümmel das Handwerk. Seine Vorlesung wird das Ende des Semesters nicht erleben. Im Studentenbund prüft man, ob wir die Vorlesungen nicht in Uniform besuchen sollten. Schon als Gegengewicht gegen die Korporierten. Dann sieht man, wohin jeder gehört, wenn es hart auf hart geht. Passen Sie auf, Langfeld, daß Sie bei einer solchen Aktion nicht auf die falsche Seite geraten. Waren Sie aktiv?»

Wilhelm verneinte.

«Dann ist noch nichts verdorben.» Er war entlassen. Kunze blickte skeptisch hinter ihm her.

Die Gruppe übte jetzt Hinlegen. Scharführer Pult, der zum Fettansatz neigte, machte es ächzend vor. «Mit den Beinen zappeln könnt ihr Hengste auf eurer Elvira, im Gelände heißt es volle Deckung. Schnauze in den Dreck, nichts zu sehen von dem Mann. Sprung auf, marsch, marsch! Hinlegen! Auf!»

Pults Stimme wurde immer leiser. «Auch ein geflüstertes Kommando erfordert exakte Ausführung. Feind hört mit.» Pult legte die Hand hinter das Ohr und machte sein klügstes Gesicht. «Alles sieht mich an!»

Der Scharführer lupfte nur noch den Daumen und senkte ihn,

die Gruppe keuchte um ihn herum. Noch eben am Boden, stürzten sie schon wieder nieder. Zum Schluß blieben sie wie auf Verabredung einfach liegen. Niemand sah Pult an. Er hatte umsonst seinen Daumen gehoben.
Der Scharführer stemmte die Fäuste in die Seite und wippte die Hacken hoch. «Wie vollgeschissene Damenstrümpfe liegt ihr da. Sind die Krieger schon müde? Eimerweise Bier saufen, zentnerschwere Weiber pimpern, einen Riesenschlag verdrücken und einen großen Haufen scheißen, mehr könnt ihr nicht. Armes Deutschland . . . Mützen ab! Dreimal überrollen!»
Die Anwärter wälzten sich nur einmal über den Kopf. Truppführer Jonas hatte auf seiner Pfeife getrillert. «Herumschließen!» Jetzt war die Theorie dran: «Vor uns eine Bodenwelle. Am rechten Rand drei Kiefern. Unter der mittleren ein MG-Nest. Der Befehl würde lauten: Einzelfeuer!»
Sturmführer Dachsel trat hinzu und schnitt Jonas das Wort ab. «Meine Herren, nur eine präzise Zielansprache im Gelände garantiert die Niederkämpfung des Gegners.»
Dachsel trug eine breite Ordensspange, Jonas war bei Kriegsende erst Sextaner gewesen. Außerdem hatte Dachsel auf seinem Kragenspiegel einen Stern mehr. Wer sollte da noch zweifeln, bei wem die fachliche Autorität lag? Dachsel brach mitten im nächsten Satz ab. «Sehe ich richtig? Der SA-Anwärter Langfeld! Freundchen, wenn Sie sich das nächste Mal von mir verabschieden, will ich nicht Ihre Hacken sehen, sondern ein frisches ‹Heil Hitler!› hören. Einmal um den Teich robben, Sie Würstchen.»
Robben? Pult machte es Wilhelm kurz vor. Mehr schlecht als recht. Dafür jagte er den Delinquenten persönlich vor sich her, soweit man beim Schneckentempo dieser Fortbewegungsart von Jagen sprechen konnte. Mehrfach trat er Wilhelm auf den Stiefelabsatz, wenn dieser die Füße zu Hilfe nahm für das, was allein aus den Ellbogen geschafft sein sollte. Dreißig Meter der Qual waren geschafft, da pfiff Jonas beide zurück.

«Sie versäumen mir zu viel von Sturmführer Dachsels Erkenntnissen.»
Nach vier Stunden, die Wilhelm eine Ewigkeit dünkten, trat der Sturmbann auf dem Kaiser-Friedrich-Platz auseinander, die siebenhundert Anwärter verschwitzt und verdreckt, Friedrichsen und seine Ausbilder im Hochgefühl, für den Führer frisches Menschenmaterial, so nannten sie es, in den Griff genommen zu haben. Lambert und Langfeld waren vor Durst außerstande, den Heimweg anzutreten, sie ließen sich im nächsten Lokal auf zwei Stühle fallen. Beide starrten auf das Wasserbächlein, das an ihren Biergläsern herunterrann. Sie schlossen die Augen und taten einen langen Zug.
Lambert lachte wie ein Galgenvogel. «Verdammt, Langfeld, wir sind ausgeliefert . . . Wenn ich mir vorstelle, das geht nun ein ganzes Jahr so weiter, könnte ich den Pult, dieses sadistische Schwein, umbringen.»
Langfeld fiel nichts ein. «Schenk mir eine Zigarette, Lambert. Mein Konfirmandenschwur, die Sargnägel nicht anzurühren, gilt nichts mehr.»
Durch die Drehtür kam Probst, ihr Direktor vom Gymnasium, damals Pollux genannt, herein. Sofort erkannte er seine alten Primaner und ging auf sie zu. «Sieh einer an, die jungen Herren haben Felddienst gemacht. Recht so!» Zu Wilhelms Gymnasialzeit hatte Probst dem ersten Schüler, der es wagen sollte, mit dem Hakenkreuz die Anstalt zu betreten, das *consilium abeundi* verheißen. Immerhin trug Probst kein Parteiabzeichen. Er war sogar mit Professor Diademer, den er nach der Tankschlacht von Cambrai zum Eisernen Kreuz eingereicht hatte, noch immer befreundet. Und er unterrichtete weiter Hebräisch, obwohl die ganze Schule nur noch vier Teilnehmer an diesem Fach zählte. Pollux zog sich an den Stammtisch des Philologenverbandes in die hintere Ecke zurück, nicht ohne seinen Ehemaligen einige Ermunterungen auf den Weg gegeben zu haben.
Der Stammtisch füllte sich schnell. Als letzter kam Koschitzki

hereingeflitzt, ihr alter Geschichtslehrer, ein Jahr vor der Pensionierung genauso flink wie zu Zeiten früherer Schülergenerationen. Er stutzte, als er die SA-Leute sah. «Aus Jüngelchen werden Männer, wie man sieht.» Er blinzelte durch seine dicke, randlose Brille zu Wilhelm hoch. «Auch du, mein Sohn Brutus?» Wilhelm klärte ihn auf. Keine Immatrikel ohne Wehrsport, obligatorisch bei der SA. Bis zum sechsten Semester.

«Na, dann viel Vergnügen!» Koschitzki hatte es eilig, zu den Kollegen zu gelangen. Die Strafkasse wartete schon auf seinen Obulus.

«‹Nie wieder bekommt der Herr Hitler mehr als ein Dutzend Abgeordnete zusammen›, hat er uns bei der Reichstagswahl 28 prophezeit. Wie litt er unter Stresemanns Tod! Und heute paßt die Hitlerjugend auf, daß ihm im Unterricht kein falsches Wort entschlüpft. Der Koschi ist zu bedauern,» sagte Lambert.

Wilhelm nickte. Das Leben war plötzlich so hoffnungslos traurig geworden.

«Wie lange, meinst du, wird der faule Zauber anhalten?» fragte Wilhelm.

Lambert zuckte mit den Achseln. «Bis zum Ende. Das bestimmt nicht das große Scheusal, den Punkt setzen andere. Uns alle hat der Mann unter seine Fuchtel gebracht, die Befreiung kann nur von außen kommen. Einmal platzt der Luftballon und fliegt ihm um die Ohren. Vorläufig pustet er ihn munter auf.»

Wilhelm ließ nicht locker. «Und bis dahin? Wenn es noch Jahre, ein Jahrzehnt dauert? Das hält ein Volk nicht aus.»

«Mein Lieber, fünfzig Prozent haben bezeugt, daß sie es nicht anders wollen. Es können noch mehr werden. Sehr viel mehr. Zum Schluß bleiben ein paar maulende Intellektuelle übrig, die ihre Trübsal für Widerstand halten. Ich hätte Schlossern lernen sollen, statt mich mit Walther von der Vogelweide zu befassen. Den kauft mir im Ausland niemand ab.»

«Du möchtest emigrieren?»
Lambert lachte. «Wollen habe ich schon, aber vollbringen das Gute, finde ich nicht die Kraft, spricht der Apostel.»
Sie trennten sich. Der Kamerad strebte zur Freundin, die an seiner Uniform nichts Arges fand. Im Gegenteil. Wilhelm trottete allein durch den Hohenstaufenpark heim. Er vergaß, daß man Vorgesetzte und die Offiziere der Marine zu grüßen hatte, daß man mit den Wachtmeistern der Polizei einen freundschaftlichen Gruß tauschte. Plötzlich entdeckte er auf der anderen Straßenseite Claudia, die mit einem Kuchenpaket aus einer Konditorei trat. Er sprang in den nächsten Hausflur. Ihr nur nicht in diesem Aufzug begegnen! Man könnte heulen vor Wut. Claudia hatte das Regime, das jetzt auf Deutschland lastete, von seinen ersten Ansätzen her kompromißlos bekämpft. Der Tag war abzusehen, wo sie dafür zu büßen hätte. Er liebte Claudia noch immer. Hatte er ihr im Kampf beigestanden? Nein. Das war es ja!
Zu Hause nahm er ein Bad, wechselte die Wäsche und schlief für eine Stunde auf seiner Couch. Dann stieg er zu Seelunds hinauf.
«Herr Seelund, ich bin Ihnen Rechenschaft schuldig.»
«Brauchst du nicht, mein Jung, ich habe schon Wind davon bekommen, was sie mit den Studenten anstellen. Ich will dir mal was sagen, was du von Seelund nicht erwartest. Manches an dem Hitler ist gar nicht so schlecht. Soll er ruhig die Bonzen in die Flucht jagen, viele haben es nicht besser verdient. Der ganze Auftrieb, den er jetzt inszeniert, wird uns wieder in Lohn und Brot bringen. Das traue ich ihm zu. Das ist in Ordnung. Nur eines nehme ich ihm nicht ab, daß er ehrlich den Frieden will. Junge, der arbeitet auf den Krieg hin, und darum ist und bleibt er mein Feind. Er soll es nur wagen und die Hand nach der Sowjetunion ausstrecken. Mit dem fährt die Rote Armee Schlitten, da kannst du dich drauf verlassen.»
Von der Roten Armee mochte Wilhelm nichts wissen, aber er unterschlug es. «Ein kluger Kommilitone hat mir heute ge-

sagt, Hitler und sein System sind nur durch einen Krieg zu beseitigen, von innen kann nichts kommen, was uns befreit.»
Max Seelund ließ sich in einen Sessel fallen, dessen Bezug schon ziemlich durchgescheuert war.
«Menschenskind, Wilhelm, das ist ein verdammt hoher Preis. Ich habe vom letzten Krieg noch die Schnauze voll, dicke, sage ich dir. Was hast du davon, wenn Hitler von den Alliierten an die Wand gestellt wird und du bist vorher schon als sein Soldat krepiert? Den Heldentod! Meine Fresse, das lohnt nicht. Komm, spiele lieber eine Partie mit mir.»
Wilhelm war sehr unaufmerksam beim Spiel. Nach dem zwölften Zug verlor er die Dame und gab bald auf. Seelund griente.
«Weltuntergang. Mit dir ist heute nichts los. Du brauchst was zum Freuen, Lüttjehann. Nie sieht man dich mit einem Mädchen. In Flandern – Emma, höre mal weg! –, da hatte ich eine seute Deern. Wenn sie mich anlachte, war der ganze Schiet, vor und hinter den Linien, vergessen. So was fehlt dir.»
«Mal sehen, was sich machen läßt, Herr Seelund.» Wilhelm zog ab und dachte mit Grauen an den nächsten Mittwoch, wenn Pult ihn als Schlumpschützen heruntermachen würde.
«Wie peilt Seelund die Lage?» fragte ihn der Vater, der jetzt im Hause den Stahlhelmrock, aller Abzeichen entkleidet, auftrug. Er saß über seinem Herbarium.
«Seelund hofft, daß er die längste Zeit arbeitslos gewesen ist. Unter Hitler käme die Wirtschaft wieder in Gang.»
Robert Langfeld entzündete eine Zigarre und blätterte den Wirtschaftsteil des «Generalanzeigers» auf. «Der Schlauberger. Das ist doch nicht Hitlers Verdienst. Hier steht es: ‹Wende in der Weltwirtschaftskrise. Ende der Depression in Sicht. Die Auftragsbücher der Exportindustrie füllen sich wieder.› Und ausgerechnet jetzt muß dieser Verminder schlappmachen.»
«Seelund meint, im Grunde sei es nur die Rüstung, die die

Wirtschaft ankurbelt, und das ende mit Krieg, den er nicht will.»
Der Vater warf die Zeitung hin. «Ein Pazifist findet nicht aus seiner Haut heraus. Mit vollen Hosen werden wie Versailles nie los.»
Wilhelm blickte aus übermüdeten Augen zum Schreibtisch hin, wo sein Vater die Brille polierte. Das Bild verschwamm ihm. Sein Vater trug wieder den Feldrock, in dem er fünf Jahre ins Gelände gezogen war, dann sah er ihn in jüngeren Jahren in Marineuniform vor sich sitzen. Es bleibt sich gleich, dachte er, ob feldgrau, blau oder braun. Alle bimsen sie für den Krieg, und auf der Strecke bleibt der Mensch.

IX

Wozu den Pastor besolden?

Eine Woche nach Ostern schloß die Konsulin für immer die Augen. Claudia hatte die in ihre Wohnung heimgekehrte Fünfundachtzigjährige bis zu ihrem Erlöschen gepflegt. In den letzten matten Tagen war ihre Mutter ganz Dankbarkeit gewesen, alle Schurigelei, mit der sie Robert, Leopold und auch Claudia über Jahre gepeinigt hatte, schien von ihr abgefallen zu sein, die Unterlippe hatte jede Kraft zum Flattern verloren. Leopolds Anwesenheit im Hause hatte ihr Bewußtsein nicht mehr erreicht.

Zur Trauerfeier, die in der kleineren Kapelle des Krematoriums abgehalten werden sollte, wurde von Claudia nur der enge Kreis von Familienangehörigen und nahen Bekannten gebeten. Daniel kam aus Berlin angereist, er übernachtete zur Empörung seines Vaters mit dem Fräulein, das er zu heiraten beabsichtigte, im Hotel «Stadt Schleswig».

«Du gehörst in unser Haus, und deine Freundin – verloben wollt Ihr euch ja nicht – könnte bei Claudia unterkommen. So schickt es sich.»

Daniel war am Telephon nicht zu erweichen. «Dann bleibt Cornelia in Berlin. Ich wollte sie mit euch bekannt machen.» Darauf mochte der Vater nun nicht verzichten. Er brannte darauf, seine künftige Schwiegertochter kennenzulernen.

Cornelia gefiel ihm sofort, als sie das Haus betrat. Sie stammte aus Wiesbaden und besaß eine herzerfrischende Art zu babbeln. Daniel hatte sich die Rechtsreferendarin im Juristischen Seminar aufgetan. Die beiden waren eines Abends als letzte in der Bibliothek übriggeblieben und wollten sich, wie das

Schicksal manchmal spielt, gleichzeitig den zweiten Band von Schlegelbergers «Rechtsvergleichendem Handwörterbuch» aus dem Bord ziehen. Das Lexikon blieb im Regal stehen, die jungen Rechtsgelehrten, die sich stundenlang angeschwiegen hatten, entdeckten durch den Wink des Zufalls ihre Zuneigung füreinander. Sie hielt an.
Cornelia arbeitete als Angestellte in der Preußischen Staatsschuldenverwaltung, einer Behörde, die bisher von der Gleichschaltung unberührt geblieben war. Der Vorgesetzte ihrer Abteilung, ein Staatsfinanzrat, wußte von ihrer Mitgliedschaft in der SPD, behielt es aber für sich, weil sich Cornelia ohnehin nicht der zweiten Staatsprüfung stellen wollte. Wem hätte sie schaden können? Auf die Promotion gedachte sie nicht zu verzichten. Sie hatte sich den gleichen Doktorvater wie Daniel ausgesucht. Ihr neuer Freund, mit Prädikat promoviert, gab ihr einige sehr brauchbare Tips.
Der Admiral hätte die junge Dame zu gern in die Arme geschlossen und ihr einen familiären Kuß aufgedrückt, doch Cornelia sah sich mit solcher Fremdheit in der Wohnung um, daß ihm der Schneid versagte. Sie blickte auf die Fürstenbilder, die Reichskriegsflagge und die Kaiserstandarte im Herrenzimmer wie ein Kunsthistoriker, der die Malversuche eines Autodidakten begutachten soll. Dabei war sie von Daniel auf den Hohenzollerngeist im Vaterhause vorbereitet worden. Ihr Verhältnis zu Claudia war von der ersten Begegnung an herzlich. Daniel hatte von seiner Freundin wenig in diesen Tagen, sie begleitete Claudia auf Schritt und Tritt.
«Da ist noch ein Problem», sagte Claudia zu ihr, als sie sich im Burgcafé erfrischten. «Mein Schwager weiß nicht, daß meine Mutter vor zwei Jahren aus der Kirche ausgetreten ist. Sie tat es ganz ohne mein Betreiben, als sie erfuhr, man könne die Kirchensteuer sparen. Sie war nie besonders kirchenfreundlich und äußerte eines Tages: ‹Wenn ich tot bin, bin ich tot. Die Grabrede des Pastors höre ich nicht mehr. Wozu soll ich ihn jahrelang dafür besolden?› So war sie.»

Cornelia lachte. Sie hätte die Konsulin, Daniels legendäre Großmutter, gern noch zu Lebzeiten angetroffen.
«Sobald Daniels Vater das Fehlen des Geistlichen entdeckt, wird er schäumen und behaupten, ich stecke hinter dem gottlosen Zeremoniell. Weihe ich ihn vorher ein, wird er wegbleiben, und die Leute haben wieder Gesprächsstoff. Kann ich auf seine Selbstbeherrschung hoffen?»
Cornelia wußte keinen Rat, und Leopold befand sich im fernen Helsingfors, wo er die Haftpflicht aus der Havarie eines Mandanten abzuwickeln hatte. Der kleinere Saal im Krematorium war nur zu einem Viertel gefüllt. Der Konsulin, die vor acht Jahren als Witwe bei ihren Kindern eine neue Heimat gefunden hatte, war es nicht darum zu tun gewesen, sich abermals einen Freundeskreis aufzubauen. Sie hatte weiter mit ihren früheren Bekannten in der benachbarten Hansestadt korrespondiert, die wenigsten muteten sich noch eine Reise zu. Ein Kondolenzbrief genügte.
Robert erschien in Trauergala, von Daniel mißfällig beäugt, weil er zur Uniform das Namenszeichen der Hohenzollern in Silber, dem Flügeladjutanten 1928 vom ehemaligen Kaiser verliehen, angelegt hatte. Im gleichen Jahre hatte der Exmonarch einen Hauptmann in seinen Diensten zum Major befördert, einen Professor zum Geheimen Rat ernannt. Die Republik hatte nun ihre Quittung dafür erhalten, daß sie über solchen Unfug hinwegsah. «Adolf Hitler = Wilhelm III.?» hatte Konrad Heiden gefragt. Sein Buch war natürlich beschlagnahmt worden.
An den Orgelpunktfugen des «Deutschen Requiems» von Brahms – nicht Musik nach seinem Geschmack – konnte Robert Langfeld im Grunde wenig beanstanden. Das Harmonium quietschte etwas, das kannte man. Wenn es in den Traueranzeigen des Marinevereins «Prinz Heinrich von Preußen» hieß, das Geleit stellten die Kameraden L bis P, war Langfeld stets in Uniform zur Stelle und wußte schon, daß bei dem Worte Streite – «die Trommel schlug zum Streite» – eine

Orgelpfeife zu fauchen anfing. Dafür konnte der Organist nichts, wo aber blieb der Geistliche?
Was suchte der Beerdigungsunternehmer Fließ auf der Empore hinter dem Sarg? Langfeld erinnerte sich, der dickliche Mann aus der elften Stahlhelmkameradschaft hatte sich mehrmals fußkrank gemeldet, wenn die Märsche über das Weichbild der Stadt hinausreichten.
Fließ fuhr sich mit dem Taschentuch über Stirn und Nacken. Sein Vertragsredner, ein pensionierter Volkschulrektor vom «Verband für Freidenkertum und Feuerbestattung» – mein Gott, die Nichtchristen durfte man doch nicht der Konkurrenz überlassen –, war von der Gürtelrose befallen worden. Fließ selbst verstand sich aufs «Besprechen», aber so schnell wirkte das nicht. Fließ mußte in eigener Person das Wort ergreifen.
«Liebe Frau Spitz, Herr Admiral», Fließ nahm das Kinn an die Binde, «und Ihr hinterbliebenen Enkelkinder, verehrte Trauergesellschaft!» Das ging Fließ noch glatt von den Lippen. Sobald er die Güte der Greisin im schlohweißen Haar, ihre nimmermüde Fürsorge, die Schaffensfreude bis zum letzten Atemzug verbraucht hatte, schwelgte er in den Wendungen seines oft angehörten Vertragsredners, wie sie ihm gerade einfielen.
«Was maßt sich der Knülch an?» flüsterte Langfeld Claudia zu. Auch sie fühlte sich von Fließ' Tiraden gepeinigt. «Mutter hört es nicht mehr. Sie hat es so gewollt», sagte sie leise und legte beschwichtigend ihre Hand auf Roberts Ärmelstreifen. Das hatte sie noch nie getan. Der Schwager war augenblicklich besänftigt.
Fließ verfing sich immer tiefer im Gestrüpp und wußte sich nicht anders zu retten als «Amen!» zu rufen.
Das stand ihm nicht zu, hier war keine Gemeinde im Herrn versammelt, hier sollte eine Ungläubige verbrannt werden. Der Zorn flammte in Robert wieder auf. Aus purem Geiz wird sie aus der Kirche ausgetreten sein, dachte er. Ohne

geistlichen Zuspruch wird man ihre Asche verscharren, für Langfeld die schlimmste Strafe, die sich denken ließ. Auf der «Bayern» hatte er einmal den Leichnam eines Segelmachersgasten, der Hand an sich gelegt hatte, vor Gedser über Bord werfen lassen. Auch dieser Mann hatte die Gnadenmittel der Kirche verwirkt.

Nach dem Kaffee, der die Trauergäste entließ, wurde bei Claudia das Testament eröffnet. Es war vor zwei Jahren von der Konsulin eigenhändig und ohne Beistand neu abgefaßt worden und genügte in allen Punkten dem Gesetz.

«Seid nicht so gierig, meine Papiere um jeden Preis zu verschleudern, wartet gefälligst einen guten Kurs ab, dann habt ihr mehr davon», belehrte sie ihre Erben. «Zweitausend Reichsmark, mein Sparbuch in der Konsole, stifte ich mit den aufgelaufenen Zinsen dem Verein der Musikfreunde unter der Auflage, Hindemiths ‹Konzert für Bratsche und größeres Kammerorchester› opus 48 endlich einmal zu Gehör zu bringen.»

«Hirnverbrannt», bemerkte Langfeld, «für solche Kakophonie Geld aus dem Fenster zu werfen.»

«Mutters Letzter Wille bindet uns. Ich finde ihren Entschluß großartig. Er versöhnt mich direkt», wies ihn Claudia zurecht.

«Über meine bewegliche Habe verfügt nach Belieben, aber verzankt euch nicht darüber. Die schöne Munch-Radierung, die Leopold mir zum achtzigsten Geburtstag geschenkt hat, fällt außerhalb der Erbteilung an ihn und Claudia zurück.»

Cornelia stieß Daniel in die Rippen und zeigte auf eine von Schildpatt überzogene Louis XVI-Pendule.

«Die Uhr würde ich gern übernehmen», sagte Daniel. Seine Schwester Irene tuschelte mit ihrem Mann, dem Rittmeister Archibald, Freiherrn v. Hochhirsch. «Wir beide hätten auch gern die Uhr. Sollen wir losen?»

«Da haben wir den Salat», sagte der Admiral. «Ich bin der einzige hier, der aus dem Erbe nichts zu erwarten hat, also unparteiisch. Mutters Effekten belaufen sich nach meiner Schätzung» – er hatte den Kurszettel ziemlich genau im Kopf – «auf sechsunddreißigtausend Mark. Davon erhalten Claudia die Hälfte und meine drei Kinder je ein Sechstel. Das ist eure Manövriermasse. Damit könnt ihr von den Sachwerten kaufen, was beliebt. Der Erlös wird nach dem gleichen Schlüssel geteilt. Ich mache den Auktionator. Bitte auf die Pendule zu bieten.»

Irene hielt Archibalds Hand umschlossen und hauchte mehr fragend. «Zweitausend?»

Daniel blickte scheinbar gleichgültig aus dem Fenster und sagte: «Zweieinhalb.»

Claudia wußte, wie sehr ihr Mann das Stück liebte, sie hätte als Haupterbin spielend fünftausend dafür bieten können. Sie schwieg. Leopold mußte nach seiner Rückkehr einsehen, daß es unfair gewesen wäre, Roberts Kinder zu übertrumpfen. Lebte Tilli noch, die Mutter der drei Robertkinder, hätte sie sich nicht gescheut, der im Erbe gleichgestellten Schwester die Pendule abzujagen, denn in dem scheußlichen Jugendstilmeublement der Tirpitzallee wäre die Uhr nie zur Geltung gekommen.

«Zweitausendfünfhundertundfünfzig», rief Archibald entschlossen und schnitt Irenes Einwand ab.

Daniel sog an seiner Zigarre. «Kinder, nun hört mal zu. Ich habe einen langen Atem, was dieses Juwel betrifft. Cornelia und ich beginnen uns einzurichten. Ihr auf Sternthal habt in jedem Zimmer Uhren stehen und braucht das Geld dringender für andere Zwecke. Ich schlage als Kompromiß vor, daß ich dreitausend Mark zur Kasse zahle und mich bei allen weiteren Angeboten enthalte. Ausnahmslos!»

Das war zwar kein richtiger Kompromiß, denn noch stand offen, ob auf die anderen Sachen überhaupt geboten würde. Der Vater erteilte Daniel den Zuschlag, indem er in eine Agenda, die auf dem Sekretär der Konsulin lag, «Daniel – Pendule – 3000.– RM» eintrug.

«Wilhelm, schenke uns Portwein ein! Das Geschäft macht durstig», sagte er und drückte seinem zweiten Sohn die Karaffe in die Hand. Das Geschäft indessen stockte, niemand wollte für den übrigen Nachlaß der Großmutter Geld herausrücken.
Wilhelm hätte mitgehalten, wenn es um Bücher gegangen wäre. Es gab kein Buch. Im Hause des Konsuls hatte lediglich der «Staatsanzeiger» gestanden, einige Dutzend Jahrgänge in Kaliko gebunden. Der wöchentliche «Kladderadatsch» wurde, wenn seine Witze ausgedient hatten, zum Feueranzünden zerknüllt. So war die Konsulin ohne Bücherkisten umgezogen. Den «Staatsanzeiger» hatte sie der Volksbibliothek gestiftet, deren Leser sicher mit Heißhunger darüber hergefallen waren. Frau Waterbloem ließ sich ihren Lesebedarf leihweise von der Buchhandlung Leipziger & Schreiner zustellen, alle zwei Wochen einen Roman von Frank Thiess, Stefan Zweig, Rolland, Galsworthy oder wie die Autoren so guter Sachen hießen, die man auf diese bequeme Weise im Abonnement für dreißig Pfennige zu sich nehmen konnte.
Robert entdeckte unter den Nippes einen Nackedei aus Porzellan, allerliebst fand er das Geschöpf, ein Mädchen wohl nach einer Skulptur von Canova.
«Bevor die Kleine beim Trödler landet, belebe ich das Geschäft und gebe freiwillig zehn Mark zur Masse. Widerspruch?»
Daniel wollte die Figur als Honorar für den Auktionator verstanden wissen, aber sein Vater eröffnete eine neue Seite der Agenda mit der Rubrik «Einnahmen» und schrieb «Weiße Jungfrau – 10.– RM» hinein. Das Geld übergab er Claudia als Testamentsvollstreckerin. Er klatschte in die Hände. «Mehr Aktivität, meine Herrschaften! Sonst sitzen wir morgen noch zwischen den Siebensachen.»
Die Blicke wanderten hin und her. Tendenz lustlos.
«Wo ist denn Mutters Mameluckenteppich geblieben?» fragte Robert.

Claudia hätte sich ohrfeigen können, das kostbare Stück war ihr vollkommen aus dem Sinn gekommen. Nur weil ich zum Klopfen zu faul bin. Mochten die anderen jetzt denken, sie habe den Schatz unterschlagen wollen. Sie raffte den großen Velours zurück, und zum Vorschein kam ein goldrotes Kleinod aus dem 16. Jahrhundert, an den Rändern schon etwas matt, aber in der Mitte von strahlender Zeichnung. Der Konsul hatte es Frau Elisabeth zum zehnten Hochzeitstag mitgebracht, als er in Damaskus günstig eine Ladung Zedernholz eingekauft hatte.

«Mein Gott, ist der schön!» seufzte Cornelia, und in Irenes Augen trat ein Leuchten.

Der Auktionator rieb sich die Hände. Es ging wieder aufwärts. Daniel blickte Cornelia über die Brille von der Seite an und schob die Unterlippe vor. «So 'n Pech, seggt Tetje. Pacta sunt servanda. Wir scheiden aus.»

Robert sah abwechselnd seine Tochter Irene und seine Schwägerin Claudia an. «Was ist solch ein Stück unter Brüdern wert?»

«Ich würde sechstausend dafür hergeben, nachdem uns die Pendule entgangen ist«, ließ sich Claudia vernehmen. Irene knickte zusammen.

«Du hattest bei der Uhr nicht mitgeboten, Claudia», hielt ihr Daniel vor.

«Um euch zu schonen, mein Lieber.»

Robert ergriff den goldenen Crayon der Konsulin und trug Claudias Belastung ein. Wilhelm überschlug sein wachsendes Erbe. Achttausend in Sicht sind mehr als zehn Mark Taschengeld die Woche.

«Besaß Großmutter keinen Schmuck?» fragt er, wie vom Goldrausch gepackt.

Claudia ging an den Sekretär, und nach einigem Probieren gelang es ihr, das Geheimfach zu öffnen. Die Schmuckkassette war leer. Fast leer. Statt der Ketten, Armbänder, Ringe, Broschen und Medaillons lagen zerrissene Zettel vom Pfandhaus auf dem Samtboden sowie ein weiteres Sparbuch, auf das etliche tausend Mark am gleichen Tage eingezahlt waren, der auf den Bruchstücken der Quittungen des Pfandleihers vermerkt war. Wie das?

«Ich stehe vor einem Rätsel», sagte Claudia, «Mutter hat mir kein Sterbenswörtchen von diesem Schritt anvertraut, sie kann die Transaktion gar nicht selbst bewerkstelligt haben. Außer Warmleben und der Peepchen hat sie auch in der Klinik niemand besucht.»

«v. Warmleben können wir getrost streichen. Er hätte ihr solchen hanebüchenen Unsinn ausgeredet. Das bedeutet ja einen Kursverlust von über siebzig Prozent! Aber der Peepchen ist jede Dämlichkeit zuzutrauen», sagte Langfeld. Die «Vertrauensgänge» der hübschen jungen Krankenschwester waren ihm längst entfallen. Er blätterte in dem Sparbuch, das nur die eine Eintragung von Mitte März enthielt. Dabei fiel ein Blatt zur Erde, das Wilhelm aufhob und dem Vater reichte.

«Einen Wunsch müßt Ihr mir noch erfüllen. Ihr könnt Euch nicht darumherumdrücken, denn ich habe einen Mitwisser, der es an die große Glocke hängt, wenn Ihr den Letzten Willen einer deutschen Frau mißachtet. Gold gab ich für Eisen. Adolf Hitler hat mich auf meine alten Tage zur glühenden Patriotin gestempelt. Das Geld dieses Sparbuchs gehört der Bewegung des Führers. Übergebt es dem Kreisleiter und Staatskommissar Ahrens. Mag sein, daß er dieses Beispiel durch ein Ehrengrab auszeichnet, dann seid Ihr der Gebühren für die Grabpflege enthoben.
Heil Hitler!
Elisabeth Waterbloem»

«Großer Gott!» stöhnte Langfeld. «Sie erspart uns nichts. Diesen Hyänen Unsummen in den Rachen zu schmeißen. Wie will die Peepchen uns kontrollieren? Entweder sind wir uns einig, daß uns Mutters Wunsch nicht erreicht hat» – Langfeld hielt das Blatt über sein Feuerzeug, ohne es anzuzünden –,

«oder wir überweisen das Geld einfach an das Rote Kreuz, und der Peepchen wäre das Maul gestopft. Diese heimlichen Hitlerinen sind ja zum auf die Bäume Klettern.»
«Nun habe ich kein einziges persönliches Erinnerungsstück an Großmutter», jammerte Irene. Archibald tröstete sie. «Wir haben die Nummern auf den Quittungen. Wenn zur Pfänderversteigerung aufgerufen wird, gehen wir hin, und du suchst dir ein Teil nach deinem Herzen aus.»
Daniel war aufgestanden und ans Fenster getreten. «Ein verdammt delikates Problem. Dein Feuerzeug stecke bitte ein, Vater. Diese Lösung nimmst du selbst nicht ernst. Wir dürfen nicht uns zuschanzen, was als Spende gedacht war. Alle im Raum sind sich wohl einig, daß wir den Einfall der Erblasserin, der NSDAP etwas zuzuwenden, nicht gutheißen. Du bist zwar nicht Erbe, Archibald, aber teilst du diese Auffassung?»
Der Rittmeister straffte sich: «Die Reichswehr ist der Partei nicht verpflichtet.»
«Gut», sagte Daniel. «Dann ist unser Adressat nicht der Kreisleiter, sondern der Staatskommissar, wie der Oberbürgermeister noch im Vermächtnis heißt. Beide werden gleichberechtigt angesprochen. Hier wendet sich die unerträgliche Personalunion zum Ausweg für uns. Ich schlage vor, Vater geht mit einem Scheck über die Summe des Sparbuchs zu diesem Ahrens und bittet ihn, über den Betrag im Sinne der Verstorben, etwa für das städtische Altersheim oder ähnliches zu verfügen. Dann liest die Peepchen in der Zeitung, daß der Oberbürgermeister, Kreisleiter Ahrens, Großmutters Spende in Empfang genommen hat, und ist befriedigt. Was meinst du, Cornelia?» – Cornelia lächelte. «Nicht schlecht.»
Langfeld gefiel der Vorschlag seines Ältesten. «Du hast die Rechte nicht umsonst studiert. Aber zu diesem miserablen Ahrens hinzulaufen, stinkt mir. Läßt es sich nicht mit einem Verrechnungsscheck deichseln, den Claudia als Testamentsvollstreckerin einem Brief beifügt?»

«Schrift ist Gift», sagte Claudia. «Ich hätte die Quittungen zusammengeklebt, die Pfänder eingelöst, zu ihrem wirklichen Wert an einen Juwelier verkauft und das Geld der Liga für Menschenrechte gegeben. Dahin gehört es in dieser elenden Zeit. Mutter hatte zuletzt jeden Überblick verloren. Soll die Peepchen doch denken, was sie will, von mir aus hinausschreien. Sie kann bestimmt keine Kopie von dem Blatt dort vorweisen.»
Ja, die Peepchen blieb die große Unbekannte bei allen Überlegungen.
«Wenn Ihr nun das Geld verwendet, um ihre Gedichte drukken zu lassen. Eines heißt ‹Gold gab ich für Eisen›. Darin hat sie Vaters Uhrkette angedichtet», warf Wilhelm ein.
«Bengel, sei nicht so naseweis.» Langfeld war von der Liga für Menschenrechte brüskiert. «Ich werde den Gang nach Canossa antreten, Claudia. Das Pfändereinlösen schlage dir aus dem Kopf. Diese Schnipsel» – er streute sie über den Tisch hin – «sind kein Dokument mehr. Zu deiner Pazifistenliga verliere ich kein Wort. Du kannst nicht den Willen der Verblichenen in sein glattes Gegenteil verkehren.»
Irene hatte im Geheimfach ein von rosa Bändchen umschnürtes Bündel Briefe entdeckt, die in ihrer gestochen altertümlichen Schrift ihre Neugier weckten. Als sie den ersten Umschlag aufreißen wollte, fiel ihr Archibald in den Arm. «Vorsichtig, Liebstes, um Himmels willen! Sieh nur diese ‹zwölf Kreuzer Bayern›, blaßlila und – gezähnt!»
Er drückte Irene an sich und überschlug, was höher zu veranschlagen sei, die Marke auf Brief, wodurch ihr Kurswert gehoben war, oder eine Untersuchung des Wasserzeichens, wozu man sie ablösen mußte. Wenn sich herausstellte, daß es die weiten Rauten wären, nicht auszudenken!
Alle Briefe stammten von einer Hand, Absender war der Major der Chevaulegers Cerny, München. Er mußte in bayrische Dienste übergetreten sein, denn die Großmutter hatte oft von einem k.k. Rittmeister Cerny geschwärmt, der beim Feldzug

gegen Dänemark im Hause ihrer Eltern in Quartier lag und sie angeblich nicht beachtet habe. Nun, der Inhalt der Briefe widerlegte diese Version. Der Reitersmann küßte dem gnädigen Fräulein nur anfangs respektvoll die Hand.
Archibald geriet über die Freimarken heimlich von einem Entzücken ins andere. Diese Schätze wogen für ihn die Pendule samt Mameluckenteppich auf. Der Offizier und Philatelist war die Korrektheit in Person. Was konnte er dafür, daß die übrige Gesellschaft von Sammlerleidenschaften nichts wußte.
«Da hast du deine persönliche Erinnerung an die liebe Großmutter, Irene.» Niemand erhob Widerspruch. Archibald versenkte die Briefe in die Seitentaschen seines Paraderocks. Guten Gewissens. Die astronomischen Werte in Senfs Briefmarkenkatalog fußten ja nur auf der Nachfrage der Sammler. Wenn die Menschheit sich aufraffte, der Sammelei zu entsagen, wären die gezähnten, durchstochenen oder geschnittenen Papierchen das Porto nicht wert, zu dem sie einst auf die Reise gegangen waren. Theoretisch unbestreitbar, redete sich Archibald ein und konnte es kaum abwarten, auf Sternthal mit Pinzette, Lupe und Zähnungsschlüssel sich über die Trophäen herzumachen und sie triumphierend im Senf abzuhaken.
«Was werdet Ihr nun mit dem ganzen Zaster anfangen?» wollte Robert wissen. «Falls Claudia es uns verraten will.»
Claudia machte ein ernstes Gesicht. «Anlegen in Dingen, die man verstecken kann, um sie bei Bedarf auch im Ausland realisieren zu können. Gold, Platin, Diamanten. Was weiß ich. Ich habe keine Erfahrung.»
Daniel nickte sehr nachdenklich, Robert war außer sich. «Ihr wollt Deutschland wegen dieses Lumpenkerls von Hitler, ihr wollt die Fahne verlassen? Wenn alle so dächten, wäre unser schönes Vaterland der Kumpanei vollends ausgeliefert.»
«Die Fahne», erwiderte Claudia, «war mir nie mehr als ein buntes Stück Zeug. Auch du wirst kaum für das Hakenkreuz

deinen Kopf hinhalten. Wenn es hier bei uns absolut unerträglich wird, viel fehlt nicht mehr, müssen Leopold und ich mit der kleinen Eva zusehen, wie wir in Aarhus zurechtkommen. Leopold hat dort Freunde. Ich bin jedenfalls dabei, Dänisch zu lernen, und übe mich im Kolorieren von Stichen, um etwas Taschengeld aufzutreiben. Wir könnten uns mit dreihundert Kronen im Monat lange über Wasser halten.»

«Sehr vernünftig», meinte Daniel. «Ich bin für solches Wagnis zu zaghaft, einfach physisch zu feige. Cornelia neigt von Haus aus zum Draufgängertum, aber meine Angst hat sie angesteckt. Der Gedanke, an der Grenze ertappt, ausgeplündert und in ein Lager abgeführt zu werden, die Schläge dort, unvorstellbar! Vorläufig ist das Geld noch stabil, man kann es arbeiten lassen. Wenn die Rüstung erst auf Touren läuft, gnade uns Gott. Dann verfällt die Währung, und man muß überlegen, was zu tun ist.»

«Du willst sagen, wir stünden vor einer neuen Inflation?» Robert Langfeld sah seinen Sohn erschrocken an.

«Lieber Vater, schon unter den vom Parlament kontrollierten Regierungen wurde der Haushalt der Reichswehr aus manchen verdeckten Quellen gespeist. Was uns jetzt erwartet, muß die Solidität der Mark ruinieren. Wer sich die Autarkie zum Ziel setzt, für eine Industrienation ohne eigene Ressourcen heller Wahnsinn, verliert jeden Überblick über den tatsächlichen Wert des eigenen Geldes. Aber das ist Herrn Hitler Wurst, und Hugenberg kann ihn auch nicht mehr bremsen, einmal unterstellt, er wollte es.»

Irene tat sich schwer mit der Antwort. Sie hätte Archibald gern ein Reitpferd geschenkt, denn ihre Schwiegermutter hatte alle Pferde aus der Sternthaler Zucht, die Ende der zwanziger Jahre begonnen hatte, sich zu einem der bedeutenden Gestüte Holsteins zu entwickeln, mit nach Düsseldorf als Grundkapital ihres Tattersalls genommen.

Archibald besaß die Zusage, im Oktober als Major verabschiedet zu werden. Die Versailler Bestimmungen wurden

nicht mehr so genau genommen. Tausende warteten darauf, in einer erstarkenden Wehrmacht wieder Aufnahme zu finden. Da konnte eine stillschweigend zu bildende Führerreserve nicht schaden. Der ehemalige Kavallerist war jetzt einer Kraftwagenabteilung zugeteilt worden. Im Regiment wußte man, daß sie die Panzer von morgen fahren sollten.
Irene hatte es als Gutsherrin nicht leicht, sich gegenüber dem Administrator Maibohm durchzusetzen, der vom Schwiegervater am kurzen Zügel gehalten war. Wenn Archibald im Herbst das Gut de facto übernähme, müßte man sich auf die Dauer von Maibohm trennen. Als Frau konnte sie den Kavalier Maibohm auf Distanz halten, Archibald gegenüber würde er väterlich vertraulich seinen Erfahrungsschatz ausspielen und weiter seinem kostspieligen Maschinenfimmel frönen.
Merkwürdig, die Konsulin hatte die ganze Entwicklung vorausgesehen, im Grunde war es die Großmutter gewesen, die Irene eingeredet hatte, daß Archibald ein Mann zum Heiraten sei. «Die Abfindung von Archibalds Mutter hat Sternthal so sehr belastet, daß wir jede Mark zum Löcherstopfen brauchen. Der Verkauf des Vorwerks hat nicht ausgereicht.»
«Und was ist aus diesem Badenreither geworden?» fragte der Vater. Badenreither, ein aus der Tschechoslowakei geflüchteter Sonderling, war der Verwalter des Vorwerks gewesen. Er hatte die erste Ortsgruppe der NSDAP in der Umgebung Sternthals gegründet, war aber zwei Jahre später durch einen eingesessenen Großbauern von seinem Posten verdrängt worden. Seitdem haderte er noch ärger mit seinen Mitmenschen. Nur Irene, die als einzige nie versucht hatte, das ihm verhaßte Platt zu sprechen, verehrte er scheu, tief inwendig im Herzen unter seinem Braunhemd.
«Badenreither hat uns verlassen. Seine Strafe für die Schlägerei in Komotau ist verjährt. Er hat uns gesagt, daß jetzt jeder Kämpfer bei den sudetendeutschen Landsleuten gebraucht wird.»
«Der Hitler führt uns alle in die Katastrophe, wenn er es dul-

det, daß seine Parteigänger gegen die Tschechen aufwiegeln. In Prag ist man sehr empfindlich und hat die Franzosen im Rücken.» Daniel blickte den Vater fest an. «Nicht wahr?»
Dem Admiral war die Herausforderung ärgerlich. Er hatte sich zu oft über die Schikanen gegen die Auslandsdeutschen empört und die Machtlosigkeit der Republik lächerlich gemacht.
«Was hat denn unser Wilhelm mit den Penunzen vor?» lenkte er ab.
Wilhelm blickte an seinem verschossenen Anzug hinunter, dessen Brusttasche auf der rechten Seite saß, Zeichen dafür, daß er gewendet war. Seit er in der Prima hochgeschossen war, konnte er Daniels Maßanzüge auftragen, gute Stoffe, sicherlich, aber eben gewendet.
«Ich mache es wie du, Vater, als du dich für Ostasien einkleiden ließest. Ich gehe zu Hertling junior und lasse mir vom Frack bis zum Sommerflanell endlich einmal anständige Garderobe verpassen. Dann kaufe ich mir einen richtigen Koffer aus Vulkanfiber, unsere olle Hebammentasche ist reif für die Mülltonne, und gehe nach Semesterschluß auf Reisen. Nach Dresden und Köln oder nach Königsberg, ich weiß noch nicht. Bisher bin ich über Göttingen und Greifswald nicht hinausgekommen, immer nur Ferien auf Sternthal, da versauert man. Verzeih, Irene!»
Der Vater mußte sich beherrschen. Großmannssucht widerstrebte seiner schlichten Natur.
«Was in aller Welt willst du heute mit einem Frack anfangen? Wirst du zu einer Hochzeit eingeladen, kannst du dir einen pumpen. Du hast doch nicht vor, das ganze schöne Geld von Großmutter auf einen Schlag zu verjubeln?»
«Keineswegs. Ich möchte ein oder zwei Semester in Oxford oder Padua, vielleicht auch an der Sorbonne studieren. Ich habe mir schon einen Prospekt der Berlitz School beschafft. Italienisch lernt sich am schnellsten, Englisch brauche ich nur aufzufrischen. Französisch wäre schon schwieriger.» Wilhelm

überlief ein erregtes Zittern. «Ich will mir endlich einmal mein Leben nach eigenen Wünschen einrichten. Dich würde es keinen Pfennig kosten. Ich lege mir sogar einen Betrag für die Druckkosten der Dissertation zurück.»

Daniel schienen Wilhelms Pläne sehr vernünftig zu sein, und Claudia sagte: «Ich gönne es dir, aus dem Schlamassel hier herauszukommen.»

Dem Vater blieb nichts übrig, als die Vorhaben seines Jüngsten abzusegnen. «Ich bin mein ganzes Leben mit Reserven gefahren, man soll immer etwas in der Hinterhand behalten. Besonders in so lausigen Zeiten wie heute.»

X

Wie bei Lukas 14

Als Spitz aus Helsingfors zurückkehrte, traf er seinen Sozius sehr niedergeschlagen an. Jacobsohn wickelte mit Hilfe der Parchim die Schließung seiner Praxis ab. Jede Akte, die er in die Hand nahm, rief Erinnerungen in ihm wach. Der Abschied fiel schwerer als gedacht. Sein Vetter, Mitinhaber eines kleinen Bankhauses in der Londoner City, hatte ihm auferlegt, spätestens im Mai eine Vakanz zu übernehmen, die einige Monate der Eingewöhnung erlaube, später sehe er leider keine Verwendung mehr für ihn. Ephraim hatte ohne neuerliche Aussprache mit Leopold sein Einverständnis telegraphiert. Seit Tagen sprach er mit der Parchim nur noch Englisch. Sie hatte eine britische Mutter, ihr Vater war Farmer bei Windhoek gewesen. Die Bürovorsteherin legte gegenüber seinen hartnäckigen Germanismen eine Engelsgeduld an den Tag.

«Ich wollte, ich könnte euch mitnehmen», sagte Ephraim zu Leopold. «Ich lasse euch in der Finsternis zurück. Der Reichsjustizminister Gürtner wird nicht mehr lange seinen relativ mäßigenden Einfluß ausüben können. Du wirst es in Finnland kaum mitbekommen haben, daß der Scharfmacher Frank zum Reichsjustizkommissar ernannt worden ist, um die deutsche Rechtsordnung zu ‹erneuern› und für die Gleichschaltung der Justiz in den Ländern zu sorgen. Das kann nur Schlimmes bedeuten.»

Spitz übernahm die noch unerledigten Fälle. «Laß alles stehen und liegen, kümmere dich lieber um deinen Ausreisesichtvermerk, seit zwei Wochen unerläßlich. So werden wir gefangengehalten. Große Markbeträge wirst du nicht mitnehmen können, Devisen noch weniger. Ich bleibe in deiner Schuld. Erlaube mir, dir ein goldenes Zigarettenetui auf den Weg zu geben. Es ist nicht als Erinnerungsstück gedacht, sondern zum Versilbern. Das darf dir niemand abnehmen, eine kleine Starthilfe für drüben.»

Leopold hatte das Geschenk mit Claudia ausgesucht. Es half nichts, sie mußten sich zum Hofjuwelier bequemen, er war der einzige, der solche Kostbarkeiten vorrätig hielt. Sie wählten das massivste Exemplar. Frau Parchim hatte ein Gesicht geschnitten, als die Belastung für den Scheck auf dem Kontoauszug erschien. Über tausend Mark!

Sobald Ephraim die Ausreiseerlaubnis in der Tasche hatte, machte er sich auf eine Fahrt mit der Reichsbahn, kreuz und quer durchs Vaterland. «Wer weiß, ob ich die Stätten meiner Liebe jemals wiedersehe, in England werde ich mich schrecklich fremd fühlen», sagte er zu Claudia. Er fuhr zur Baumblüte an die Bergstraße, blieb ein paar Tage auf der Reichenau, ging in München dreimal ins Theater, besuchte den Zwinger in Dresden und den Pergamonaltar in Berlin, sagte in Rostock alten Kommilitonen Lebewohl und ließ sich zwei Tage vor der Abfahrt nach Calais bei einem Abendessen im Hotel «Stadt Schleswig» von Spitzens traktieren.

Leopold hatte Freunde und Mandanten eingeladen. Es ging zu wie bei Lukas 14: Der erste sprach zu ihm: «Ich habe einen Acker gekauft und muß hinausgehen und ihn besehen. Und der andere sprach: Ich habe fünf Joch Ochsen gekauft und ich gehe jetzt hin, sie zu besehen; ich bitte dich, entschuldige mich. Und der dritte sprach: Ich habe ein Weib genommen; darum kann ich nicht kommen.»

Nur knapp ein Drittel der Gebetenen war erschienen. Man begann das Bekenntnis zum jüdischen Mitbürger zu scheuen. Wer garantierte, daß die Kellner die Anwesenheit nicht bei der Kreisleitung denunzierten? Leopold hatte andere Gäste dazugeladen, um Ephraim nicht ein zu dürftiges Abschiedsbild zu bieten. Aber selbst Sybel, einst Leopolds politischer Geg-

ner, als Abgesetzter jetzt ein solidarischer Leidensgefährte, war nicht mehr erreichbar. Er machte Quartier in Bremen. Auch hier sollte eine Bank die berufliche Auffangstation werden. Der junge Schmuhl saß noch immer in Untersuchungshaft. So mußte neben anderen Wilhelm einspringen, der von Jacobsohn, wenn er sich bei Onkel Leopold in der Kanzlei ein paar Mark gepumpt hatte, immer sehr freundlich aufgenommen worden war. Wilhelm fühlte sich in diesem Kreis recht hilflos, vor allem fürchtete er, auf seine Zugehörigkeit zur SA angesprochen zu werden, schließlich hatte die SA den heute Gefeierten vertrieben. Nur Claudias Anblick – die schlichte Eleganz ihres halblangen blauen Seidenkleids, hob sie wohltuend von den üppig geschmückten älteren Silberlingdamen ab – entschädigte für alle Pein.
Zum Glück wurden keine Reden gehalten. Leopold rief Ephraim «Viel Erfolg!» zu, man trank sich zu, alle wußten, was gemeint war.
Wilhelm hatte Mirjam zu Tisch zu führen. Sie trug in Trauer um Toni ein schwarzes Samtkleid, hoch geschlossen. Sie wirkte heute ernst und blaß. Wären nicht ihre kirschrot lakkierten Fingernägel gewesen, die Wilhelm immer wieder irritierten! Nach der Suppe hatte sie sich, ohne um Erlaubnis zu fragen, eine Zigarette angezündet. Wo gab es so etwas?
«Die deutsche Frau raucht nicht», hatte Staatskommissar Dreher von Ulm aus als Parole ausgegeben, eine Losung, die von Flensburg bis Konstanz willig aufgeschnappt wurde. Der «Kampfruf» hatte hinzugefügt: «Die deutsche Frau trägt auch kein Monokel und bemalt sich nicht ihre Fingernägel wie die Negerweiber.» Man habe volles Verständnis dafür, wenn Gastwirte Damen dieser Sorte nach einer verdienten Tracht Prügel hinauswürfen.
Irgendein Phantast hatte die Legende in die Welt gesetzt, die Monde auf den Nägeln seien ein untrügliches Merkmal der arischen Rasse. Wer ihre Stelle farbig überlackiere, habe ein Kainsmal zu verbergen. Das wurde weithin geglaubt. Mirjam

hielt also, freilich ohne Einglas, ihre Zigarette zwischen den blutrot auslaufenden Fingern. Aber für die Machthaber zählte sie ja nicht zu den deutschen Frauen.
Wilhelm mußte ihr von Tonis Schule erzählen, alles, was er wußte. Der Pedell Hoffnung war in Pension gegangen. Toni hatte ihm in Tertia zwei bis drei Mark im Monat spendieren müssen, um sich von Prügeln für seine Lausbübereien freizukaufen. Aber auch der Nachfolger, Hausmeister Schirm, hatte Hoffnungs Redeweise übernommen: «Ich und der Herr Direktor dulden nicht . . .» Ob sich Wilhelm an Toni erinnere?
«Natürlich. Die älteren Schüler merkt man sich. Sie sind für uns Jüngere gewissermaßen schon Persönlichkeiten. Sybel schien der Schulbetrieb zu langweilig, er träumte vor sich hin, wenn er sich nicht gerade in einer Ecke des Schulhofs für die nächste Stunde präparierte. Zu Hause wird er für die Schule nicht viel getan haben. Als er nach Prima kam, verlor ich ihn aus den Augen. Die Primaner brauchten in den Pausen nicht auf den Schulhof, sie hatten ihre eigene Raucherpromenade hinter dem Bismarckdenkmal, wo ihnen der Pfannkuchenmann auflauerte. Fünf Pfennige kostete ein Berliner. Ich habe mir selten einen leisten können.»
Mirjam sog alles auf. Zwischendurch irrte ihr Blick zur Cousine Ruth hinüber, die zum Mokka an Ephraims Seite geholt worden war. Claudia hatte bereitwillig ihren Platz gewechselt. Spann sich dort etwas an? Die steife Ruth wirkte neben Jacobsohn gelöst, er schien sie zu bewundern. Mirjam, Toni im Herzen, stand nach keinem Manne der Sinn. Sonst war es für sie ein Sport gewesen, der viel schöneren, hoheitsvollen Ruth die Verehrer durch katzenhafte Anschmiegsamkeit abzujagen, ein Rezept, das ihr schließlich den Toni eingebracht hatte. So gönnte sie es Ruth, wenn es sich ergeben sollte, daß die Cousine dem künftigen Bänker nach England folgen könnte. Ihr entging nicht, wie der Onkel, der Tuchhändler, und seine Frau Rebekka dem Anwalt freundlich zutranken. Mirjam hätte mit Leichtigkeit den versponnenen Junggesellen

Ephraim bezirzen können, wenn sie gewollt hätte. Die Freiheit von den Nazis erkaufen durch eine Ehe mit einem ungeliebten Mann? Es gab zu Toni keine Alternative, es sei denn das Kloster. Dazu müßte man glauben können. Mirjam hatte den Glauben an alles verloren. Spitz stand mit den Stadtverordneten Callsen und Dünner in einer Ecke, das Schwenkglas in der Hand. Ihr Gespräch verstummte, als der Besitzer des Hotels «Stadt Schleswig», der gewichtige Herr Mathiesen, eintrat, sich etwas blasiert, wie es schien, zur Tafel verbeugte und Spitz ziemlich lässig nach seinen Wünschen fragte.
Mathiesen, in dessen Hotel jetzt die NS-Oberen abstiegen, hatte anfangs gezögert, Spitzens Auftrag anzunehmen. Im Grunde ein unpolitischer Geschäftsmann, hatte er, zur Fraktion der Hausbesitzer gehörig, als Spitz Stadtverordnetenvorsteher war, den Anwalt immer mit Respekt bedacht. Aber in diesen Zeiten die jüdische Prominenz der Stadt in seinem Hause? Wenn das nur gutgeht . . . Er hängte ein Schild «Geschlossene Gesellschaft» vor die Tür des zur Speisetafel umarrangierten Konferenzzimmers und gab den Kellnern Anweisung, aufzupassen, daß sich kein uniformierter Hotelgast hineinverirrte. Spitz hatte keine Wünsche für Herrn Mathiesen. Ihn interessierte, was Callsen über Unterlaufen zu berichten wußte. Callsen, ein sehr wacher junger Stadtverordneter, hatte sich von der Zeitungsnotiz über Unterlaufens Freitod – darum ging es – nicht abspeisen lassen. In der Presse hatte etwas von einem Akt geistiger Verwirrung gestanden.
Am Gottorpplatz war er auf die tief verschleierte Witwe des ehemaligen Vorsitzenden der deutschnationalen Reichstagsfraktion zugegangen und hatte sich als mitfühlender Sozialdemokrat zu erkennen gegeben. Frau Ute Unterlaufen war jetzt jeder Zuspruch ein Halt, sie litt darunter, wie sich ihr Bekanntenkreis von ihr zurückgezogen hatte, als publik wurde, Unterlaufen habe mit Hilfe seiner Sekretärin anonyme Rundschreiben gegen Hugenberg in Umlauf gesetzt.
Sie bat Callsen kurz in ihre Wohnung und erzählte ihm sehr

gefaßt, wie sie den Gatten nach Rückkehr vom sonntäglichen Kirchgang im Arbeitszimmer erschossen vorgefunden habe. «Ein gestelltes Bild, es sollte wie Selbstmord aussehen. Die Polizei ist prompt darauf hereingefallen. Ich frage Sie, warum waren so viele seiner persönlichen Aufzeichnungen plötzlich verschwunden? Mein Mann hätte mich eingeweiht, wenn er sie vernichtet wissen wollte. Wir hatten keine Geheimnisse voreinander.»

Dünner blieb skeptisch. «Mensch, Cally, du willst mir doch nicht weismachen, Unterlaufens Tod sei Hugenbergs Rache. Ich traue dem Mäuserich allerhand zu, mit einem Mord macht sich der Herr Geheimrat nicht gemein. Schlimm genug, daß er zu den Nazimorden schweigt und nur die von Rotfront anprangert.« – Callsen zitierte Frau Ute: «Für mich ist es ganz gleichgültig, ob auf dem roten Tuch ein Hakenkreuz oder der Sowjetstern angebracht ist.»

Spitz wußte besseren Bescheid. Er las gelegentlich in einem Café am Pferdeberg den «Manchester Guardian«. «Unterlaufen hat für seine Freunde Gedanken zum Reichstagsbrand niedergelegt. Einer der ‹Freunde›, vielleicht ein Gegner, hat das Manuskript ins Ausland gelangen lassen, ich las den Text in einer englischen Zeitung. Eine Frage der Zeit, wie lange man ausländische Blätter noch hereinläßt. Die ‹Neue Zürcher Zeitung› fehlt oft. Also zusammengefaßt: Van der Lubbe habe den Feuerteufel gespielt, als die Brandsätze längst gelegt waren. Von Leuten, die ein Fanal brauchten, um gegen die Kommunisten und uns zu wüten. Das war zuviel für gewisse Leute, dafür mußte Unterlaufen büßen. Und für den irren Holländer verordnet die Reichsregierung nach der Tat und vor dem Prozeß Galgen und Strick als zeitgemäße Sühne, nachdem sie durch Gesetz Brandstiftung an öffentlichen Gebäuden plötzlich mit Todesstrafe bedroht. Auf welchem Planeten leben wir? *Nulla poena sine lege*, das lernt jeder Jurastudent im ersten Semester. Nichts gilt mehr!»

Dünner nickte nachdenklich. «Jetzt wollen sie Sybel an den

Kragen. Du erinnerst dich vielleicht noch, Spitz, es muß zu deiner Zeit gewesen sein, daß Ihr Sybel den Bau des Kalksandsteinwerks genehmigt habt. Die Stadt verpflichtete sich, in fünf Jahren 15 Millionen Steine abzunehmen. Heute, sechs Jahre nach dem Bau, liegen immer noch sieben Millionen Steine auf Halde. Ahrens hat sie Sybel gegen 200000 RM zur Verfügung gestellt, Sybel habe sich damals über die Bedenken des Stadtsyndikus hinweggesetzt.»

Spitz blickte lächelnd zu Ephraim und Ruth hinüber. Jacobsohn hatte den letzten Zug erwischt. Gestern war von Hamburgs Justizverwaltung die Zulassung von vierzig nichtarischen Rechtsanwälten zurückgenommen worden. Preußen werde folgen. Spitz legte Dünner die Hand auf die Schulter. «Wir waren ausnahmsweise mit Sybel einer Meinung, die Idee mit dem Kalksandsteinwerk sei eine gute Sache. Die Rezession war nicht vorherzusehen. Soll doch Ahrens, der den Kopf voller Pläne hat, die Steine verbauen, ein so billiges Faustpfand bekommt er nicht wieder in die Hand. Was meinst du, Cally?»

Callsen hatte sich schon zum dritten Male Cognac nachschenken lassen. «Wie man es nimmt. Mit ‹Sybels Steinsegen›, wie er in den Kollegien genannt wird, ließe sich Vernünftiges anfangen, menschenwürdige Wohnungen auf dem Ostufer zum Beispiel. Ich fürchte, es werden nur noch Gefängnisse gebaut. Führer befiehl, wir tragen die Folgen.»

Claudia näherte sich dem Trio, Leopold dürfte sich als Ephraims Gastgeber nicht so absentieren. Das wollte sie ihm sagen. Dabei hielt sie selbst es unter den Silberlingdamen nur schwer aus. Das permanente Gerede von Messen, Kollektionen und Dekorationen, von wählerischen Kunden und nachlässigen Angestellten langweilte sie. Als ob es noch um Geschäfte und nicht um die Erhaltung des nackten Lebens ginge! Man rückte vier Sessel zusammen, Claudia kam neben Callsen zu sitzen, der an seiner Bügelfalte zupfte, bevor er sich niederließ.

«Deinen Mut möchte ich besitzen, Claudia. Einfach in der ‹Wacht am Rhein› zur Belegschaft der Licht- und Wasserwerke zu sprechen, obwohl du gar nicht dazu gehörst. Ich dachte, mich laust der Affe.»

Es hatte Ahrens nicht ruhen lassen, die Licht- und Wasserwerke, letztes marxistisches Bollwerk in der Stadt, mußten fallen. Bei der Werft hatte es gut funktioniert. Tagelang war von angeblich geplanten Sabotageakten die Rede, die nationalsozialistische Betriebszellenorganisation schaffte die nötige Panikstimmung, SS besetzte das Werk, die NSBO setzte den Leiter des Versorgungsamts als Kommissar ein.
Für die städtische Domäne bediente sich Ahrens eines Mannes, auf den er den Zorn der Belegschaft ablenken konnte, ohne selbst ins Kreuzfeuer zu geraten. Herr v. Remus stürzte sich als bestellter Kommissar mit Eifer auf seine Aufgaben. Endlich konnte er der Straße zeigen, was er von den Marxisten hielt. Er schickte den Betriebsrat in die Wüste und ernannte einen neuen. An die Spitze seines Betriebsrats berief er einen Werkmeister, der von der NSBO ausersehen war, zusammen mit vier anderen Arbeitern der Faust aus allen Teilen der Provinz Hindenburg und Hitler am «Tag der Nationalen Arbeit» in Berlin vorgestellt zu werden. Dieser Mann, Krummholz hieß er, war so erfüllt von seiner bevorstehenden Ehrung, daß ihm entging, wie sehr es in der Belegschaft brodelte. Es gelang durch Mundpropaganda, eine Protestversammlung, mit Bedacht nicht ins überwachte Gewerkschaftshaus, sondern in die «Wacht am Rhein» einzuberufen, deren Wirt hinter der Ankündigung eines «Kameradschaftsabends» nichts Arges vermutete. Der Verzehr enttäuschte, bei Betriebsfesten hatten die Stiefel zu kreisen. Viel Reden und wenig Bier. Als der Wirt nach dem Rechten sah, hatte Claudia bereits an die Solidarität der Frauen appelliert. Verdacht forderte gerade auf, Krummholz und die anderen Lakaien des Herrn v. Remus wie Luft zu behandeln. Dann werden sie unsicher.

Callsen war das Erstaunen im Gesicht des Wirtes nicht entgangen. Bisher hatte alles fast wider Erwarten gut geklappt. Er unterbrach Verdacht, forderte die Kollegen auf, ihre Biergroschen auf den Tisch zu legen und sich schleunigst dünnezumachen. Die anrückende Polizei blickte nur noch den Nachzüglern hinterher. Die letzte oppositionelle Versammlung in der Stadt während des ganzen tausendjährigen Reiches war für die Veranstalter ein Achtungserfolg, der alle Beteiligten stärkte.
Um so mehr tobte Ahrens. Er ließ sich den Versager gleich nach dessen Rückkehr aus Berlin kommen. «Zum Schlafen, Pg. Krummholz, hat Sie Herr v. Remus nicht eingesetzt. Sie hatten Zeit genug, in jeder Abteilung und in jeder Schicht auf dem Gaswerk und draußen auf dem Wasserwerk Vertrauensleute zu mobilisieren, damit Sie erfahren, was gespielt wird. Statt dessen lassen Sie sich den Stuhl unterm Hintern anzünden. Traurig, traurig!»
Krummholz versuchte Ahrens klarzumachen, daß der neue Betriebsrat keinen Kontakt finde. «Die Leute weichen mir aus, schneiden mich. Wäre ich bloß am Kessel vier geblieben, da hatte ich keinen Ärger. Lassen Sie mich ablösen, am Schreibtisch zu schlafen, dafür bin ich nicht geboren.»
Ahrens besann sich. Den Hetzern würde der Dampf bald ausgehen. Am Ende würde auch bei den Licht- und Wasserwerken die NSBO siegen. Zehn Prozent waren am «Tag der Nationalen Arbeit» schon mitmarschiert. Nächstes Jahr würden nur noch zehn Prozent abseits stehen, und die könnte man dann an die Luft setzen. Krummholz war ein braver Mann am falschen Platz. Sein Wunsch, an den Kessel zurückzukehren, wollte er ihm bei nächster Gelegenheit erfüllen.
Er bot ihm eine Zigarre an. «Nicht den Mut sinken lassen, Krummholz. Denken Sie an den Führer, was er Übermenschliches leistet. Wie war es in Berlin?»
«Gar nicht zu beschreiben, Kreisleiter, da habe ich noch den Enkelkindern genug an zu erzählen. Mein erster Flug im Le-

ben. Zwischenlandung in Hamburg. Ein Frühstück! Schinken, Ei und alle Schikanen. Nach Berlin waren wir nur ganze acht Mann in der großen Kabine. Ein Melker aus Dithmarschen, ein Krabbenfischer von Husum, ein Heizer aus Ekkernförde, ein Papierarbeiter aus der Gegend von Itzehoe, drei Hamburger und dann, ja ich.
Auf dem Tempelhofer Feld kam uns der Doktor entgegen. Für jeden hat Goebbels ein Wort parat. Dann ins ‹Esplanade›. Nochmals in der Wanne geschrubbt und Staat gemacht. Mittag am Anhalter Bahnhof. Ein Eisbein, da kann man das Sauerkraut für liegen lassen. Und noch mal Kaffee und Kuchen im ‹Imperator›. Nun kommt der Moment. Fahrt zur Reichskanzlei. Der Reichspräsident, ganz in Orden und Ehrenzeichen, fragt mich, wo ich mir das EK geholt habe. ‹Als Ladenummer bei Coronel, Euer Exzellenz›, sage ich. ‹Kreuzgeschwader‹, brummt er vor sich hin. Beim Führer gab es schon wieder was zu essen, kalte Platten. Adolf sah ganz anders aus, als ich ihn mir nach den Bildern vorgestellt habe. Nichts von einem harten Krieger, direkt schön sah er aus, milde. Das Haar seidig blau schimmernd, das Gesicht gepflegt, als ob er geschminkt wäre. Und im feinsten Tuch.»
Ahrens wurde ärgerlich. «Was reden Sie da, Krummholz. Sie tun gerade so, als ob in der Reichskanzlei ein Double herumliefe. Der Führer hat gesellschaftliche Verpflichtungen, da kann er nicht wie ein Rauhbein auftreten. Seine Kämpfernatur hat er sich bewahrt.»
«Das wollte ich auch nicht bezweifelt haben. Dauernd empfängt er ja die Diplomaten . . . Und dann aufs Tempelhofer Feld. So viele Menschen habe ich noch nie auf einem Haufen gesehen.»
Krummholz fiel ins Platt. «Wat een Bild, wat een Tied. Wat wär ut uns wor'n, wenn wi düssen Mann dor baben ni hatt harrn! Hett nu keen Not mehr. Hitler kriggt allens t'rech. Mi sünd de Been stiew worn . . .»
Ahrens hatte genug. Er erhob sich. Für Krummholz das Zei-

chen, das Amtszimmer des Oberbürgermeisters zu verlassen. Aber der Werkmeister stand noch ganz unter dem Eindruck seines Erlebnisses. In der Pose Hitlers rief er: «Herr, wir lassen nicht von Dir. Nun segne unsere Tage und unser Volk!» Er wischte sich den Schweiß von Stirn und Nacken. «Das hat er am Schluß ausgerufen, ich sage Ihnen, wie ein Messias, ein deutscher Messias, so wahr ich hier stehe. Die Massen sangen ‹Der Gott, der Eisen wachsen ließ›, und die neue Stabswache im schwarzen Stahlhelm mit umgehängten Karabinern stand wie ein Mann. Da muß man dabeigewesen sein.»
Ahrens nickte. «Wir haben Sie nicht umsonst hingeschickt. Sie müssen überall davon erzählen, vor allem im Betrieb. Aber das vom schönen Adolf, das ist Quatsch, das schlagen Sie sich aus dem Kopf. Sonst werden Sie ausgelacht.»
Ahrens wollte auch vom Messias nichts wissen. Politik und Religion sind zweierlei Dinge, sie gehören nicht in einen Topf. Der «Generalanzeiger» hatte im April einen Leitartikel «Deutsche Ostern» überschrieben. «Hier ist Politik Religion geworden, denn wie mit dem gekreuzigten Heiland der Glaube an den dreieinigen Gott zu Ostern auferstand, so erweckte Adolf Hitler, der jahrelang Geschmähte, in Millionen den vorwärts zur Tat schreitenden Glauben an eines neuen Reiches Kraft und Herrlichkeit.» Ahrens hatte dem Hauptschriftleiter das Geschwätz am Telephon um die Ohren geschlagen. Was zählt, ist die Verbesserung der sozialen Lage des deutschen Arbeiters. Der Tag der Nationalen Arbeit: zum ersten Male ein 1. Mai ohne Lohnabzug. Das hatte er den Massen vorgehalten. Und wie Hitler und seine Getreuen für das Volk schaffen. Bis tief in die Nacht brennen in den Arbeitszimmern des Führers und unserer Minister die Lampen. Das hatte er seinen Zuhörern eingebleut. Arbeiter und Soldat gehören zusammen. Man muß dem schaffenden Menschen die Aufgaben der Wehrmacht nahebringen.

Die Kreisleitung hatte zum 1. Mai dafür gesorgt, daß die Vorführungen der Marine auf dem Sportfeld ein Volksfest würden. Zehntausend Schaulustige sahen die Hindernisfahrt der Kraftfahrstaffeln. Vizeadmiral Ulbrich zeichnete die beiden siegreichen Mannschaften des NS-Kraftfahrkorps aus. Korpsführer Hühnleins Männer verwiesen die Motorradstaffeln der Marine auf den dritten Platz. An den Hindernissen war die Marine auf ihren schweren BMW-Maschinen benachteiligt.
Dafür siegte das Marinelandungskorps im zweiten Teil der Darbietungen. Ein historisches Schauspiel aus der Zeit vor fünfundzwanzig Jahren, ein Stück fröhlichen Marinebuschkriegs. Als die Besatzungen in Schützenlinie, ganz in Weiß mit Tropenhelm, das Seitengewehr aufgepflanzt unter Trommel und Horn in die Hecken einbrachen, hinter denen sich der Feind verschanzt hielt, fiel manchem das Bild ein «The Germans to the front!» –, der Befehl des englischen Admirals Seymour bei den Kämpfen um Tientsin. Dieser Kunstdruck hing in vielen guten Stuben ehemaliger Marineangehöriger. Hier wie dort flatterte die alte Reichskriegsflagge dem Kontingent voraus. – Der Jubel verflog beim dritten Bild. Marineartillerie in Feldgrau und Stahlhelm führte im fast menschenleeren Terrain den modernen Kampf vor. Nebelwerfer verhüllten die sich einzeln vorarbeitenden Schützen und Maschinengewehrzüge, die Soldaten mit der Gasmaske vor dem Gesicht, eine gespenstische Szene. Das ging an den Nerv. Ein Glück, der Führer will den Frieden.
Auch Wilhelm hatte am 1. Mai mit der SA zu marschieren. Die Straßen waren überall verstopft. Der Sternmarsch zum Kaiser-Friedrich-Platz, von den Stäben minutiös geplant, hatte sich am Hohenstaufenring hoffnungslos verknäult. Lambert stieß Wilhelm an, als sie die Gefolgschaft des Theaters vorbeilassen mußten.
War das nicht Schüchter, der die Fahne der NSBO voraustrug, Faust und Rosmersholm? Wilhelm und Lambert hielten ihn

nicht zu Unrecht für einen Kommunisten. Zum Braunhemd hatte er sich aus dem Fundus eine blaue Samtkniehose besorgt, der fanatische Blick versuchte den knabenhaften Anzug wettzumachen. Ich trage das Banner der Freiheit, schienen Schüchters flammende Augen zu sagen. Dachte er nicht an seinen Freund, den großen Kampfer, seinen Gegenpart Mephisto, der als Jude vom heutigen Festtag ausgeschlossen war? Kaum. Er stimmte mit seinem dünnen Tenor das Lied «Mit uns zieht die neue Zeit» an. Hinter ihm dröhnten drei Bässe, die Bonzen aus dem «Schlageter», in dem Schüchter den General spielen mußte. Mehr schlecht als recht. Die Rolle lag seiner lyrischen Natur nicht.

Die Bonzen wohnten zusammen in einem Hause auf dem Holm, waren Skatbrüder rund um die Uhr, sogar vor ihrem Auftritt kloppten sie noch in den Kulissen ihre Karten. Fürs Rollenstudium blieb wenig Zeit. Ihr Talent, alles von der Souffleuse aufzufangen und gleichzeitig überzeugend zu spielen, rettete jede Situation. Der eine war kurzsichtig fast bis zur Blindheit, sein Tapsen auf der Bühne nahmen die Zuschauer als gewollte Komik, der andere rührte durch biederen Augenaufschlag, der dritte überspielte seine sächsischen Laute mit preußischem Schneid. In Reih und Glied wirkte die Theatertruppe wie ein Satyrspiel auf die nationale Revolution.

Lambert und Wilhelm konnten sich ungeniert unterhalten, der dritte Mann in ihrer Kolonne war geistesabwesend. Ein junger Mathematiker, etwas konfus, der, wo er ging und stand, rechnete. Ein Zettel in Handgröße und ein Bleistiftstummel genügten ihm, um lange Buchstabenreihen mit Klammern, Wurzeln und Potenzen niederzukritzeln und sein Tun gelegentlich «So ein Mist!» oder «Verdammt interessant» zu kommentieren. Für Scharführer Pult stand er nicht mehr auf Rechnung. Der Zahlenheini hatte mildernde Umstände.

«Wie lange wird Amos noch durchhalten?» fragte Wilhelm. Lambert nahm an Amos' Mittelseminar über Hebbels Dramaturgie teil und hatte sein großes Goethekolleg belegt.

«Sie sehen als Vater jeden Tag Ihre Kinder, die deutsch-jüdischen Bastarde. Und dann reden Sie noch von Goethe?» schrieb der «Kampfruf» und fuhr fort: «Sind Sie nicht auch Präsident des hiesigen Rotary-Clubs, einer getarnten Organisation der international jüdischen Freimaurer, von dem Hochgradfreimaurer Cuno nach Deutschland importiert? Wo bleibt Ihre ehrenwörtliche Erklärung, daß sich unter Ihren Vorfahren kein Getaufter befindet?»
«Es ist ein Jammer, Amos vor sich zu sehen», sagte Lambert. «Dieser feinnervige Geist leidet unter der Verfolgung, die neuerdings seiner Frau gilt, nur um ihn zu zermürben. Der ‹Kampfruf› hat vom Standesamt der Schwiegereltern in Erfahrung gebracht, daß sich hinter M. und R. Oppidum Manasse und Rahel verbergen, beide mosaischen Glaubens. Der ‹Kampfruf› begann, sich auf Amos einzuschießen, als mein Professor für Sybels Wiederwahl eintrat, lange bevor Hitler an der Macht war. Amos soll sich in Princeton großen Ansehens erfreuen. Vielleicht erhält er einen Ruf.»
«Und wir werden immer ärmer. Mußt du auf Gentner umsteigen? Jahraus, jahrein Geschichte der Literaturwissenschaft? Zwanzig Hochschullehrer will Carelli weghaben, die Liste ist schon an Rust unterwegs. Von unserer Universität bleibt nicht mehr viel übrig. Mensch, Lambert, was hat man aus uns gemacht . . .»
Die Rechnung für das Volksfest vom 1. Mai wurde am folgenden Tag präsentiert. Wie im ganzen Reich stürmte SA das Gewerkschaftshaus, hißte die Hakenkreuzfahne, nahm Funktionäre fest und versiegelte die Kassen. Ein Sturmbannführer verlas den Aufruf Robert Leys: «Die Glocken zu Ehren der Arbeit sind verklungen. Die Leiparts und Graßmänner mögen Hitler noch so viel Ergebenheit heucheln, es ist besser, sie befinden sich in Schutzhaft. Wir haben nie etwas zerstört, was für unser Volk Wert hat. Arbeiter, ich schwöre dir, wir werden dir nicht nur alles erhalten, wir werden den Schutz und die Rechte des Arbeiters weiter ausbauen.»

Seelund, der sich gerade einen Stempel für Fettverbilligungsscheine geholt hatte, sah den Sturmbannführer, den er vom Lohnbüro der Werft her kannte, von unten an. «Du Scheißkerl, du, schämen sollst du dich, beschlagnahmst hier Prolengroschen. Warte, deine Visage merkt sich Seelund«, sagte Max mehr zu sich.

«Wollten Sie etwas bemerken, Seelund?» fragte ihn der SA-Obermotz.

«Ich kann mich scheuern, Herr Inspektor.» Der Lohnbuchhalter war tatsächlich einmal Inspektor bei der Post gewesen und ließ sich nicht gern daran erinnern, daß er geflogen war. Seelund verschwand schleunigst, bevor man ihn stellen konnte.

Postoberinspektor Tromp hatte die Sache, eine Unterschlagung bei der Massengutauflieferung, damals aufgedeckt und war jetzt Fachschaftsobmann bei der Postdirektion. Wie konnte der Mann nach seinem Griff in die Kasse von neuem Gelder verwalten und in der SA Karriere machen? Mit der Schwester des Sturmbannführers, einer der wenigen Beamtinnen auf dem Hauptpostamt, hatte Tromp noch immer Scherereien.

Wie gelungen war sein Appell von der Fachschaft gewesen, sogar die NS-Beamtenkapelle spielte auf. Aber am Schluß hatte er nach alter Gewohnheit gefragt: «Wortmeldungen zur Aussprache?» Wie konnte ihm das passieren? So etwas gab es ja gar nicht mehr. Und dreist tritt als einziger Fragesteller die Schwester des Sturmbannführers, bestimmt eine verkappte SPDistin, auf und fragt, ob die neue Regierung etwas gegen die weiblichen Beamten und Angestellten hätte.

Tromp, der noch gern Amtmann werden wollte und vorsorglich eine Rednerschule besucht hatte, war anfangs in Verlegenheit. Dann fiel ihm ein: zuerst dem Gegner scheinbar recht geben, Gedanken konzentrieren und dann verbündet mit den Zuhörern auf ihn, daß er sich verkriecht. So hatten sie es gelernt.

«Adolf Hitlers Regierung ist alles andere als frauenfeindlich. Frauen sind in den Fernsprechämtern unentbehrlich. Niemand will sie verdrängen. Deshalb brauchen sie sich auch nicht zu organisieren. Wohl aber wollen wir möglichst viele junge Männer in Arbeit und Brot bringen, damit sie eine Familie gründen und unsere Schwestern und Töchter heiraten können. Dem stehen Doppelverdiener im Wege. Jawohl! Das hat mit Frauenfeindlichkeit wirklich nichts zu tun, meine Volksgenossen.»
Die Beamtin, mit dem Bruder Sturmbannführer seit Jahren überworfen, schilderte Claudia den Verlauf der Fachschaftsversammlung. «Nach Meinung der Nazis taugen wir Frauen nur noch als Gebärmaschinen. Der Beruf wird reine Männersache. Helene Lange und Gertrud Bäumer haben in den Wind geredet. Ich bin Beamtin, mir können sie nichts anhaben.»
Claudia wiegte den Kopf. «Haben Sie das ‹Gesetz zur Wiederherstellung des Berufsbeamtentums› genau gelesen? Es bietet jede Menge Entlassungsgründe. Man braucht es nur anzuwenden, Vorwände lassen sich an den Haaren herbeiziehen. Meine Freundin Gesine Jansen, Mitglied des Landtags, ist aus dem Schuldienst beurlaubt, also zur Disposition gestellt worden. Sie hat das Seminar besucht, war als Volksschullehrerin gewiß keine Parteibuchbeamte, wie es im Gesetz genannt wird. Hitler hat im Sportpalast gesagt: ‹Wir haben eine Organisation aufgebaut, in der es nicht einen Diktator gibt, sondern Zehntausende.› Bitte schön, einer wird sich immer finden, der Ihnen Ihr Recht nimmt. Das bringt meinen Mann so zur Verzweiflung, daß unser ausgewogenes System der Rechtsmittel fast gänzlich zerschlagen ist.»
«Wer nichts in seinem Rücken weiß, wird heute feige», sagte die Beamtin. «Man muß schon ein Furtwängler sein, an dem niemand vorbeikann. ‹Männer wie Bruno Walter, Klemperer und Max Reinhardt müssen auch in Zukunft in Deutschland mit ihrer Kunst zu Worte kommen›, hat er in einem offenen

Brief an Goebbels geschrieben. Und Goebbels hat kleinlaut geantwortet, manche deutsche Künstler seien in den vergangenen Jahren gänzlich zum Schweigen verurteilt gewesen. Das ist doch kein Gegenargument.»
Claudia brachte die Beamtin zur Tür. «Es zählt nur noch ‹Auge um Auge, Zahn um Zahn›, wie Hitler im Sportpalast gesagt hat. Es lief uns am Rundfunk kalt über den Rücken. ‹Die Fäuste unserer jungen nationalsozialistischen Kameraden sind stark genug, um jeden Widerstand zu brechen.› Hitler glaubt, was er sagt. Goebbels glaubt nicht, was er sagt. Bliebe Schacht. Er sagt nicht, was er glaubt.»

Speichen, der Chef der Marineleitung, hielt auf Traditionspflege. Zu feierlichen Anlässen lud er stets den einen oder anderen verabschiedeten Admiral ein. Die Reihe ging um. Die Herren sollten von Zeit zu Zeit einmal wieder Wasser unter den Kiel bekommen. Diesmal waren Vizeadmiral a.D. Wiese von Forsteck und Langfeld dran.
Das Panzerschiff «Deutschland» war in Dienst gestellt, Kern der Besatzung wurde der Stamm der «Emden», die nach Rückkehr aus dem Atlantik ins Dock gegangen war. Essig mit dem Urlaub. Der Kommandant des ersten Panzerschiffs, Kapitän z.S. v. Fischel, empfing die Herren, die den Reichsadler an der weißen Mütze mit der schwarz-weiß-roten Kokarde vertauscht hatten, mit allen Ehren. Langfeld mußte dem ranghöheren Wiese von Forsteck, der eine Crew jünger war, den Vortritt lassen. Das paßte ihm nicht recht. Wiese, in der Marine der Giftzwerg genannt, war als Kommandant der «Nassau» sein Rottenknecht gewesen.
Als die «Deutschland» Fahrt aufmachte, waren die Herren in ihrem Element. «Mein Gott, Wiese, wie krochen wir auf unseren alten Pötten durchs Wasser, das reinste Schneckentempo. Jetzt ist Baubeginn von C, nächstes Jahr D, da kommt ein hübsches Geschwader zusammen. Man müßte noch einmal jung sein.»

«Aber mit den Erfahrungen von heute, Langfeld. Sonst werden die ganzen Dummheiten noch einmal gemacht.»
Das Panzerschiff B, gleichfalls ausgerüstet wie ein Linienschiff und schnell wie ein Kreuzer, war an Bismarcks Geburtstag vom Stapel gelaufen, für Speichen der unausweichliche Anlaß, in der Taufrede die Brücke vom Altreichskanzler zum Volkskanzler zu schlagen. «Auf Befehl des Generalfeldmarschalls v. Hindenburg sollst du den Namen des Siegers der Skagerrakschlacht tragen. Nicht klagen, wieder wagen, Seefahrt ist not!»
Als das Schiff aufschwamm, telegraphierte Hindenburg an Blomberg: «Die Meldung vom glücklich erfolgten Stapellauf des Panzerschiffs ‹Admiral Scheer› habe ich mit Freude entgegengenommen. Dem ganzen deutschen Volke sei der stolze Name dieses Schiffes Mahnung, die Erinnerung an den Geist wach zu halten, der die deutsche Flotte in der größten Seeschlacht der Weltgeschichte befähigte, ihre Schwertprobe in Ehren zu bestehen.»
Tags darauf fuhren die Herren zu Blohm & Voß nach Hamburg zum Stapellauf der Ersatz-«Niobe». Den finanziellen Grundstock für den Neubau hatte der «Flottenbund Deutscher Frauen» gesammelt, seine Vorsitzende vollzog den Taufakt. Das Rätsel um den neuen Schiffsnamen schien gelöst, als bekannt wurde, daß der niederdeutsche Schriftsteller Rudolf Kinau als Ehrengast geladen sei. War er nicht der Bruder von Johannes Kinau, der als Matrose auf SMS «Wiesbaden» nach einem Treffer in den Vormars mit dem ganzen Mast über Bord gegangen und in den Fluten versunken war? Dieser Johannes Kinau nannte sich als Dichter der Seefahrt Gorch Fock und gab den Leitartiklern jener Tage reichlich Stoff zu vaterländischen Betrachtungen.
Vom neuen Geist in der Marine wurde geschrieben. Schluß mit den unpersönlichen Ländernamen für unsere Kriegsschiffe, Schluß mit der Mythologie für die Schulschiffe. Siegernamen sollen es sein, Admiral Scheer und der heldenmü-

tige Matrose Gorch Fock. Die Parallele zum Feldmarschall und Gefreiten des großen Krieges drängte sich auf. Wenn Gorch Fock noch lebte, trüge er an seiner Brust das Hakenkreuz, hieß es. Hamburgs Bürgermeister Krogmann wollte nicht zurückstehen: «Der Senat hat aus Anlaß des Stapellaufs die Friedrich-Ebert-Straße in Gorch-Fock-Wall umbenannt.»
Langfeld hing der ganze NS-Rummel zum Halse heraus. Hauptsache, die Marine hatte wieder ein anständiges Segelschulschiff, größer und sicherer als die «Niobe». Er beglückwünschte den künftigen Kommandanten, Kapitän z.S. Mewis, und sagte zu Kapitänleutnant Ruhfuß, auf den Helling zeigend: «Dieser stramme Zossen hätte die Bö am Fehmarnbelt abgeritten. Spielend. Seemansspech, mein Guter, Speichen hat Sie mit diesem Schiff voll rehabilitiert.» Ruhfuß nahm die Hacken zusammen. Er kannte solche Redensarten zum Überdruß.

Claudia hatte ein paar Tage gezittert, daß ihr Auftreten in der «Wacht am Rhein» ein Nachspiel haben könnte. Leopold sparte nicht mit Vorwürfen. «Dem Regime ist mit Nadelstichen nicht beizukommen. Man kann im einzelnen Mitbürger die antifaschistische Gesinnung stärken, Protestdemonstrationen werden sinnlos. Wer da mitmacht, zieht den Kürzeren.»
Claudia wich nicht zurück. «Den aktiven Widerstand aufzugeben, braucht nicht Verzagen, Flucht und Auflösung zu bedeuten. Der Vorstand der SPD Württembergs hat seine Ämter niedergelegt. ‹Wir empfehlen unseren Mandatsträgern, ihre Tätigkeit durch Unterstützung der nationalen Revolution auszuüben.› Das sind mir feine Genossen. Was soll das einfache treue Mitglied noch glauben, wenn die Landtagsabgeordneten und Stadträte der SPD ins NS-Horn tuten? Mit Schizophrenie gelangen wir nicht aus der Sackgasse.»
Es war jeden Tag das gleiche, die Ohnmacht mündete im

Hause Spitz, wo früher mit Feuereifer diskutiert wurde, in Gereiztheit. Vor der kleinen Eva beherrschten sich die Eheleute, aber wenn sie im Bett war, nahm die Selbstzerfleischung ihren Lauf. Nirgendwo ein Lichtblick. Roosevelt? Schacht hatte bei ihm gut Wetter gemacht. Der Faschismus drang überall vor. In Rumänien hatte Codreanu die Eiserne Garde, in Norwegen Quisling die Nasjonal Samling gegründet. Oberst Batista wurde neuer Diktator von Kuba.

Es war Claudia, die immer wieder versuchte, Leopold Mut zu machen. «Roosevelt ist mein Mann. Er hat nicht nur mit der korrumpierenden Prohibition Schluß gemacht, in seiner Administration taucht endlich einmal eine Frau als Minister auf. Miss Perkins für Arbeit und Soziales. Das könnte ein Signal setzen. Wenigstens in den Demokratien. Gestern traf ich die Peepchen. Roberts Hausmädchen Ida ist von der Prinzessin geehrt worden. Im ‹Vaterländischen Frauenverein› war eine Kaffeetafel für treue Hausangestellte gedeckt. Ihre Königliche Hoheit hielt eine Ansprache über preußische Zucht und Einfachheit und überreichte Diplome und Broschen. Vermutlich auch sehr einfache. Was man bei uns schon unter sozial versteht. Da hat Roosevelts New Deal mehr Substanz.»

Spitz machte sich mehr Sorgen um das deutsch-dänische Verhältnis. Wenn Duves Reden im Schleswig-Holstein-Bund bei den Nachbarn eine Deutschfeindlichkeit heraufbeschworen, würden sich am Ende auch die Freunde in Aarhus, Spitzens letzte Zuflucht, verschließen. Duve war zum Landrat des Kreises Flensburg avanciert. Selbst Alfred Rosenberg war von ihm abgerückt, als sich die dänische Presse über Duves Chauvinismus entrüstete: «Man mag seine Reden als nicht glücklich empfunden haben. Wir Nationalsozialisten können erwarten, uns mit dem nationalen Teil eines rasse- und blutsverwandten Volkes auf einer Plattform zu finden.» So schrieb Rosenberg im «Völkischen Beobachter».

«Nicht unsere Plattform», sagte Claudia zu Leopold.

XI

Meine Blaujacken

Wilhelm steckte zu tief im Studium, um zu bemerken, was um ihn vorging. Er ignorierte die Aktivitäten der Studentenschaft, machte recht und schlecht seinen SA-Wehrsport und hielt sich von den hintenherum angehängten Schulungsabenden fern. An ihnen beteiligte sich nur, wer nicht abwarten konnte, die Spiegel eines vollgültigen SA-Mannes zu tragen. So entging ihm, daß sich ein Kampfausschuß wider den undeutschen Geist formiert hatte, in dem Carelli, Bierzapf, Bockhals und ein Buchhändler Wurzel vom «Kampfbund für deutsche Kultur» Maßnahmen zur Säuberung der deutschen Literatur ersannen.

Als erstes kamen die Leihbüchereien dran. Carelli hatte sich vom Polizeipräsidenten Vollmachten geholt, in einer Razzia auf einen Schlag alle Gewerbestätten, in denen noch undeutscher Geist sein Unwesen trieb, von Schund und Schmutz zu reinigen. Listen mit Firmen – meist kleine Tabakgeschäfte und Papierhandlungen – und Sachgruppen wie Antikriegsliteratur, Greuelpropaganda gegen Deutschland und alle Sorten von Sexualschmökern sowie die bekanntesten jüdischen Autoren wurden durch Zuruf zusammengestellt, und dann ging es los.

«Wollt ihr mich ruinieren?» rief die alte Besitzerin einer Leihbücherei in der Mergenthalerstraße und stellte sich vor den Lastwagen, auf den mehr als die Hälfte ihres Bücherbestandes geworfen war. Man zerrte sie beiseite. «Seien Sie froh, daß die grüne Minna Sie nicht abholt.»

Heikler war die Frage, wie man bei der Universitätsbibliothek vorzugehen habe. Der Direktor sträubte sich vor dem Kampfausschuß, Staatsbesitz beschlagnahmen zu lassen. Man einigte sich auf den «Giftschrank». Im Keller des Magazins wurde ein Gitterverschlag eingerichtet, den Schlüssel hatte der Direktor persönlich zu verwahren. Nur bei akademischen Lehrern und solchen Doktoranden, die die ausgesonderten Titel zur Dissertation benötigten, sollte eine Ausnahme gemacht werden. Alle übrigen Leihzettel auf die verbotenen Früchte sollten gesammelt und, so der Vorschlag von Bockhals, auf der Kreisleitung «ausgewertet» werden. Bierzapf hatte es besonders auf die Kollegen der eigenen Universität abgesehen. Husserl, Kolle, Stenzel und selbstverständlich auch Amos seien zu eliminieren. Carelli wollte auch Meschkulat auf den Index gesetzt sehen. «Wenn wir von Magnifizenz fordern, daß diese Leute in den Ruhestand versetzt werden, bitte schön, können wir unsere Studenten nicht weiter mit ihren Elaboraten füttern.» Neun Hochschullehrer waren schon beurlaubt. Wilhelm, der ein Werk von Diameder ausleihen wollte, erschrak, als ihm sein Leihzettel mit dem Stempel «Ausleihe gesperrt» vor die Nase gehalten wurde. Zurück erhielt er ihn nicht.

Er hatte sich zu früh gefreut, daß das Schießen am Mittwoch ausfiele. Solange aufgelegt geschossen wurde, konnte sich seine Ringzahl sehen lassen. Stehend freihändig hatte er nur Fahrkarten geschafft, und Pult kläffte um ihn herum. «Noch mehr solche Schlumpschützen wie Sie Schleimscheißer, dann ade, armes Deutschland.» Statt zum Wehrsport hatten die Stürme abends vor der Universität anzutreten. Geschlossen wurden sie in die Aula geführt, wo ihnen Bierzapf, inzwischen auch vom Sturmführer Kunze geduldet, eine Ansprache hielt. Thema: «Deutsch oder undeutsch?»

Wilhelm und Lambert machten ein Nickerchen, so gut es sich einrichten ließ. Bierzapf, der mehrfach Fichte bemühte, sah seine eigenen Reden an die deutsche Nation schon künftigen Generationen leuchten. «Abschalten», hatte Lambert Wil-

helm zugeflüstert, «der Mist ist nicht zu verdauen.» Mit dem Absingen des Horst-Wessel-Liedes, das sie aus dem Schlummer scheuchte, war der Dienst noch nicht ausgestanden. Als sie wieder hinausgeführt wurden, bekamen sie noch bei Helligkeit pro Mann zwei Fackeln in die Hand gedrückt.
Der Marsch ging nicht, wie von ihnen erwartet, als Huldigung zur Wohnung von Magnifizenz, sondern in Richtung des Kaiser-Friedrich-Platzes.

Als die gold'ne Abendsonne
Sandte ihren letzten Schein,
Zog ein Regiment von Hitler
In ein kleines Städtchen ein.

So sangen sie, während sie auf dem Platz um einen Scheiterhaufen herummarschierten.
Das kleine Städtchen hatte heute etwas zu bieten, auf das man noch nach Jahrzehnten mit dem Finger zeigen würde.
Neben dem Scheiterhaufen lagen Bücherberge aufgetürmt. Die Sonne war hinter den vierstöckigen Mietshäusern versunken, die Fackeln wurden entzündet. Zwischen dem Feuer und dem Bücherhaufen stand eine Riege von etwa zwanzig Funktionären und Mitgliedern des NS-Studentenbundes, jeder eine kleine Spruchtafel in der Hand.
Der erste trat vor. «Aufbruch des deutschen Geistes!» rief er gegen den Abendhimmel. Ein zweiter ließ sich einen Stapel Bücher reichen, aus der Nähe waren die Namen Remarque, Pitigrilli und Plievier zu entziffern, und deklamierte: «Gegen Klassenkampf und Materialismus, für Volksgemeinschaft und idealistische Lebenshaltung. Ich übergebe den Flammen die Schriften von Marx und Kautsky.» Der dritte rief aus: «Gegen Dekadenz und moralischen Verfall, für Zucht und Sitte in Familie und Staat. Ins Feuer mit den Juden Heinrich Mann und Kurt Tucholsky!»
«Seit wann sind die Manns Juden?» fragte Lambert.
Ein vierter hielt sich besonders lange mit Kantorowicz' «Geist der englischen Politik und das Gespenst der Einkreisung

Deutschlands» auf. Ins Feuer warf er Magnus Hirschfelds Sexualpathologie. Drei zerfledderte Bände.
«Ehe der ganze Berg abgetragen ist, können wir frühstücken gehen», sagte Lambert. Aber es waren nur zwanzig Feuersprüche. Mehr Varianten des Für und Gegen waren dem Kampfausschuß nicht eingefallen. «Los, Kameraden, den restlichen Scheiß anzünden!» befahl Friedrichsen und warf seine Fackel auf das Abfallergebnis der Razzia gegen die Leihbüchereien. Lambert und Wilhelm richteten es so ein, daß ihre Fackeln neben dem zweiten Scheiterhaufen verglommen. Dabeigewesen zu sein, war Schuld genug.

Außer der «Köln», die sich auf Auslandsreise befand, war die gesamte deutsche Flotte zum ersten Marinebesuch des Führers und Reichskanzlers auf der Förde versammelt.
«Für uns fällt nichts ab dabei», resignierte Kreisleiter Ahrens, «wir haben unser Fett gehabt.» Hitler hatte vor vierzehn Tagen auf dem Sportfeld fünfzigtausend SA-Männer der Nordmark an sich vorbeimarschieren lassen und den Massen zugerufen: «Der Fluch von 1918 ist von uns genommen, der Schandfleck ist von dieser Stadt weggewischt worden.» Diese Feder ließ sich an den Hut stecken. Es sollte keiner mehr wagen, der Stadt und ihrer Marine die Revolte vom 9. November anzukreiden, der Führer hatte den Schlußstrich gezogen. Ein für alle Male. Trotzdem hatte Ahrens ein Mißton gestört. Was war dem Stabschef Röhm eingefallen, die SA mit «Meine Soldaten!» anzusprechen? Immer solche Extratouren! Auch Gauleiter Fest hatte die Stirn gerunzelt.
Einige hundert Neugierige belagerten den Flugplatz, auf dem Hitler landen sollte, und die Regie hatte genehmigt, daß der neugegründete SA-Fliegersturm vor der Halle zur Begrüßung antreten durfte. Das war aber auch alles. Die Partei und die Stadtführung existierten für den Führer heute nicht, die Marine schirmte ihn und sich gegen alle Zudringlichkeiten ab. Hitler kam bei stahlblauem Himmel mit der neusten Ju 52,

die über die phantastische Geschwindigkeit von 250 Stundenkilometern verfügen sollte. Er trug einen hellen Gabardinemantel, auf dem Kopf einen verwegenen Plüschhut mit ringsum heruntergeklappter Krempe. Genugtuung stand in seinem Gesicht.
Als er einflog, schätzte sein schnelles Kalkül die Feuerkraft der unter ihm hingebreiteten Armada ab. Das wog die Artillerie eines Armeekorps weit auf. Noch hatte Hindenburg den Oberbefehl über die Wehrmacht des Reiches. Unter ihm übte v. Blomberg die Befehlsgewalt aus. Wenn der alte Herr die Augen schloß, würde das alles auf sein, auf Hitlers Kommando hören. Die Zeit war abzusehen. Jetzt kam es darauf an, sich die Gefolgschaft der Waffenträger zu sichern. Und zwar ohne Zwischenschaltung des Kameraden Röhm. Er hatte ihn schon manches Mal in seine Schranken weisen müssen. Röhm war nicht mit von der heutigen Partie. Wohlweislich!
Um 11 Uhr 10 begrüßt Speichen den Reichskanzler. Die Kolonne fährt zum Holm. Vizeadmiral Ulbrich meldet die Parade. Am Chinadenkmal hält Hitler eine Ansprache. Er spricht von der Marine als seinen Blaujacken. Ein ungewohntes Wort. Klingt wie Wiener Sängerknaben oder Kieler Knabenanzug. «Wenn diese Flotte auch klein ist, so sieht doch ganz Deutschland mit Freude auf sie. Denn sie ist der sichtbare Repräsentant des deutschen Ehrbegriffs und der deutschen Geltung draußen in der Welt.» Speichen ist zufrieden. Er hätte es nicht anders ausgedrückt. Mittagessen im Offiziersheim. Hitler hat sich umgezogen in Braun. Die Tischunterhaltung kann sich noch nicht aus einer gewissen Steifheit lösen. Hitler verzichtet auf die gewohnten Monologe, die Umgebung respektiert es mit Schweigen.
Auf der Förde tummeln sich Hunderte von Booten mit Schaulustigen. Die «Weiße Dampferlinie» und die «Neue Dampfercompagnie» haben ein Dutzend Schiffe mobilgemacht. Mit welchem Boot wird der Führer an Bord des Flot-

tenflaggschiffs kommen? Eine gelbe Pinasse. Göring und Goebbels steigen über. Noch eine. Vizekanzler v. Papen in der Uniform der Düsseldorfer Ulanen. Will er reiten an Bord? Endlich, die weiße Pinasse ist es. Sie steuert die «Bayern» auf Höhe Prickedorf an, und sobald Hitler den Fuß auf das Fallreep setzt, heißt Kreuzer «Leipzig» die Dienstflagge der Reichsbehörden und salutiert sie mit 19 Schuß. Aus den Booten tausendstimmige Heilrufe. Hitler winkt nach allen Seiten, Speichen legt jedesmal die Hand an die Mütze.
Die «Bayern» läuft aus und beginnt das gefechtsmäßige Schießen der 28er und 15er auf Zielschiff «Zähringen». Danach besichtigt Hitler die «Deutschland» und läßt sich mit dem Tender «Hela» auf ein Torpedoboot der Raubtierklasse übersetzen, um das Torpedoweitschießen gegen Linienschiffe und Kreuzer zu verfolgen. Den Abend verbringt er mit dem Vizekanzler und dem Reichswehrminister auf der «Leipzig», beobachtet unter Scheinwerfern die Nachtschlacht zwischen Blau und Gelb. «Leipzig» gehört mit der zweiten Torpedoboot- und der ersten Schnellbootflottille zur gelben Partei. Kaiser Wilhelm siegte immer mit der blauen Seite. So ändern sich die Zeiten.
Goebbels und Heß waren bei den Blauen eingeschifft. Der Blick von Heß verklärt sich, als ihm anvertraut wird, der Pilot, der die Luftscheibe schleppt, sei ein Seeoffizier. So weit sind wir schon wieder. Heß würde am liebsten augenblicklich auf ein Jagdflugzeug umsteigen und aus der Maschinenkanone ballern. Wenn es schon eines gäbe . . .

«Sagen Sie, Benares, mit welchem Recht wurde dieser ganze Zirkus für Hitler veranstaltet? Besichtigt die Flotte wie ein Staatsoberhaupt und ist nach der Verfassung nur Chef der Reichsregierung, nichts weiter. Die Wehrmacht ist nicht sein Ressort.» Langfeld lehnte sich zurück.
«Die Verfassung, Herr Admiral, hat praktisch keine Gültigkeit mehr, die normative Kraft des Faktischen hat sie außer

Kurs gesetzt. Der Führer der Bewegung ist zur höchsten Instanz im Vaterland geworden. Dem kann sich niemand entziehen, auch Hindenburg nicht. Mag er grollen, er hat sich gebeugt.»

Langfeld hatte die Gelegenheit des Flottentreffens ergriffen, um einige frühere Angehörige des Offizierskorps der «Bayern» mit ihren Damen in seine Wohnung einzuladen. Den gegenwärtigen Kommandanten der «Bayern», Kapitän z. S. Benares, hatte er hinzugebeten. Sein ehemaliger L.I., Neveling, war jetzt Flotteningenieur, sein alter Adjutant, Schwarz, inzwischen zum Kapitänleutnant befördert, Torpedobootkommandant.

Die Damen – Fräulein Peepchen durfte Langfeld nicht ausschließen – saßen bei Likör im Salon, die Herren sprachen im Wohnzimmer dem Mosel zu.

«Normative Kraft des Faktischen, das klingt wie eine Zauberformel», sagte Langfeld. «Mich haben revolutionäre Errungenschaften noch nie überzeugen können. Wie bewegt sich dieser Übermensch nun an Bord? Ich kann mir vorstellen, er fühlt sich nicht wohl in seiner Haut. Stolpert, wohin er tritt, und muß dabei dauernd für diese unleidlichen Photographen posieren.«

Benares schüttelte den Kopf. «Das Auftreten des Führers ist souverän, er spielt seine Rolle hervorragend. An seinen Tonfall gewöhnt man sich bald. Mich störte lediglich, daß seine linke Hand dauernd ans Koppel fliegt, wenn er den Arm hebt, um eine Meldung zu quittieren. Das tut er auch im Sitzen, und da wirkt es wirklich deplaciert. Aber sein Wissen ist stupend. Als die Rohre loslegten, dozierte er mir gegenüber über den russisch-japanischen Krieg. Seine Würdigung Rojestwenskis, großartig, sage ich Ihnen. Die ganze Tragik dieses Seebefehlshabers auf verlorenem Posten hat er voll erfaßt. Fasziniert von dem Japaner Togo. ‹Die Preußen Ostasiens werden unsere Verbündeten von morgen sein›, sagte er mir und zählte aus dem Kopf die Tonnage und die Kaliber aller Schlachtschiffe und Kreuzerklassen der heutigen japanischen Flotte auf. Auch die letzte große Flottenparade auf Spithead 1924, zu der 59 Schlachtschiffe aufmarschierten, hatte er parat. In vielen Einzelheiten. Sie glauben, Herr Admiral, einem Marinehistoriker gegenüberzustehen.»

Langfeld ließ sich nicht beirren. «Schiffsdaten hat auch ein marinefrommer Sekundaner im Kopf. Ob einer die Lehren der Geschichte begriffen hat, darauf kommt es an. Hitler soll, wie ich hörte, England dafür zu gewinnen suchen, uns ein Drittel der englischen Tonnage zuzubilligen, um freie Hand auf dem Kontinent zu erhalten. Das ist Landserperspektive, verrät keinen Staatsmann.»

«Nun, er weiß auch in Antriebsfragen Bescheid», meldete sich der Flotteningenieur zu Wort. «Meinen Vortrag über die Turbinenleistungen unterbrach er mehrfach mit klugen Zwischenbemerkungen.»

«Den Ehrendoktor der Technischen Hochschule Stuttgart hat er sich jedenfalls nicht zugetraut. Damit ist der Senat auf die Nase gefallen.» Langfeld schlug die Hand auf den Tisch. «Herr Doktor Hitler! Daß ich nicht lache.»

«Wenn Sie mich fragen, Herr Admiral«, auch Schwarz wollte seinen Senf dazugeben, «Hitler ist ein Phantast. Als unser Torpedo an der ‹Leipzig› achteraus vorbeilief, weil sie im richtigen Moment gezackt hatte, meinte Hitler: ‹Das läßt sich verbessern. Wenn das kleine Peilboot die große ‚Zähringen' fernsteuern kann, müßte Ihr Torpedoboot den Kurs seiner Waffe kurz vor dem Aufschlag durch Fernsteuerung korrigieren können. Auch kann man die magnetische Kraft des Ziels im Zündkopf des Torpedos zum Zuge kommen lassen. So oder so, das muß erreicht werden.› Als ob die Marine geschlafen hätte und erst Hitler ihr Dampf machen müßte.»

«Wie sprichst du Lauseigel vom Kanzler?» wies ihn Langfeld zurecht. «Der Mann hat die Forderung der Torpedowaffe richtig gesehen. Ich weiß vom Inspekteur, daß an beiden Varianten gebastelt wird, muß einräumen, manches Gehörte

könnte überzeugen. Hoffen wir!» In die Augen von Fräulein Peepchen, die mit halbem Ohr ins Wohnzimmer hinüberlauschte, trat der Glanz des Glücks. Herr Admiral beginnt sich für den Führer zu erwärmen. Gesegnet sei die Stunde!
«Wie präsentieren sich denn die übrigen neuen Größen Ihrem Urteil nach, Benares?»
Der alte Fuchs sog an seiner Zigarre. «Göring, jovial und eitel. Er kann durchgreifen, vieles läßt er schleifen. Mir nimmt er den Mund zu voll. Ließ sich doch von einem Boot der ‹Leipzig› an Land bringen, um einen blumengeschmückten Achter eines Mädchenruderclubs, den die Damen auf den Namen ‹Karin Göring› getauft hatten, zu bestaunen. Natürlich wurde er Ehrenvorsitzender der Ruderinnen. Fehlte nur noch, daß er im Trikot erschienen wäre. Er strotzt von Paschaallüren. Goebbels schillert in vielen Facetten. Brillante Intelligenz, persönlicher Charme, an Bord natürlich etwas unsicher, fast devot, weil er hier nicht herumkrähen kann. Ich halte ihn für gefährlich. Ebenso den Himmler, eine subalterne Kreatur, der die gesamte deutsche Polizei unter seine Gewalt bringen möchte. v. Papen nehme ich nicht ernst. Hugenberg, der nicht dabei war, zeigt als einziger Bremskraft. Aber er steht allein. Von der ganzen Gesellschaft sagt mir noch am ehesten der Hamburger Gauleiter Kaufmann zu. Ein Mann mit Durchblick, der offen mit sich reden läßt. Ja, und dann noch der schreckliche Heß. Wie konnte Hitler diesem Schwärmer die Vollmacht erteilen, in allen Fragen der Parteileitung in seinem Namen zu entscheiden. Entscheiden! So heißt es wörtlich.»
Langfeld nickte. Benares hatte das Zeug, einmal den Abwehrchef der Reichswehr, Kapitän z.S. Bitter, abzulösen. Man wußte, Speichen besaß eine instinktive Abneigung gegen Benares, aber ehe er den so informativen Posten an einen Experten des Heeres abtreten ließ, hielt er lieber Benares in Reserve. Die Abwehr mußte Domäne der Marine bleiben, die Auslandsverbindungen, besonders von Benares, prädestinierten

dazu. «Mir geht es mit den U-Booten zu langsam voran. Zugegeben, Nadolny hat in Genf zum ersten Male Deutsch gesprochen. Ich meine nicht, daß er auf das übliche Französisch verzichtet hat, sondern klar die Forderung nach U-Booten und, das ist wohl heute unerläßlich, nach Militärflugzeugen erhoben hat.»

«Unerläßlich», wiederholte Benares. «Unsere Kreuzer sind ohne Aufklärer von halbem Wert. Nur steht zu befürchten, daß wir nicht zu eigenen Seefliegern kommen. Göring hält die Luft für sich gepachtet, und der Chef der Marineleitung wird ihm gegenüber beim Führer einen schweren Stand haben. Ich versuchte das Thema einer Marineluftwaffe bei Hitler anzusteuern. ‹Die Frage stellt sich für Ihr Linienschiff nicht›, schnitt er mir den Faden ab. Vielleicht, weil der Dicke in seiner Nähe stand. Bei manchen Entscheidungen steht die Empfindlichkeit Pate.»

«Zimperlich sind die Herrschaften nicht«, sagte Langfeld, «Althergebrachtes wird bedenkenlos weggefegt. Nehmen Sie die Einsetzung der Reichsstatthalter. Für Preußen übt ausgerechnet der Österreicher Hitler das Recht selbst aus. Kein Pappenstiel. Ein Reichsstatthalter ernennt die Landesregierung, kann den Landtag auflösen, Richter entlassen. Er ist omnipotent. Und was für Figuren hat Hindenburg als Reichsstatthalter bestellen müssen. In meiner Vaterstadt ist es der Gauleiter Hildebrandt. Ich bitte Sie! So ein Reichsstatthalter erhält die Bezüge eines Reichsministers plus Amtswohnung und Dienstaufwandentschädigung. Die lübsche Staatsangehörigkeit, auf die ich so stolz war, habe ich auch eingebüßt. Gestern mußte ich meinen neuen Paß für Doorn abholen. Staatsangehörigkeit: Deutsch. Gleichmacherei, wohin das Auge blickt.»

Benares ließ sich von Schwarz nachschenken. «Mich stören die willkürlichen Eingriffe der unteren Organe. Da schmuggelt die SA Treuhänder in die Betriebe, die geradezu erpresserisch auftreten. Dagegen hilft auch kein Reichskommissar für die

Wirtschaft – es wimmelt bei uns von Reichskommissaren –, wenn er Bezirksleiter der Wirtschaft ernennt. Er macht sie für den Wirtschaftsfrieden verantwortlich. Leicht gesagt. Acht Wochen Waffenstillstand an der Tariffront, bis der ständische Aufbau der Wirtschaft vollzogen ist. Die Wirtschaft müsse auch bei unlohnenden Preisen Selbstzucht üben, bis Kaufkraft geschaffen wäre. Schön und gut. Er stellt sogar eine Steueramnestie in Aussicht. Wie sieht die Praxis aus? In München hat man zweihundert Lebensmittelhändler nach Dachau geschafft, weil sie für das Pfund Butter eine Mark siebzig, also zehn Pfennig mehr, verlangt haben, und hat in ihre Schaufenster ein Plakat gehängt ‹Geschäft wegen Preiswuchers geschlossen›. Solches Jakobinertum paßt nicht in unsere Landschaft.»

Schwarz ergänzte: «Unser Flottillenproviantmeister hat zehn Jahre gespart, um nach seiner Entlassung eine Kneipe aufzumachen. ‹Kapitänssalon› sollte sie heißen. Das Mobiliar hatte er sich aus ausgemusterten Schiffen zusammengesucht und bei sich im Keller verstaut. Nun ist er am Ziel seiner Wünsche, und da sperrt Göring die Schankerlaubnis für neue Gastwirtschaften. Soll unser Mann Limonade ausschenken? Er ist stocksauer auf den Dicken.»

«Na, Schwarz, du hast Sorgen. Kneipen gibt es wahrhaftigen Gottes genug», sagte Langfeld. Er blickte zu den Damen hinüber und fing einen flehenden Blick der sonst so munteren Frau Neveling auf. Ja, die Gesellschaft der Peepchen mußte wohl für die Damen unerträglich geworden sein. «Setzen wir uns zusammen, genug der elenden Politik!»

Es wurde eine bunte Reihe installiert. Langfeld sicherte sich die charmante Verlobte seines früheren Adjutanten, Benares mußte sich in die Peepchen schicken.

«Schwarz, hast du dein Schifferklavier mitgebracht?»

Der Kapitänleutnant kam singend mit seiner Ziehharmonika herein. «Ich heff mol en Hamborger Veermaster sehn.» Bei «Blow, boys, blow!» griff Langfeld in die Tasten des Flügels, die Männerstimmen schwollen an, so daß Fräulein Peepchen Hören und Sehen verging. Sie summte mit den übrigen Damen die Melodie und wäre einem Schunkeln nicht abgeneigt gewesen, wenn sie neben Herrn Admiral gesessen hätte. Ihn einmal unterhaken! Leider hatte er die Flucht zum Instrument angetreten.

Es folgte «Besanschoot an!»
«Un weer de Anker denn gelicht,
Cuxhaben eerst passeert,
Und keem denn Helgoland in Sicht,
Denn güng ja nicks verkeert.»

«Benares, Sie kennen den Text nicht mehr, Sie haben zu lange an Land gesessen», rief Langfeld dem jetzigen Kommandanten der «Bayern» zu.

«Ich kenne nur ‹Rolling home›, Herr Admiral.»

Langfeld sang nicht gern Englisch, so wurde es ein Solo für Benares.

Zum Schluß gab der Gastgeber ein holländisches Shanty zum besten: *Allen, die willen naar Island gaan, om kabeljauw te vangen.* Sieben Strophen. Er hatte es in Doorn bei einem alten Gärtner gelernt, der in seiner Jugend zusammen mit Bretonen zum Bredefjord gesegelt war. Die Gesellschaft konnte dem Holländischen mühelos folgen.

Fräulein Peepchen wollte partout noch den «Flying Dutchman» hören, am Ende gedachte sie, ihr Gedicht, den «Fliegenden Holländer», als Pendant vorzutragen. Der Himmel bewahre uns vor ihrem Erguß, dachte Langfeld und klappte den Deckel zu.

«Um noch einmal auf Hitlers Flottenbesuch zurückzukommen . . .»

«Begrüßung der Flotte durch die Reichsregierung nannte es der Kanzler», verbesserte Benares.

«Jacke wie Hose, wer bezahlt diese Galamonsterveranstaltung? Ich habe mir erzählen lassen, daß nach den Gefechtsübungen die ganze Malhalla, an die hundert Einheiten, an ihm vorbeidefiliert ist. Als der letzte Tender passiert hatte, ist er auf der ‹Leipzig› mit A.K. an der ganzen Kiellinie vorbeigerast, um sich zum Einlaufen an die Spitze zu setzen. Äußerste Kraft, meine Damen und Herren, ist ein Wahnsinnsmanöver, pure Kraftvergeudung. Der B.d.A., unser Stange, und ich dürfen sich rühmen, niemals in ihrer Laufbahn A.K. befohlen zu haben, das heißt, nie in Havarienähe geraten zu sein. Anders kann kein Seemann diese Notfahrstufe verantworten.»

Benares schmunzelte. «Stimmt gewiß, Herr Admiral. Es soll etwas vorgezeigt werden, um für die Marine Stimmung zu machen, gleich ob früher Reichstagsabgeordnete an Bord kamen oder heute der Führer aufkreuzt. Wir werden in diesem Jahre vermutlich zum ersten Male keinen veröffentlichten Reichshaushalt haben. Es wird flott ausgegeben, das Geld zu beschaffen ist Sache des Herrn Schacht. Hitler soll übrigens zu Admiral Stange, dessen Einladung des Prinzen auf die ‹Breslau› ihm in guter Erinnerung war, gesagt haben: ‹Wenn Sie zum Herbst, wie mir berichtet wird, von der Marine Abschied nehmen, lasse ich Sie noch nicht angeln gehen. Ein paar Jahre sollen Sie mir noch einen vorbildlichen preußischen Landrat abgeben. Männer wie Sie müssen unsere durch und durch vertrocknete Verwaltung auffrischen.› Das überraschte Hänschen soll ‹Ich bin bereit, mein Führer› gerufen haben und in Uniform den Hitlergruß ausgeführt haben.»

«Das fehlte noch, daß dieses Herumfuchteln an Bord eingeführt wird.» Langfeld stieß röhrend den Arm vor, ließ seine Hand dann aber auf dem Scheitel von Schwarz' Verlobter ruhen. «Auf der Brücke würde jeder dem anderen in die Schnauze schlagen. Verzeihen Sie bitte, meine Damen.»

Die Verlobte schüttelte Langfelds Hand ab und wandte sich an Frau Neveling. «Gratuliere übrigens. Sie sind ja auf der Rangliste der Seniorinnen fabelhaft aufgerückt.» Beide gehörten einem Tennisclub an, dessen Plätze neben Koeppens Weide lagen.

Frau Neveling, an der viel Gold klirrte, lenkte bescheiden auf die Spitzen des Clubs ab. «Ist unser Kay Lund nicht himmlisch? Schlägt in Rapallo den Amerikaner 6:1, 6:1 und gewinnt auch noch das gemischte Doppel.»
Langfeld war der Sport Hekuba. Die bunte Reihe zerfiel wieder in Damen- und Männergespräche.
«Prost, Benares! Eine Freude für mich, meinen alten Zossen in Ihren bewährten Händen zu wissen. Nun mal ganz was anderes. Sie werden erfahren haben, ich bin aus dem Stahlhelm ausgetreten. Wohlgemerkt, bevor Seldte die Kameraden von ihrem Fahneneid entband, weil er unseren Bund selbstherrlich Hitler unterstellte. Der brave Duesterberg ist glatt überfahren worden. Und warum? Es hieß, er habe eine nichtarische Großmutter ... Mit ihm hat der halbe Bundesstab die Konsequenz gezogen und den Kram hingeschmissen. Wissen Sie, ich laufe jetzt leer. Die Tage des ‹Nationalverbandes Deutscher Offiziere› sind gezählt, die Firma, die ich bei den Werften vertrat, ging in die Pleite, und den ganzen Tag nur botanisieren, das reicht mir nicht. Der Göring hat einen ‹Reichsluftschutzbund› ins Leben gerufen, eine relativ unpolitische Angelegenheit, an der Spitze steht Generalleutnant a.D. Grimme. Bei der Zunahme der Fliegerei, der Bedrohung aus der Luft, wird es hier in der Stadt, überhaupt in der ganzen Provinz am Boden allerhand zu organisieren geben. Ob ich mich da betätigen sollte?»
Benares zögerte mit der Antwort. «Verstehen Sie mich bitte nicht falsch, Herr Admiral. Von Ihrer Organisationsgabe ist jeder überzeugt. Aber es gibt in diesem Land keinen unpolitischen Raum mehr. Die Partei durchsetzt alles und präsentiert für jede Aufgabe ihre Leute. Für den Gauwalter des ‹Reichsluftschutzbunds› ist mit Sicherheit schon irgendein SA-Führer ins Auge gefaßt worden.»
«Dann soll Göring seinen Dreck allein machen, Benares.»

XII

Tränen für ein halbes Schnapsglas

Fünf Monate nach der Machtergreifung hatte sich Claudia an ihren neuen Lebensstil endlich gewöhnt. Anfangs entbehrte sie es sehr, nicht mehr schreiben zu dürfen, vermißte die anregende Atmosphäre der Redaktionskonferenzen im «Volksboten», zu denen sie früher oft hinzugezogen wurde. Evas Adoption füllte das Vakuum aus. Die Konsulin hatte man damals sich selbst überlassen können. Sie las viel und hörte Rundfunk. Das Kind aber forderte die neue Mutter, sobald es aus der Schule kam.

War das Ehepaar Spitz vormals zum Mittagessen ins Gewerkschaftshaus gegangen, mieden Leopold und Claudia jetzt das «Haus der deutschen Arbeit», wo die Deutsche Arbeitsfront den Ton angab. Die Bilder von Hitler, Göring, Goebbels und Ley an den vier Wänden des Speisesaals mußten einem ja den Appetit verderben. Ahrens hatte das Haus geweiht, nachdem der marxistische Mief durch ein Heer von Reinmachefrauen aus der roten Zwingburg herausgeschrubbt war. «Nie wieder wird hier die Internationale gegrölt werden. Unser Volk soll sich an deutschen Märschen und deutschem Tanz erfreuen.» Auf dem Dach flatterte das Emblem der NSBO, die Faust, die den Hammer mit dem Hakenkreuz und das Zahnrad hält.

Claudia besuchte einen Kochkursus bei den Licht- und Wasserwerken, lernte viel über Vitamine hinzu und hatte es sich zur Gewohnheit gemacht, zweimal die Woche frisches Obst und Gemüse auf dem Markt des Kaiser-Friedrich-Platzes einzukaufen. In den Pfingstferien nahm sie bei ihren Besorgungen Eva mit.

«Nein, wie siehst du Schieter deine Mutter ähnlich, wie aus das Gesicht geschnitten», sagte die Fischfrau zu Eva, als sie für Claudia ein Pfund Dorschfilet abwog.
Claudia kaufte nur filierten Fisch, das Abschuppen und Ausnehmen verabscheute sie. Ans Kartoffelschälen und Gemüseputzen hatte sie sich allmählich gewöhnt.
Eva wich nicht von ihrer Seite und plapperte unentwegt.
«Darf ich Vater heiraten, wenn ich groß bin? Dann muß er für zwei Frauen Geld verdienen, falls du noch lebst. Mein toter Papa hat mir oft versprechen müssen, mich zu heiraten, als Mama gestorben war.»
Eva half beim Abtrocknen des Geschirrs, das Claudia mit Unlust spülte.
«Das hat noch Zeit, mein Kind. Wenn du erst groß bist, findest du vielleicht einen anderen Freund viel netter als unseren Vater.» Für Eva blieb Leopold einstweilen der allerbeste.
Claudia empfing oft Besuch. Für die Frauen aus der SPD war sie immer noch eine Art Seelsorgerin. Bei ihr wurde niemand mit Redensarten abgespeist, sie ließ sich das jeweilige Problem schildern, hatte schnell den Kern der Sache erfaßt und half dann nach Kräften. Eva mußte inzwischen auf ihr Zimmer zu den Puppen geschickt werden, auch wenn sie maulte. Nicht auszudenken, wenn das Kind in der Schule ausgeplaudert hätte, was die Mutter hinter verschlossenen Türen verhandelte.
Die Besucherin atmete schwer. Vermutlich waren die Zigaretten schuld daran. «Seit fünfzehn Jahren wohnen wir nun in dem Haus, nie hat es Krach gegeben, und nun mit einem Mal will uns der Hausbesitzer hinausekeln, nur weil wir nicht die Hakenkreuzfahne aus dem Fenster hängen. ‹Was ich und die anderen sieben Mietparteien tun, können Sie auch. Ich lasse mir nicht die Fassade durch Sie verschandeln. Dauernd quatschen mich die Kunden im Laden an› – unser Hauswirt ist Schlachtermeister –, ‹was für lichtscheues Gesindel› – so hat er gesagt – ‹ich im dritten Stock zu wohnen habe.› Müssen wir

uns das gefallen lassen? Bis vor einem Jahr gab es für den Schlachter nur die Wirtschaftspartei. Jetzt trägt er den komischen Vogel mit dem Hakenkreuz an der Brust. Die Überläufer sind die schlimmsten.»

Claudia nickte. «Über Beflaggung steht in keinem Mietvertrag etwas. Die Fahne nicht zu zeigen, ist kein vertragswidriger Gebrauch der Mietsache, wie es im Juristendeutsch heißt.»

«Wegen der Fahne kommen die ganzen übrigen Schikanen. Mein Mann raucht, ich auch ein wenig. Liegt im Hausflur ein ausgetretener Zigarettenstummel, sind wir es natürlich gewesen. Gehe ich aus der Etagentür, steht die Alte unten im Flur und ruft herauf: ‹Schließen Sie gefälligst Ihre Tür, Ihr Nikotingestank und die Kochdünste verpesten uns das ganze Treppenhaus.› Dabei lüften wir dauernd durch die Fensterklappen. Neuerdings mischt sie sich in meine Wäsche ein. Die Waschküche darf ich nur noch vormittags benutzen, meine Wäsche hat mit Geschäftsschluß von der Leine zu verschwinden. ‹Der Anblick Ihrer Fummel stört den Meister. Haben Sie denn so wenig Zeug, daß Sie dauernd waschen müssen?› Die Wirtin ist unausstehlich. Im Hintergarten hat jeder Mieter sein Beet. Gestern, ich war in der Stadt, sind auf meinem Flecken alle Blumen mit Stumpf und Stiel herausgerissen. ‹Wieso das?› frage ich die Alte. ‹Weiß ich nix von›, sagt sie. Da ruft der Hauswirt aus dem Fenster: ‹Das hat die Meisterin auf meine Anordnung gemacht. Ihre Blattläuse versauen den ganzen Garten.› Ich und Blattläuse!»

Claudia schenkte der Besucherin eine Tasse Kaffee ein. «Die Mieter sind Freiwild. Auch fünfzehn Jahre Treue schützen nicht vor Kündigung. Ich habe einer Witwe hier aus der Lessingstraße einen Platz im Stift besorgt. Zum Herbst zieht sie aus. Ich will versuchen, die Wohnung für dich festzuhalten. Gehen wir gleich hin. Ich denke, sie reicht für euch beide. Wenn alle Stränge reißen, flaggt ihr eben blau-weiß-rot. Gegen Schleswig-Holstein kann niemand etwas wollen.»

Die meisten Klagen, die an Claudia herangetragen wurden, betrafen Entlassungen aus politischen Gründen, auch wenn anderes vorgeschoben wurde.

Die Zahl der Arbeitslosen war in der zweiten Maihälfte um zweihunderttausend auf fünf Millionen zurückgegangen. Ahrens feierte den Erfolg in einer Ansprache beim Pfingstvolksfest auf dem Sportfeld. Schon in der Frühe um sechs erklang das Wecken der Musikkorps und Spielmannzüge. Mittags großer Festumzug. «Die Kinder sind mit Blumen zu schmücken», hieß es im Programm der Kreisleitung, «Kuchen und Limonade für unser Jungvolk gratis.» Es gab Vogelschießen und Geländespiele, Mitwirkung der Lehrerschaft Ehrensache. *To Pingsten ach wie schön, wenn de Natur so grön.* Ahrens spielte mit Verstand auf dem Klavier, die Volksgemeinschaft rückte zusammen.
«Der Führer denkt an alles. Er macht Nägel mit Köpfen. Der deutschen Familie ist nur über eine artgemäße Steuerpolitik zu helfen. Was früher die Parlamente in nutzlosen Debatten zerredeten, bekommt Adolf Hitler mit weitschauender Planung sofort in den Griff. Ehestandsdarlehen für Brautleute, zinslos, meine Volksgenossen, und nur ein Prozent Tilgung im Monat. Das ist deutscher Sozialismus. Da hättet ihr bei den verjudeten Banken lange darauf warten können. Natürlich darf die Ehefrau während der Tilgungszeit keine Arbeit aufnehmen. Beides geht nicht. Wir wollen ja die Arbeitslosen von der Straße holen. Im ganzen Reich gibt es heute nur noch hunderttausend Hausgehilfinnen. Vor acht Jahren waren es zehnmal so viel. Die von den Marxisten erzwungenen Soziallasten haben die weiblichen Arbeitskräfte aus den Haushaltungen vertrieben. Der Führer reißt das Ruder herum. Hausgehilfinnen zählen für den Arbeitgeber künftig wie minderjährige Kinder, was den Steuernachlaß betrifft. Ihr werdet sehen, jetzt wollen die großen Familien alle wieder eine Hausgehilfin haben. Besteuert werden die Ledigen. Gibt es einen besseren

Anreiz, Familien zu gründen? Wenn die nächste Million deutscher Arbeiter in den Arbeitsprozeß eingegliedert ist, sprechen wir uns wieder.»
Bockhals war mit der Wirkung seiner Pfingstrede zufrieden. Wenn Ahrens das Konzept nur mitreißender vorgetraten hätte . . . Die Welt ist ungerecht eingerichtet. Der kluge Kopf arbeitet schlecht bezahlt im Hintergrund. Und der Quadratschädel mit wenig Hirn, aber breiter Brust erntet den Beifall und streicht das dicke Gehalt ein. Manchmal hätte der schmächtige Bockhals dem Pg. Ahrens in den Hintern treten mögen. Wie gern hätte er einen Sammelband herausgegeben: «Bockhals' Reden (vorgetragen von Oberbürgermeister Ahrens).» Ein Bravourstück daraus: das Wettern in den Kollegien gegen den nationalen Kitsch. Eigentlich hatte das Thema dort gar nichts zu suchen. Es war Sache der Polizei, Übertretungen des Gesetzes zum Schutz der nationalen Symbole zu verfolgen. Aber Bockhals las sich zu gern in der Zeitung, und Ahrens war nicht abgeneigt, wieder einmal etwas zu glänzen.
«Wenn ich im ‹Generalanzeiger› ein Inserat lese: ‹Vertreter gesucht für nationale Schlager›, natürlich unter Chiffre, möchte ich dazwischenfahren. Bleistifte mit Sieg heil!, Fingerhüte mit Deutschland erwache!, ein SA-Mann als Stoffpuppe, Spieldosen mit dem Horst-Wessel-Lied –, ein einziger Mißbrauch unserer heiligen Symbole, selbst in angesehenen Geschäften dieser Stadt. Mögen die unbelehrbaren Spießer ihre Begeisterung für große Männer in Bismarckheringen abreagieren, das unantastbare Gut der nationalsozialistischen Bewegung, meine Herren Stadtverordenten, soll kein Geschäftemacher anrühren. (Beifall!)
Wenn in Essen ein Schnitzel à la Hitler serviert wird, das Hakenkreuz aus Kaviar aufs Eidotter gestreut wird, dann gab es darauf nur eine einzig richtige Antwort, eine Prügelsuppe à la SA. Ich habe veranlaßt, daß aus dem Schaufenster eines Schlachters eine Hitlerbüste aus Schmalz entfernt wurde. Der Herr, der vor Jahresfrist noch die Trompete der Wirtschafts-

partei blies, ist aus unserer Bewegung ebenso schnell wieder ausgestoßen worden, wie er sich eingeschlichen hat. Die Bevölkerung muß vor solchem Unfug geschützt werden. In diesem Punkt verstehe ich keinen Spaß.»

Unter «Verschiedenes» hatte sich der Stadtverordnete Callsen zu Wort gemeldet. Er forderte die fraktionslosen Kollegen, die über die SPD-Liste gewählt waren, auf, ihr Mandat zur Verfügung zu stellen, damit der Wählerwille nicht verfälscht werde. Er mußte sich sagen lassen: «Wir vertreten weiter die Interessen der organisierten Arbeiterschaft. Wir tun es im Einverständnis mit der von den neuen Geschehnissen beeinflußten Gesamtheit.»

«Gewundener können sich die Scheißer nicht ausdrücken», sagte Dünner. «Laß sie laufen, Cally, es lohnt nicht.»

Den Sozialdemokraten wurde es noch schwergemacht, kurz vor dem Verbot ihrer Partei. Paul Löbe ließ sich nicht einschüchtern. «Die SPD-Führung bleibt in Deutschland!» Er verwahrte sich gegen Stampfers Unterstellung, die Sozialdemokraten hätten im Reichstag nur unter Zwang für die Haltung der Regierung in der Abrüstungsfrage gestimmt. Es gab Strömungen in der Reichstagsfraktion, Wels, Breitscheid und Stampfer aus der Partei auszuschließen, weil sie sich von Prag aus als Reichsleitung der SPD bei der II. Internationale angemeldet hatten. Man beschloß jedoch nur, sich von den Genossen in Prag zu distanzieren, und übertrug einem Viererrat die Parteigeschäfte.

Leopold Spitz litt schwer unter der desolaten Lage der Sozialdemokratie. «Politisch gehören wir zu den Pragern», sagte er zu Claudia, «meine menschliche Sympathie gehört denen, die hier auf verlorenem Posten ausharren. Nirgendwo ein Lichtblick. Die englischen Zeitungen ziehen vor Hitler den Hut, weil er nun auch außerhalb der Grenzen Fuß faßt. Absolute Mehrheit in Danzig, Rauschning Senatspräsident, und in Österreich wird Dollfuß der braunen Pest kaum mehr Herr.

Dein Favorit Roosevelt hat uns mit dem Abrüstungsangebot einen Bärendienst erwiesen. Hitler fing den Ball auf und steht jetzt als bewunderter Staatsmann da. Die ‹Times› feiert ihn als einen Mann, dessen Staatskunst auf der Harmonie von Wort und Tat beruhe. Schöne Harmonie. Frieden auf den Lippen und das Messer in der Tasche.»

«Nichts gegen Roosevelt. Hast du das Bild gesehen, auf dem Mrs. Owen vor dem Schloß in Kopenhagen vorfährt, um Konge Christian ihr Beglaubigungsschreiben zu überreichen? Im Amerika Roosevelts kann eine Frau Gesandtin werden. Eine Demokratie, die Zeichen setzt.»

Ach, Amerika war weit weg, und Claudia sonnte sich am Fortschritt von Frauenrechten, wo hier im Lande der Rückschritt marschierte. «Die Bäckergesellen dürfen jetzt schon um vier Uhr in der Frühe antreten. Die Meister haben auf ihrem Verbandstag beschlossen, das Nachtbackverbot aufzuheben. ‹Wir beteiligen uns in Treue fest am Wiederaufbau des Reiches›, haben sie an Hitler telegraphiert. Der Treuhänder der Arbeit wird sich hüten, ihnen ins Handwerk zu pfuschen. Auch die Tischler reiben sich die Hände. Die ‹Ankurbelung der Ehe› kommt auf Touren. Tausende rennen auf die Standesämter, um sich bescheinigen zu lassen, daß ihr Aufgebot aushängt. Dann ziehen sie mit den Ehestandsdarlehen zu den Möbelhändlern. Weil es diesem Hitler zu gelingen scheint, die Arbeitslosigkeit zu verringern, wird ihm das Volk zu Füßen liegen. Die Zeit arbeitet für ihn. Wer sieht noch das Teuflische dahinter? Claudia, man erstickt hier. Ich rufe Ephraim an, mal hören, wie es ihm geht.»

Jacobsohn hatte bisher nur eine nichtssagende Postkarte geschrieben. Als Spitz bei der Voranmeldung den Namen des Freundes buchstabierte, mußte er umlernen. «J wie Jakob» – «Julius», verbesserte das Fräulein vom Amt. A, C, O B gingen durch. Samuel korrigierte sie in Siegfried, Nathan in Nordpol. Sie reagierte wie eine Grammophonplatte. Spitz schluckte. Überall wurde man bevormundet und mußte schweigen.

«Sei bitte vorsichtig, Leopold, Auslandsgespräche werden bestimmt abgehört.»
«Mir ist jetzt alles egal. Ich muß meinem Herzen Luft machen.»
Eva kam zur Tür hereinspaziert. Spitz nahm sie auf den Arm und war wie umgewandelt. Er scherzte mit dem Kind und fühlte sich am Ende erleichtert, daß die Verbindung mit London nicht zustande kam.

Langfeld wunderte sich, unter seiner Post einen Brief von Admiral a. D. Ketzel vorzufinden. Ketzel gehörte zu den engsten Mitarbeitern des Königsberger Wehrkreispfarrers Müller. Langfeld hatte mit Ketzel bisher keinerlei Kontakt unterhalten. Was wollte der Kamerad?
Der Brief entpuppte sich als Drucksache. Auf einem hektographierten Blatt, aber von Ketzel persönlich unterschrieben, wurden die Empfänger aufgefordert, für die Sache der Deutschen Christen und für Müller einzutreten. Der von den evangelischen Landeskirchen zum Reichsbischof bestimmte Pastor D. Bodelschwingh sei ein Repräsentant der bewahrenden, nicht der wagenden Kirche, die Deutschen Christen ließen sich von ihrer Losung nicht abbringen, Wehrkreispfarrer Müller müsse Reichsbischof werden, denn Hitler habe ihn als seinen Vertrauensmann bevollmächtigt, die eine deutsche evangelische Reichskirche zu schaffen. Im Volksmund hatte er schon den Spitznamen «Reibi» weg.
Was fällt dem Katholen Hitler ein, den evangelischen Landeskirchen Vorschriften zu machen, dachte Langfeld. Er besann sich auf den Konsistorialrat Börde, einen Sohn von Wilhelms Schönschriftlehrer in der Septima, mit dem er schon manches Mal auf Nevelings Yacht gesegelt war. Mal sehen, wie dieser Fachmann die Lage peilt.
«Was steht zu Diensten, Herr Admiral?» meldete sich der überaus korrekte Börde am Apparat im Landeskirchenamt.
Langfeld gab Ketzels Brief dem Sinne nach wieder, der Kon-

sistorialrat kannte ihn, seine Kenntnisse brachten Licht in die Sache. Er war von seinem Bischof als stiller Beobachter zur ersten Reichstagung der Deutschen Christen nach Berlin entsandt worden. Der Reichsleiter der Glaubensbewegung, Pastor Hossenfelder, wurde von Börde skeptisch beurteilt. «Deutscher Luthergeist und heldische Frömmigkeit, das ist Hossenfelders Parole. Mir scheint das Evangelium bei der Bekenntnisfront besser aufgehoben zu sein.»

«Einleuchtend. Die meisten Leute haben das Erste Gebot vergessen: ‹Ich bin der Herr Dein Gott, Du sollst nicht andere Götter haben neben mir.› Wie ist denn Hitler ausgerechnet auf den Müller verfallen?»

«General v. Blomberg hatte voriges Jahr in Königsberg Ärger mit der SA. Müller soll sehr geschickt vermittelt haben. Das hat dem späteren Reichskanzler so imponiert, daß er den Pfarrer zu einer langen Haffwanderung zu zweit einlud. Hitler hat sich geweigert, Bodelschwingh zu empfangen, auch der Reichspräsident sehe keine Möglichkeit, ließ Meißner verlauten.»

«So weit sind wir also schon. Hindenburg wird einfach lahmgelegt. Das hätte sich ein König von Preußen nie gefallen lassen, mein Verehrter.»

Diesen Einwand überhörte Börde. Die Zeiten von Thron und Altar waren nun wirklich *tempi passati*. Ihm ging es darum, Langfeld zu zeigen, mit welcher Umsicht das Landeskirchenamt durch die schweren Zeiten steuere. Erst im März habe man entdeckt, daß ein Viertel aller Pastoren der Provinz längst Parteimitglieder seien. Einer, der unleidliche Pastor Gerhart Hauptmann, genauso geschrieben wie der Dichter, habe sich als Landtagsabgeordneter der NSDAP in einem Maße exponiert, daß die Kirchenleitung ihn mit einem Verweis belegen mußte. Zu schweigen von Gustav Frenssen, der noch immer die Rechte des geistlichen Standes besitze. «In der meerumschlungenen Kirchenlandschaft gedeiht allerhand Unkraut, Herr Admiral.»

Börde tat seine Bemerkung über Hindenburg leid. «Unser Bischof hat sich mannhaft gegen die Absicht des Kultusministers gewehrt, für die Landeskirche einen Kommissar einzusetzen. Verhindert hat es in der Tat der Reichspräsident. Ehe der Kirchenkommissar durch Verordnungen Unheil stiften konnte, war seine Mission beendet, durch Wahlen konnten die Körperschaften der neuen Lage angepaßt werden. Diese Wendung verdanken wir Hindenburg.»
Langfeld gab sich nicht zufrieden. «Anpassen nennen Sie das? Ich habe nicht gewählt.»
Börde klärte den Fragesteller auf. Eine Friedensliste habe den Wahlkampf ersparen können.
«Halbe-halbe?»
Bördes Stimme klang plötzlich zaghaft. «Leider nein. Auf sechs bis sieben Vertreter der Deutschen Christen kommt jeweils einer der Bekennenden Kirche. Das ist betrüblich wenig, aber einvernehmlich so ausgehandelt worden. Gauleiter Fest hat im Verordnungsblatt ausdrücklich untersagt, daß sich die Partei zugunsten der Deutschen Christen verwende.»
«Da bin ich von meinem Sohn anders unterrichtet worden. Er zeigte mir ein Flugblatt mit zehn Richtlinien der Deutschen Christen, soll wohl die Zehn Gebote ablösen, das er als SA-Anwärter zu verteilen hatte. Natürlich ist der Stapel in unsere Mülltonne gewandert. Darin stehen so haarsträubende Postulate wie Verbot der Heirat zwischen Deutschen und Juden, die Judenmission als Gefahr für unser Volkstum, und das nennt sich dann positives Christentum. Wenn so die Linie Müllers aussieht, bedanke ich mich für ihn als Reibi.»
Börde schwieg. Er wußte bereits, daß Bodelschwingh resignieren und damit Müller durchs Ziel gehen würde. Sein Versuch, Langfeld zu besänftigen, indem er vom überraschend aufblühenden kirchlichen Leben sprach, von Wiedereintritten, Erwachsenentaufen, erwärmte den Gesprächspartner nicht. Langfeld beendete das Telephonat, verärgert über die erweichte Haltung des Konsistorialrats. Das ganze Landes-

kirchenamt kann mir gestohlen bleiben, dachte er. Müller wird sie alle nach seiner Pfeife tanzen lassen.

Wilhelm brachte zum Mittagessen Neuigkeiten mit. Sturmführer Kunze hatte sich im NS-Studentenbund durchgesetzt. Ab sofort keinerlei Reklame mehr für die Deutschen Christen. Nicht Müller, Alfred Rosenberg hieß die Parole. Im NS-Studentenheim würde vor jeder Mahlzeit ein Spruch verlesen. Abwechselnd aus der Edda, aus Nietzsche oder dem «Mythus».

«Da sehen Sie, wohin der Hase läuft, Fräulein Peepchen. Ist Ihr Kasak auch schon zu den Heiden übergelaufen? Man liest so viel von Huldigungstelegrammen katholischer Bischöfe an Hitler.»

Langfeld war nicht verborgen geblieben, daß die Peepchen heimlich in der St.-Barbarakirche bei Marineoberpfarrer Butterfall beichtete.

«Welcher Kasak?» entrüstete sich die Peepchen.

«Die katholische Sündenabwehrkanone, wie die Lords vom anderen Gesangbuch Ihren Geistlichen nennen.»

Brüskiert stand Fräulein Peepchen vom Tisch auf, so leicht ließ sie sich ihr wohlbehütetes Geheimnis nicht kaputtmachen. Herr Admiral würde seine Geschmacklosigkeit noch zu bereuen haben.

Langfeld sah Wilhelm an. «War ich zu laut?»

Wilhelm schwieg. In diesem Augenblick tat ihm die Peepchen leid. Aber wer sollte sie ersetzen? Seit dem Tod der Mutter war der Vater weiblichem Umgang ausgewichen. Seine Mutter war aus dem Gedächtnis nicht zu verdrängen, die Peepchen täglich eine widrige Herausforderung.

«Wie sieht es eigentlich an der Universität mit der theologischen Fakultät aus?» fragte Langfeld.

»Streit und Krach. Der Ordinarius für systematische Theologie kämpft um seinen Lehrstuhl. Früher war er eher ein Pietist, jetzt verbindet er sich mit den Ideen von Hauer, einer Art germanischer Religiosität, und will – das ist der Streitpunkt in der Fakultät – durchsetzen, daß sein nur mehr religionswissenschaftliches Ordinariat als theologisches erhalten bleibt. Für Kern, so heißt er, oder gegen Kern, das hält die Theologen in Atem. An der Pädagogischen Akademie ist der Dozent für evangelische Religionspädagogik, Emil Fuchs, von Rust beurlaubt worden. Fuchs ist religiöser Sozialist. Claudia schätzt ihn sehr. Überall kommt der Lehrbetrieb durch personelle Eingriffe zum Erliegen. Die neuen Berufungen sind danach. Dieses Semester ist das kläglichste meines bisherigen Studiums.»

«Siehst du einen Ausweg?»

Wilhelm schüttelte den Kopf. Seine Erkundigungen über ein Auslandsstudium hatten ihn entmutigt. Hindernisse über Hindernisse. Auch Österreich fiel aus, seit der Grenzübertritt 1000 Mark kostete. Hitler gedachte Dollfuß auszuhungern.

Fräulein Peepchen rumorte im Erkerzimmer über ihnen. Ruhelos stampfte sie von einer Ecke in die andere. Dann verstummte das Gepolter. Hinter der Gardine sah Wilhelm, wie sie das Haus verließ, unter dem Arm ihren Hansi im Vogelbauer. Was hatte sie vor?

Nun, der Peepchen war das Faß der Demütigungen übergelaufen. Stand sie schon als Verkünderin des geliebten Führers in der Tirpitzallee auf verlorenem Posten, den frisch erweckten Glauben an die Himmelsjungfrau wollte sie sich nicht auch noch schmähen lassen. Sie eilte über die sogenannte Katholikenwiese, Hansi beschützend vor den fußballernden Brieten, wie man in der Stadt ruppige Jungens nannte, und pochte im Pastorat von Monsignore Butterfall ans Küchenfenster.

Die Haushälterin öffnete nicht allzu freundlich einen Flügel, denn Fräulein Peepchen war ihr bisher unbekannt. Wo anfangen mit der Bittstellerei? Fräulein Peepchen ging aufs Ganze. Bestärkt durch den Herrn Oberpfarrer habe sie sich entschlossen, ins Kloster zu gehen, und dahin könne sie Hansi

nicht mitnehmen, was wohl einleuchte. Ob die Haushälterin nicht Freude finden könne an dem allerliebsten Kanari?
«Hat er etwa die Mauser?»
Zum Beweis des Gegenteils nahm Fräulein Peepchen die gehäkelte Decke vom Bauer, und sogleich zeigte Hansi sein Können in schönstem Gesang.
«Futter, ausreichend für vier Wochen, habe ich Ihnen gleich mitgebracht. Sie sollen mir nichts bezahlen, ich schenke Ihnen mein ein und alles.»
Zur Prüfung reichte Fräulein Peepchen das Präsent der Haushälterin ins Fenster und, ehe diese sich besinnen konnte, ob sie die Gabe annehmen solle, war die Peepchen mit «Gott befohlen!» auf und davon.
Die geglückte Kindesaussetzung hatte eine große Last von ihr genommen, aber die innere Unruhe war noch keineswegs behoben. Sie fühlte sich zum Zerspringen. Da reichte Baldrian nicht aus. Fräulein Peepchen bestieg die Elektrische und fuhr klopfenden Herzens zum Homöopathen. Dr. Odily genoß einen großen Ruf. Seine Schrullen verzieh man ihm, weil seine Pulver halfen, ohne den Organismus anzugreifen. Odily kannte keine festen Sprechstunden. Wenn ein Patient sein schmales hohes Fachwerkhaus betrat, das halb verfallen am Ende der prunkenden Fassaden der Schleswiger Straße stand, schepperte eine Kuhglocke, und der Doktor kam aus dem Atelier herab, in einem über und über bekleckten Kittel, sich die Farben von den Händen wischend.
Im Sprechzimmer war alles mit schwarzem Wachstuch bespannt, ein Wartezimmer gab es nicht. Wozu auch? Die Patienten mochten sich auf der Treppe an Odilys Bildern zerstreuen. Auf den Treppenabsätzen standen ein paar Stühle. Die Gemälde hingen dicht an dicht in sicher nicht billigen Rahmen, vom Keller bis zum Dach, Köpfe, Stilleben, Landschaften, flinke Werke eines holsteinischen van Gogh, mit breitem Pinsel und vorwiegend goldbraun leuchtenden Ölfarben gemalt. Schon zu Lebzeiten hatte Odily sein Œuvre der

Stadt vermacht, es würde reichen, um jede der zweihundert Amtsstuben des Rathauses mit einem echten Odily auszustatten.

Als die Peepchen vor dem Doktor stand, ein wenig Angst auf dem Gesicht, legte er den Arm um ihre Schulter. «Wo fehlt es denn, mein schönes Kind?»

Das Kloster war vergessen. Wie, wenn Herr Admiral einmal so zu ihr gesprochen hätte? «Das Herz, Herr Doktor», hauchte sie.

Odily nahm ihr den Puls. «Galoppiert ganz schön.» Aus einem Glashafen schüttete er ein rosa Pulver in eine kleine Dreieckstüte. «Dreimal täglich einen Teelöffel in eine Tasse handwarmen Wassers. Wenn die Tüte leer ist, schlägt unser Herzchen wieder so bedächtig, wie es soll. Macht vier Mark, das Pulver inclusive. Und an der Luft tief durchatmen.» Odily machte es vor.

Als die Peepchen gezahlt hatte – der Arzt ließ die vier Markstücke in die Hosentasche klimpern –, zog sich Frau Kruse mit offenem Bein die Treppe hinauf. »Ei, Frau Kruse-was-mein-Mann-ist! Immer noch nicht besser?»

Die Peepchen war Luft. Nicht einmal die Hand gab er ihr. Galt sie ihm weniger als die dicke Bäckersfrau? ‹Schönes Kind› darf man doch nicht einfach so daherreden. Im Grunde sah er furchterregend aus, ein Rasputin von der Wasserkante. Fräulein Peepchen eilte heim, um sich mit Hilfe des Pulvers Linderung zu verschaffen.

Vor dem Abendbrot klopfte eine verwandelte Hausdame an die Tür von Herrn Admirals Arbeitszimmer. Auf das «Herein!» schwebte sie nicht herbei wie sonst, sondern trat mit ihren großen Stiefeln fest auf.

Langfeld empfing sie in freundlicher Reue. «Warum klopfen Sie denn an, Fräulein Peepchen? Sie können sich, meine ich, in Ihrem Zuhause bewegen, wie Sie wollen. Ich habe keine Geheimnisse vor Ihnen.»

Die Stimme der Peepchen vibrierte. «Ich hatte gehofft, ein

Zuhause zu finden. Jetzt bin ich am Ende meiner Kräfte. Ich muß ausspannen. Alle machen Jahr für Jahr Ferien, ich bin immer nur ein paar Tage nach Preetz gefahren. Ich möchte für drei Wochen zu meiner Schwester nach Koblenz reisen. Im Hause ist alles geregelt. Ida hat einen Küchenfahrplan und das restliche Wirtschaftsgeld von mir erhalten. Kann ich morgen fahren?»

Solche Töne hatte Langfeld im Leben noch nicht gehört. Er mußte sich erst fangen. «Aber gewiß doch, Fräulein Peepchen. Glückliche Reise! Und kommen Sie gestärkt wieder. Sollen wir Ihre Post nachsenden?»

Statt einer Antwort deponierte sie einen Zettel mit der Anschrift der Schwester auf dem Schreibtisch. Wortlos verließ sie das Zimmer, ein Schluchzen nur mühsam unterdrückend.

Langfeld setzte sich an den Flügel und improvisierte den «Trauermarsch» von Chopin, der in Klänge aus der «Walküre» überging, in der Tirpitzallee nie gehörte Musik.

Dem Abendessen blieb Fräulein Peepchen fern. Sie packte in ihrem Erkerzimmer und verließ am nächsten Tag das Haus zu so früher Stunde, daß niemand ihre Abreise bemerkte.

Auch Bockhals mußte einmal Urlaub haben. Drei Jahre hatte er für die Bewegung geschuftet. Pausenlos, ohne Sonn- und Feiertag. Er wollte mit seiner Verlobten in die Lüneburger Heide. Löns war sein Lieblingsdichter. Bockhals arbeitete von der Hand in den Mund. Bei mancher Rede von Ahrens war Bockhals' Tinte noch nicht trocken, wenn der Oberbürgermeister das Wort ergriff. Der Tag fraß ihn auf. Zur Vorausplanung, etwa für die «Internationale Segelwoche» oder das Volksfest der Sonnenwendfeier, kam Bockhals nicht. Er hinterließ bei der Abfahrt einen leeren Schreibtisch. Sollten sich die anderen für den Oberbürgermeister quälen, während er selbst durchs Heidekraut wanderte.

Die Gäste der Segelwoche glaubten nicht recht zu hören. Hatte Ahrens das Manuskript verwechselt? Wollte er die letz-

ten ausländischen Segler vergraulen? Noch nie war die internationale Beteiligung so dürftig ausgefallen wie in diesem Jahr. Der Kollegiensaal blieb spärlich besetzt.
«Wir glauben, daß die bedingungslose Verehrung des Staates das Lebensprinzip aller jungen Völker der Erde sein wird, soweit sie an der Weltgeschichte teilhaben wollen. Bei uns muß sich jeder Sporttreibende als politischer Soldat des Reiches fühlen. Rüm hart, klar Kimming!»
Was blieb dem Kommodore des «Kaiserlichen Yachtclubs» in der Dankadresse der Segler anderes übrig, als dem Oberbürgermeister zu versichern, auch früher hätten die Segler in ihrem Sport nicht nur ein Vergnügen gesehen, sondern wären der nationalen Idee verpflichtet gewesen.
Langfeld beglückwünschte den Kommodore zu seiner mutigen Erwiderung. «Exzellenz haben dem Stuß von Ahrens die gebührende Quittung erteilt.»
Langfeld war Schiedsrichter für die Starbootklasse. Nur sieben Boote gingen an den Start. Es galt für die hiesigen Yachten, die Niederlage bei den Starbootmeisterschaften wettzumachen. «Urzel» zeigte sich auf den Kreuzstrecken von ihrer besten Seite, sie zog über «Besar» weg und verwies «Hilda» auf den zweiten Platz.
Während der Regatta glitt die junge «Gorch Fock», noch unter Reichsdienstflagge, an ihnen vorbei. Auf ihrer Abnahmefahrt durch den Kanal mußte sie mit gefierten Brahmrahen und Stängen unter den Hochbrücken durchkommen. Die Rede von Ahrens zur Sonnenwendfeier auf Koeppens Weide roch nach Wurzels Handschrift. Wurzel vom Kulturbund kannte sich in Blut und Boden aus. Deutscher Sozialismus, wie Ahrens ihn verstand, praktisch und handfest, das war das Feld des Kreisleiters. Symbolik überließ er der Frauenschaft, den Jugendführern und wer sonst nicht ohne Nebel auskam. Aber zu Weihetänzen in langen fließenden Gewändern, Feuersprüchen und dem Lied «Flamme empor!» mußten wohl andere Töne her.

«Völker kommen, Völker gehen, das Sonnenrad rollt. Deutschland glüh Euer Herz! Flammet Ihr Berge von Ort zu Ort. Ein Mann ist uns geworden, der uns dem Licht entgegenführt. Heil!»
In Soltau, wohin er sich die «Nordschau», wie der «Kampfruf» als Tageszeitung jetzt hieß, nachschicken ließ, lachte sich Bockhals scheckig. «Sieh dir das an, mein Pummelchen. Ich brauche nur das Haus zu verlassen, und schon redet Ahrens Blech. Deutschland glüh Euer Herz! Daß er sich nicht verschluckt hat.» Die erste Nummer der neuen Tageszeitung, im Volksmund «Nordische Sau» genannt, mit Geleitworten von Gauleiter Fest, Kreisleiter Ahrens und Magnifizenz Bähr, mißfiel Bockhals gründlich. «Die haben keine Ahnung von Journalismus, Pummelchen. Miserabler Umbruch. Und die ollen Schrifttypen vom ‹Volksboten›, daß sich niemand schämt? Das Verbandsorgan der Dachdecker ist besser aufgemacht als unser Wurstblatt.»
Pummelchen sagte zu allem ja und amen. Sie genoß es, wie aufgekratzt ihr Verlobter war, den sie sonst nur überarbeitet und abgespannt kannte. Bockhals' Hochstimmung war nicht nur ihr Verdienst. Jeden Abend brachten die Nachrichten Wunscherfüllungen. Das Unternehmen Reichsautobahnen wird geschaffen. Wer wußte denn, daß es schon in Brünings Schublade lag. Der Führer wird einen Generalinspekteur für das Straßenwesen berufen. Die Reichsbahn erhält zur Modernisierung eine halbe Milliarde Reichsmark. Jetzt kommt die Arbeitsbeschaffung in Schwung.
Hugenberg zurückgetreten. «Endlich! Unsere Nordmarkbauern haben oft genug an den Führer telegraphiert, Darré müsse ans Ruder. Warum Hitler wohl den Generaldirektor der Allianz zum Wirtschaftsminister ernannt hat? Ist dieser Dr. Schmitt überhaupt Pg.? Na, für die Parteilinie wird sein neuer Staatssekretär sorgen, Gottfried Feder, der unser Programm entworfen hat. Noch zählen die alten Kämpfer, Pummelchen. Mit Hugenberg ist die deutschnationale Front auf-

gelöst. Ganze zwei Abgeordnete dürfen die Deutschnationalen in die Fraktion der NSDAP delegieren, der Rest wird nach Hause geschickt. Das spart Diäten!»

Auf Berlin waren aus Flugzeugen unbekannter Nationalität Flugblätter mit hetzerischem Inhalt abgeworfen worden. Die deutsche Luftpolizei war machtlos. Sie besaß keine Flugzeuge. Waschkörbe voller Telegramme aus allen Teilen des Reiches trafen in Berlin ein. Protestresolutionen von Handelskammern und Landschaftsverbänden. Gleichberechtigung in der Luft, hieß die Forderung.

»Niemand druckt so ein Flugblatt ab. Ich werde den Verdacht nicht los, Pummelchen, die ganze Geschichte hat sich der Göring ausgedacht, um endlich zu seiner Luftwaffe zu kommen.»

«Wie du, Schatz, als sie Fliege abgemurkst hatten.»

«Bist du stille!» Daß wir Männer es nicht lassen können, uns im Bett auszuquatschen, dachte Bockhals.

«Da habe ich dir einen Bären aufgebunden, nur um anzugeben. Die KPD-Zettel existieren wirklich. Ahrens hat einen aufbewahrt.» Bockhals war sicher, daß Pummelchen nie wagen würde, den Herrn Oberbürgermeister danach zu fragen.

Als dann noch durchkam, daß die SPD verboten, ihre Druckereien und das gesamte Vermögen beschlagnahmt seien, ließ Bockhals im Heidekrug Sekt auffahren. «Fünf Monate nach der Machtergreifung ist der Marxismus in Deutschland ausgerottet. Wenn das nicht ganze Arbeit ist . . . Wie sagt unser Dr. Goebbels? ‹Die Tränen, die deshalb vergossen werden, gehen in ein halbes Schnapsglas hinein› – Prost allerseits!»

XIII

Reisefieber, eine wunderbare Krankheit

Das Geschäft des Herrenausstatters Hertling Junior lag neben dem Burgcafé gegenüber vom Kaiser-Wilhelm-Denkmal. In den Pausen zwischen den Vorlesungen war Wilhelm schon oft an diesem noblen Hause vorbeigekommen, ohne sich die Auslage näher anzusehen. Bei Hertling überwog seit dem Krieg das Zivil. Nur ein einziges tailliertes Jackett aus Serge, für einen Fregattenkapitän frisch maßgeschneidert, schmückte das Fenster. Uniformen für die SA überließ Hertling der Konkurrenz, sie prangten bei Fiedler oben zum Markt hin, dicht gedrängt im Fenster an dem schmalen Gehsteig. Hertling war Freimaurer.

«Bitte sich freundlichst zum Kollegen Fiedler zu bemühen, schräg gegenüber. Mein Zuschneider verfügt leider über keine Erfahrungen im Schnitt der gewünschten Uniform.»

«Dann ist es an der Zeit, daß er sich einen Kursus zulegt. Deutschland wird braun schimmern, mein Herr, und dann wird Ihr Laden Neese sein. Heil Hitler!» Sturmbannführer Friedrichsen, der Pfau, schlug sein Rad und verließ das Geschäft.

Zu Wilhelms Glück hatte er den SA-Anwärter in den Knikkerbockern nicht erkannt. Friedrichsen kümmerte sich nur um sein Unterführerkorps. Der Sturmbann war ein imposantes Instrument in seiner Hand, es lohnte nicht, sich dessen Rädchen einzuprägen.

Herr Hertling, ein mittelgroßer Rundkopf, hatte bei der Begrüßung ein freundliches Pferdegebiß gezeigt und Wilhelm in seinem gewendeten Anzug durchaus für voll genommen. «Ich verstehe, Sie wünschen sich komplett zu equipieren. Darin besitzt mein Haus Tradition. Unser Senior rüstete die Herren Leutnants zur See für Ostasien aus, vom Tropenhelm bis zur Wickelgamasche.»

«Mein alter Herr trägt noch heute die guten Sachen, die ihm damals hier verpaßt worden sind.»

«Ihr werter Name?» Der neue Kunde schien einer individuellen Bedienung wert.

«Oh, Herr Admiral Langfeld. Ein hochverdienter Offizier und Förderer der vaterländischen Ziele.»

Wilhelm hatte wenig Lust, Herrn Hertling auseinanderzusetzen, warum er von den vaterländischen Zielen nichts halte. «Lassen Sie bitte Maß nehmen.»

Von einer Glocke gerufen erschien Benno Verdacht, ein massiger Geselle mit Warzen über dem breiten Mund und einem verdrehten Fuß. Wilhelm kannte sein Bild aus der Zeitung. Verdacht war Gewerkschaftssekretär und Stadtverordneter der SPD gewesen. Ein mitreißender Redner. Als nach dem «Tag der Nationalen Arbeit» die Gewerkschaften aufgelöst wurden, hatte er bei Hertling angeklopft, dem seine Erscheinung auf den ersten Blick mißfiel; er ließ sich aber von den glänzenden Zeugnissen Verdachts, in Hannover erworben, überzeugen. Hertlings bisheriger Zuschneider war als Spitzel entlarvt worden, er hatte Hertlings Gespräche mit Logenbrüdern der Kreisleitung der NSDAP zugetragen. Hertling fand ihn ab, und der Zuträger hatte sich auf dem Ostufer selbständig gemacht. Sollte er, Verdacht wog ihn auf.

«Frack und Cutaway können Sie sich schenken, so gern ich gerade diese Stücke arbeiten lasse. Der Smoking verdrängt den Frack allerorts, und der Cut ist vom Stresemann abgelöst worden. Noch immer aktuell, der Stresemann, ich meine den Anzug wie den bedeutenden Mann, der ihm den Namen gab, wenn ich mir die Bemerkung erlauben darf.»

Herr Hertling strich um Wilhelm herum und legte Stoffe vor. «Für das Beinkleid empfehle ich einen breiten Streifen, er hebt die reichlich übertriebene Hosenweite, wie man sie jetzt trägt, vorteilhaft auf.»

Wilhelm genierte sich, nach Preisen zu fragen. Er nickte zu allem, was Hertling vorschlug.

«Soll es auch in warme Länder gehen? Dieses Tropengarn wirkt sehr chic, federleicht!»

Es wurde Zeit, daß Wilhelm das Weite suchte, sonst war das Erbe der Großmutter schnell dahin. Am Ende hatte er fünf Anzüge in Auftrag gegeben und sich für drei Oberhemden mit abgestimmten Krawatten entschieden. Im Warenhaus vervollständigte er seine Ausrüstung durch einen Garbardinemantel und zwei Paar Halbschuhe, braune aus Wildleder mit Kreppsohle und schwarze Boxcalf. Zu Lackpumps für den Smoking fehlte ihm der Mut. Sein Vater hätte ihn damit hinausgeworfen. Sie mußten notfalls durch Nachhilfestunden ehrlich verdient werden. Bei den Anproben erwies sich Herr Hertling als Meister seines Fachs. Aus weitem Abstand dirigierte er Verdacht ebenso sicher wie diskret. Wilhelm ließ eine Schulter etwas hängen. Verdacht hob sie durch Watte, ein Anlupfen von Hertlings linkem Daumen genügte. Piano schienen seine Fingerspitzen zu fordern, taktvolle Rundungen seine Hände zu formen. Er war gewissermaßen Kammermusiker und Bildhauer in einem.

Als nach drei Wochen der ganze Staat in der Tirpitzallee abgeliefert wurde, schloß sich Wilhelm ein und überprüfte seine neue Garderobe Stück für Stück vor dem dreiteiligen Spiegel. Zum ersten Male sah er sein Gesicht nicht seitenverkehrt, gewann dem fremden jungen Mann staunendes Interesse ab und fand ihn im hellgrauen Flanell recht passabel. Die Krone war der Borsalino, ein heller Filzhut, dem Wilhelm durch Umkniffen, vorn hochgezogen, hinten dem Kopf angelegt, einen forschen Akzent verlieh. Willy Fritsch und Viktor de Kowa konnten nicht besser angezogen sein und auf die Weiblichkeit entsprechend wirken.

Wilhelm und die Mädchen waren ein Kapitel für sich, genaugenommen überhaupt kein Kapitel, fast Fehlanzeige. Er liebte, solange er zurückdenken konnte, Claudia, seine Tante. Ein unerreichbares Idol, eine widersinnige Konstellation, denn Claudia hing an ihrem Mann, dem Scheusal von Leopold, einem verbrauchten Dickwanst, dessen Kunstsinn und Geist, zugegeben, bestachen.

Kurz nach seiner Konfirmation war Wilhelm in eine fatale Situation mit Susi, dem fuchsköpfigen Dienstmädchen bei Langfelds, geschlittert. Das überraschende Dazwischentreten der Konsulin hatte ihn von Susis Reizen getrennt, ehe er sie aus der Nähe kennengelernt hatte.

Blieb Agnes, seine Tanzstundenliebe. Der Tod der Mutter hatte den Tanzunterricht in die Prima vertagt. Tanzmeister Rist am Bahnhof, ein Zwerg von nur mittlerer Könnerschaft, versammelte um sich die zweite Garnitur, die erste übte im Café Belvedere unter einem Künstler mit gesellschaftlicher Reputation. Herr Rist traktierte seine Eleven in einem Hinterhofsaal, dessen Wände schon zur Hälfte abgeblättert waren. Das Klavier, von der Schwester des Exerziermeisters behämmert, hätte den Stimmer nötig gehabt. Der ganze Kursus kostete nur fünfzehn Mark. Aus Herrenmangel bot Rist laut Inserat im «Generalanzeiger» kurz vor Beginn den männlichen Teilnehmern seinen Unterricht zum halben Preis an. «Zulangen», hatte der Vater gesagt. Während sich im «Belvedere» die Mütter bei Kaffee und Torte über die Fortschritte ihrer Kinder austauschten, ging es bei Rist nicht so artig zu, für die Lehrlinge und Ladenmädchen, Rist versuchte vergeblich aufzutrumpfen, eine Gelegenheit, ohne elterliche Aufsicht Poussagen anzufangen.

Wilhelm fühlte sich zu einem Mädchen hingezogen, das sich bei den Albereien abseits hielt. Agnes, die Tochter eines Polizeihauptmanns, sehr streng erzogen und etwas scheu, hatte ein für ihr Alter reifes Gesicht. Die hohen Backenknochen kontrastierten mit graublauen Augen, über denen ein Schimmer von Traurigkeit lag. Agnes hielt sich schlecht, wohl ein

Tribut an ihren üppigen Busen, dessen Herausforderung sie zurückzunehmen trachtete.
Beide trafen sich in ihren Außenseiterrollen, mit dem Tanzen hatten sie ihre Mühe. Wilhelm begleitete Agnes heim, ihre Wohnung am Graf-Spee-Platz lag in der Nähe der Tirpitzallee. Agnes war sehr beschlagen in indischer Mythologie, der Ferne Osten schien ihr die bessere Welthälfte zu sein. Wilhelm konnte sich mit Literatur revanchieren.
Eines Sonntagnachmittags zogen sie zum Fichtelberg hinaus, für Wilhelm eine Wohltat, die vertrauten Wiesen und Hecken einmal nicht als Übungsgelände, sondern als Natur zu erleben. Er war darüber so glücklich, daß er Agnes einen Kuß auf die Wange gab. Das Mädchen jedoch, als hätte es soeben die Unschuld eingebüßt, stieß ihn aufschluchzend zurück und nannte ihn einen gemeinen Kerl. Da halfen keine Tröstungen und Beteuerungen, Agnes schwieg beharrlich, brach in Tränen aus und lief zur Stadt zurück. Wilhelm zottelte ratlos hinterher. In Gedanken entwarf er schon einen Brief an sie, den er noch am Abend in den Postkasten warf.
Es kam keine Antwort. In den folgenden Tanzstunden fehlte Agnes, und zum Abtanzball mußte Herr Rist Wilhelm eine andere Dame besorgen. Der Primaner sah sich mit seinem Nelkenstrauß einer sommersprossigen Landpomeranze gegenüber, die trotz reichlich Kölnisch Wasser nach Kuhstall roch, aber Wilhelm so handfest über das Parkett schwenkte, daß er auf dem Abtanzball doch noch den Walzer lernte. Kurz vor dem Abiturientenexamen lief Wilhelm am Burggraben Agnes wieder in den Weg. Sie schob einen Kinderwagen. Als sie Wilhelm erblickte, lachte sie. «Da staunst du, daß ausgerechnet ich was Kleines habe. Mein Kindchen im Wagen stammt von einem Leichtmatrosen, der mit unbekanntem Ziel abgeschwommen ist. Frage nicht, wie es dazu kam. Mein Vater hat mich rausgeschmissen. Ich wohne jetzt mit meinem Bambino in der Mergenthalerstraße. Da kannst du mich mal besuchen, wenn du Lust hast.»

Wilhelm starrte auf Agnes' Brust, die sie nicht mehr versteckte. Im Gegenteil, ihr Auftreten, mehr noch ihre Ausdrucksweise hatten etwas Herausforderndes. Wilhelm fragte anstandshalber nach ihrer Hausnummer und sagte nebenhin: «Vielleicht.»

«Du kannst es auch bleiben lassen», rief sie ihm zu und trabte mit ihrem Trabanten in die entgegengesetzte Richtung. Damit war das Kapitel Wilhelm und die Mädchen vorläufig abgeschlossen. Während seiner vier Semester in Göttingen und Greifswald hatte er das Leben eines Einspänners geführt, ohne etwas zu vermissen. Das Studium beanspruchte ihn völlig.

In die Vaterstadt zurückgekehrt, fühlte er sich in seiner SA-Uniform so unglücklich, daß er vollends menschenscheu wurde. Er erwartete von einem Mädchen, sie habe sich vom SA-Anwärter Langfeld abgestoßen zu fühlen, verheimlichen ließe sich seine Zugehörigkeit zu dem widerwärtigen Verein keinesfalls. Man müßte eine Freundin außerhalb der Stadt haben . . . Aber die Reise nach Königsberg stand ja bevor.

Wilhelm hatte die Passage Swinemünde–Pillau gebucht. Zurück wollte er durch den Korridor fahren und einen Abstecher nach Dresden machen. Hertlings ganze Garderobe wog zu schwer, Wilhelm mußte auswählen. Am liebsten hätte er sich ein Taxi zum Bahnhof bestellt, doch der Vater verwies darauf, daß er selbst immer mit der Straßenbahn hingekommen sei. So schleppte Wilhelm seinen neuen Koffer die dreihundert Meter bis zur Haltestelle und bewahrte den Borsalino in der Hand vor dem Schweiß, der ihm auf die Stirn trat. Am Bahnhof nahm er das letzte Abteil des Zuges, um keinen Preis wollte er sein Gepäck noch einen unnötigen Meter weiter tragen. Mit letzter Kraft wuchtete er die Last ins Netz. Er war allein im Abteil.

Vom Fenster gingen seine Augen über den Bahnsteig hin, der Geruch der «Golddollar« mit ihrem Honigparfüm stieg ihm angenehm in die Nase. Reisefieber erwies sich als eine wunderbare Krankheit, freilich eine, die keine Ernüchterung verträgt. Wilhelm zog schleunigst den Kopf zurück, als er Sturmführer Dachsel durch die Sperre hetzen sah. Dachsel rannte um sein Leben, sprang auf das letzte Trittbrett und riß die Tür auf. Wie er da ziemlich hilflos am fahrenden Zug hing, hätte ihm Wilhelm gern einen Tritt gegeben. Statt dessen riß er ihn ins Abteil. Was blieb ihm anderes übrig?

Eben noch, als der Rotbemützte die Kelle hob, hatte Wilhelm gemeint, jetzt beginne sein eigentliches Leben. Endlich souverän und frei. Und endlich auch redlich faul. Zum ersten Male genießen nach all der Büffelei für die Seminare und der Schinderei unter dem Viech von Pult. Und nun Dachsel, die kalte Dusche.

Der Sturmführer ließ sich nicht erst nieder, beim nächsten Halt in Preetz wollte er in die Polsterklasse umsteigen. Er befand sich auf Dienstreise nach Berlin. Seine anfängliche Dankbarkeit schlug schnell um.

«Ich vermisse Ihr SA-Abzeichen, Langfeld. Oder bilden Sie sich ein, es paßt nicht zu Ihrer feinen Schale? Ein SA-Anwärter hat stolz darauf zu sein, daß er das Braunhemd tragen darf, auch wenn er wie ein Gigolo» – Dachsel blickte an Wilhelm herab – «in Urlaub fährt.»

Leck mich doch, dachte Wilhelm und murmelte etwas von «Vergessen umzustecken». Königsberg als Reiseziel ließ Dachsels Augen aufleuchten. «In drei Jahren brauchen Sie nicht mehr durch den Korridor zurückzufahren, unser altes deutsches Land werden die Polacken herausrücken müssen. Entweder freiwillig oder mit Nachdruck. Da gehe ich jede Wette ein. Nicht umsonst lernen Sie bei uns das Schießen. Die kommende Wehrmacht braucht Reserveoffiziere!»

Also begann der schöne Urlaub erst ab Preetz, sobald das Ekel umgestiegen war. Wilhelm genoß den Blick auf die Seen und Wälder der Holsteinischen Schweiz, ihm ging das Herz auf, als Lübecks sieben Türme aus der Stadtsilhouette aufragten. Hier hatte die Konsulin bis Mitte der Siebzig ihr Leben hinge-

bracht, draußen vor dem Burgtor. Ihr verdankte er das Stück Freiheit, das sich ihm mit den Ferien eröffnete.
Wilhelm hatte sich die Verbindung über Güstrow und Neubrandenburg ausgesucht, die Greifswalder Strecke über Rostock und Stralsund bot ihm nichts Neues mehr. Da der Aufenthalt in Lübeck fast eine Stunde dauerte, konnte er sich mit seinem Gepäck auf den schier endlosen Treppen Zeit lassen. Wenn es nur das eigene gewesen wäre. Eine junge Dame, die in Eutin, wie sich herausstellte, zugestiegen war, mühte sich ihrerseits mit zwei Koffern, übrigens aus echtem Leder. Dem durfte man nicht tatenlos zusehen.
Ingrid Exner, Laborantin am Krankenhaus in Eutin, ließ sich von dem netten jungen Mann gern behilflich sein. Sie wollte ihren Vater in Insterburg besuchen und hatte die gleiche Passage wie Wilhelm gebucht. Ein Wink des Himmels? Auf jeden Fall begann die Reise mit angenehmster Gesellschaft.
Ingrid lebte in Eutin nahe am See bei ihrer Mutter in einem kleinen Reihenhaus, dem Faustpfand, das der Scheidungsrichter der Mutter zugesprochen hatte. Der Vater, ein Leichtfuß, der aber sehr an seiner Tochter hing, hatte sich als Oberkommissar einer Versicherung nach Ostpreußen versetzen lassen. Dort wohnte er mit einer Schauspielerin zusammen, hieß es, und Ingrid fand es aufregend, die Künstlerin kennenzulernen. Diese Mitteilungen ergaben sich natürlich erst im Lauf der Reise. Auf dem Bahnsteig, der noch wie ausgestorben dalag, beschlossen beide vorerst, die lange Fahrt zusammenzubleiben.
Dem Urlauber erschien Ingrid so reizend, daß er am liebsten auf der Stelle bis Insterburg nachgelöst hätte. Er sei zu Königsberg ja nicht verpflichtet, redete er sich ein. Doch zu solcher Eskapade würde es in Pillau noch früh genug sein. Man soll immer mit Reserven fahren, lautete die Maxime seines Vaters, damit man im entscheidenden Moment noch Kräfte für ein unvorhersehbares Manöver hat.
Ingrid trug unter einem geflochtenen Stirnband glattes dun-

kelblondes Haar, das über den Schultern in eine Innenwelle auslief. Ihre braunen Augen waren munter, die schmalen Lippen über dem rundlichen Kinn gaben ihrem Gesicht etwas Schnippisches, nicht abweisend oder hochmütig, eher lustig. Der helle Trenchcoat war vom vielen Waschen schon etwas verblichen, sie trug ihn an diesem warmen Tag offen. Wilhelm fand ihr gelb-weiß gestreiftes Kleid sehr hübsch, wenn ihn nicht eine große aus Bronze gehämmerte Brosche gestört hätte, die sich beim näheren Hinsehen als ein in den Lebensbaum gewirktes Sonnenrad entpuppte.

«Ach, das dumme Ding», sagte Ingrid. «Meine Mutter hat es mir auf dem Weihnachtsbasar der NS-Frauenschaft gekauft. Sie ist nämlich schon seit Jahren eine begeisterte Nazisse. Mir ist es bisher geglückt, mich vor den schrecklichen BdM-Bienen zu drücken. Nicht einfach, wenn die eigene Mutter als Führerin immer wieder darauf angesprochen wird, warum die Tochter nicht mitmacht. Wenn es Sie stört . . .» Ingrid machte Miene, die Hakenfreuzfibel in den Aschenbehälter zu werfen, und lächelte zu Wilhelm hinüber.

Die Fahrt durch Mecklenburg verging im Flug. Sie standen fast die ganze Zeit draußen auf dem Gang am offenen Fenster, zuweilen, wenn der Zug die Kurven um die Seen nahm, unwillkürlich aneinandergedrückt. In Bützow hatten sie das Abteil verlassen, als Bauersleute zustiegen, die sofort begannen, Hartwurst mit dem Taschenmesser abzusäbeln und die Scheiben auf der Klinge in den Mund zu schieben. Nicht genug damit, die Leute machten sich sehr breit, als wollten sie sagen, wer wie Ihr nicht arbeitet, hat auch kein Recht auf einen Sitzplatz.

«Kommen Sie, Ingrid» – Fräulein Exner klang ihm zu blöd –, «wir wollen bei der Mahlzeit nicht stören.» Ingrid, die an dieser Begleitung sichtlich Gefallen fand, ließ es noch bei «Herrn Langfeld» bewenden. Sie erzählte sehr ausführlich. «Mein Vater war schon dreimal verheiratet. Ich verdanke meine Existenz eigentlich dem Bischof von Osnabrück. Werde ich Ihnen

erklären. Wir sind nämlich katholisch. Ich nur auf dem Papier, aber meine Mutter kann ihren sehr ernsthaften Glauben merkwürdig mit Hitlers Neuheidentum in Einklang bringen. Wer immer wieder den Herrgott anruft, wie es der Führer tut, sagt sie, kann gar nicht gegen die Kirche eingestellt sein. Die Gute will nicht wahrhaben, was die Hitlerleute mit der Kirche vorhaben. Dabei ist es mit Händen zu greifen. In der Frauenschaft haben sie Mutter damit aufgezogen, Hitler sei heimlich Protestant geworden. Da können Sie sich Mutters Erleichterung vorstellen, als amtlich erklärt wurde, Hitler gedenke nicht, die katholische Kirche zu verlassen.
Die erste Ehe meines Vaters wurde geschieden, obwohl sie katholisch getraut waren. Seine Frau trank. Hoffnungslos und ohne seine Schuld. Wirklich. Als er sich wieder verheiraten wollte, abermals gut katholisch, lehnte der Kaplan die Trauung ab. Geschiedene Leute traut die Kirche nicht.»
«Ausnahmslos?» fragte Wilhelm.
«Warten Sie ab», sagte Ingrid. «Diesmal mußte das Standesamt genügen. Die zweite Frau erwies sich als ein schlimmer Hausdrachen. Mein armer Vater hatte an der Wohnungstür die Schuhe auszuziehen, durfte in den Zimmern nicht rauchen, wegen der Gardinen, verstehen Sie? Sogar den Krug Bier abends gönnte sie ihm nicht. An seinen Provisionsabrechnungen fand sie ständig etwas zu mäkeln, die Kollegen brächten viel mehr heim. Und so weiter. Sollte er dieser Hölle nicht entfliehen wollen? So wurde auch die zweite Ehe geschieden, und die Verflossene schlägt sich heute bei uns in Eutin als Weißnäherin durch. Mein Vater aber gab es nicht auf, nach häuslichem Glück zu suchen, und zog nach einem Jahr mit meiner künftigen Mutter zum Herrn Pfarrer. Sie bestand darauf. Ohne den Segen der Kirche wollte sie ihn nicht heiraten. Der Pfarrer sah die Papiere durch. Mein Vater hatte eine ganze Akte mit Geburts- und Heiratsurkunden, Taufzeugnissen und Scheidungsurteilen vorgelegt. Nicht ganz lückenlos, wie sich zeigen sollte. Ehrwürden blickten meine Mutter

finster an. ‹Ich hoffe, meine Tochter, Sie wissen, warum Sie diesen Mann nicht heiraten dürfen.› Mutter konnte es nicht fassen. ‹Herr Pfarrer, es ist doch nicht die Schuld meines Verlobten, daß er zweimal an Frauen geriet, die einen so guten Menschen wie ihn nicht verdienten.› Was sagte der Pfarrer? ‹Die zweite Frau existiert für die Kirche nicht. Ein Konkubinat!› Wörtlich.»

Ingrid errötete. «Ein schrecklicher Mensch, dieser Pfarrer. ‹Ein Konkubinat dürfen Sie, meine Tochter, nicht mit der heiligen Ehe in einem Atem nennen. Solange die erste Frau Ihres Verlobten, wie Sie Herrn Exner fälschlich nennen, lebt, ist er für die Kirche verheiratet und damit Ihnen versagt.› Was meinen Sie nun?»

Wilhelm nannte das Wort «fälschlich» unverschämt. Ingrids Schilderung amüsierte ihn.

«Mein Vater ließ nicht locker. ‹Sie hat sich totgesoffen, Herr Pfarrer!› sagte er. ‹Ich habe die Anzeige in der Zeitung gelesen, kann ihren Tod bescheinigen lassen, wenn Ihnen das was nützt.› Mein Vater hat mir vorgemacht, wie der Pfarrer aus dem Häuschen geriet. ‹Das ist ja ganz prächtig, meine Kinder. Die Gnade des Herrn erweist sich wieder als grenzenlos. Dann steht eurem Ehebunde, wie ich die Güte Seiner Exzellenz, des Herrn Bischofs, kenne, nun nichts mehr im Wege. Es bedarf nur eines kleinen Antrags, und er ist meiner Fürsprache gewiß.› Er füllte ein Formular aus, kassierte dreißig Mark und sagte: ‹Gott segne euch, Ihr Lieben.› Meine Mutter tat auf der Treppe des Pastorats einen Freudenhüpfer und verstauchte sich dabei den Fuß. Die Eltern hatten mit einem langwierigen Prozeß vor dem päpstlichen Scheidungshof gerechnet, und Mutter war bereit, ihre ganzen Ersparnisse den habgierigen Auditoren der Rota zu opfern. Die Güte des Bischofs, wie Ehrwürden sich ausdrückten, hat sie davor bewahrt. So verdanke ich die Ehe meiner Eltern und damit meine Existenz der Residenz in Osnabrück.»

«Es lebe Osnabrück!» sagte Wilhelm und zog Ingrid leicht an

sich. «Dahin sollten wir in den nächsten Ferien fahren.» Ingrid ließ es sich gefallen. Gott sei Dank stellte sie sich nicht so an wie Agnes, wie die Agnes vor dem Sündenfall. «Und warum hing am Ende auch der dritte Haussegen schief, falls Sie es mir verraten wollen?»

Das Mädchen sah ihn belustigt von der Seite an. «Ihnen würde ich, glaube ich, alles anvertrauen. Sie fragen ja nicht aus Neugier. Mein Vater, wissen Sie, wurde in seinem zweiten Frühling von einer unwiderstehlichen Liebe zum Theater heimgesucht. Wenn die Bühnen der Hansestadt bei uns gastierten, saß er regelmäßig, anfangs noch mit meiner Mutter, in der ersten Reihe. Gefiel ihm eine Schauspielerin, schickte er ihr beim nächsten Auftritt Rosen in die Garderobe. Es fing ganz harmlos an. Die reine Kunstbegeisterung, mehr nicht. Aber Mutter mißbilligte sein Verhalten und weigerte sich fortan, ihn zu den Gastspielen zu begleiten. Später fuhr er mit seinem kleinen Hanomag, dem ‹rollenden Kommißbrot›, direkt zu den Aufführungen nach Lübeck, und, als er das erste Mal nachts nicht zurückkam, wußten wir, daß ihn nicht nur die Liebe zur Kunst von uns fortzog. Er hatte wohl leichtes Spiel. Mein Vater sieht nämlich glänzend aus.» Ingrid holte aus ihrer Tasche eine Faltmappe mit Photographien hervor. Das erste Bild zeigte sie im Alter von zwei Jahren, nackt auf einem Eisbärfell. Der Babypopo sagte Wilhelm wenig. Dann kam das Traubild ihrer Eltern vor zwanzig Jahren. Chronologisch stimmte die Reihenfolge nicht ganz. Der Vater im Gehrock mit Zylinder, den Schnurrbart hochgezwirbelt, die Hosen faltenreich. Die Mutter in Wespentaille mit einem Wagenrad von Hut, auf dem ein Obstladen drapiert war. Auf dem Kommunionbild, Ingrid war in ihrer Kindheit spindeldürr gewesen, schien die Kerze in der Hand dicker zu sein als ihre Ärmchen. Dann kam eine Zeit, in der sie zum Gegenteil ausschlug. Mit fünfzehn wurde Ingrid pausbäckig, die Hüften luden aus, ja der Kopf schien direkt auf den Schultern zu sitzen.

«Sie haben sich hübsch zurechtgewachsen», sagte Wilhelm

und blätterte weiter. «Wer ist denn dieser Knabe im Fußballdreß?»
Wilhelm erschrak. Er hatte ein Florband, das oben quer über das Photo bespannt war, übersehen. «Verzeihen Sie mir bitte, Ingrid.»
«Das war mein Freund Peter. Er ist mit dem Motorrad tödlich verunglückt, nachdem er für seinen Verein in Plön vier Tore geschossen hatte. Angefahren von einem betrunkenen Gastwirt aus Malente.»
Was gab es dazu zu sagen. «Ich kann weder Fußball spielen noch Motorrad fahren. Ist das schlimm?»
Ingrid lächelte. «Sie sind Gelehrter, Peter war Drogist.»
Endlich kamen Bilder der Eltern aus der jüngsten Zeit. Die Mutter etwas herb, der Typ Offiziersfrau, wie Wilhelm ihn kannte. Der Vater, na ja, ein flotter Georg Alexander, sicher ohne dessen Witz. Die beiden paßten wirklich nicht recht zusammen. Das letzte Photo versetzte Wilhelm in Entzücken. Ingrid im Sommerkleid auf einem Zaun sitzend, der Wind hat ihr Haar durcheinandergewirbelt, und eine Elster pickt ihr aus der Hand. In ihrem Ausdruck liegt etwas von erstauntem Glück. «Wäre es unverschämt, wenn ich Sie bitte, mir das Bild zu schenken?»
«Gelungen, nicht? Nehmen Sie es, ich habe zu Hause noch das Negativ.»
Wilhelm konnte nicht mit solcher Auswahl aufwarten. Ein Kinderbild, mit langen Locken saß er auf dem Knie seines Vaters, der damals Kommandeur der Torpedoschule war.
«Wie ein Mädchen sehen Sie darauf aus. Ihr Vater hat aber freche Augen.»
Wilhelm zeigte sich etwas gekränkt. «Man mag gegen ihn sagen, was man will, geliebt hat er nur meine Mutter. Sie ist vor fünf Jahren gestorben.»
Ingrid betrachtete lange Frau Tilli. «Söhne geraten nach ihren Müttern, heißt es. Ihre Mutter war nicht nur eine schöne Erscheinung, sie strahlt Güte aus.» Claudias Bild versuchte Wil-

helm zu unterschlagen. Ingrid zog es ihm aus der Hand. «Seit wann werden Tanten von ihren Neffen mitgeführt? Freilich, wenn man so blendend aussieht wie die hier! Kaum zu glauben, daß Ihre Mutter und die Tante Schwestern sind. Die Mutter könnte eine Schwedin sein, Ihre Tante wirkte eher wie eine Spanierin. Sehr aparte Familie. Darf ich doch sagen?»
Blieb noch das Bild von der Abiturientenentlassung. Ingrid sah Wilhelm spöttisch an. «Da mußte wohl noch Ihr Konfirmandenanzug herhalten! Ein bißchen herausgewachsen sehen Sie darin aus. Und jetzt so fein?»
Wilhelm berichtete von seiner Erbschaft.
«Mir gefällt von allen am besten dieser», Ingrid zeigte auf Lambert. «Natürlich außer Ihnen.»
«Das ist mein Freund Lambert.» Fast hätte Wilhelm «Sturmkamerad» gesagt. «Swinemünde!» rief der Schaffner aus.

Als sie an der Bordwand der «Tannenberg» hinaufblickten, tanzten die Mücken vor einer schon tief stehenden verschlierten Sonne. Es war bei drückender Luft windstill. Ingrid wedelte mit den Händen vorm Gesicht hin und her, Wilhelm versuchte ihr die Schwärme mit seiner Zigarette fernzuhalten. «Wenn das Schiff erst Fahrt macht, haben wir die schönste Brise.»
Sie gingen an Bord und nahmen zwei Liegestühle auf der Seeseite. Der «Seedienst Ostpreußen» verfügte auch über Kabinen, aber Wilhelms Vater hatte gesagt: «Die kurze Nacht wirst du wohl an Oberdeck aushalten, Decken gibt es jede Menge.»
Wilhelm verspürte Hunger. Er hatte sich nicht zu seinem besten, wie sich zeigen sollte, einen Wunsch erfüllt. Bei Langfelds gab es jeden Sonnabendmittag Milchreis mit Zimt, ein Gericht, zu dem er oft, aber vergeblich Verbesserungsvorschläge gemacht hatte. Bei der Marine zum Beispiel erhielten die Decks zu dem faden Reis wenigstens eine Bockwurst. Eine Küchenkomposition wie Hering mit Marmelade, aber im-

merhin. Wilhelm wollte von Milch nichts wissen. Ida hatte ihm ein ganzes Kochgeschirr voll Reis, auf Wasser gekocht und mit Bratensauce gewürzt, zubereiten müssen.
Ingrid kostete mit dem Blechlöffel, alles ausgediente Stahlhelmausrüstung des Vaters, und schüttelte sich. «Ihnen wird schlecht davon werden. Lassen Sie sich es in der Kombüse aufwärmen.» Doch was Wilhelm sich in den Kopf gesetzt hatte, war das Richtige. Mit den anderthalb Litern kalten braunen Reis gedachte er die Erinnerung an den gesamten Zimtfraß seiner Jugend auszutilgen. Das erste Bauchgrimmen eine halbe Stunde später ignorierte er, denn beide waren sie von den tiefhängenden Wolken, auf die sie zuhielten, abgelenkt. Im Handumdrehn briste es auf, die See wurde kabbelig und, was die Lage so verteufelt machte, der Kurs der «Tannenberg» führte direkt in die Hölle hinein. Warum drehte der Kapitän nicht bei? Ein paar Meilen mehr landab würden nicht zählen, mochten die Passagiere in Zoppot ruhig etwas warten.
Das Schiff begann zu rollen, die Kimm hob und senkte sich, immer mehr, bald kamen die ersten Brecher am Vorschiff über. Wenn Ingrid bei dem düsteren Schauspiel nur nicht so ausgelassen gewesen wäre, als ob sie auf einer Schaukel säße, die nicht hoch genug in Schwung kommen kann! «Wollen Sie lieber unter Deck gehen, um den Horizont nicht zu sehen? Ich finde es herrlich.» Es kränkte Wilhelm, daß sie ihn fortschikken wollte. Die Nachbarn hatten schon die Flucht ergriffen. Ein Matrose verteilte Papiertüten. Ingrid schlug sie lachend aus. Auch Wilhelm schüttelte den Kopf. Die paar Schritt bis zur Reling kann jeder selbst machen. Mein Gott, ließ sich dieses erbarmungslose Auf- und Niedersteigen der Kimm nicht bremsen?
Sie wechselten zur Steuerbordseite hinüber. Auch hier nur noch wenige Passagiere, die sich fröstelnd in Decken gehüllt hatten. Die ersten Gesichter schon grünlich. Das Tanzen der Küste ging noch mehr an den Nerv als der schwebende Hori-

zont. «Hauptsache frische Luft», sagte Ingrid und zog Wilhelm wieder zur Seeseite herüber. Jetzt waren sie hier allein. «Unter Deck sieht es bestimmt schon schrecklich aus, und dann der Gestank dort, nicht auszudenken.»
Wilhelm nickte nur, er wagte die Lippen nicht zu öffnen. Der Regen peitschte an ihnen vorbei, sie hatten unter einem Niedergang Schutz gesucht. Voraus gingen Blitze nieder, das Donnergrollen nahm zu. Den Kapitän schien nichts anzufechten. Er ritt seinen Kurs ab und hätte für Wilhelms Wunsch, nach Swinemünde umzukehren, nur ein Lächeln übrig gehabt. Dabei war der Himmel hinter dem Kielwasser ziemlich freundlich, der aufkommende Sturm schien mit dem Schiff mitzuziehen. Und erst zwei Stunden der langen Fahrt waren herum . . .
Ingrid lutschte vergnügt einen Bonbon, Wilhelm war zum Sterben zumute. Der kalte Reis rumorte von innen gegen die Bauchwand. Man konnte sich doch in Ingrids Gegenwart nicht den Hosenbund aufknöpfen. Und der Mund zog sich bedrohlich sauer zusammen. Ach, wenn der nächste Brecher das Schiff mit Mann und Maus begraben wollte, Schluß machen mit der menschenunwürdigen Qual. Der Mensch, Subjekt der Geschichte? Ein Spielball ist er, ohne Hoffnung den Gewalten preisgegeben. Ingrids unbekümmertes Gesicht war geradezu ein Hohn. Dem Kranken wird der Gesunde zum Feind. Nur lähmende Trägheit bewahrt uns davor, dem Elend durch einen Sprung über die Reling ein Ende zu setzen. Wenn man eine Funktion hätte an Bord, etwa als Rudergänger, die Zeit schliche nicht so schneckenhaft weiter. Aber nur in sich hineinhorchen, wie sich die Eingeweide gegen das Schwanken des Bodens aufbäumen, das würgt in der Kehle.
Wilhelm stürzte nach vorn und opferte ein halbes Kochgeschirr den Fischen. Er schloß die Augen. War er inwendig nun hohl? Der Oberkörper hing schlapp über die Reling. Die tanzenden Wellen schickten Spritzer hinauf. Ingrids Hand auf seiner Schulter schüttelte er ab. Nie mehr würde er ihr als

Mann gegenübertreten können, nachdem sie ihn in dieser erbärmlichen Verfassung vor Augen gehabt hatte. Der verfluchte Reis! An Bord kann man keine Notbremse ziehen. Das Schiff stampfte in erbarmungslosem Rhythmus. Im Ruderboot war er nie seekrank geworden, dort meint man, der eigene Körper fängt das Schaukeln auf. Immer noch gab der Magen Schnapp heraus. Hätte er doch das Kochgeschirr samt Inhalt rechtzeitig über Bord geworfen.
Ein Mann mit winzigen, verschrumpelten Ohrmuscheln gesellte sich zu ihm. Wenn man richtig hinsah, waren die Ohren zugewachsen. Das hinderte den Tauben nicht, auf Wilhelm einzureden. «Schade um das schöne Essen. Was? Manch einer würde sich freuen, eine warme Mahlzeit im Bauch zu haben. Was? Erbarmung, ich weiß gar nicht mehr, wie das ist. Arbeitslos, Wohlfahrt. Mutter hat mir Geld geschickt für die Reise. Mutter hat in Pillau eine Kartoffelhandlung, da soll ich die Säcke mit der Karre ausfahren. Oha, oha! Und im Winter die Kohlen.» Wilhelm. sah weg. Das Gesicht des Tauben drängte immer näher. «Seekrank, was? Kenne ich nicht. Wer nichts hören kann, wird auch nicht seekrank. So komisch ist das. Der einzige Vorteil für mich.»
Er tanzte nach Art eines Hampelmanns mit hochgerissenen Hacken, um vorzuzeigen, wie munter er auf dem Damm sei. Weil Wilhelm nicht hinsah, wandte der Mann sich an Ingrid. «Sie lachen ja noch, Fräulein. Sind Sie auch taub, weil Sie nichts abgekriegt haben?» Ingrid schüttelte den Kopf. «Tabletten? Sollen helfen. Aber teuer. Oha, oha!»
Der Ohneohr fuhr unvermittelt herum, flitzte zu Wilhelm zurück und legte ihm den Arm um die Schulter. «Hast du 'ne Zigarette für mich?»
Wilhelm stieß ihn fort, langte ihm aber seine Schachtel hin mit einem Wink, er solle sie behalten. Zigaretten hätten ihm jetzt den Rest gegeben. «Hast du Feuer?» Wilhelm schenkte ihm auch seine Streichhölzer. Nie mehr würde er rauchen, falls er überhaupt am Leben bliebe. Ein Glück, daß der Mann sich mit

der Beute unter Deck trollte. Noch trotzte der Regenmantel der Nässe, ein inneres Frieren machte das Elend vollkommen. Den Borsalino hatte er Ingrid in Verwahrung gegeben, das Wasser lief ihm in Bächen über das Gesicht. Als er sich einmal kurz umwendete, unterhielt sie sich mit dem Bootsmann.
«Windstärke neun», hörte er. «Es kommt noch dicker.» Schon mußte man sich an der Reling festhalten, ein handfester Sturm fiel ein, der das Schiff schüttelte. Wilhelm trat ein Bild vor Augen, es hing als gerahmter Kunstdruck im Geschwaderclub und hieß «Der letzte Mann». Inmitten hoher Wellenberge hält ein einsam versinkender Matrose mit kräftigem Bizeps die alte Reichskriegsflagge aus dem Wasser, ein mannhaftes Dennoch im Gesicht. Wilhelm wünschte den Maler des heroischen Sujets an seine Stelle. Wer hoch und trocken im Atelier sitzt, kann gut markige Züge zusammenlügen, wo jämmerliche Verzweiflung hingehört.
Die Möwen waren verschwunden, ein Alarmzeichen. Der Bootsmann ließ Kapokwesten ausgeben. Reine Vorsorge. Wilhelm weigerte sich, sie anzulegen. Der letzte Mann durfte absaufen, und wir sollen noch Stunden im Wasser treiben. Lieber ein Ende mit Schrecken . . .
«Befehl vom Kapitän!»
Auch im Urlaub Befehle? Oh, du wunderschöner Urlaub . . . Warum war er nicht nach Köln gefahren und an die Mosel? Weil Ingrid so lustig aussah in der Schwimmweste? Widerwillig ließ sich Wilhelm das Ding überstreifen. Sosehr er würgte, sein Inneres gab nichts mehr her. Er schleppte sich zum Liegestuhl zurück.
Der Regen ließ nach, die Dämmerung nahm die Sicht, noch immer tobte der Sturm. Alles erfinden sie, nur das bißchen Wetter bekommen sie nicht in den Griff. Deshalb tun die Pastoren so, als ob Sonne und Wind Domänen des lieben Gottes seien. Ingrid betete sicher nicht. Auch ihre frischen Farben begannen einem gelbgrünlichen Ton zu weichen.
«Gleich bin ich dran», rief sie Wilhelm zu. Es klang wie ein

Flüstern. Und schon sprang sie zur Reling und spuckte. Nicht verzweifelt, eher übermütig. Als sie zurückkehrte, schoben sie die Liegestühle zusammen. Ingrid nahm Wilhelms Hand: «Wir beide überstehen das spielend.» Nach einer halben Stunde waren sie eingeschlafen. So erschöpft, daß sie das Anlegen in Zoppot verpaßten. Es hätte einen Mann fast das Leben gekostet. Die Achterleine war gebrochen und hatte dem Festmacher den Arm abgeschlagen. Es hätte auch der Hals sein können. Das Gerenne an Bord, die Sirene des Krankenwagens, alles war ihnen entgangen. Erst drei Meilen vor Pillau erwachten sie. Wilhelm hatte laut geträumt und einen Schrei ausgestoßen. Der Wind war wie weggeblasen, aber die See noch immer unruhig. Es hellte auf. Ingrid machte ein glückliches Gesicht, Wilhelm litt von neuem. Erst wirklich fester Boden unter den Füßen würde ihm den Frieden wiedergeben. Als er auf der Mole stand, wippte er in den Knien. War es die Möglichkeit? Festland, gutes altes Festland! Unmöglich, in diesem geschwächten Zustand das ganze Gepäck zum Bahnhof zu schleppen, auf den Schienen weiter zu rollen. Jetzt Eisenbahn, das schien wie die Achterbahn auf dem Jahrmarkt. Vor ihnen stand der Hausknecht vom «Elch».
«Müssen Sie denn heute noch nach Insterburg, Ingrid? Wollen wir nicht einen Tag Station machen und uns erst einmal erholen?»
Ingrid lächelte. «Ich verstehe, das Kofferproblem. Wenn Sie mich verführen wollten, hätte ich gepaßt. So schnell schießen die Preußen nicht.»
Sie zogen also neben dem Handwägelchen her, Wilhelm noch immer mit dem Gefühl, Gummibeine zu haben. Da war wieder der Taube an ihrer Seite mit Pappkarton und einem grauen Bündel. «Ihr seid wohl auf Hochzeitsreise. Soll ich euch Mutters Laden mal zeigen?» Er redete in den Wind. «Dann will ich Mutter von euch grüßen. Tschüs!»
Der Wirt vom «Elch» war ein freundlicher Mann. Das Pärchen erhielt zwei nebeneinander liegende Einzelzimmer, de-

ren Verbindungstür der Hausknecht grinsend verschloß, ohne den Schlüssel abzuziehen. Die Schlüsselgewalt lag auf Ingrids Seite. Wilhelm machte das Fenster zu, die Gerüche der Fischkonservenfabrik von gegenüber setzten ihm zu. Dann warf er den Mantel ab, feuerte die nassen Schuhe in die Ecke und ließ sich aufs Bett fallen. Er erwachte erst, als Ingrid in einem blau getupften Kleid vor ihm stand. Er streckte die Arme aus, um das Mädchen an sich zu ziehen. Ingrid trat einen Schritt zurück.

«Erst einmal kleiden Sie sich um, waschen nicht vergessen, dann essen wir zu Mittag und sehen uns im Ort um. Zum Frühstück ist es jetzt zu spät.»

Wilhelm rieb sich die Augen. Aus war es mit seiner Herrenrolle. Mademoiselle bestimmte, was zu geschehen hatte. Ingrid verschwand und vergaß nicht, hinter sich abzuschließen.

Sie speisten im Hause, ein bescheidenes Entgelt für den verständnisvollen Wirt, und tafelten nicht schlecht. Es gab geräucherte Cranzer Flundern mit Speckkartoffeln und Plinsen in Apfelmus. Als es ans Bezahlen ging, verbat sich Ingrid ein für alle Male, von Wilhelm eingeladen zu werden. «Getrennte Kasse hat noch niemanden gereut.»

Das Städtchen war schnell besichtigt. Am Denkmal des Großen Kurfürsten knipste sie unverhofft ein Straßenphotograph und drückte Wilhelm ein Kärtchen in die Hand. «Morgen fertig!» Nun war es aktenkundig, Wilhelm hatte Ingrid gerade untergehakt. In einer Konditorei kaufte er seiner Dame Königsberger Marzipan. Dieses kleine Präsent konnte Ingrid nicht ausschlagen. Sie fischte aus der Tüte ein rosa gestricheltes Herz und stopfte es Wilhelm in den Mund. «Ich weiß nicht, was die Leute daran finden, Lübecker Marzipan schmeckt besser», sagte er. «Niedereggers Rezept holt niemand ein. Wie kann man Marzipan brennen, und so parfümiert?»

Sie blieben vor einem Kino stehen. «Reifende Jugend». Heinrich George zog sie hinein. Zu Beginn trat leibhaftig ein musikalischer Clown auf. Für Pillau beachtlich. Ingrids Lachen entzückte Wilhelm. Vom Film sah er nicht viel. Herta Thiele war ihm zu fade. Immer wieder wendete er den Kopf zu Ingrid hin, die von George fasziniert war. Ich bin ein Glückspilz, dachte er. Wo gibt es ein solches Mädchen noch einmal? Er legte die Hand auf ihren Arm. Ingrid lächelte. Glücklich, schien es.

Als sie in den «Elch» zurückkehrten, winkte der Wirt sie heran und spendierte ihnen an der Theke einen Machandel. «Zur Bejrießung!» Ob sie den Unfall des Festmachers gesehen hätten?

«Wir haben Zoppot verschlafen», antworteten sie zugleich und staunten, wie schnell sie schon übereinstimmten. Bei Königsberger Klopsen und Elbinger Bier rückte Wilhelm endlich mit der Frage heraus, wie es mit ihnen wohl weitergehen solle.

Ingrid sah ihn schelmisch an. «Sie sehen sich Königsberg an, und ich fahre weiter nach Insterburg. Oder?»

Wilhelm setzte das Glas ab und klammerte sich an das Oder. «Ingrid!» Er gab sich einen Ruck. «Du willst mich doch jetzt nicht verlassen . . .?»

Das Mädchen errötete. «Der Tag ist noch nicht zu Ende. Erst telephoniere ich mit meinem Vater, dann schlafen wir gehörig, morgen holen wir die Bilder ab und fahren nach Königsberg. Soweit einverstanden?» Der Rest der Ferien, die eben begonnen hatten, würde leer sein ohne dieses Mädchen. Es gab niemanden und nichts, das dieses Wesen ersetzen könnte. Er durfte dieses Geschöpf nicht ziehen lassen. Ingrid wartete seine Antwort nicht ab, sie ging zur Theke und ließ sich mit Insterburg verbinden.

Wilhelm kam ins Gespräch mit einem Gerichtsreferendar, der an ihrem Tisch abseits saß. Er hatte gerade seine schriftliche Prüfungsarbeit in Königsberg abgeliefert. Statt sich aufs mündliche Assessorexamen vorbereiten zu können, war er auf Grund eines Ministerialerlasses auf dem Wege nach Jüterbog, in ein Referendarlager. «Dort sollen wir hüpfen, Kartoffeln

schälen, kochen, waschen, Betten bauen und ähnliche Späße treiben. Niemand zu unserer Bedienung. Das Verhalten in der Gemeinschaft geht in das Prüfungsurteil ein. Lagerkommandant ist ein Oberstaatsanwalt, Sturmbannführer. Also Kommiß! Staatssekretär Freisler wird uns besichtigen. Ein übler Scharfmacher. Ich frage Sie, was hat das mit Jurisprudenz zu schaffen?»
Wilhelm erzählte von seinem Liebling, dem Scharführer Pult. Vertrauen gegen Vertrauen. Sie tranken sich zu.
Obwohl Ingrid die Hand vor die Muschel hielt, konnte Wilhelm vom Tisch aus einiges mithören. Sie habe auf der Fahrt einen netten Studenten kennengelernt, der erste liebe Kerl seit Peter. «Nur ein paar Tage in Rauschen, bitte, Vätchen!» Die Antwort schien sie zu begeistern. Sie schnippte die Finger, das Bein pendelte übermütig. «Wir machen Quartier für euch, morgen rufe ich dich an, und übermorgen holen wir euch von der Bahn ab. Auf bald!»
Mit dem traurigsten Gesicht kehrte sie an den Tisch zurück. «Nichts zu machen, mein Vater hat an die Moral seiner Tochter appelliert und erwartet mich ohne Begleitung, verstehen Sie, ohne Begleitung auf dem kürzesten Wege in Insterburg.» Sie sah auf die Uhr. «Ich schaffe es noch. Kurz vor Mitternacht bin ich da. Helfen Sie mir die Koffer zu packen? Ich gehe schon nach oben.»
Wilhelm trank sein Bier aus, versicherte den Referendar seines Mitgefühls, zahlte das Abendessen für sich und Ingrid und verschwand auf «Herren» im Keller. Der Invalide in der weißen Jacke holte ein grün-violett gestreiftes Päckchen Däumlinge hervor und hielt ihm den Teller hin. «Acht Dittchen.» Wilhelm zählte das Verlangte ab. «Mechden Se nich gnietsch sein und e Augche zudricken? Ich hab Brand wie dammlich!»
Wilhelm legte noch fünfzig Pfennige hinzu. «Nuscht als rein inne Posen, bloß keine Kräts, das verschampfiert das Glick.» Der Mann hatte nicht unrecht. Wilhelm mußte an seinen Freund Lambert denken. Jahrelang hatte ihn eine Phimose

zurückgehalten und, kaum daß er operiert war, passierte es mit allen Folgen. Nun würde er schon im fünften Semester heiraten müssen. Das Mädchen war eine Friseuse, ganz nett, nur daß sie ihren Künftigen am liebsten in SA-Uniform sah, fanden die Freunde verbogen.

Als Wilhelm sein Zimmer aufschloß, stand Ingrid im roten Badeanzug hinter der Tür und schlang die Arme um seinen Hals. «Du, Wilhelm, wir beide fahren nach Rauschen. Eine ganze Woche lang. Ist das nicht himmlisch?» Sie küßte ihn auf die Nasenspitze. Wilhelm schmolz dahin. Angesichts nackter Tatsachen wird jeder Widerstand hinfällig.

XIV

Das gute Blut

«Als Verlobte grüßen» hätte auf den Postkarten stehen können, die Robert Langfeld, Claudia und Frau Exner aus Pillau empfingen. Der Photograph verstand sein Handwerk, er hatte Wilhelm und Ingrid im richtigen Moment geknipst. Auf Wilhelms Gesicht lag etwas wie Besitzerstolz, Ingrid wirkte anmutig und glücklich. Langfeld betrachtete das Bild durch die Lupe. Tailor-made sieht der Junge viel selbstbewußter aus, ich gönne es ihm, aber um sich zu binden, ist der Bursche noch viel zu jung, dachte Langfeld. Da er niemanden hatte, mit dem er sich austauschen konnte, zeigte er Ida das Photo. «Wie gefällt Ihnen der junge Herr?»
«Schön, nicht?» säuselte Ida. Langfeld fand Ingrid sehr reizend. Sie würde in die Familie passen, frisch und kernig, wie sie aussieht. Falls es Wilhelm Ernst sein sollte ...
Claudia zeigte Leopold das Bild. «Unser Wilhelm, endlich hat er sich von mir freigeschwommen. Bevor er abfuhr, hat er mich einmal so angesehen, daß mir angst wurde. Das Mädchen schaut nach BdM aus. Oder täusche ich mich?»
Leopold wiegte den Kopf hin und her. «Ich traue Wilhelm Geschmack zu. Sonst hätte er nicht so lange an dir gehangen, meine Liebe. Das Mädchen scheint mir allerliebst zu sein.»
Weniger freundlich nahm Frau Exner die Postkarte auf. Sobald Ingrid in den Bannkreis des Vaters gerät, wird sie von allen guten Geistern verlassen, dachte sie. Einen fremden jungen Mann unterzuhaken, das schickt sich nicht. Und noch dazu einen Gent in piekfeinem Zivil. Er wird ihr sicher den

Kopf verdreht haben. Als sie im Telephonbuch den Namen Langfeld fand, Konteradmiral a. D., sicher der Vater, bereute sie ihr Vorurteil. Immerhin aus guter Familie, dieser Wilhelm. Sie werden wissen, was sie zu tun und zu lassen haben, beruhigte sie sich.

Admiral! Frau Exner sah im Kleiderschrank nach, ob das Brokatkleid vor der Verlobungsfeier noch zu bügeln sei. Die Abendtasche ging nicht mehr, damit wäre in der Tirpitzallee keine Ehre einzulegen. Oder hatte sie als Brautmutter nach Eutin zu bitten?

Mein Gott, in welche Ungelegenheiten einen das Kind stürzt. Ich hätte die Reise nach Ostpreußen verbieten sollen. Aber der Vater hatte das Geld dafür geschickt. Dieser Filou von einem Mann mit seiner Schauspielerin! Theater ist Gift, das hatte sie am eigenen Leib erfahren. Am Ende war auch Wilhelm Schauspieler? Man kann nie wissen. Dann wollte sie Ingrid warnen. Dafür war ihr das Kind zu schade.

Ob Frau Langfeld hochnäsig ist? Das gab es in diesen Kreisen. Man müßte sich bei Bekannten in der Marinestadt erkundigen. Lieber heute als morgen. Sie rief Frau Bockhals an, die Mutter vom Privatsekretär des Oberbürgermeisters, eine Kameradin aus der NS-Frauenschaft. Sie hörte das Gras wachsen.

«Herr Langfeld ist schon seit Jahren Witwer. Eine sehr stattliche Erscheinung. Aber reaktionär, sage ich Ihnen, man hält es nicht für möglich. Der fährt noch alle Jahre zum Kaiser nach Doorn, als ob bei uns nichts passiert wäre.»

Mit der Gretchenfrage hielt Frau Exner lange Zeit hinter dem Berg. Da sie nun schon telephonierte, mußte es endlich heraus.

«Die Familie wird evangelisch sein, Gegenteiliges ist mir nicht bekannt. Warum fragen Sie? Ist was mit Tochter Ingrid?»

Frau Exner bestritt es entschieden. Sie frage nur so. Langfelds Witwerschaft machte die Sache viel aufregender. Sie hatte schon über Heiraten von Halbwaisen gelesen, deren Vater

und Mutter später zueinander fanden. Würde Vater Langfeld katholisch werden? Unter dem täte sie es nicht ...
Was für Gedanken! Erst einmal galt es, Ingrid vor einem Lutheraner zu bewahren. Das kommt davon, wenn man sich so ablenken läßt: die Milchsuppe, die sich Frau Exner kochte, war darüber angebrannt.
Wäre Langfeld ein Blick hinter die Stirn von Frau Exner vergönnt gewesen, er hätte sich die Peepchen zurückgewünscht. Niemals im Traum würde ihm einfallen, sich zu Hitler zu bekennen oder katholisch zu werden. Zwei grundverschiedene Dinge. Beide undenkbar.

Langfeld nahm zur gleichen Stunde den Weg zur «Blühenden Kastanie», heute nicht am Buchengehölz entlang, er ging die ganze Tirpitzallee hinab, wollte über den Elbegang mit seinem gestutzten Rotdorn zum Geschwaderclub am Irenenweg. Wo der Elbegang auf die Tirpitzallee trifft, stand an der gegenüberliegenden Ecke wie ein Fremdkörper zwischen den viel kleineren zweigeschössigen Villen ein dreistöckiger Ziegelbau. Früher lebten hier in den sechs Achtzimmerwohnungen Professoren und höhere Marineoffiziere mit großen Familien, jetzt saß die Polizei in dem festungsartigen roten Klotz. Seit Monaten vom Geheimnis umwittert, hieß das Polizeihaus, das im Keller einige Zellen für sogenannte Schutzhäftlinge barg, im Volksmund der «Schraubstock». Langfeld, im blauen Blazer mit Yachtclubmütze, auf ihr noch immer die Kaiserkrone, trug wie gewohnt seinen Stock. Die Plaketten von den Stahlhelmbundestreffen, mit denen er vordem benagelt war, hatte Langfeld abgemacht.
Vor dem Schraubstock hielt ein großes elegantes Auto, ein Horch 8. Langfeld richtete den Blick auf die hoch gelegene Haustür, die soeben aufgerissen wurde. Im Rahmen erschien aufgereckt ein Halbgott in Totenkopfuniform, das herrische Gesicht von Narben am linken Ohr leicht gezeichnet.
«Heil Hitler, Herr Admiral!»

Brigadeführer Rucker, der künftige Leiter des Geheimen Staatspolizeiamts, schritt auf Langfeld, seinen früheren Kommandeur der Torpedoschule, zu und begrüßte ihn eher stolz als herzlich. Vor fünf Jahren hatte er sich noch als Bittsteller an Langfeld gewandt. Damals ging es um ein paar Kutter, die Rucker zur Ausbildung der Marine-SA bei der Flotte schnorren wollte. Ehedem hatte Langfeld seinen Kriegsadjutanten noch geduzt, Ruckers Auftreten ließ ihn ein wenig zurückhaltender bleiben. «Menschenskind, Rucker, ganz in Schwarz wie ein Danziger Husar und soviel Eichenlaub am Kragen! Lassen Sie sich ansehen, Sie sind wohl ein hohes Tier geworden?»

Man merkte Rucker die Genugtuung an, mit der er Langfeld klarmachte, ein Brigadeführer entspreche dem Rang eines Generalmajors.

«Darf ich Sie mit meiner Frau bekannt machen, Langfeld? Sie sitzt im Wagen. Wir wollen zum Gauleiter Fest, mit dem ich ein Hühnchen zu rupfen habe.»

Langfeld empfand die kameradschaftliche Anrede des jungen Parvenüs als Unverschämtheit und hielt die Geringschätzung des Gauleiters, des jetzt mächtigsten Mannes in der Provinz, für Angeberei. Aber die Neugier auf Ruckers Frau war stärker als jeder aufkeimende Groll. Der Fahrer öffnete den Schlag.

«Ina, darf ich dir Herrn Langfeld vorstellen?»

Langfeld legte die Hand an die Yachtclubmütze, übergab seinen Stock der Linken und zog Frau Ruckers Hand zum Kuß aus dem Wagen. Es hätte nicht viel gefehlt, und er wäre bei diesem gewagen Akt aus dem Gleichgewicht geraten.

«Entzückt, meine Gnädigste, des braven Ruckers Gattin kennenzulernen.»

Langfeld war von ihrer Erscheinung wie benommen. Über die Schulter eines silbergrauen Ripskostüms fiel eine Welle platinblonden Haars, die kaltblauen Augen schienen das Gegenüber abzuschätzen. Donnerwetter, der Rucker hatte sich nicht schlecht verheiratet.

«Kinder, macht mir das Vergnügen, trinkt ein kurzes Glas bei mir in der Tirpitzallee.»
Frau Ina sah Rucker an. «Warum nicht? Du sprichst so wenig von deiner Marinezeit. Der Admiral wird mich aufklären, wie du dich geführt hast.»
Rucker blickte auf seine Uhr. «Fest kann auf mich warten. Geben wir ihm noch ein Stündchen Schonfrist.»
In Langfelds Herrenzimmer sah sich Rucker entgeistert um. «Bei Ihnen scheint die Uhr stillzustehn, Langfeld. Nehmen Sie es mir nicht übel, ich entdecke in Ihren vier Wänden nirgendwo ein Zeichen der neuen Zeit.»
Langfeld sah an Rucker vorbei. Sein Blick folgte jeder Bewegung von Ruckers Frau. Sie stand vor einem Bronzerelief, das einen grundgehenden Torpedo, von einer Nixe geritten, zeigte. Er trat neben sie. «Die Ähnlichkeit unserer Nixe mit Ihnen, meine Verehrteste, ist frappant. Ich meine, selbstredend, die Gesichtszüge.»
«Ihr Glück, daß Sie das hinzugefügt haben.»
Die Nixe des Reliefs geizte nämlich nicht mit nackten Reizen. Frau Ina wandte sich zu Rucker um. «Findest du auch, daß sie mir ähnlich sieht?»
Rucker, der scheinbar die Widmung eines Kaiserbildes studiert hatte, hob nur flüchtig den Blick. Er hatte 1918 das Relief bei einem Trödler am Flensburger Hafen aufgestöbert und es als Abschiedsgeschenk des Offizierskorps an den Kommandeur der Schule erstanden. Er war vom Körper der Reiterin fasziniert gewesen. Hätten seine Messeschulden ihn nicht gehindert, das Idol wäre auf die eigene Kammer gewandert. Als er Ina zum ersten Male gegenüberstand, hatte er die Nixe leibhaftig wiedergefunden. Im Grunde hatte er dem Abstecher zur Tirpitzallee nur zugestimmt in der Hoffnung, dem rätselhaften Torpedomädchen noch einmal zu begegnen. Bei seinem ersten Besuch bei Langfelds mußte er das bronzene Wesen übersehen haben, aber 1928 hatte er sich ja in Langfelds Tochter, in die dumme Pute Irene, vergafft.

«Ich bemerke nicht die geringste Ähnlichkeit, meine Liebe. Du hast nie so langes Haar gehabt. Hatten wir damals eigentlich ein Brett vor dem Kopf, Langfeld, Ihnen einen solchen Kitsch zu verehren? Reine Pietät, wenn Sie es hängen ließen.»

In Rucker gärte es. Nur los von dem verdammten Weibstück an der Wand! «Übrigens, daß Sie mit dem Stahlhelm nicht in Röhms SA wollten, kann ich Ihnen nachfühlen. Da haben wir noch gründlich aufzuräumen, der Reichsführer Himmler und ich. In Berlin bestehen ganze Stürme aus kriminellen kommunistischen Elementen, Ringvereinen und ähnlichem Gesocks. Das wird dezimiert, verlassen Sie sich drauf.»

«Falls Ordnung in den Laden kommt, bin ich einverstanden. Sie wissen, ich kann Revoluzzertum auf den Tod nicht riechen.»

Wenn Rucker nervös war, mußte er sich den nächstliegenden Gegenstand greifen, um damit Hiebe durch die Luft auszuteilen. Ina kannte das und konnte es nicht ausstehen. Fechten war Ruckers Manie. Jetzt tänzelte er um den Wohnzimmertisch und schlug mit Langfelds Lineal Terzen und Quarten. Seine geschulte Atemtechnik ermöglichte es ihm, bei der Hüpferei ruhig weiterzusprechen. «Unsere SS ist vom Führer 1930 mit der Aufgabe einer Polizeitruppe innerhalb der Partei betraut worden. Wir sind durch rassische Auslese die Garde der Bewegung. Mindestgröße einssiebzig, keine Leute mit Soldatenratsvisage. Der Adel strömt uns zu. Natürlich kann man vom Spießer nicht erwarten, daß er die Lehre vom guten Blut auf Anhieb begreift. Das braucht Generationen. Das minderwertige Blut, Juden, Zigeuner, Schwachsinnige und Kriminelle, muß notfalls ausgemerzt werden. Wir haben uns die Gefühlsduselei abzugewöhnen, wenn aus der Nation etwas werden soll.»

Rucker legte endlich das Lineal zurück. «Der Reichsführer Himmler besitzt, unterstützt durch mich, ganz klare Vorstellungen, wie das Deutschland von morgen aussehen soll. Dazu

gehört Lebensraum für unsere Wehrbauern im Osten. An einer neuen Teilung Polens führt kein Weg vorbei, und der Tag der Abrechnung mit den Bolschewisten wird kommen. Die Engländer beginnen zu begreifen, daß wir ihre natürlichen Verbündeten sind. Haben Sie gelesen, was Lord Rothermere der ‹Daily Mail› aus dem neuen Deutschland berichtet hat? ‹Hitler ist ein Tatsachenmensch. Er hat sein Land von der schlechten Führung durch zaudernde, kaltherzige Politiker gerettet. Er hat dem nationalen Leben den unüberwindlichen Geist sieghafter Jugend eingeflößt.› So ungefähr wörtlich. Bitte sehr, das schreibt ein einflußreicher Engländer. Und die ‹Times› beginnen Hitlers ‹Kampf› in Auszügen abzudrucken, um die britische Leserschaft ‹mit dem einzigartig konzentrierten Geist des nationalsozialistischen Führers vertraut zu machen›. Ist das nichts?»
Langfeld hatte andere Vorstellungen von den Engländern. Politische Macht und Seegeltung sind die gleiche Sache. Da bleibt England auch in Zukunft der Rivale. Aber Rucker hatte ja alles verlernt, was ihm auf der Marineschule eingetrichtert war. «Hören Sie, Rucker, halten Sie einen Staat für in Ordnung, in dessen Mauern hunderttausend Schutzhäftlinge eingesperrt sind? *Justitia fundamentum regnorum!*»
Rucker schüttelte den Kopf. «Auslandsgerede. Achtzehntausend und keiner mehr. Mir werden die Zahlen wöchentlich durchgegeben. Sie machen sich keine Vorstellung, Langfeld, wie viele militante Widerstandsnester wir laufend ausheben. Der Marxismus ist eine Hydra, wir kommen mit dem Köppeabschlagen kaum nach. Zum Glück hilft die Bevölkerung. Der und der gehört ins KZ, wird uns immer wieder zugetragen. Tag für Tag berichten die Zeitungen, wer ins Lager geschafft wurde, aber der Gegner gibt nicht auf. Gestern haben wir den Reichsbannerführer dieser Provinz in Flensburg festgenommen.»
«Karl Wildmann? Kein schlechter Kamerad . . .»
«Vorsicht! Der Herr hat einen regelrechten Menschen-

schmuggel nach Dänemark inszeniert. Aus Sachsen und Schlesien kommen die Genossen angefahren, um auf Booten bei Nacht und Nebel in Jütland unterzutauchen. Vorige Woche ist hier am Pferdeberg in der Hinterstube eines Kellerlokals ein Tischtennisclub geplatzt, alles Gewerkschaftssekretäre, die dabei waren, einen Kurierdienst nach Aarhus aufzuzäumen. Uns entgeht niemand. Ich habe mir beim Sicherheitsdienst des Reichsführers SS das SD-Leitwort zu eigen gemacht: ‹Wenn man's weiß, ist es gut; nur wissen muß man's.› Himmler und ich kämpfen gegen die Ignoranz der alten Kriminalbeamten an. Die haben noch nicht begriffen, daß der Feind bei den fanatisierten Proleten steht. Das Berufsverbrechertum bekommen wir nebenher in den Griff. Was glauben Sie, warum Göring seinen Urlaub auf Kampen abgebrochen hat?»
«Keinen Schimmer.»
«Er muß schärfer durchgreifen. Schon von Kampen aus hat er ein Verbot der ‹Deutschen Zeitung› verfügt und den Chefredakteur einsperren lassen, weil das an sich nationale Blatt behauptet hatte, Marschall Balbo, den die Faschisten im Triumphzug durch den Konstantinsbogen eingeholt haben, sei ein getaufter Jude. Unverschämtheit! Beim Justizministerium soll eine Zentralstaatsanwaltschaft eingerichtet werden. Freisler bereitet ein Gesetz zur Abwehr von Angriffen volksschädlicher Elemente vor. Auf Angriffe gegen Träger des Staates und der Partei wird die Todesstrafe stehen. Freisler will die Gefängnisse wieder zu Anstalten machen, nach denen sich kein Gefangener zurücksehnt, und die Zuchthäusler werden von den Gefängnisinsassen noch schärfer getrennt, sie sollen nichts mehr zu lachen haben.»
«Auch mir schien der Strafvollzug verweichlicht zu sein. Fragt sich nur, was ist schlimmer, ein preußisches Zuchthaus neuer Art oder die Kazets, die mir nicht in den Kram passen wollen?»
Frau Ina gähnte hinter der vorgehaltenen Hand, auf der es von

Diamanten blitzte. «Entschuldigen Sie, Herr Langfeld, Alkohol macht mich schläfrig. Hätten Sie einen Kaffee für mich? Ruckers scharfe Sprüche, wenn man sie wie ich täglich zu hören kriegt, haben eine lähmende Wirkung auf mich.»
«Pardon, meine Gnädigste, Ida wird für Abhilfe sorgen.» Langfeld eilte, nachdem er vergeblich geklingelt hatte, in die Küche.
«Du machst dir vergebliche Liebesmüh, den Admiral für deine Ideen zu gewinnen. Er hat nur Augen für mich. Hast du das nicht bemerkt?»
Rucker verzog den Mund. «Das wird ihn teuer zu stehen kommen, verlaß dich drauf. Am liebsten würde ich ihm dein Ebenbild, das scharfe Mädchen an der Wand, klauen, aber ich habe mir etwas Wirksameres ausgedacht. Du wirst sehen.»
Wo steckte die verdammte Kaffeedose? Langfeld blieb lange fort. Ida war nicht aufzufinden. In seiner Not klingelte er bei Frau Seelund, ob sie aushelfen könnte. Emma Seelund war dazu bereit. Als er um Nachsicht bittend zurückkehrte, nahm Rucker, scheinbar unbeteiligt, den Faden wieder auf.
«Die Lager sind so schlimm nicht, wie behauptet wird. In Oranienburg haben sie ein ‹Lagergeld› gedruckt, Fünfzigpfennigscheine, mit denen Außenarbeiten entlohnt werden. Die Papierchen werden in der Kantine in Zahlung genommen. Gefühlsduselei nach meinem Geschmack . . . Die Kazets gehörten in eine reichseinheitliche straffe Verwaltung. Das wird vorbereitet. Manche Insassen sollen nach Zeiten des Großverdienens sich endlich einmal mit einfachen Lebensverhältnissen vertraut machen, denken Sie an die Intendanten, Direktoren und Reporter der schwarz-rot-gelben Reichsrundfunkgesellschaft, denen wir in Oranienburg Gelegenheit zum Nachdenken geben.»
«Soweit ich weiß, hat der Staatssekretär a.D. v. Bredow an Goebbels telegraphiert, er bäte um die gleiche Behandlung wie die der Männer, die sich um den Rundfunk hochverdient gemacht haben.»

«Hochverdienend wollten Sie sagen. Kann er haben, der Maulheld v. Bredow. Von uns ist ein durchschlagendes Mittel gegen die Widerborstigen erprobt worden. Am ‹Tage der Nationalen Arbeit› wurde auf dem Tempelhofer Feld eine junge Hindenburg-Eiche gepflanzt. Kommunisten haben sie heimlich abgeschlagen und sich hinterher mit dieser Heldentat gebrüstet. Die Gestapo hat angeordnet, sämtlichen kommunistischen Schutzhäftlingen für drei Tage die Mittagsmahlzeit zu entziehen. Das wirkte, sage ich Ihnen. Die Idee kam natürlich nicht von Herrn Derl, den Göring – es ist nicht zu fassen – zum Ministerialdirigenten befördert hat. Sie ist auf meinem Mist gewachsen und vom Führer gutgeheißen worden.»
Frau Ina schreckte aus ihrer Schläfrigkeit auf. «Seit wann bin ich dein Misthaufen? Ich war es, die dir den Vorschlag mit der Hungerkur gemacht hat, wenn du dich noch erinnern kannst . . .»
Langfeld schloß die Augen. Eine Sadistin war ihm im Leben noch nicht über den Weg gelaufen. Ein berückendes Pärchen hatte er sich da eingeladen.
«Wissen Sie, der Derl», fuhr Rucker fort, «muß weg von seinem Platz. Mit seiner Dossiersammlung über unsere Leute aus der Weimarer Zeit bildet er sich ein, den ganzen Apparat am Bändsel zu halten, selbst Göring kriegt er immer wieder herum. Dabei reitet dieser Kavalier von früh bis spät nur sein Steckenpferd, die politischen Kanaillen, die wir dingfest gemacht haben, der Polizei zuzuspielen, damit sie geschont werden.» Renner muß mir verklaren, welche Rolle dieser Derl spielt, dachte Langfeld. Er bemühte sich, aus Ruckers Monologen möglichst alles zu behalten.
«Ich kann es kaum erwarten, in die Reichshauptstadt umzuziehen, in Bayern versauert man«, sagte Frau Ina. Ihre Züge belebten sich, als Frau Seelund mit dem Kaffeetablett hereinkam.
«Guten Tag, die Herrschaften», sagte Emma und schenkte ein. Rucker quittierte betont mit «Heil Hitler!».

Langfeld hielt ihren Arm fest. «Gut gemacht, Frau Seelund. Ida soll Ihnen ein halbes Pfund zurückgeben. Schmeckt Max die Arbeit?»
Max Seelund, seit Jahren arbeitslos, war letzte Woche bei der Werft wieder eingestellt worden. Frau Emma, deren staunende Blicke von der eleganten Dame zur Uniform des fremden Herrn gewandert waren, lachte auf. «Tut seinen alten Knochen ganz gut, etwas auf Trab gebracht zu werden.»
Als Frau Seelund draußen war, erläuterte Langfeld: «Die Frau unseres Hausmeisters, eine rührende Seele. Meine Stütze Ida scheint auf dem Markt zu sein.»
Rucker tat so, als ob er in seinem Gedächtnis kramte. «Seelund? Erzählten Sie nicht damals, daß Ihr Hausmeister Kommunist sei?»
Langfeld sog an der Zigarre. «Er hat, wie soll ich mich ausdrücken, immer einen leichten Moskautick gehabt. Kein Organisierter. Ein umgänglicher Volksgenosse, dithmarscher Kleinbauernsohn, ein tüchtiger Handwerker und erstaunlich belesen. Ich möchte den Kameraden im Hause nicht missen.»
Rucker stand auf und ging um den Tisch. «Bildung, Langfeld, sollte man dosieren, sie müßte Privileg der Führungsschicht aus gutem Blut bleiben. Für Proleten reicht das bißchen Rechnen, Schreiben und Lesen, das zum Beruf gebraucht wird. Mehr stiftet nur Begehrlichkeit und Aufruhr. Warum hat sich denn der Marxismus bei uns in den letzten fünfzig Jahren so breitgemacht? Weil die Brüder die Köpfe zu tief in die Bücher gesteckt haben und mit ihrem Wissen auftrumpfen konnten. Die Schriftsetzer und die Volksschullehrer haben das Rennen gemacht und sind zu Ministern aufgestiegen.»
Beim Stichwort Aufstieg, Karriere wurde Frau Ina hellhörig. «Mein Mann wird es in Berlin nicht leicht haben, Herr Langfeld. Nach meinem Dafürhalten hat der Führer bei allen Stellen seine SA bevorzugt, Reichskommissare, Statthalter, Oberpräsidenten, alles alte Kämpfer aus der braunen Armee. Und was für Frauen die haben! Wirklich kein Umgang für

mich. Göring denkt objektiver. Es wird Zeit, daß die SS nach vorn kommt. Aber auch da gibt es Rivalitäten. Denken Sie an Daluege, mit dem mein Mann sich noch zu reiben haben wird.»

Daluege? Langfeld hatte den Namen noch nie gehört. Rucker schickte einen giftigen Blick zu seiner Frau. Was ging den Admiral an, wer Ruckers Herrschaftsgelüsten im Wege stand. Eine Erklärung war nicht zu umgehen. «Sie kennen Dummi-Dummi nicht? Der Ingenieur von der Berliner Müllabfuhr, heute Generalleutnant der Polizei, rühmt sich nach Napoleon der jüngste General der Geschichte zu sein. Dummi-Dummi sagt alles über den Mann, und so etwas wird Chef der preußischen Ordnungspolizei. In Berlin ist immer alles anders gelaufen. Denken Sie an Stennes oder Goebbels, der früher manchmal geschwankt hat, ob er den Kurs des Führers mitsteuern sollte. Nicht anders der Berliner SS-Führer Daluege. Himmler hat sich oft schwergetan, ihn von München aus im Griff zu behalten.»

Rucker sprang auf und zog seine Frau aus dem Sessel. Er hatte viel zuviel aus dem Nähkästchen geplaudert. «Die Marine ist zu kurz gekommen, heute. Ihr alter Zossen wird jetzt von Benares befehligt. Da sollte er bleiben, da kann er nichts verderben. In Berlin, wohin ihn das Personalamt zurückholen will, würde er sich auf die Dauer die Finger verbrennen.»

Frau Ina stieß Rucker leicht an. «An ihm, meint mein Mann. Er kann es nicht verwinden, daß die Marine ihn nicht wieder eingestellt hat. Heute wäre er Kommandant eines Kreuzers, und wir säßen hier in dieser Stadt und hätten ein beschauliches Leben. Statt dessen muß er sich mit dem Gauleiter herumzanken.»

Ruckers Unpünktlichkeit hatte Fests Terminkalender durcheinandergebracht. Fest ließ ihn warten. Sie paßten zueinander wie ein Collie zu einem Bernhardiner. Der massige Fest verkörperte das blindwütig ergebene Spießertum der P-Null, wie

Rucker die Politische Organisation nannte. Rucker rechnete sich zur rassischen Elite, die über die Tage des Führers hinausdachte. Er würde den wildgewordenen Kleinbürgern, für die er die Politischen Leiter ansah, zeigen, wie sie nach der Pfeife des SS-Ordens zu tanzen hätten.

Ina hatte er beim Hoffriseur Lange in der Braunschweiger Straße abgesetzt. Sie ließ sich zweimal die Woche das Haar waschen und legen. Er selbst rannte über den Korridor der Gauleitung und suchte ein Telephon, von dem aus er ungestört sprechen konnte. Schließlich scheuchte er den Amtsleiter der Zentralkartei aus seinem Zimmer und ließ sich mit dem «Schraubstock» verbinden.

«Aufschreiben! Tirpitzallee 63 Mansarde, Anstreicher Seelund, verheiratet. Konspirativer Kommunist, muß ausgeschaltet werden. Irgend etwas werden Sie bei ihm schon finden. Schutzhaft und geschärftes Verhör. Keine Rücksichten auf die Hausbewohner. Kapiert?» Von wegen Moskautick und Kamerad! Dem verkalkten Pensionär Langfeld wollte er es zeigen.

«Verstanden, Brigadeführer. Wird morgen früh um vier Uhr durchgeführt.»

Mit einem Dietrich öffneten sie die Haustür und trampelten nach oben. Langfeld, das war doch der frühere Kreisführer des Stahlhelm? Was dachte er sich dabei, an einen gefährlichen Kommunisten zu vermieten? Wenn ein Rucker, das hohe Tier, sich mit der Sache befaßte, mußte es sich um einen dicken Hund handeln. Merkwürdig. Das Klingeln verhallte. Man trommelte mit den Fäusten gegen Seelunds Etagentür. «Aufmachen, Polizei!»

«Ich komme ja schon», wisperte eine Stimme. Erna war als erste von dem Krach aufgewacht und hatte sich einen Bademantel überzogen. Mutter Emma schlief in ihrer Schwerhörigkeit tief, und Vater Max glaubte zu träumen. Weiß Gott, Erna hatte vergessen, die Kette vorzulegen, als sie gestern aus dem Kino heimgekommen war. Sie holte es nach, öffnete die Tür

eine Handbreit und blinzelte die schwarzen Männer an. «Sind wir Verbrecher, daß Sie zu nachtschlafender Zeit das ganze Haus aufwecken?»
«Aufmachen, wir wollen Ihren Mann vernehmen.»
«Ich bin nicht verheiratet. Sie meinen wohl Vater . . .»
«Los, dalli, lassen Sie uns sofort herein und wecken Sie den Mann. Wir haben nicht viel Zeit.»
Was sollte Erna machen? Ließ sie die Männer draußen stehen, würden sie die Tür eintreten. Bat sie sie herein, hatte sie dem Unheil die Tür geöffnet. Alles verdreht. Sie weckte den Vater.
«Was wollen die Schnösels?» fragte Seelund und reckte die Arme. Er fuhr in seine Hosen. «Laß Mutter schlafen und geh wieder zu Bett. Ich mach' das schon.» Seelund warf einen Blick auf die Gestalten und nahm die Kette ab. «Was gibt es mitten in der Nacht, meine Herren?»
«Das werden Sie gleich sehen. Sind Sie der Anstreicher Seelund?»
«Das bin ich wohl. Junge, das ist ein Beruf mit Schangsen geworden. Habe ich was ausgefressen?»
Seelund knipste das Licht im Wohnzimmer an, in dem noch die leere Bierflasche vom Abend auf dem Tisch stand.
«Geben Sie zu, daß Sie im Untergrund gegen Staat und Regierung arbeiten? Wer sind Ihre Verbindungsleute?»
Seelund schmiß sich in einen Sessel und holte einen Priem aus der Hosentasche. «Was soll ich? Ich bin froh, daß ich wieder Arbeit habe, und kenne keine Verbindungsleute, kümmer mich nicht um die Scheißpolitik. Wer, bitte, hat was gegen mich vorgebracht?»
«Die Fragen stellen wir. Sie haben nur zu antworten. Wahrheitsgemäß, verstanden?»
Der Verhörführer teilte zwei Mann ab. Schlafzimmer, Mädchenkammer, Küche durchsuchen. Ein Mann mit entsicherter Pistole behielt Seelund im Auge.
«Laßt meine Deerns in Frieden, Ihr . . .»

«Sprechen Sie sich ruhig aus, Seelund. Wenn Sie geständig sind, geht alles viel schmerzloser.»
«Ich hab nichts zu verstecken. Ich tu meine Arbeit und keiner Fliege was zuleide. Fragen Sie Herrn Admiral im Parterre, er kennt unseren Lebenswandel. Meine Emma hat noch gestern für ihn Kaffee gebrüht, als hoher Besuch gekommen war von der SS, wenn sie das richtig gesehen hat.»
Der Verhörführer sah vielsagend auf seinen Flankenschützer und begann im Eßschrank zu kramen. Außer Geschirr, Gläsern und Tischdecken kam nichts ans Licht. Ein Radio fehlte, also kein eingebauter Sender. Das von Langfelds abgelegte Grammophon bot keine Handhabe, unter den Platten nicht einmal die Internationale, lauter Operetten, Foxtrotts und Tangos.
Blieben die Bücher. Schillers Werke, total zerlesen. Seelund konnte das ganze Lied von der Glocke auswendig und viele andere Gedichte seines Lieblingsdichters. Fast alles von Maxim Gorki, Jack London und Upton Sinclair war da sowie eine Reihe von den gelben Bänden des antifaschistischen Bücherkreises.
Dem Kommissar fielen die zahlreichen russischen Autorennamen auf. «Alles Bolschewiki, stimmt's?»
Seelund zuckte die Achseln. «Ich las das mal ganz gern, ist wohl heute verboten. Man mußte sich doch orientieren, was die Brüder denken. In den Zeitungen stand nicht viel davon. Nehmen Sie den Sowjetschiet mit, ich häng da nicht dran.»
«Hatten Sie die ‹Rote Fahne› abonniert?»
«Nein, Herr Kommissar. Seelund ist ein friedlicher Mensch. Hetze ist nichts für mich. Wir kriegen den ‹Generalanzeiger›, wenn die unten ihn ausgelesen haben.»
Verdammt, der Blutsauger hielt Menzels Buch in der Hand und überflog die Widmung. Endlich etwas Schriftliches. «M. Mewes: ‹Aufruhr in Mexiko›. Wer ist Martin M.? Hier steht, der Verfasser ist Ihr Freund. Wo wohnt er? Wird's bald?»

Seelund überfiel ein Zittern. Alles durfte passieren, nur nicht den Freund verpfeifen. Wie hatte sich Menzel damals überwinden müssen, ehe er Max ein paar Zeilen in sein Buch schrieb. Das Pseudonym war bis heute gewahrt geblieben, nicht einmal der Bücherkreis hatte gewußt, wie Mewes richtig hieß. «Herr Kommissar, ich muß mal dringend aus der Hose. Das erledige ich immer nach dem Aufstehen.»
Der Flankenschützer begleitete ihn. In Ernas Zimmer war es still, aus dem Schlafzimmer drängte Emma, die von zwei Männern brutal zurückgezerrt wurde. «Mein Mann ist unschuldig», schrie sie, «er hat nichts verbrochen!»
«Tu, was sie sagen», rief Max ihr nach, «sind ja alles nette Leute.»
Als er ins Wohnzimmer zurückkehrte, drehte ihm der Bewacher auf einen Wink den Arm auf den Rücken. «So, Seelund, nachdem Sie sich erleichtert haben, sagen Sie uns frei von der Leber, wer Martin Mewes ist, Beruf, Wohnung, und was Sie sonst über ihn wissen.«
Im Schultergelenk knackte es, der Schmerz wurde immer beißender. Zum Verrücktwerden.
«Ich bin mit ihm längst auseinander», log Max. «Vor Jahren habe ich ihn per Zufall in St. Pauli getroffen, ein fideles Haus. Da hat mir der Mewes sein Buch geschenkt, kam frisch vom Drucker. Es paßte so gut in meine Reihe. Hab ihn nie wiedergesehen. Freund, das schreibt sich schnell hin.»
Der Druck lockerte sich etwas. Der Verhörende hielt eine Zigarrenkiste in der Hand und dachte nach.
«Wollen wir nicht alle eine schmöken?» fragte Max und griff mit der freien Hand nach den Zigarren.
Sein Gegenüber schob die Hand beiseite und musterte die Banderole. «Ganz schön teuer für jemanden, der bis vor kurzem arbeitslos war.» Als der Mann die Kiste umdrehte, stutzte er. «Ein kleiner Dank für Deine viele Arbeit in Bordesholm! Meta und Martin Menzel, Pfingsten 1933» stand auf einer aufgeklebten Postkarte.

Kein Zweifel, die Handschrift stimmte mit der im Buch überein. «Also Martin Menzel alias Mewes wohnt in Bordesholm und Sie haben für ihn schwarzgearbeitet. Noch vor drei Monaten und das nennen Sie ‹seit Jahren auseinander›. Wir werden uns den Herrn vorknöpfen, mal sehen, was er über Sie zusammenschwindelt. Abführen!»
Es half Max nichts, daß er darum bettelte, ihn zu verschonen, vor allem aber Menzel, dem er ohne Bezahlung die Wände tapeziert hätte, ein feiner Mensch, der sich nie politisch betätigt hätte, eher Hindenburg als Marx und was weiß ich.
«Thälmann, meinen Sie.»
Erna hielt ihre Tür verschlossen, als die Durchsuchung bei ihr wie in den übrigen Räumen ergebnislos beendet war. Emma war nicht zu halten. Sie klammerte sich an Max und rief: «Das dürfen Sie nicht, einen Unschuldigen mitnehmen.» Max strich über seinen geschundenen Oberarm, ließ sich das Jackett reichen, in das er nur untern Qualen hineinfand. «Frühstücken tu ich im ‹Schraubstock›, Mutter, morgen sehen wir uns wieder. Tschüs, mein Deern.»
Als die Kolonne die Treppe herunterkam, verschloß Ida leise die Tür und lief zum Fenster. Sie hielt Seelund für einen schlechten Menschen, der hinter den Mädchen her ist, weil er sie vor Jahren einmal auf der Treppe in den Hintern gezwickt hatte. Das kommt davon, sagte sie zu sich, als Seelund in den Wagen geschubst wurde.
Bevor Ida Herrn Admiral die Neuigkeit zum Frühstück auftischen konnte, klingelte Frau Seelund bei Langfelds an. «Herr Langfeld, Sie müssen uns helfen, Max ist heute in aller Frühe von der Gestapo abgeholt worden. Nun kommt er in ein Kazet und wird gequält werden.» Frau Emma weinte.
Langfeld fiel sofort Rucker ein. Rucker könnte intervenieren. Aber wo erreicht man den Kameraden? Er ist sicher auf dem Weg nach München oder schon nach Berlin? «Ich kümmere mich um Ihren Mann. Unternehmen Sie selbst nichts, es würde Max nur schaden. Ida soll Ihnen noch ein halbes Pfund

Bohnenkaffee zurückgeben, nicht vergessen. Und Kopf hoch in dieser Dreckszeit!»
«Ach, das bißchen Kaffee, das habe ich für Ihren Besuch gern getan.» Frau Emma zögerte noch. «Übrigens, die Max abgeholt haben, trugen auch so eine Uniform wie der Herr gestern, schlichter natürlich. Waren im Benehmen auch danach.»
Finster starrte Langfeld die Frau an, ein furchtbarer Verdacht dämmerte ihm. Steckte dieser Schweinehund von Rucker hinter der Aktion? Mit wessen Hilfe konnte man ihm in den Arm fallen? Das Band zum Stahlhelm war zerrissen, Langfeld kannte keinen namhaften Nazi. Zum Reichsjugendführer bestand eine weitläufige Verwandtschaft, gesehen hatte er den Knaben Baldur nie.
So setzte sich Langfeld an den Schreibtisch und verfaßte einen schwungvollen Brief an den Polizeipräsidenten. Er strich alle Vorzüge Seelunds heraus und verbürgte sich für seine untadelige Lebensführung und auch, soweit ihm bekannt sei, für seine politische Unbedenklichkeit. Sollen sie mir doch am Abend begegnen.
Der Brief wanderte auf dem Dienstweg in den «Schraubstock» zu Seelunds Peinigern und wurde nie beantwortet.

XV

Eine fast glückliche Familie

Leopold Spitz pflegte sonntags zum Bahnhof zu gehen, um sich das «Berliner Tageblatt» und die «Frankfurter Zeitung» zu kaufen. Was Paul Scheffer und Rudolf Kircher schrieben, war zwar nicht frei von scheinbarer Loyalität dem Regime gegenüber, aber zwischen den Zeilen stand doch allerhand, was die heimliche Opposition unterrichtete und auch ermutigte. Dieses abgewogene Schreiben unter den Augen des Zensors hatte den Stil der Publizisten geschärft, Kirchner und Scheffer entfalteten sich zu Künstlern des Leitartikels. Manchmal nahm Spitz auch die «Nordsau» mit, um seinem Haß auf die Machthaber neue Nahrung zu geben.

Zu Hause angekommen, sparte er sich die Genüsse aus Berlin und Frankfurt zunächst auf und las im Parteiblatt. Claudia, die sich in der zweiten Lebenshäfte auf dem Wege zur perfekten Hausfrau befand, strickte einen Pullover für Eva.

«Hör zu, dem Bockhals ist ungewollt eine fabelhafte Definition des Faschismus geglückt: ‹Wer im Kriege seinen Vorgesetzten als Feind betrachtete, war ein Verräter und gehörte mit Recht vor ein Kriegsgericht. Ein deutscher Arbeiter, der heute immer noch im Unternehmer den Gegner sieht, ist nicht besser . . .› Will heißen: Kopf ab!»

Claudia legte das Strickzeug nieder. «Und du hast die Notwendigkeit des Klassenkampfes angezweifelt. Hier steht die Quittung.»

Spitz blätterte weiter. «Meinem Nachfolger als Stadtverordnetenvorsteher, unserem Genossen Hansen, ist im Zuge der ‹Säuberungsaktion› bei der Allgemeinen Ortskrankenkasse

fristlos und ohne Pension gekündigt worden. Rudolf Heß nennt das Plätze freimachen für alte Kämpfer.»
«Ich werde morgen Anni Hansen anrufen. Wir müssen ihnen helfen. Es ist eine Schande, wie mit anständigen Leuten umgesprungen wird. Vielleicht kann Matthias Bratt sie in Berlin aufnehmen. Er macht mit dem Maler Buchmann zusammen eine Zeitschrift, eine Art Auslese aus anderen Veröffentlichungen. Soll sich nicht schlecht verkaufen.»
«Ich habe gehört, sie halten sich eben über Wasser. Für den Praktiker Hansen wäre das nichts. Ich muß mit meinen Versicherungsmandanten sprechen. Vielleicht findet einer etwas für ihn.»
Spitz nahm die Zeitung wieder vor. «Hindenburg hat Blomberg zum Generaloberst befördert. Schwacher, farbloser Mann. Frauentyp. Aber Hauptmann Göring ist zum General der Infanterie ernannt worden. Das wird ihn putzen, nachdem ihn schon die Polizeioffiziere gebeten haben, die Uniform eines Generals der Landespolizei anzulegen. Du, Claudia, bald hat er so viele Monturen im Schrank wie Roberts geliebter Kaiser Wilhelm. Und mit Grund und Boden wird er auch beschenkt. Zehntausend Quadratmeter Staatsgelände auf dem Obersalzberg hat ihm der Bayerische Ministerrat zur Verfügung gestellt als bescheidene Entschädigung für die Verwundung beim Putsch vor der Feldherrnhalle. Hat er verdient, der Hermann. Mußte der Arme doch am Tannenbergdenkmal die Schenkung der Domäne Langenau und des Forsts Preußenwald an Hindenburg verlesen. Wer küßt mich? wird er gedacht haben. Trotzdem, von der ganzen Gesellschaft ist er mir noch der Erträglichste. Bitte schön, er hat es geschafft, die Hilfspolizei aufzulösen, die so viel böses Blut gemacht hat.»
Claudia blickte auf. «Erkundige dich bei Wilhelm. Die SA wird immer noch zu Polizeiaktionen herangezogen. Wilhelm mußte vor dem Werfttor Arbeiter nach Flugblättern und Waffen durchsuchen, und das nennt sich Pflichtwehrsport für

Studenten. Sage mal, Leopold, mußt du eigentlich im Gerichtsgebäude diesen Hitlergruß machen?»
«Auf den Korridoren denke ich nicht daran. Das wäre ja noch schöner. Aber bei den Sitzungen ist es Vorschrift. ‹Wahrung von Ordnung und Würde› heißt ein Anschlag, ganz groß am Eingang. ‹Beim Erscheinen des Gerichts haben *alle* von den Plätzen aufzustehen und das Gericht mit dem deutschen Gruß durch Erheben des rechten Armes zu begrüßen.› Landgerichtsrat Fischer ist ins Kazet geschafft worden, weil er sich weigerte, diese Anordnung des Präsidenten zu befolgen.»
«Ach, Leo, wenn es nicht so traurig wäre, müßte ich lachen, wenn ich dich so als strammen Max vor mir sehe.»
Leopold gluckste. «Hier gibt es etwas für Frauenrechtlerinnen zu lachen. Dein Hauptschwarm in der Bewegung ist doch die wilde Lydia, die bei jeder Gelegenheit den Adolf anhimmelt. Nimm und lies!»
Claudia las: «Der Stellvertreter des Führers gibt bekannt: ‹Hiermit ernenne ich den Pg. Dr. Krummacher zum Leiter der NS-Frauenschaft, zugleich Leiter der Frauenfront.» «Das ist nun wirklich doll, ein Obereunuch über Hunderttausende von Frauen. Und keine muckt auf.» «Der bisherigen Leiterin, Fräulein Lydia Gottschewski, hat der Stabsleiter der P.O., Dr. Ley, seinen Dank ausgesprochen. Sie wird Dr. Krummacher mit Rat und Tat zur Seite stehen. Von den deutschen Frauen wird weiterhin Disziplin und Pflichtauffassung erwartet.›» «Hände an die Rocknaht! Verstehst du nun, Leo, warum ich mich immer gegen die Männerherrschaft aufgelehnt habe?»
«Nur zu gut, meine Liebe. Weißt du, daß Hitler bei den Verhandlungen mit dem Zentrum zur Bedingung gemacht hat, das Zentrum dürfe keine weiblichen Hospitanten in die braune Fraktion entsenden? Der Führer will im Parlament keine Frauen sehen, die Nazis haben nie eine aufgestellt.» Spitz imitierte Hitler: «Männer, Abgeordnete des Deutschen Reichstages!»

Claudia amüsierte es. «Frauenstimmen im Reichsgesangverein würden ihn aus dem Konzept bringen.»
Vom Garten her fiel ein Sonnenstrahl auf ihr Gesicht. Die Wolken hatten sich verflüchtigt. Eva kam herein und umschlang Claudias Knie. «Es ist so langweilig, im Zimmer zu sitzen. Ich habe Anja ausgezogen und schlafen gelegt, ich darf sie nun oben nicht weiter stören.»
Claudia legte den halbfertigen Pullover beiseite. «Das Kind muß an die Luft. Deine Zeitungen kannst du auch heute nachmittag lesen. Wir machen mal zu dritt eine richtige Wanderung. Zieht euch festes Schuhzeug an, ich streiche schnell ein paar Brote. Warm essen können wir am Abend.»
Leopold, der von Natur aus träge war, maulte. «Nun hat die Marschiererei mit dem Reichsbanner aufgehört, da soll ich mit der Familie stiefeln. Muß das sein, Claudia?»
«Es tut dir gut, wenn du nicht immer nur herumsitzt und rauchst. Denke an deine Wadenkrämpfe. Dir fehlt Bewegung.»
Eva ließ sich von ihm auf den Arm heben und streichelte den Vater. «Bitte, bitte! Wir nehmen ein Glas und den Kescher mit, wir wollen Kaulquappen fangen. Herr März freut sich, wenn ich welche in die Klasse mitbringe.»
«Ist er jetzt netter zu dir?»
Eva dachte nach. «Ich glaube, schon. Neulich hat er gesagt: ‹Grüße die Frau Mama von mir und sage ihr, ich mag Eva jetzt ganz gern leiden, seit das dumme Gekämme und das Herumwippen aufgehört hat.› Ist das nicht nett?»
Leopold gab ihr einen Kuß und bequemte sich, die Marschstiefel hervorzuholen. Auf Wickelgamaschen verzichtete er. Dann hätte er auch gleich die gelbe Windjacke anziehen können, um sich draußen Ärger zu verschaffen. Claudia streifte ihr Lodencape über, Eva bekam eine Pudelmütze auf den Kopf. Es war schon kühl an diesem Spätsommertag.
Der Weg zur Hochbrücke führte noch über Pflaster. Am Holm kam ihnen eine Marineabteilung evangelischer Kirch-

gänger entgegen. Die von den Chorälen befreiten Kehlen sangen jetzt ein recht weltliches Lied vom Mädchen auf St. Pauli. Beim Aufstieg zur Hochbrücke konnte sich Spitz ein Ächzen nicht verkneifen. Claudia lächelte. «Sei froh, daß ich dich nicht auf Gebirgstouren mitnehmen will. Auf der anderen Seite darfst du herunterrollen.»
Aber sie hatten nicht mit Evas Ausdauer gerechnet. Das Kind verkrallte sich ins Brückengeländer und wollte von den Eltern alles erklärt haben, was das Auge sah. Der Vater erläuterte die Aufgaben der Schleuse, wußte sogar die Flagge eines norwegischen Frachters von der eines holländischen Schoners zu unterscheiden. Eva versuchte aus schwindelnder Höhe in den Schornstein eines weißen Passagierschiffs zu spucken. Leider war der Treffer nicht auszumachen, die Spucke entschwand dem Blick, bevor sie ankam.
»Wißt ihr, warum ausgerechnet sonntags der Verkehr im Kanal so lebhaft ist? Weil feiertags die Reeder ihre Ladung nicht löschen dürfen und nur Hafenliegegebühren zahlen müßten. Man spart sie und fährt sonntags durch den Kanal.»
Eva hatte so viele Schiffe noch nie gesehen und wollte immer noch das nächste abwarten. Die Rauchfahnen und das Getute kündigten sie an, bevor sie an der Biegung vor der zweiten Hochbrücke in Sicht kamen.
«Aus deinen Kaulquappen wird nichts mehr, wenn wir uns hier so lange aufhalten», sagte Claudia. Ihr Blick wanderte zwischen den beiden Gutshäusern am anderen Ufer hin und her. Besonders das nahe gelegene hatte es ihr angetan. Das Weiß des klassizistischen Herrenhauses leuchtete zwischen den Baumkronen hervor. Leopold hatte sich nach den Mühen des Anstiegs eine Zigarette gegönnt. Er versuchte die Segler auf der Förde zu zählen, um sich eine Rechnung aufzumachen. «Ein horrendes Vermögen schwimmt dort draußen, ohne Steuervergünstigungen wäre nicht die Hälfte der Yachten zu Wasser gebracht.»
Als sie auf der anderen Seite standen, staunte Eva über eine

Reihe gleichmäßiger Wälle, die sich aus den Feldern abhoben.
«Das sind die Schießstände der Marine. Dort wird werktags auf Scheiben geballert», erläuterte der Vater.
«Mit einem Tesching, wie sie ihn bei uns im Keller gefunden haben?» fragte Eva.
«Nein, mit richtigen Gewehren.» Claudia ertappte sich dabei, daß ihre Gedanken über das Verhör in der Lessingstraße schon wieder zu Matthias Bratt gingen, der ihr von allen auf den Redaktionskonferenzen des «Volksboten» am besten gefallen hatte. Wenn er seinen Mund verzog, um loszulegen, kam etwas heraus, das den Gegner an der verwundbarsten Stelle traf. Tausend Bratts, über das ganze Reich verstreut, hätten Hitler aufhalten können ...
Ein Feldrain aus dem Gehölz führte sie zum Alten Kanal. Sein Anfang hatte das Bett für den großen Nordostseekanal hergegeben. Die Treidelpfade aus dem vorigen Jahrhundert waren fast zugewachsen. Wirtschaftlich bedeutete das totgelegte Gewässer nichts mehr. Ein paar Paddler und Angler belebten das idyllische Gelände mit seinen Trauerweiden und Schilfrändern. Die Brombeeren waren reif.
Eva entdeckte als erste einen Segelflieger hoch über ihnen. Er war von einem Motorflugzeug aufgeschleppt und wohl eben erst ausgeklinkt worden. In einer weiten Schlaufe nahm er Kurs auf Prickedorf. Er schien an Höhe kaum zu verlieren. Die Eltern waren schon ein Stückchen vorangegangen, Eva konnte den Blick nicht von dem Silbervogel lassen.
Plötzlich schrie sie auf. Ein sanfter Stoß in den Rücken hatte sie aufgeschreckt. Als sie sich umwandte, glaubte sie, sie würde von einem Riesenuntier mit Feueraugen, bleckenden Zähnen und spitzen Spießen überfallen. Es war eine Ziege, die hinter dem Gebüsch angepflockt war und mit ihrer klirrenden Kette ebenso schnell wieder zurücksprang. Außer Atem und tränenüberströmt flüchtete sich Eva zu Claudia. Sie konnte vor Schluchzen kein Wort hervorbringen, die Eltern waren

fassungslos, die Ziege längst unsichtbar geworden und daher als Ursache für den bösen Zauber nicht erkennbar.

Claudia vermutete, eine Wespe habe das Kind gestochen. Nichts zu sehen. Gab es hier etwa Schlangen? Allenfalls Ringelnattern. Eva war nicht zu beruhigen. Leopold versuchte sie abzulenken, indem er mit Kescher und Glas an einer Stelle, wo das Schilf schon geschlagen war, ans Wasser vordrang. Die Kaulquappen! Leider gab es dort keine, und Spitz holte sich nur nasse Füße.

Um keinen Preis war Eva zu bewegen, an der Hand der Eltern den Weg zurückzugehen. Hinter Claudias Rücken verfolgte sie, wie der Vater, die Vorhut bildend, sich der Stelle näherte, wo ihr das Ungeheuer gedroht hatte. Abermals kam die neugierige Ziege hervor und stubste Spitz, der ahnungslos an ihr vorübergegangen war, von hinten. Spitz rutschte auf dem schlüpfrigen Boden aus und saß im Gras. Eva kreischte vor Vergnügen, die Ziege nahm Reißaus, soweit es die Pflockkette erlaubte.

Nun war alles wieder gut. Die verwitterte Kastenschleuse bei Rädselfelde ließen sie abseits liegen, Claudia drängte heim. Die nassen Schuhe und der feuchte Hosenboden sollten für Leopold kein Vorwand sein, sich künftig von solchen Wanderungen auszuschließen. Im ganzen war das eine schöne Unternehmung gewesen, und Eva hatte frische Farben bekommen.

Zu Hause nahm Leopold ein heißes Bad. Claudia hatte auf dem Heimweg ein mächtiges Kuchenpaket beim Konditor zusammengestellt, und es war eine fast glückliche Familie, die da zum Tee beisammensaß. Eva wurde müde und verschwand schnell, um die Puppe Anja aufzunehmen, Claudia griff wieder zum Strickzeug, und Leopold konnte sich endlich über die Zeitungen hermachen.

«Ich werde aus Binding nicht schlau», sagte er. «Hier wird sein offener Brief an Romain Rolland aus der ‹Kölnischen Zeitung› zitiert: «Ist Jean Christoph, der Deutsche, der in Paris leben

kann, nun zerstört? fragt Binding. Goethe, den Sie als einen der großen Weltbürger anführen, ist so verflucht deutsch wie Göring, Goebbels oder der SA-Mann Müller oder ich, obgleich wir recht verschieden sind. Ein Volk glaubt wieder an sich, das nicht mehr an sich glaubte. Und sein Glaube macht es schön!» Wir sterben noch in Schönheit. Und das von Binding, dem Freund des alten Samuel Fischer. Als ob er von der Ausbürgerung von Feuchtwanger, Heinrich Mann, Kerr, Toller und Tucholsky nichts wüßte!»
«Mich wundert nichts mehr», sagte Claudia. «Wenn man Hermann Stehr für den Nobelpreis vorschlägt . . .»
«Und Hindenburg für den Friedensnobelpreis. ‹Der einzige feste und zuverlässige Punkt›, begründet ‹Morgenavisen› in Bergen seinen Vorschlag. Übrigens, Heinrich Mann will beim Haager Schiedsgerichtshof gegen die Ausbürgerung klagen. Aussichtslos. Im Gesetz heißt es, Gründe für die Ausbürgerung werden nicht mitgeteilt, sie kann mit Rechtsmitteln nicht angefochten werden. Die Beschlagnahme des Vermögens wird im ‹Reichsanzeiger› veröffentlicht. So einfach geht das heute.»
«Für unsere Freunde Breitscheid, Scheidemann und Otto Wels gilt das gleiche. Und für Max Hölz und Wilhelm Pieck natürlich auch.»
«Ach, weißt du, um den Hölz ist es nicht schade. Aber um Heinrich Mann!»
Claudia war da anderer Ansicht. «Er wurde überschätzt. Wer die ‹Göttinnen› geschrieben hat, taugt für den Salon, nicht zum Oberbefehl über die Reichswehr, zum Studium diplomatischer Akten und was sonst an peniblem Beamtendienst von ihm erwartet wird. Heinrich Mann bleibt ein typischer Literat, keiner Tat fähig. Ein Täter war Max Hölz!»
Damit gelangte das Ehepaar Spitz wieder zum Ausgangspunkt seines jahrzehntelangen Dissenses: Revolution oder Reform. Der radikaleren Claudia war durch keine Übermacht der revolutionäre Elan zu nehmen, auch nicht durch ihre neue

Rolle als stellvertretende Mutter. Spitz ließ sie reden und stimmte ihr nur gelegentlich zu. Der Jurist in ihm verabscheute das Gesetzlose jeder Revolution und beruhigte sich mit der Vorstellung, daß Claudia sich wohl kaum auf einer Barrikade ihr hübsches Kostüm schmutzig machen würde.

Kindergesang drang aus dem Park ins Haus. Eva kam mit einem Lampion die Treppe herunter. «Ich will mit Laterne gehen!» Es half nichts, Claudia mußte die Kleine und sich anziehen und sich dem langen Glühwurm, der die Lessingstraße durchzog, anschließen. Eva sang stolz und laut, als ob sie zu Hause nur Platt sprächen, was sie bei Herrn März gelernt hatte:

«De Olsch mit de Lüch kannt Bett nich finn,
Fallt mit de Lüch int Kellerlock rin.
De Bäcker, de backt de Stuten to lütt,
De Koopmann, de giv to wenig inne Tüt,
Juchheissa!»

Wenn das Lied zu Ende war, ging es wieder von vorn los. Claudia kannte es bald auswendig und sang mit:

«Ach, wenn unse Jungs nich weern,
Wer schall denn dat Brot vertehrn?
Juchheissa!»

Ihr war nicht nach Juchheissa zumute zwischen all den jungen Müttern, manche mit einem Parteiabzeichen am Mantel. Aber Eva drückte glücklich die Hand der Vizemutter.

Anzugsfragen beschäftigen viele Leute, bestimmen mehr im Leben, als manche wahrhaben wollen. Erst Cut und Frack ließen Hitler zuweilen auch liebenswürdige Töne anschlagen, wie besonders von Damen versichert wurde. Ohne seine neue Garderobe wäre Wilhelm Ingrid aus dem Weg gegangen und hätte das Glück verpaßt. Robert Langfeld überlegte lange, ob er einer Einladung von Benares in Uniform oder Zivil folgen sollte. Das Hoheitsabzeichen mit dem Hakenkreuz auf der rechten Brustseite der Uniform war schon im Gespräch, eingeführt hatte man es noch nicht. Kommt es dazu, schwor sich Langfeld, wird mich niemand mehr in Uniform sehen. In Doorn trug er ungeniert die Kaiserkrone über den Ärmelstreifen, obwohl ihm Hindenburg, die Republik also, nicht der Kaiser den Charakter eines Konteradmirals verliehen hatte.

Anlaß der Einladung war die Flottenparade, mit der Vizeadmiral Schwerdt, der Flottenchef, verabschiedet werden sollte. Benares, Kommandant des Flottenflaggschiffs «Bayern», hatte Schwerdts Genehmigung erwirkt, den früheren Kommandanten der «Bayern» zu diesem Ereignis an Bord zu holen. Benares und Langfeld hatten aneinander Gefallen gefunden. Langfeld, gewohnt, im Mittelpunkt zu stehen, fühlte sich neben dem zwei Crews jüngeren Schwerdt nicht glücklich. Schon besser, als Zivilist den alten Herrn zu markieren, als vor dem Ranghöheren in Uniform Haltung annehmen zu müssen.

Das Zeremoniell verlief ähnlich dem von Hitlers Flottenbesuch. Als erste lief die «Bayern» auf Reede ein und drehte der Kiellinie entgegen: «Schlesien», im Vormast die Flagge des Befehlshabers der Linienschiffe, «Hessen», «Königsberg», an Bord der Befehlshaber der Aufklärungsstreitkräfte, «Leipzig», eingeschifft Ritter von Epp und der Stabschef der SA Röhm. Es folgten zwei Torpedobootflottillen, die Minensucher und die Schnellboote. Alle Besatzungen, in Paradezeug angetreten, brachten beim Passieren der «Bayern» ein dreifaches «Hurra!» aus. Unter fünfzehn Schuß Salut wurde die Vizeadmiralsflagge im Hafen niedergeholt, Offiziere der «Bayern» pullten Schwerdt an Land.

Benares bat Langfeld auf einen Sherry in die Kajüte. «Das hätten wir mal wieder geschafft. Ich habe dieses ewige Paradieren satt. Nächste Woche soll Torpedoboot ‹Leopard› auf der Höhe von Pillau das Wrack der ‹Niobe› auf neunzig Meter Tiefe schicken. Dazu wird abermals die gesamte Flotte ver-

sammelt. ‹Fahnenrotz und Geistlichkeit› machen den halben Dienst aus, mir schienen Herbstmanöver wichtiger. Essig. Jaeger, der neue Flottenchef, sonst ganz aus dem Holz von Speichen geschnitzt, wird mit dem Gamaschendienst Schluß machen. Er bekommt als erster nach fünfzehn Jahren wieder U-Boote in die Hand, die U-Boot-Schule nimmt zum 1. Oktober auf dem Holm den Betrieb auf.»
Langfeld nickte. «Das ist in Ordnung. Aber was sollten die braunen Helden auf der ‹Leipzig›? Ich hätte dem Röhm um keinen Preis meine Pfote gegeben.»
Benares entschuldigte sich für einen Augenblick und wechselte in seiner Schlafkammer Rock und Schärpe gegen ein weißes Messejackett aus. Langfeld sah sich inzwischen in seiner alten Kajüte um. Das Mobiliar hatte sich kaum verändert. Ohne Führerbild ging es wohl nicht. Mehr Fernmeldeeinrichtungen auf dem Schreibtisch und das Doppelte an Dienstvorschriften im Regal. Technik und Bürokratie überwuchern alles. Hauptsache, der Seemannsgeist bleibt. Benares sagt mir zu.
Beschwingt kehrte der Kommandant zurück und bot Langfeld eine Zigarre an. «Unter Röhms Befehl stehen immerhin vier Millionen mehr oder minder wehrfähiger Männer. Zugegeben, nur zum verschwindenden Teil bewaffnet. Das kann sich schnell ändern, wenn Hitler nicht aufpaßt. Die Reichswehr muß jedenfalls dieses Potential ins Kalkül einsetzen. Das ist ganz legitim. Und der Reichsstatthalter in Bayern? Wenn ich mir die Bemerkung erlauben darf, hat Ihnen, Herr Admiral, Ludwig III. nicht einen Orden des Hauses Wittelsbach verliehen, als er Ihre Torpedoschule besichtigte?»
Langfeld druckste. «Na ja, Benares, der Ritter von Epp mag hingehen, immerhin ein General. Aber was sonst so an Reichsstatthaltern herumläuft, möchte ich mit den deutschen Fürsten nicht in einem Atem genannt wissen. Haben Sie Röhms Erlaß gegen das Muckertum gelesen? Da verbietet dieser Kerl den ‹von der SA zur Verfügung gestellten Polizei-

präsidenten› – unerhört, Staatsdiener weiterhin in die Pflicht zu nehmen –, ‹sich zu Handlangern verschrobener Moralästheten herzugeben›. Schützend stellt er sich vor ‹aus dem Spießerrahmen fallende Vergnügungsstätten› und vor die ‹sogenannte› Prostitution. Der Mann ist doch nicht mit der Feuerzange anzufassen.»
Benares blickte den Ringen nach, die Langfeld seiner Zigarre entlockt hatte, und schwieg.
«Schwamm drüber. Wie ging es denn im Juli mit den Kollegen von der Navy», fragte der Besucher.
HMS «Frobisher» hatte der deutschen Flotte den ersten Besuch nach Hitlers Machtergreifung abgestattet. Die erste Wiederbelebung der seit Scapa Flow eingefrorenen Beziehungen hatte 1931 ein Besuch der britischen Kreuzer «Norfolk» und «Davonshire» gebracht.
Benares lächelte. «Herzlicher als vorauszusehen. Vorm Passieren des Marineehrenmals trat die Besatzung der ‹Frobisher› an Deck an, die Strandbatterie von Christiansort erwiderte den Landesalut von einundzwanzig Schuß. Auch unser Vizekonsul, Sartori heißt er wohl, wurde beim Anbordgehen mit fünf Schuß begrüßt. Im Rathaus soll es allerhand Jux gegeben haben. Der Kommandant, Captain Forster, und Bürgermeister Mahler, der Ahrens vertrat, ähnelten sich wie eineiige Zwillinge.»
«Den Mahler habe ich im ‹Nationalverband Deutscher Offiziere› schätzengelernt. Er hat sich schon Monate vor dem Verbot von unseren Zusammenkünften zurückgezogen. Das kann ich ihm nicht übelnehmen, in seiner jetzigen Stellung. Aber wie er mit Ahrens zusammenarbeiten will, bleibt mir ein Rätsel. Das Budget zu beraten, ist doch die Aufgabe jedes Parlaments. Ahrens erklärt, um den Etat festzustellen, brauchen wir die Kollegien nicht, die reine Freundlichkeit, wenn wir sie nicht ganz ausschalten. Ergebnis? Zustimmung ohne jede Aussprache. Die Sozen sind ja jetzt draußen. Nur noch Akklamation. Das Schulgeld hat man gesenkt. 240 Reichs-

mark im Jahr waren ein bißchen happig. Ich habe nichts mehr davon, meine Gören sind groß. Verzeihung, Sie erzählten von der ‹Frobisher›. Wie war die Einstellung der Gentlemen?»

«Je acht Offiziere und Unteroffiziere gingen bei der ‹Gorch Fock› längseits und an Bord. Sie staunten nicht schlecht über das Segelexerzieren von uns Dinosauriern, die britische Marine kennt ja keine Segelschulschiffe mehr. In der Messe der ‹Königsberg› haben sie dann gesungen ‹For they are jolly good fellows›. Mordsstimmung. Schwerdt nahm sie beim Empfang ziemlich an. Er begrüße es, daß die englischen Kameraden sich nun persönlich überzeugen könnten, wie alle Greuelberichte auf Unwahrheit beruhten. Willkommen die Repräsentanten des uns stammverwandten englischen Volkes und der ruhmreichen Königlich-Englischen Marine. Hurra auf Georg V. Kein Widerspruch von der Konkurrenz. Was hätten sie auch sagen sollen?»

Langfeld merkte, es wurde Zeit zum Aufbruch. Benares ließ über Lautsprecher sein Boot für den Gast klarmachen. Als sie zum Fallreep gingen, lief ihnen der Chef des Stabes der Flotte, Langfelds früherer I.O., in den Weg. Er lud seinen alten Kommandanten zum Mittagessen beim Flottenstab ein. Langfeld sah Benares fragend an. «Sie dürfen Ihrem I.O. keinen Korb geben, Herr Admiral. Leutnant der Wache, belege! Unser Gast bleibt noch an Bord.»

Langfeld ließ sich die Herren des Flottenstabes vorstellen und nahm zwischen dem Chef des Stabes und dem katholischen Flottenpfarrer Platz. «Als Althaupt noch Flottenchef war, zu unserer Zeit, I.O.» – Langfeld hatte ihn nie mit Namen angeredet und beließ es ohne Aufmucken des Kapitäns zur See bei dieser Gewohnheit –, «war Schwerdt in Ihrer Position. Nun ist auch er schon als Flottenchef verabschiedet. Da haben Sie ja noch eine Bombenkarriere vor sich.»

Der Chef des Stabes kniff die Lippen zusammen. Er fühlte sich in die Zeiten zurückversetzt, als er für den jovialen Langfeld die Kärrnerdienste verrichtete.

Langfeld richtete den Blick auf seinen rechten Nachbarn. Ihm fiel die Marineklamotte von dem frisch beförderten Leutnant zur See ein, der in der Messe sein Gegenüber, den katholischen Marinepfarrer, befragt, wie viele Vordermänner er überspringen müsse, um Papst zu werden. Der Vorwitzige war mit drei Tagen Kammerarrest bestraft worden. Langfeld erzählte für sein Leben gern Geschichten, die durch Ausschmückungen immer unwahrscheinlicher wurden. Ob sein pausbäckiger Nachbar, er stammte offenbar aus dem Vogtland und sprach mit Hingebung der Mahlzeit zu, Spaß verstand?
Langfeld sondierte das Terrain. «Wie beurteilt man in Ihren Kreisen, Herr Pfarrer, das Konkordat?»
«Nischt for ungut, mer müsse hibsch fischelent sein, daß mer nich reinäppeln, nich in die Bredullche kommen. Ich denk, bereds den Grempel erscht mal mit dein Leitn, eh daß du rumquärchelst. Ich halts mit dem Bredchen nich mitm Batallchen.»
Langfeld gab sich mit diesem Orakel nicht zufrieden. Er wollte wissen, ob der Gottesmann ernsthaft meine, daß die Bekenntnisschule künftig gesichert sei und die katholischen Verbände vor Übergriffen geschützt würden. Der Prälat Kaas, der bei der Unterzeichnung durch den Kardinalstaatssekretär Pacelli und durch v. Papen den Zeugen abgegeben habe, sei doch ein gebranntes Kind.
«Denken Sie an das Ermächtigungsgesetz, durch das er getäuscht wurde.»
«Mir sin sehr kontent mit dän einig», war alles, was Langfeld zu hören bekam.
«Daß die Diener der Kirche aus der Politik ausscheiden, findet meinen Beifall.»
«Wommer hibsch daheeme bleiben», sagte der Pfarrer mit vollen Backen.
Langfeld ließ nicht locker. «Und das Verbot der Ernsten Bibelforscher?»

«Dän ihr Geneele ... Ich hab schon egal drauf gelauert, die gehörn eigekäftert.»
Langfeld schluckte. Ist es die Möglichkeit? Kann sich ein Geistlicher den Widersachern seines Amts so anpassen? Langfeld klagte über das Bild der neuen evangelischen Landessynode. «Das sollen doch herausragende Christen sein, und wer vertritt unsere Propstei? Gruppenführer Gütlich, Kreisleiter Ahrens und der Schwätzer Professor Bierzapf. Husum hat diesen schrecklichen Pastor Gerhart Hauptmann delegiert und Flensburg den Dänenfresser Duve. Da bleibt vom Evangelium nicht viel übrig.»
«Die evangelsche Kärche is nei renneviert, da kannste nischt derfier.» Der Pfarrer illustrierte seine Ansicht mit der protestantischen Lazaruskirche in Berlin. Massentrauung von fünfzig Paaren der Ortsgruppe «Weberwiese». Der gesamte Horst-Wessel-Sturm folgt den Hochzeitern im Gotteshaus. Hinterher wird in einem Lokal mit tausend geladenen Gästen gefeiert. «Man muß nur ene Begäämhet von etwas machen, das gibt Dorscht.»
Ob er das Gesetz zur Verhütung erbkranken Nachwuchses billige, wollte Langfeld wissen. Sterilisation auch gegen den Willen des Betroffenen, einfach auf den Spruch des Erbgesundheitsgerichts hin?
«Sdauert enn nur um das Haksch und Gaksch, aber es wird ball alle wern mitn Spegdagel. Da binch iwelnämsch.»
Langfeld gewann den Eindruck, sein Nachbar drücke sich um eindeutige Antworten, weil ihm das Essen so viel wichtiger war als ein klarer Bescheid. «Was soll aus der Kirche werden, wenn schon die jungen Studenten falsch eingepolt werden. Wir haben hier an der Universität den Herrn Kern, Professor für systematische Theologie. Was er will, nennt er, die christliche Kirche aus deutschem Volkstum bauen. Ich bediene mich seiner Ausdrucksweise, so schwer es mir fällt: Mag in der religiösen Volksgemeinschaft, sagt er, das alte Bekenntnis seine innere Kraft an vielen weiter beweisen – das sind wir –, soll

aber auch Heimatrecht haben die undogmatische Frömmigkeit alter deutscher Art, wie sie von den Germanen über die deutsche Mystik und die Reformation bis zum deutschen Idealismus und der jungen Bewegung der Gegenwart sehr wohl zu gestalten ist als ein kosmisches Gottesgefühl und als heldische Frömmigkeit. Und so weiter. Ich bitte Sie, Herr Pfarrer, solche Irrlehre am grünen Holz!»
«Därftches Gelatsch. Mir bummert der Deez», sagte der Flottenpfarrer und wischte sich den Mund ab, bevor er sich über das Kompott hermachte. Dann aber fand er wohl selbst, daß er zu kurz angebunden gewesen sei, und erläuterte Langfeld, daß das Konkordat seiner Kirche ein Mitspracherecht bei der Berufung von Universitätslehrern erhalten habe. Im übrigen empfahl er Langfeld das neue Buch der Predigten des Kardinal Faulhaber «Judentum – Christentum – Germanentum», das jede Verwässerung des Glaubens verurteile.
Langfeld holte einen Zettel aus der Brieftasche, um sich den Titel zu notieren. Dabei fiel ihm ein Zeitungsausschnitt heraus, den er seinem alten I.O. nicht vorenthalten wollte. «Verstehen Sie etwas von Diagrammen? Passen Sie auf. Eine Zigeunerin hat dem Prinzen Wilhelm 1849 in einem Wäldchen vor Rastatt, damals nannten die Leute den Großvater unseres Kaisers den Kartätschenprinz, folgende Rechnung aufgemacht:
1849+1+8+4+9 = 1871 wirst du Kaiser,
1871+1+8+7+1 = 1888 mußt du sterben,
1888+1+8+8+8 = 1913 dein Reich in höchstem Glanz.
Die folgenden Diagramme verlieren sich in ein anderes Schnittmuster:
1918 dein Haus verliert den Thron, 1933 neuer Aufstieg deines Volkes zu tiefem Fall.
Und noch einmal das gleiche kabbalistische Schema:
1933+1+9+3+3 = 1949. Nach hundert Jahren beginnt dein Land zu neuer Achtung aufzusteigen, seine Feinde kom-

men ihm entgegen, Ordnung und Friede führen das Zepter. Was halten Sie davon, I.O.?»
Der Chef des Stabes sah Langfeld etwas ungläubig an. «Bis heute hat die Zigeunerin ins Schwarze getroffen. Der Aufstieg in diesem Jahr ist unbestreitbar. Zwei Millionen Arbeitslose von der Straße, Reichswehr und Marine im Aufbau. Aber daß wir bis 1949, dann bin ich ein Greis, Herr Admiral halten sich ja taufrisch, noch einmal in den Schlamassel geraten sollen, das möchte ich lieber überhören.»
Sie tranken einander zu. Der Marinepfarrer war glücklich, sich von dem Kompott ungestört noch einmal nehmen zu können, Langfeld hatte vor lauter Reden wenig zu sich genommen, der Pulle jedoch, die sein I.O. spendiert hatte, kräftig zugesprochen. «Ich bin kein Freund von Prophezeiungen. Ein Segen, daß der Mensch nicht weiß, was ihm bevorsteht. Stimmte es, was die Kartenschlägerin mit ihrem Zahlenspiel voraussagt, darf man sich trotzdem nicht darein ergeben. Wie, wenn in dem angeblichen Aufstieg heute die Katastrophe eingeschlossen ist? Das darf man nicht wie ein *fatum* hinnehmen, man muß rechtzeitig gegensteuern. Die Güter der Erde sind verteilt. Von daher brauchten keine kriegerischen Verwicklungen zu kommen, nicht wahr?»
Der Gastgeber merkte, worauf Langfeld hinauswollte. Er lenkte ab. «Jetzt geht es auf die letzten weißen Flecken los. Der Kommandant eines italienischen Torpedobootes hat auf drei unbewohnten Inseln in der Nähe von Anorgos die italienische Flagge gesetzt. Frankreich hat einige herrenlose Inseln vor der chinesischen Küste besetzt. In beiden Fällen Proteste, vom griechischen Marineministerium und von der japanischen Regierung.»
«Die Romanen berauschen sich gern an solchen Kinkerlitzchen», sagte Langfeld geringschätzig. «Wie geht es Frau Lulu und dem Nachwuchs?»
Sollte Langfeld auf die Abstammung der Frau des I.O. angespielt haben? Sie war eine geborene Portini, Witwe eines Her-

renreiters und eine ungewöhnliche Schönheit. Der von Haus aus etwas steife Chef des Stabes hatte die Dame wie im Sturm erobert und nach einer gemeinsamen Amsterdamreise kurz entschlossen geheiratet. Sie hatte ihm bald seine Pedanterie abgewöhnt, ein Umstand, der seiner Karriere zustatten kam.

«Wir sind eine glückliche Familie, Herr Admiral. Die beiden Kinder wachsen in Prickedorf munter heran, meine Frau hat es nicht weit zu ihrem geliebten Golfspiel. Wenn ich pensioniert bin, will sie auch mich dafür gewinnen. Seemann an Land, nicht vorzustellen.»

«Das hat noch Weile, I.O. Ich sehe Sie schon als Befehlshaber. Von Schiffen, die sich vorzeigen lassen. War mir verwehrt, habe ich mir wohl selbst verbaut. Kaisertreue machte sich schlecht unter Republikanern.»

XVI

Bei Widerstand Härte

Während der Semesterferien hockte Wilhelm zu Hause und arbeitete die Vorlesungen des Sommers nach. Manchmal erschien ihm sein Tun sinnlos. Als er sein Studium begann, hatte er von einer Professur geträumt und an Wissen sich einverleibt, was er bekommen konnte. In Greifswald war er zur rechten Hand des Institutsassistenten aufgerückt, durfte Seminararbeiten mit durchsehen und war für ein Referat über Hobbes sehr belobigt worden. Zu welchem Ende das alles? Wenn das Regime blieb, und daran war vorerst kein Zweifel erlaubt, würden auch die Geisteswissenschaften wie alles andere bis zur Unkenntlichkeit gleichgeschaltet werden. Berufungen gab es dann nur noch für Linientreue. Besten Dank! Wilhelm hatte mit Senkerle gesprochen.

«Die Soziologie steckt in einer Sackgasse», sagte der Privatdozent. «Unsere gegenwärtige Gesellschaft ist als Forschungsobjekt tabu geworden, jedenfalls für die Universitätsinstitute. Das Recherchieren bleibt dem Sicherheitsdienst vorbehalten, und der SD berichtet direkt an Himmler. Wir kriegen davon nichts zu sehen. Dabei lohnte es zu untersuchen, wie der Mitläufereffekt das menschliche Zusammenleben bis tief in die Arbeiterschaft hinein verändert hat.» Senkerle rückte an seiner randlosen Brille. «Ich fürchte, Herr Langfeld, ich muß das, was ich darüber eher spekulativ zu Papier gebracht habe, in die USA mitnehmen.»

Senkerles Habilitationsschrift über die «Politischen Strömungen im norddeutschen Landvolk» war ins Englische übersetzt worden und hatte in Fachkreisen der Staaten Aufsehen erregt.

Ein Ruf nach Princeton war die Folge. Senkerle hätte nicht zu emigrieren brauchen, sein Ariertum war unangefochten. An der Universität führte er ein Schattendasein, er war dem Studentenbund bisher einfach nicht aufgefallen. In seiner Vorlesung über «Grundbegriffe der Soziologie», spärlich besucht, überging er alles, was Anstoß hätte erregen können. Nur die Schülerschaft von Tönnies versteckte er nicht. Daß auch Sombart zu seinen Lehrern zählte, verschaffte ihm ein Alibi.
«Sehen Sie, Herr Langfeld, es müssen so viele emigrieren, weil sie als Juden oder politisch Abgestempelte ihre Bleibe in Deutschland verwirkt haben. Nehme ich denen nicht einen Platz weg? Ich frage mich, ob ich das darf.»
Wilhelm beteuerte, er würde keinen Augenblick zögern, wenn sich die Möglichkeit böte. «Das Silbertablett wird Ihnen nur einmal gereicht, Herr Doktor. Wie gern würde ich mit Ihnen gehen.»
Wilhelm sah seinen Lehrer zum ersten Male lächeln. «Nett von Ihnen. Daraus wird leider nichts. An Ihrer Stelle würde ich bis zur Promotion durchhalten und dann in den wissenschaftlichen Verlag oder in ein großes Antiquariat gehen. Hauptsache, möglichst weit weg vom Staat. Ich weiß, die Reichsschrifttumskammer, wollen Sie sagen. Sie können anfangen, was Sie wollen, irgendwo erreicht Sie der Arm der Partei immer.»
Daran führte kein Weg vorbei. Wilhelm hatte mit Ingrid oft über Berufspläne gesprochen. Der Kreis der Möglichkeiten verengte sich. «Sie sollten in die SA eintreten, Herr Langfeld», sagte Ingrids Mutter, «dann steht Ihnen die Welt offen.»
Darüber konnte Ingrid nur lachen. Wilhelm in der SA. Das wäre wohl das Letzte. Bei aller Offenheit, sie besaßen sonst keine Geheimnisse voreinander, hatte Wilhelm es so einzurichten gewußt, daß Ingrid sein Dienst im Studentensturmbann verborgen blieb. Er wollte von ihr nicht hören, es mache ihr nichts aus. Im Grunde litt er unter der Heimlichkeit und mußte zu manchen Umwegen Zuflucht nehmen. Er hätte ihr

doch gleich im Zug nach Swinemünde reinen Wein einschenken sollen.
Kritisch wurde es, als die Abordnungen zum Reichsparteitag aufgestellt wurden. Für die Anwärter des Studentensturmbanns waren sieben Plätze vorgesehen. Friedrichsen ließ losen, und ausgerechnet Wilhelm zog eine Fahrkarte nach Nürnberg. Sofort fiel ihm Ingrid ein, und er versuchte sein Gewinnlos Lambert zuzuschanzen, aber der Freund wehrte den Tausch wütend ab. In Pults Liebling, dem jungen Kruse, einem ersten Semester der Zahnmedizin, Sohn des Bäckermeisters und Bataillonsführers des Stahlhelm, fand er einen dankbaren Abnehmer.
Für Pult schien die Welt unterzugehen, weil sich jemand nicht darum riß, dem Führer ins Auge zu blicken. Er selbst war natürlich dabei. «Na, von mir aus», sagte er, «nach Nürnberg gehören die besten Soldaten. Bei Ihrem Anblick hätte Adolf sowieso kehrtgemacht, Sie Schlappstiebel.»
Robert Langfeld schenkte dem jungen Kruse für den Aufmarsch seinen ausgedienten Stahlhelmtornister. Frau Kruse rief dankerfüllt an. «Hartfried, was mein Sohn ist, hat sich über die Gabe von Herzen gefreut, Herr Admiral.»
Von der Reichsbahn waren über dreihundert Sonderzüge eingesetzt worden. Allein 160000 Amtswalter machten sich auf die Socken. Der Präsident der Handelskammer, ein Porzellanhändler, bekniete die heimische Wirtschaft, Spenden für die Reisekosten der SA-Männer herauszurücken. Das Ergebnis reichte nicht, die Sammelei für alle möglichen Zwecke rief allmählich Erschöpfungserscheinungen hervor. War es nicht Opfer genug, daß die Nürnberger Tage für Angehörige der Betriebsgefolgschaft keinesfalls auf den Urlaub angerechnet werden durften?
Als die Männer von der heiligen Stätte zurückkehrten, hatten die Daheimgebliebenen, auch Wilhelm, sie am Bahnhof zu begrüßen. Die neue Standarte, vom Führer durch Berühren mit der Blutfahne des November 1923 geweiht, wurde wie

eine Monstranz aus dem Bahnhof getragen. Der gesamte Verkehr ruhte. In der ersten Reihe standen SA-Brigadeführer Böhmcker, Regierungspräsident in Eutin, Stabsführer Wallis und der Erbgroßherzog von Oldenburg für den Stahlhelm. Die Kontingente marschierten durch die Stadt, von Nürnbergs Abglanz sollten alle Volksgenossen etwas abbekommen.

In Danzig war die Rückkehr der SA nicht so erhebend verlaufen. In der Langgasse sprang der Fahnenjunker aus dem Glied und schrie den polnischen Direktor Gulkowski an, warum er das Hakenkreuz nicht grüße. Gulkowski zog dem SA-Mann einen mit dem Spazierstock über und wurde verhaftet. Nur für wenige Stunden. Der Senat entschuldigte sich für den Zwischenfall beim polnischen Generalkonsul und bat, alle Polen möchten sich bei solchen Anlässen rechtzeitig zu erkennen geben.

Sturmführer Kunze, dem der schwache Besuch der Kameradschaftsabende ein Dorn im Auge war, benutzte den nächsten Ausmarsch, um seinen Anwärtern das Nürnberg-Erlebnis nahezubringen. Obwohl der Wehrsport auf die Semester begrenzt war, blieben alle Ortsansässigen auch während der Ferien dienstverpflichtet. «Herumschließen! Truppführer Jonas ist fürs Examen beurlaubt. Pult und Kruse, bremsen Sie mich, wenn ich übertreibe.»

Kunze übertrieb nicht. Die Gigantomanie des Parteitags war in Worten kaum auszudrücken. «Ich habe mit eigenen Augen gesehen, wie die meisten Diplomaten den Führer durch Erheben des Arms begrüßten. Niemand konnte sich der Größe des Augenblicks entziehen.» Kunze preßte die Lippen zusammen und blickte über das Häuflein hin, um die Wirkung seiner Worte zu prüfen. «Stillgestanden! Ich verlese einige Kernsätze aus der Proklamation des Führers: ‹Ich habe mich entschlossen zu bestimmen, daß unsere Parteitage jetzt und für immer in dieser Stadt stattfinden›, Pult, auch du nimmst deine Hakken gefälligst zusammen.»

Pult drehte sich gerade für die Pause mit der linken Hand am Hosenbein eine Zigarette. Lambert flüsterte Wilhelm zu: ‹Hörst du, das tausendjährige Reich ist angebrochen.›»

«‹Wir haben es nicht nötig vor der Geschichte, die Ehre unseres Volkes auf dem Schlachtfeld zu rehabilitieren›», zitierte Kunze, und Lambert tuschelte: «Allein, mir fehlt der Glaube.»

«‹Die NS-Bewegung darf nur von einer einzigen Angst erfüllt sein, nämlich der, daß einmal eine Zeit kommen könnte, die uns entweder der Unwahrhaftigkeit oder der Gedankenlosigkeit zeiht›.»

«Aber wann?» fragte Wilhelm.

«‹Der Nationalsozialismus bekennt sich zu einer heroischen Lehre der Wertung des Blutes, der Rasse und der Persönlichkeit sowie der ewigen Auslesegesetze, er tritt somit bewußt in unüberbrückbaren Gegensatz zur Weltanschauung der pazifistisch-internationalen Demokratie›.»

Kunze ließ rühren. Das Wort Rasse trieb seinen Herzschlag höher. Er hatte es in Nürnberg geschafft, zu Rosenberg und Darré vorzudringen, und bei beiden die Gewißheit erlangt, daß das Germanische Reich deutscher Nation romfrei sein und auch nicht mehr nach Wittenberg schielen werde. «Kameraden, das zu wissen, heißt, es zu wollen. Ich bin aus Nürnberg als ein im Innersten glücklicher Kämpfer zurückgekehrt.»

«Sieg Heil, Sturmführer!» rief Pult aus, warf die Mütze hoch und fing sie auf. Ihm war der ganze Weltanschauungskram schnuppe. Sein Erlebnis in Nürnberg war eine scharfe Kellnerin gewesen. «Die peilte vielleicht nach dem Bettzipfel. Immer rin in die gute Stube!» Darüber lohnte sich zu reden, und endlich wollte er sich seine Zigarette anzünden, ehe der ganze Tabak herauskrümelte.

Während der Semesterferien gab es für die SA-Anwärter keine Ausrede, dem Dienst fernzubleiben. Manchmal wurden sie telephonisch alarmiert. Wer keinen Anschluß besaß, hatte

sich vom Kaufmann an der Ecke benachrichtigen zu lassen. Friedrichsen war stolz auf seinen Mobilmachungsplan, dreihundert Mann standen ihm jederzeit zu Gebot.
Für Ende September war im ganzen Reich eine Aktion gegen das Bettlerunwesen geplant. Rühmten die Fremden nicht an Mussolini, daß er sein Land von dieser Plage befreit habe? Wozu gab es eine NS-Volkswohlfahrt und ein Winterhilfswerk? Ab Oktober durfte einen Sonntag im Monat das Eintopfgericht nicht mehr als fünfzig Pfennige kosten, die Differenz zum Menüpreis war abzuführen. Wehe dem Restaurant, das nach der Suppe noch einen Apfel reichte.
Robert Langfeld nahm die Einhaltung des Gebots, das er für vernünftig hielt, sehr genau. Als Ida am Abend Bratkartoffeln mit Schinken auftischte, die Männer müßten doch einmal am Tag was Kräftiges haben, schickte er sie mit ihren Schätzen zurück. «Das wärmen Sie morgen wieder auf. Niemand darf sich aus der Volksgemeinschaft ausschließen.»
Selbst bei Spitzens wurde mit Rücksicht auf Eva das Eintopfessen nicht umgangen. Herrn Märzens Freundlichkeit wäre verscherzt gewesen, wenn Fragen in der Klasse ans Licht gebracht hätten, daß Evas Eltern sich nicht an die Vorschriften hielten.
Morgens um fünf rief Ida, die den Zopf noch nicht aufgesteckt hatte, Wilhelm ans Telephon. Lambert fluchte. «Verdammte Scheiße, sieben Uhr antreten Humboldt-Platz. Wieder irgend so eine Aktion. Du mußt noch Löffelholz anrufen. Wenn er nicht da ist, Meißner. Dann sind alle durch.»
Einigen Kameraden war das Frühstück wichtiger gewesen als die Rasur. Um Pult verbreitete sich eine Wolke von Alkoholdunst. Er starrte seine Schar aus verglasten Augen an. «Dienst ist Dienst, und wenn wir auf Augenbrauen kriechen.» Sturmbannführer Friedrichsen erläuterte den Einheitsführern die Aufgabe. «Das ganze Viertel wird nach Asozialen durchgekämmt. Hausierer auf Gewerbeschein überprüfen. Bettler und Zigeuner der Polizei zuführen. In Läden kein Aufsehen

machen, Verfolgung endet an der Wohnungstür. Bitte keine Armeleutejagd, wenn Sie mich verstehen. Auftreten höflich, aber bestimmt. Bei Widerstand Härte. Elf Uhr Ende der Aktion, sturmweise abrücken. Noch Fragen?»

Da ein Polizeihauptmann, übrigens der Vater von Wilhelms verflossener Agnes, die Gesamtleitung hatte, konnte sich Friedrichsen höheren Aufgaben zuwenden. Er war mit Professor Bähr, dem Rektor der Universität, verabredet. Es ging darum, die Elite der Studenten – Bähr und Friedrichsen verstanden Grundverschiedenes darunter – aus den Buden von ihren Wirtinnen wegzuholen und in Kameradschaftsheimen zusammenzufassen, wo sie nach Ordensregeln für die künftigen gewaltigen Ziele des Staates und der Partei geschult werden sollten. Wilhelm betrachtete sich den Vater von Agnes aus der Nähe. Er hatte seine Beamten den Sturmriemen des Tschakos ums Kinn legen lassen, als ob es gegen bewaffnete Insurgenten ginge. Fehlte nur noch das Kommando «Knüppel frei!». So also sah der Mann aus, der die Tochter im Stinkviertel verkommen ließ, nur weil sie einem Kind das Leben gegeben hatte. Der Giftzahn maß kaum einssechzig, hatte O-Beine und ermangelte eines Halses. Um so kräftiger war seine Stimme. «Das Gesindel soll heute nichts zu lachen haben, meine Herren.»

In Rotten zu zweien umstellten sie das Viertel um den Kaiser-Friedrich-Platz, anschließend sollten sie sich den Wochenmarkt auf dem Paradefeld vornehmen, falls bis dahin nicht alle Spitzbuben auseinandergestoben wären.

Pult schwärmte mit sechs Mann über die Waterloostraße nach Süden aus und setzte Lambert auf einen zerlumpten Zeitgenossen an, der eine Trompete unter dem Arm trug und sicher in keiner Fachschaft der Reichsmusikkammer verzeichnet stand. Wilhelm wurde in einen Hausflur neben dem Schlachterladen geschickt, wo ein Mann mit einem Bauchladen voll Schnürsenkeln und Streichhölzern untergetaucht war. «Betteln und Hausieren streng verboten!» stand an der Haustür in Emaille und noch einmal dasselbe im Hausflur auf weißem Karton unterhalb von «Füße abtreten. Vorsicht, frisch gebohnert!».

Den Hausierer zu verfolgen, war kein Kunststück. Er humpelte. Auf Wilhelms zaghaft vorgetragene Forderung, den Gewerbeschein herzuzeigen, reagierte er nicht. Er tastete die Kellertreppe hinab, klemmte sich durch die Hoftür und versuchte, zwischen aufgehängter Wäsche in den Hintergarten zu entkommen. Wilhelm hätte ihn nur am Kragen festzuhalten brauchen. Aber eine Scheu hielt ihn zurück.

Das Ende des Gärtchens war abzusehen. Ein schulterhohes Staket trennte die Rückseite von den Gärten der Leipziger Straße. Am Ende seines Lateins, drehte der Mann sich um, hob schnaufend die Arme und blickte mit einem ängstlichen Ausdruck zu Wilhelm hinauf.

«Machen Sie mir doch keine Schwierigkeiten. Wenn Sie keinen Schein haben, sagen Sie es. Deshalb passiert Ihnen nichts Schlimmes.»

Der Mann holte einen brüchigen Pappdeckel aus der Brusttasche hervor, auf dem «Taubstumm!» kaum mehr zu entziffern war, und setzte sein Tragbrett mit der Ware ins Gras. Seine Geste schien anzudeuten, bitte, ich schenke dir meinen ganzen Laden, wenn du mir über das Gitter hilfst.

Wilhelm blickte sich ratlos um, sah an den Häuserwänden hoch und konnte keinen Zeugen der prekären Szene entdekken. Er verschränkte seine Finger, wie er es an der Eskaladierwand auf dem Holm, wo sie mit Erlaubnis der Marine neuerdings exerzierten, gelernt hatte, und bedeutete dem Hausierer, seinen Fuß in die Höhlung zu setzen. Der Mann putzte sich vorher die Schuhsohlen, soweit von solchen noch gesprochen werden konnte, ab, riß sich mit letzter Kraft hoch und plumpste drüben in einen Komposthaufen. Wilhelm reichte ihm den Bauchladen nach, schenkte ihm eine angebrochene Schachtel Zigaretten und deutete mit einer Handbewegung an, er solle machen, daß er davonkomme.

Als Wilhelm sich zum Gehen umwendete, wurde er vom Balkon herunter durch die Schlachtersfrau mit Vorwürfen überschüttet. «Son Packzeug. Verdreckt mir meine Wäsche, und Sie stehen dabei und lassen das zu. Warte, das melde ich Ihrer Aufsicht. Schon dreimal habe ich den Kerl fassen wollen, und Sie helfen dem Miststück noch wegzukommen. Man wundert sich über gar nichts mehr.»

Sie verschwand im Zimmer, und Wilhelm beeilte sich, aus der Gefahrenzone zu gelangen. Im Flur stieß er auf Pult, von dem alle Schläfrigkeit aus der Nacht im «Sevilla» abgefallen war. Pult hatte sein aufgeregtes Hemd angezogen. «Wo ist Ihr Scheißkerl abgeblieben, Langfeld? Sie wollen mir doch nicht erzählen, daß der Lahmarsch Ihren müden Gehwarzen ausgebüchst ist?»

Die Schlachtersfrau, bei der Pult seine Wurst zu kaufen pflegte, enthob Wilhelm der Antwort. Sie kam die Treppe heruntergeklappert und zeigte auf den Versager. «Heil Hitler, Herr Pult! Gut, daß Sie kommen. Der Idiot da hat den Kriminellen laufen lassen. Was sage ich? Er hat ihm über die Gartenmauer geholfen. Das ist Sabotage!»

Pult stand kurz vor dem Schlaganfall. Er brauchte Wilhelm nicht lange anzusehen, kein Widerspruch stand in dessen Gesicht. Die Schlachtersfrau keuchte. «Geben Sie ihm Saures, Herr Pult. Wo kommen wir sonst hin?»

Pult blieb die Spucke weg. Für so etwas fielen ihm keine Vokabeln mehr ein. Er stieß einen hohen Schrei aus und wollte mit aller Wucht gegen Wilhelms Schienbein treten. Anscheinend hatte er noch nicht genug Zielwasser getrunken oder Wilhelm, der Jiu-Jitsu nur vom Hörensagen kannte, wuchs in dieser Sekunde über sich hinaus. Er sprang zur Seite, fing den violett schimmernden Stiefel, an dem Pult am liebsten goldene Sporen getragen hätte, mit beherztem Griff ab, riß ihn hoch, und der Kopf des Vorgesetzten schlug auf den Terrazzo, just in den Kranz hinein, in den der Künstler Laviso «Willkommen!» eingelegt hatte. Aus einer Platzwunde sickerte das Blut

des Scharführers, er erbrach sich und verlor das Bewußtsein. Sonst hätte er Langfeld den Mangel an Satisfaktionsfähigkeit entgegengeschleudert. Die Schlachtersfrau schwankte zwischen Wut über den verschmutzten Fußboden und dem Gefühl, den Hingestreckten versorgen zu müssen. Sie tat ein drittes, rannte auf die Straße und schrie: «Polizei, Mörder, Sanitäter!» In dieser Reihenfolge dreimal.
Wilhelm kniete neben Pult, wischte ihm den Mund ab, verband ihm höchst laienhaft die Wunde mit zwei Taschentüchern und versuchte Herzschläge zu hören. Sie waren vernehmbar. Der Kursus in Erster Hilfe sollte erst im nächsten Jahr drankommen.
Zugleich mit dem Krankenwagen traf Sturmführer Kunze auf dem Schauplatz ein. Er schüttelte den Kopf, als Pult ins Auto getragen wurde. Der Alkoholdunst widerte ihn an. Kunze trank keinen Tropfen, sein Haß auf die Korporationen richtete sich auch gegen deren Bierkonsum. Er nahm Langfeld beiseite und ließ sich den Hergang schildern.
Wilhelm bekannte, daß ihm sein Fahndungsobjekt entkommen sei, die eigenen Hilfen überging er. Er hielt Pult die Wut über sein Mißgeschick zugute. Er habe in Notwehr gegen einen tätlichen Angriff gehandelt und die Folgen seiner Verteidigung nicht voraussehen können. Kunze wurde in seiner Nachdenklichkeit von der Schlachtersfrau unterbrochen, der von Wilhelms Beichte kein Wort entgangen war.
«Wenn ich was dazu sagen soll, Herr Sturmführer» – sie kannte sich in den Dienstgraden aus –, «alles Lüge! Mir ist Herr Pult seit Jahren als ein angenehmer Mensch bekannt. Er wohnt hier in der Straße und kennt die Subjekte, die uns belästigen. Anstatt daß der da», sie zeigte auf Langfeld, «den Verbrecher festnimmt, hat er ihm zur Flucht durch die Gärten nach der Leipziger Straße hin verholfen. Empörend ist das, und der Zorn von Herrn Pult über solche Komplizenschaft ist ganz natürlich. Erledigen wollte der feine Junge unseren Herrn Pult – wenn er nur wieder aufkommt –, um einen Zeu-

gen zu beseitigen. Ich habe alles gesehen und ich werde es vor Gericht beschwören.»

Kunze zog ihre Schwurhand herunter. «Das hat noch Zeit.»

Als rettender Engel trat der Führer des Nachbarsturms, ein fröhliches Theologengemüt, in den Flur. Der Heide Kunze hielt zwar nichts von Engeln, aber Sturmführer Schwieters kam wirklich wie gerufen.

Schwieters, arm wie eine Kirchenmaus, hatte sich sein Studium durch Nachhilfestunden in Griechisch verdient. Als Vollwaise ohne Verwandte stand er allein in der Welt, war immer zur Heiterkeit aufgelegt und hatte das Ziel seines Studiums längst aus den Augen verloren. Wenn erst die Wehrpflicht käme, würde er vielleicht noch einmal von vorn anfangen, um Offizier zu werden. Lieber im Felde in frischer Luft sein, als auf der Kanzel predigen zu müssen. Schwieters lispelte nämlich ein wenig. Als einziger im Sturmbann trug er abgewetzte blaue Samtbreeches zum Braunhemd. Man wollte schon für ihn sammeln. Aber Schwieters hatte lachend abgewehrt. «Ich trage mein Herz nicht in der Hose, in der Kampfzeit waren wir immer ein bunter Haufen.»

Die Schlachtersfrau hätte zu gern beim Gespräch zwischen Kunze und Schwieters gelauscht, ein Geselle rief sie ans Telephon. Als sie zurückkehrte, flüsterte sie Kunze zu: «Herr Pult ist schon wieder bei Bewußtsein, soll ich Ihnen sagen, nur eine Gehirnerschütterung, Gott sei Dank!» Laut setzte sie mit einem Giftblick auf Wilhelm hinzu. «Das hat der Schubiak nicht verdient.»

Wilhelm hielt sich in der Ecke zur Verfügung des Gerichts. Kunze war es endlich gelungen, die Schlachtersfrau abzuschütteln, er ging, Schwieters an der Seite, mit gesenktem Kopf den Flur auf und nieder. «Meinst du auch, Schwieters, wir sollten den Fall intern regeln? Für Pult ist der Denkzettel ganz gesund, er übernimmt sich oft den Anwärtern gegenüber. Mit Sicherheit hat er nach Langfeld treten wollen. Das nehme ich dem Knaben ab. Bei einer Strafanzeige könnte Pult

den kürzeren ziehen. Er wird froh sein, wenn er Langfeld, ein rotes Tuch für ihn, endlich los ist. Langfeld ist kein Nationalsozialist, er wird nie einer werden. Daß er den Lumpen aus Schlappheit hat laufen lassen, glaube ich der Frau.»
Schwieters nickte. «Zigaretten hat er dem Kerl zugesteckt, das wollte ich noch gemeldet haben», rief die Schlachtersfrau von der Treppe herunter und zog sich schnaufend und endgültig zurück.
«Wenn Ihr mit dem Bürschchen doch nur Ärger habt, nimm ihm den Ausweis ab, Kunze, und mache ihm klar, daß er nie die Spiegel bekommen wird. Bei Anwärtern braucht man nicht lange zu fackeln. Vielleicht tust du ihm sogar einen Gefallen damit. Es gibt solche hoffnungslosen Jüngelchen.»
«Langfeld!» böllerte Kunze. Wilhelm pflanzte sich vor ihm auf. «Sie haben es nur dem gutmütigen Ratschlag von Sturmführer Schwieters zu danken, daß ich aus Ihrem haarsträubenden Verhalten keine Angelegenheit mache. Sabotage polizeilicher Maßnahmen, tätlicher Angriff auf einen Vorgesetzten, das reichte hin, Sie hinter Gitter zu bringen, Sie Minusfigur! Sie gehen jetzt auf dem schnellsten Wege nach Hause, waschen Ihre Uniform tadellos, legen den SA-Ausweis obenauf und liefern morgen um neun das Paket bei der Sturmbanngeschäftsstelle im Keller der Universität, Zimmer zehn, ab. Auf eine Standpauke des Sturmbannführers machen Sie sich gefaßt. Und bilden Sie sich nur nicht ein, auf einer anderen deutschen Universität weiterstudieren zu können, das haben Sie sich verscherzt. Aus der Traum. Noch Fragen?»
Wilhelm hätte fragen können, seit wann ein SA-Sturmführer darüber befindet, ob ein Studium abzubrechen ist. Er wartete den Befehl zum Wegtreten nicht ab, sondern trottete grußlos davon. Kunze blickte fassungslos hinter ihm her. «Würstchen gibt es . . . Seine Hose habe ich dir zugedacht, Schwieters. Keinen Widerspruch!»
Wilhelm war so benommen, daß er beim Passieren der Leipziger Straße nicht bemerkte, wie Kruse drei Gestalten, darun-

ter den taubstummen Hausierer, bewachte. Er setzte sich gleichsam mechanisch in Trab. Nur so schnell wie möglich das Zeug vom Leibe bekommen! Als er durch die Lessingstraße lief, zögerte er einen Augenblick, ob er bei Claudia hineinsehen sollte. War nun nicht auch er ein halber Widerstandskämpfer? Aber er wollte Claudia seinen Anblick in Uniform ersparen. Wenn er sein Lauftempo beibehielt, war er in zehn Minuten der braunen Kluft für alle Zukunft ledig.
Der Vater nahm die Neuigkeit nicht so freudig auf, wie Wilhelm erhofft hatte. Bevor er sich umziehen konnte, wurde er ins Gebet genommen. «Du warst in der Waterloostraße der verlängerte Arm eines Staatsorgans. Dem darf man nicht zuwiderhandeln. Das ist nun passiert. Was aber soll aus deinem Studium werden? Ob ich einen Brief an den Rektor der Universität schreibe?»
Wilhelm lachte. «Hat dir Seelunds Ergehen nicht gezeigt, daß solche Anstrengungen nur ins Leere gehen? Du könntest dir die Finger wundschreiben. Morgen geht ein Rundbrief an die Studentenschaften aller Universitäten im Reich, der cand. phil. Wilhelm Langfeld habe die Berechtigung zum Studium verwirkt. Einer Immatrikulation des Genannten stünden schwerwiegende Gründe entgegen. Auskunft auf Anfrage.»
Der Vater trommelte auf der Tischplatte. «Du nimmst deine Lage verdammt leicht. Was soll aus dir werden? Habe ich dein bisheriges Studium umsonst bezahlt? Ich werde heute abend Daniel anrufen. Er weiß immer Auswege.«
Wilhelm hatte einen Einfall. «Daniel wird nichts anderes empfehlen als das, was mir Dr. Senkerle schon geraten hat, freilich nach Abschluß des Studiums. Was ich mir bisher angeeignet habe, ist nicht verloren. Ich werde mich bei Wulfen um eine Lehrstelle im Antiquariat bewerben. Nach zwei Jahren bin ich Gehilfe und dir von der Tasche. Dann kann ich mich in Hamburg, Frankfurt am Main oder Leipzig umsehen. Vielleicht auch Amsterdam oder Kopenhagen oder London. Wunderbar!»

Der Vater dämpfte Wilhelms Überschwang. «Du bist Martha mit dem Melkpott. Noch hat dich Wulfen nicht angenommen. Weißt du, daß zu meiner Zeit niemand Reserveoffizier werden konnte, der hinter einem Ladentisch gestanden hatte? Darüber half auch kein Einjähriges und kein Abiturientenexamen hinweg. Großhandelskaufleute, ja. Der Wulfen ist doch ein besserer Trödler. Wie willst du dort etwas lernen?»
Wilhelm verteidigte die Kenntnisse Wulfens und seiner literarisch sehr gebildeten Frau. «Bei Wulfen gibt es immer etwas zu entdecken, die Leute kommen von weit her angereist, um in seinen Schätzen herumzustöbern. Er ist geradezu eine kulturelle Instanz der Stadt, wie das Theater oder die Galerie.»
Ida meldete den Besuch einer jungen Dame, die Herrn Wilhelm zu sprechen wünsche. «Mich?» fragte Wilhelm entsetzt und sah sich nach einem Fluchtweg um. Weiblichkeit war für Robert Langfeld das einzige Stichwort, das seiner Verärgerung über Wilhelms Pechsträhne abhelfen konnte. «Bitten Sie die junge Dame herein», sagte Langfeld senior zu Ida.
Der Versuch, durch den Salon auf sein Zimmer auszuweichen, mißlang Wilhelm. Ingrid, die ihn noch nie in Uniform gesehen hatte, wußte sofort, warum er sich vor ihr verstecken wollte. Übrigens hatte auch sie eine Heimlichkeit zu enthüllen. Deshalb betrat sie ja zum ersten Male und unangemeldet die Tirpitzallee. Sie kam von der orthopädischen Klinik Dr. Labesius, wo sie sich, ohne Wilhelm einzuweihen, beworben hatte und angenommen war. Nun wollte sie als glückstrahlend frischgebackene «Labese», die künftig ihren Wilhelm täglich sehen könnte, auf Zimmersuche gehen, und Wilhelm sollte ihr dabei helfen. Das wechselseitige Versteckspielen zerstörte alles. Vorwürfe über Vorwürfe. Da könne jeder kommen und erzählen, er sei nicht mehr in der SA, wenn er die geliebte Uniform sogar zu Hause spazierenführe. Wilhelm sei genau solch ein Nazi wie ihre Mutter. Alles Verstellung, was er bisher gesagt habe. Wozu aus Eutin weggehen, wo nun alles aus sei . . .

Wilhelm war gern ab und zu nach Eutin gefahren, um sich mit Ingrid zu treffen. Aber das Mädchen hier in der Stadt täglich um sich zu haben, war weniger sein Fall. Ein Wort gab das andere, Ingrid stürzte mit Tränen in den Augen davon.
Ida hatte sich verzogen, sobald sich das Gewitter entlud, der Vater wurde bei offener Tür Zeuge der Auseinandersetzung, scheute sich aber einzugreifen. Mädchen, die anklagten, besaßen keinen Reiz für ihn. «Du scheinst heute die Erde hinter dir verbrennen zu wollen, mein Junge», sagte er, als die Haustür ins Schloß gefallen war. Er trat hinter die Gardine, um wenigstens einen flüchtigen Eindruck von Wilhelms Freundin zu gewinnen. «Sie scheint sich schon wieder gefangen zu haben, läuft ganz flott davon. Ein hübsches Mädchen. Solch einen Schatz läßt man nicht fahren, Wilhelm. Das mußt du wieder einrenken.»
«Ich denke nicht daran», sagte Wilhelm und verließ das Zimmer.
Sein Trotz schlug um in ein seit langem nicht mehr gekanntes Gefühl der Gelöstheit und Befreiung, als er aus der Badewanne auf die Fliesen herabblickte, über die die SA-Plünnen verstreut lagen. «Lache, Bajazzo!» schmetterte er und tauchte gurgelnd unter. Er wurde immer ausgelassener, schlug mit der flachen Hand ins Wasser, so daß Bäche über die Kacheln rannen, schloß die Augen und versetzte sich in Gedanken nach Amsterdam, Kopenhagen oder London.
Noch nackend und triefend zog er die braune Kluft einmal durch das Badewasser, wrang sie aus und hängte sie über eine Leine. Das Paket lasse ich morgen durch einen Dienstmann abliefern, überlegte er. Ob man den Ausweis zerrissen obenauf legen sollte? Er stellte sich Friedrichsens Tobsuchtsanfall vor. Nein, noch hält diese Gesellschaft das Heft in der Hand. Anpassung, solange es moralisch irgend zu verantworten ist, hatte ihm Senkerle geraten.
Leicht fiel ihm der Abschied von der Wissenschaft nicht. Es bleibt ein Unterschied, ob man in ihr lebt oder mit ihren Wer-

ken nur Handel treiben soll. Wilhelm verscheuchte den Gedanken und eilte noch im Bademantel ans Telephon, um Claudia die Neuigkeit mitzuteilen. «Stelle dir vor, ich bin aus der SA herausgeflogen, bin plötzlich frei, ganz frei. Und Ingrid hat mir den Laufpaß gegeben. Noch freier! Es ist kaum zu fassen, wie glücklich ich mich fühle. Du auch?»
Claudia schwieg. Wie begegnete man solchem Ansturm? Nur nicht nachgeben. «Hoffentlich ist das alles für dich zum besten, Wilhelm», sagte sie wie ermattet. «Nett, daß du es mich gleich wissen läßt. Ich will es Leopold erzählen, sobald er heimkommt.»
Was nützt alle Freiheit, dachte Wilhelm, wenn es einen Leopold gibt.

XVII

Erntebier im Gilbhard

Mit seinem ältesten Sohn hatte Langfeld am Abend zweimal telephoniert. Daniel riet vom Klageweg ab. Er versprach, sich bei seinem Freunde Wasserschout, dem Verleger großer amerikanischer Romane und der schönen Balzacausgabe, für Wilhelm zu verwenden. Schon nach einer Stunde rief Daniel zurück.

«Wasserschout, mein zukünftiger Trauzeuge, mit dem ich eben gesprochen habe, winkt ab. Seine Mannschaft sei bis auf den Hersteller Herbig und die Vertriebsleiterin Maria Heinz zusammengeschmolzen. Jede Woche erscheine bei ihm die Gestapo, um nach beschlagnahmten Büchern jüdischer Autoren zu fahnden. Dabei liegen die Bestände in Leipzig, in Berlin gibt es nur Musterexemplare für den Auslandsvertrieb, Frau Heinz soll möglichst viele Auslandsrechte verscheuern. Verstehst du, um Devisen zu beschaffen, dafür sind die Juden recht, lesen sollen wir sie nicht. Wasserschout kämpft auf verlorenem Posten. Goebbels hat zwar eine persönliche, unausgesprochene Vorliebe für den dynamischen Mann, aber sein Ministerium macht Wasserschout das Leben sauer. Er könnte Wilhelm nicht garantieren, daß sich eine Lehre bei ihm zu Ende führen ließe.»

«Das sieht schlecht aus», sagte der Vater.

«Sodann will man künftig den Zugang nach Berlin beschränken, die alberne Wasserkopftheorie. Und mein Freund, ein wirklich erfahrener Verleger, sagt mir, eine Lehre im Verlag könne niemals eine Lehre im Sortiment aufwiegen. Die guten Verlage rekrutierten ihren Nachwuchs aus dem Sortiment, erst wer vor Ort das schwierige Geschäft erlernt habe, Bücher

an den Mann zu bringen, tauge für die Arbeit im Verlag. Das leuchtet mir ein, Wasserschout versteht sein Metier.»
«Du meinst also, Wilhelm soll es getrost mit dem Antiquariat versuchen?»
«Lieber Vater, das Risiko wächst auf der ganzen Linie. Wenn, wie es heißt, für Antiquare erst das Trödelbuch eingeführt wird, eine Liste, in die Käufer antiquarischer Bücher einzutragen sind, damit die Gestapo weiß, wo sie bei Beschlagnahmen fahnden soll, dann geht dieser Beruf an bürokratischer Gängelei zugrunde. Aber die Auslandschancen bleiben dem wissenschaftlichen Antiquar ja erhalten.»
Der Vater reagierte verärgert. Es wollte ihm nicht in den Kopf, daß seine Söhne genau wie Claudia und Leopold das Heil immer nur außerhalb der Reichsgrenzen sahen. Hatte die Heimat denn jeden Wert verloren? Daniel schrieb sehr selten nach Hause, Langfeld war begierig, Neuigkeiten zu hören, obwohl er wußte, daß Daniel es nie ohne Spitzen abgehen ließ. «Wie malt sich dir die Lage?»
«Schwer auf einen Nenner zu bringen. Ostpreußen frei von Arbeitslosen. Rückgang im Reich um über zwei Millionen, das sind schon erstaunliche Ergebnisse. Der Mobilisationseffekt klingt noch nicht ab, er vervielfältigt sich. Drei Millionen Mark hat der Arbeitgeberverband zur Förderung der nationalen Arbeit aufgebracht. Die Industrie zieht mit, weil sie sich der Querelen an der Tariffront ledig glaubt. Aber im Schatten solcher wirtschaftlichen Erfolge sieht es finster aus. Der Abbau der letzten Rudimente der Demokratie wirkt sich für die Rechtssicherheit verheerend aus. Dir wird entgangen sein, daß das Preußische Staatsministerium den Artikel 34 der Verfassung aufgehoben hat.»
«Völlig. Was bedeutet das?»
«Der Justizminister übt jetzt das Gnadenrecht auch bei noch nicht entschiedenen Strafverfahren aus. Damit können strafbare Handlungen, die der Durchsetzung des NS-Staates dienen, beliebig außer Verfolgung gesetzt werden.»

«Unglaublich!»
«Die Praxis sieht noch schlimmer aus. In Thüringen hat das Ministerium Frau und Tochter des nach Prag geflohenen Bürgermeisters Worch ins Gerichtsgefängnis einliefern lassen. Begründung: Repressalie gegen Worchs Verleumdungen im Ausland.»
«Das ist ja Sippenhaft. Entsetzlicher Gedanke.»
«Frick erklärt zwar, die Deutsche Revolution sei abgeschlossen, wer von zweiter Revolution spreche, sabotiere den Führer. Die Reichsstatthalter sollten verhindern, daß irgendwelche Parteistellen sich noch Regierungsbefugnisse anmaßten. Aber kein Aas kümmert sich darum. Wir haben ein Verwaltungschaos, dagegen war die Münchner Räterepublik ein Musterstaat.»
«Na, na», sagte der Vater voll Skepsis.
«Der gleiche Herr Frick hebt die Beamtenvertretungen auf, weil sie ein Verhältnis von Untergebenen zu Vorgesetzten unterstellen, das nicht auf Vertrauen gegründet sei. Ahnst du, was das bedeutet?»
«Ich kann es mir denken», sagte der Vater ziemlich kleinlaut.
«Göring treibt mit seinem Preußischen Staatsrat kolossalen Unfug, er führt sich auf wie Ludwig XIV. Der Staatsrat soll angeblich verhindern, daß die Minister und er in ihrer Machtfülle den Kontakt zum Volk verlieren. Kommen etwa Staatsräte zu Wort? Sie geben nichts als die Kulisse ab für Empfänge, Ansprachen und Paraden. Nächste Woche habe auch ich aufzumarschieren, zum Deutschen Juristentag in Leipzig. Zwanzigtausend Juristen versammeln sich auf dem Reichsgerichtsplatz. Ein Bombergeschwader könnte Hitler auf einen Schlag von dem ihm lästigen Berufsstand befreien. Der Führer der ‹Deutschen Rechtsfront›, Reichsjustizkommissar Frank, wird tönen. Sein Glaubensbekenntnis lautet: ‹Der Führer ist unser Gottesstreiter in dem Gottesgericht, dem sich das deutsche Volk unterwirft. Die deutschen Juristen sehen im Recht nur das Mittel zum Zweck, der Nation die heldischen

Kräfte zum Wettstreit sicherzustellen.› Eine feine Maxime, meinst du nicht auch?»

«Daniel, wir müssen Schluß machen, es wird zu teuer.»

«Das Gespräch bezahle ich, Vater. Sag mal, was hat es mit dem Eingriff eures Regierungspräsidenten in den evangelischen Religionsunterricht auf sich? Die ‹Frankfurter Zeitung› drückte sich etwas nebelhaft aus.»

«Ein empörender Willkürakt. Isaaks Opferung darf nicht mehr behandelt werden, ist aus dem Lehrplan zu streichen, weil die in ihr vertretene Götteranschauung, hörst du, Götteranschauung, das klingt nach germanischer Mythologie, undeutsch sei. Die evangelische Kirche wird durch kein Konkordat abgestützt, der Reibi hat nicht aufgemuckt. Leere Worte bei seiner Proklamation auf der Nationalsynode in Wittenberg, wo er gesagt hat: ‹In der neu geeinten evangelischen Kirche hat nur einer die Führung, Jesus Christus.› Davon ist nichts zu merken.»

«Mir bereitet unsere Außenpolitik schlimmere Sorgen. Die Provokationen in Österreich gefährden mehr als alles andere den europäischen Frieden. Dollfuß wird bis aufs Blut gereizt. Ob er sich halten kann? Der neue Mann im Kabinett, Schuschnigg, der dem Bundespräsidenten Miklas die Angelobigung, wie man in Wien sagt, geleistet hat, soll sehr besonnen sein. Wird sein Einfluß hinreichen, die Katastrophe abzuwenden? Unsere Rolle in Genf gerät immer tiefer in die Isolierung. Mit Ley im Sommer fing es an. Als er sich gegen die südamerikanischen Staaten auf der Arbeitskonferenz Ausfälle leistete, wurde ihm der Zutritt zur Arbeitnehmergruppe verweigert. In der Abrüstungskonferenz gibt es nur Rückschläge. Mein lieber Vater, ich möchte dir und deinesgleichen, die ihr für den Völkerbund immer nur Verachtung übrig hattet, eines sagen: Wenn Deutschland sich aus dem Völkerbund hinausmanövriert, es sieht fast so aus, dann bleibt nur übrig, sich bis an die Zähne zu bewaffnen, um als geächteter Vogelfreier seine Haut zu retten. Das sagt dir dein Sohn, der erklärte Pa-

zifist. Ich werde mich umsehen, ob mich eine Schützengilde aufnimmt.»
Daniel hatte zuletzt sehr erregt gesprochen. Sein Vater verzichtete darauf, in puncto Völkerbund zu widersprechen. Er ließ den Sohn noch wissen, daß Schwester Irene ihn mit Wilhelm nach Sternthal zum Erntebier eingeladen habe. Aber Wilhelm sei wohl nicht mehr abkömmlich.
Nein, Wilhelm wollte sich am nächsten Tag bei Wulfen vorstellen. Langfeld bestand darauf, den Sohn zu begleiten.
«Wieso? Ich bin volljährig, der Lehrvertrag bedarf nicht deiner Unterschrift.»
«Darum geht es nicht. Wenn Wulfen keine Vakanz hat, schüttelt er dich sofort ab. Mir schlägt man so leicht nichts aus. Verkenne nicht den Nachdruck einer gewissen Autorität, ich verstehe mich darauf.»
Mißgelaunt zog Wilhelm neben dem Vater her. Sie gingen die Braunschweiger Straße hinab. Zunächst kamen sie an der Schulbuchhandlung Herzen vorbei, wo Wilhelm während der Schulzeit seine Texte besorgt hatte. Die Lehrbücher konnte er meistens von Daniel übernehmen. Der alte Herzen mit dem flammenden Vollbart regierte sein Imperium von der Galerie herab. Er besaß ein feines Gehör und herrschte von oben die Gehilfen und jungen Kunden gleichermaßen an, wenn die Schüler auf der neuesten Auflage bestanden oder die Lehrlinge das Gesuchte nicht gleich fanden. Er verfügte über die Stimme eines zürnenden Gottvaters, und sein Geschäft hätte eigentlich verödet sein müssen, wenn er nicht als einziger in der Stadt wirklich alles präsent gehabt hätte, was die Schulen verlangten.
In der Mitte der Straße lag mit breiten, einladenden Schaufenstern die Universitätsbuchhandlung Müllerbach. Sie war das größte einschlägige Unternehmen in der Provinz. Ihr Inhaber, Herr Hüneberg, im Gegensatz zu Herzen milde und distinguiert, pflegte die bessere Kundschaft im Gehrock mit Plastron zu begrüßen. Hier bezog Langfeld seinen «Kosmos».

Sie sahen sich die Auslagen an, der würdige Herr Hüneberg verbeugte sich durch die Scheibe, und Langfeld meinte, in solch einem noblen Laden tätig zu sein, vielleicht einmal Geschäftsführer zu werden, das sei doch für Wilhelm ein Lebensziel. Als Hüneberg Miene machte, Herrn Admiral auf der Straße zu begrüßen, zog Wilhelm den Vater weiter. «Neue Bücher zu verkaufen, das ist für mich wie ein Umgang mit Konserven. Das bißchen Bibliographieren kann jeder Heringsbändiger erlernen. Es mag hochmütig klingen. Für mich ist nur das alte Buch eine Individualität, die Kenntnis und Liebe zur Sache verlangt.»

«Vergiß nicht, welcher Reiz darin liegt, ein eigenes Profil zu haben», sagte der Vater. «Bei Wulfen könnt ihr nur vorzeigen, was euch der Zufall ins Haus weht, als Firma seid ihr praktisch gesichtslos. Herr Hüneberg bestellt sich die Bücher, die er vertreten kann und will. Seht her, das verantworte ich, das ist meine Note! Für mich gibt es keinen Zweifel, wer die Individualität auf seiner Seite hat.»

So weit hatte Wilhelm noch nicht gedacht. «Beides mag richtig sein. Aber ich bleibe bei meiner Entscheidung.»

Der Anblick der Fenster von Wulfen, kurz vor der Universität, schien dem Vater recht zu geben. Von den Rahmen blätterte die Farbe, tote Fliegen häuften sich an der Fensterrampe, und auf verblaßtem grünem Kreppapier türmten sich wahllos, wie es schien, gebrauchte Bücher, in die gelbe Zettel gesteckt waren, darauf mit roter Tinte Daten und Preis. Langfeld sagte erregt: «Dahinein soll ich mit dir gehen? Dort willst du etwas lernen? Das muß doch einen anständigen Menschen abschrekken.»

«Ich sagte dir schon, Vater, ich kann den Weg allein antreten. Auch aus Fehlern läßt sich lernen, man muß nicht alles übernehmen, was die Lehrfirma bietet.»

Wilhelm ging zur Tür, der Vater folgte ihm. Sie bahnten sich durch ein Labyrinth von Stellregalen ihren Weg, überall standen Kunden im Wege, die schon zwei oder drei Bücher unter

dem Arm hielten und ein weiteres durchsahen. «Scheint sehr frequentiert zu sein», bemerkte Langfeld.
In einer Ecke hielt die etwas korpulente Frau Wulfen einige Jünger um sich geschart, denen sie ein Gedicht vorlas. «Ist das nicht außerordentlich stark, meine jungen Freunde? Das gibt mir wieder Hoffnung», schloß sie ihre Lesung. Wilhelm nickte ihr zu.
Vor der Kasse stießen sie auf Herrn Wulfen, einen Mann von mittelgroßer Gestalt. Sein Gesicht wirkte freundlich, die Drahtbrille verbarg gütige braune Augen. Der Kragen war nicht von der allerfrischesten Sorte, Hose und Jackett saßen schlecht. Wilhelm, der bei Wulfen offenbar ein und aus ging, wurde von dem Antiquar durch Handschlag begrüßt, und als Herr Wulfen Wilhelms Begleitung gewahr wurde, nahm er sogar die Pfeife aus dem Mund.
«Herr Wulfen, darf ich Sie mit meinem Vater bekannt machen?»
«Sehr erfreut, Herr Admiral.»
«Sie kennen mich?»
«Wer kennt nicht den langjährigen Stahlhelmführer. Was kann ich für Sie tun?»
«Ich würde mich gern in Ihrer botanischen Abteilung umsehen.»
Herr Wulfen führte sie durch das Gewölbe in den Keller. Auf jedem Treppenabsatz standen Kartons voll unsortierter Bücher.
«Die Eingänge der letzten Tage, sie müssen noch bearbeitet werden», entschuldigte sich Herr Wulfen, wies in den linken Gang und überließ die Langfelds sich selbst.
«Was hast du vor?» fragte Wilhelm.
«Laß mich nur machen.» Langfeld fiel von einem Staunen ins andere, als sie sich der botanischen Abteilung zuwendeten. Wilhelms Absichten waren vergessen. Hier gab es ja Schätze! Und in Mengen. Alles sachkundig gegliedert, als sei der Inhaber des Antiquariats studierter Botaniker. Langfeld entzün-

dete eine Zigarre, setzte die Brille auf und begann die Regale Titel für Titel durchzusehen. Gelegentlich drückte er Wilhelm ein Buch in die Hand. «Das nehme ich mit. Sehr brauchbar für meine Arbeit.»

«Flora des Kreises Flensburg», las Wilhelm.

«Der Flensburger Landrat Duve, den ich für einen wilden Nazi gehalten habe», sagte Langfeld, «scheint doch nicht von Pappe zu sein. Mein Gewährsmann will wissen, daß er an Gauleiter Fests Unfähigkeit als Oberpräsident scharfe Kritik geübt hat. Da werden seine Tage als Landrat gezählt sein.»

«Den ‹Schleswig-Holsteiner-Bund› wird ihm der Gauleiter nicht aus der Hand winden können.»

«Daher kommt seine Zivilcourage.» Schon wieder legte der Vater Wilhelm eine Broschüre auf den Stapel im Arm.

«Was willst du denn mit den ‹Moosflechten im Schwabenland›? Du arbeitest doch über Holsteinische Knicks.»

«Der Verfasser hat seinen Stoff akkurat so angefaßt und aufgegliedert, wie ich mir meine Aufgabe vorstelle. Ich nehme es als Muster mit, sozusagen.»

Eine Linnébiographie legte er noch dazu. Man bahnte sich wieder den Weg nach oben, und Langfeld steuerte Herrn Wulfen an. «Sie haben sich wohl auf Botanik spezialisiert?»

«Keineswegs, Herr Admiral. Ich führe alle Disziplinen. Letzte Nacht habe ich den Nachlaß von Professor Schreiner, von Haus aus Zoologe, eingeordnet, den ich vorigen Monat erwerben konnte. Deshalb ist das Angebot heute noch ziemlich ungerupft und für unsere Verhältnisse von Kunden noch kaum durcheinandergebracht.»

In der Tat wirkte Wulfen etwas übernächtigt. «Da habe ich Glück gehabt.» Langfeld nahm Wilhelm das Dutzend Erwerbungen ab und legte es vor Wulfen neben der Kasse nieder. «Darf ich mit Scheck begleichen?»

Wulfen wickelte den Stapel eigenhändig ein und legte den Scheck in die Kasse. «Ich erlaube mir, Sie zu benachrichtigen, wenn wir Neueingänge haben.»

Langfeld schmunzelte. «Da könnten wir einen kürzeren Draht nehmen, Herr Wulfen. Mein Sohn, der fünf Semester Philosophie und Sozialwissenschaften studiert hat, ist von Ihrem Beruf und Geschäft so angetan, daß er mir eben gestanden hat, er würde gern bei Ihnen in die Lehre gehen. Seine Vorbildung läßt ihn doch sicherlich mit einer verkürzten Lehrzeit rechnen? Er könnte sofort eintreten . . .»
Wulfen war die Überraschung anzumerken. Personalsorgen raubten ihm jede Ruhe. Mangels Menschenkenntnis wurde er immer wieder durch Mitarbeiter enttäuscht, die anderswo weggelobt waren. Er hätte auf ihre Tüchtigkeit geschworen, aber sie erwiesen sich bald als Nieten und Drohnen. Deshalb behalf er sich oft mit Studenten, denen er stundenweise begrenzte Aufträge erteilte. Beim Kassieren ihres Lohns waren sie alle pünktlich, nur ein Teil erledigte das Pensum zur Zufriedenheit. Manche tauchten in irgendeinem Gang unter und lasen sich fest, einige prellten Wulfen vorsätzlich um jede nennenswerte Leistung, ja bestahlen ihn noch. Nach Geschäftsschluß machte sich Wulfen dann daran, das Unerledigte selbst aufzuarbeiten. Jahr um Jahr, ohne jeden Urlaub, eine Sisyphusarbeit. Wulfen entschuldigte sich und eilte zu seiner Frau Marielies. Langfeld drehte sich um und machte zur Chefin hin eine liebenswürdige Verbeugung, die Frau Wulfen erwiderte. Frau Wulfen hätte lieber einen ihrer lyrischen Adepten in Brot gesetzt, was ihr Mann mit der Begründung zu durchkreuzen pflegte, sie hätten im Grunde zu viel Personal. Nur leider nicht das richtige. Darin stimmten sie überein.
«Verzichte in diesem Falle bitte auf deine Aufnahmeprüfung, Friedrich.» Herr Wulfen hatte es zu oft erlebt, daß Lehrlinge selbst mit guten Schulzeugnissen zwar über Rilke, Mombert und Wildgans gewandt zu reden verstanden, aber eine unleserliche Handschrift hatten und nicht eine einfache Prozentrechnung zustande brachten. Vor jeden Lehrvertrag hatte Wulfen daher ein Diktat und drei Rechenaufgaben gesetzt, abzunehmen in seiner Wohnung oben.

«Ich sage das nicht, weil es bei uns unaufgeräumt aussieht, sondern weil du dir deine Schulmeisterei einem Akademiker gegenüber einfach nicht leisten kannst.» Marielies hatte also nachgegeben, da wollte Friedrich nicht starrhalsig sein. Langfeld war überrascht, daß Wilhelm sogar eine Vergütung erhalten sollte. Monatlich dreißig Mark im ersten, fünfzig Mark im zweiten Jahr.

«Als mein Vetter, er ist im Krieg unter Mackensen in Rumänien gefallen, seine Banklehre begann, mußte sein Vater für die drei Lehrjahre sechshundert Mark berappen. So ändern sich die Zeiten.»

Langfeld besiegelte den Vertrag, den nur Wilhelm zu unterschreiben hatte, durch einen Händedruck mit Herrn Wulfen. «Ich hoffe, Sie werden Freude an dem Jungen haben und sich im Probevierteljahr nicht von ihm trennen müssen. Zäh ist der Bursche, Sie können allerhand von ihm verlangen.»

«Ich bleibe gleich hier», entschied sich Wilhelm. «Die Bücher bringe ich mit, wenn hier Schluß ist.»

Ein BdM-Mädchen heftete Langfeld auf dem Bahnhof das erste Abzeichen des Winterhilfswerks an, zwei Ähren, von einer Mohnblume zusammengehalten. Weil sie ihn so freundlich anlächelte, versenkte Langfeld noch einen weiteren Groschen in ihre Sammelbüchse.

Sein Schwiegersohn, Major a.D. Archibald von Hochhirsch, holte ihn von der Bahnstation Ehlsen ab. Sein Fahrtalent in dem eigentlich schon ausgedienten DeKaWe (der Motor bockte öfters) konnte sich mit seinen Reitkünsten nicht messen. Bei der großen internationalen Springkonkurrenz in Rom hatte er zum zweiten Male den Goldpokal Mussolinis mit Erfolg verteidigt und war auf der Kavallerieschule Hannover durch v. Blomberg namens der Reichsregierung beglückwünscht worden.

Auch auf dem 9. Aachener Reitturnier verwies Archibald den italienischen Rittmeister auf den dritten Platz. Sein Fuchswallach übersprang ein breites Doppelrick und die Zweimetermauer fehlerfrei. Zu dem von Göring ausgesetzten Wotan-Preis, der künftig in Hannover ausgetragen werden sollte, würde er nun nicht mehr an den Start gehen können. Archibald war verabschiedet, und Sternthal hatte die längste Zeit über Pferde verfügt.

«Schon eingelebt in die Landwirtschaft?» fragte Langfeld.

«Ach», sagte Archibald, «so bald werde ich mich von Maibohm nicht trennen können. Einstweilen versteht Irene mehr von den Dingen als ich. Darrés neue Marktordnung treibt uns in die Enge. Auf unserem Geestboden lohnt kein Gerstenanbau, wir haben immer Roggen verfüttert. Wie sollen wir plötzlich auf Rüben und Kartoffeln umstellen, nur damit wir die Roggenumlage des Kreisbauernführers aufbringen? Es grenzt an Schikane. Dabei hofften wir, Berlin wolle der Landwirtschaft helfen . . .»

«Also immer noch Sorgen auf Sternthal.» Langfeld wäre am liebsten umgekehrt. Töricht, ohne Not trüber Stimmung entgegenzufahren.

«Bis zum 1. Gilbhard, so versuchen sie jetzt, den Oktober zu nennen, hatten die Landesbauernführer zu melden, welche Menge an Lebensmitteln für das Winterhilfswerk aufgebracht ist. Der Landesbauernführer tritt die Kreisbauernführer. Du machst dir keine Vorstellung, Vater, wie heute auf dem Befehlsstrang der Bauernschaft in die einzelnen Betriebe hineinkommandiert wird.»

Langfeld blickte einem Rudel Rehe nach, das vor ihnen davonstob. «Kannst du dich nicht hinter den Landrat klemmen, damit solcher Unfug abgestellt wird?»

Archibald schaltete den Gang herunter, weil sie auf Kiesschotter gerieten. «Staller hatte noch ein Ohr für uns, der neue Mann steht bloß stramm vor Fest. Deshalb mußte Staller, ein alter Generalstabsoffizier mit Zivilcourage, ja gehen. Komisch, als er kam, von der SPD präsentiert, haben die Landwirte, auch mein Vater, protestiert. Später waren alle der Meinung, einen besseren Landrat hätten wir nicht kriegen können. Schon Ostern ist er in den einstweiligen Ruhestand, wie man das nennt, versetzt worden.»

Sie trafen gerade rechtzeitig auf Sternthal ein, denn der Vogt, hinter dem ein Tagelöhner und ein Wochenlöhner die große Erntekrone trugen, war auf dem Weg zum Herrenhaus. Vierzehn Jahre hatten Schleifen in den Farben der Provinz das Korngebinde geschmückt, diesmal war es mit schwarz-weiß-roten Bändern umwunden. Langfeld küßte Irene flüchtig und trat im Portal hinter das Gutsherrenpaar zurück, dem der Vogt zum Festtage ein paar wohlgesetzte Worte widmete. Man trank im Stehen einen Lütjenburger Klaren. Die Leiter stand schon bereit, um mit ihr die Erntekrone aufzuhängen. Mit der alten vom Vorjahr zog das Trio wieder ab.

Beim Frühstück berichtete Langfeld, was er von Daniel gehört hatte. Er fand keinen Widerspruch, denn SS-Truppführer Maibohm fehlte. Er sah auf dem Speicher über der alten Werkstatt des Stellmachers, wo am Abend das Erntebier gefeiert werden sollte, nach dem rechten. Maibohm, der sich zum politischen Scharfmacher entwickelt hatte, trug heute Uniform. Er hätte sich von Langfeld nichts mehr bieten lassen. Die Zeiten waren vorbei.

Als Irene die Tafel aufhob, bemerkte Langfeld auf der Freitreppe eine Lautsprecheranlage, die Maibohm in Rendsburg gemietet hatte. Auf dem Rasen vor dem Gutshaus waren inzwischen mehrere Bänke aufgestellt worden für den Gemeinschaftsempfang der Kundgebung auf dem Bückeberg. Nur zögernd fanden sich die Gutsarbeiter mit ihren Frauen und Kindern ein, man merkte die Scheu, den heiligen Rasen zu betreten, den der Gärtner jahraus, jahrein mustergültig kurzgeschoren hielt.

Archibald mischte sich unter die Leute, gab den Frauen die Hand, fuhr den Kindern über den Schopf und sprach vom Wetter. Irene überzeugte sich noch einmal auf dem Speicher, ob auch alles klappen würde, und kehrte mit Maibohm zurück. Langfeld hatte sich schon neben der hübschen Tochter des Vogts niedergelassen, die halbtags beim Posthalter in Ehlsen arbeitete. Nur ein kurzes Vergnügen. Irene ließ aus dem Gartenzimmer vier Sessel ins Freie tragen, die vor den Bänken aufgestellt wurden. Es half nichts, er mußte sich in die erste Reihe setzen, ausgerechnet neben den parfümierten Maibohm.

Anfangs krächzte der Lautsprecher zum Erbarmen, die Hauptsache der Reportage von der Szene des Reichserntedanktages ging unter. Das laute Knacken hallte von den Scheunen wie Gewehrschüsse wider. Aber der Maschinenschlosser, der sich auch etwas auf Elektrik verstand, schaffte Abhilfe. Goebbels' mehrfacher Lobgesang auf den tapferen Kampf der deutschen «Bauren», einige lachten über dieses Wort des rheinischen Männchens, ging nicht mehr zu Lasten der Technik. Eine halbe Million Bauern und Bäuerinnen hatten sich auf dem Bückeberg versammelt. Von Landarbeitern war nicht die Rede. Warum fehlte Maibohm dort? Er hatte sein Motorrad zuschanden gefahren, und Irene war nicht willens gewesen, ihm die Fahrkarte für die Reichsbahn zu spendieren. Seine saure Miene ließ diese Tatsache den ganzen Tag nicht vergessen. Als einige Wochenlöhner hinter ihm ein paar Worte wechselten, fuhr er herrisch herum und bat sich Ruhe aus. Dabei war der Lautsprecher bis auf die Hofkoppeln hinaus zu hören.

Um vier Uhr trifft der Diplomatenzug am Fuße des Berges ein. Der Führer steigt von der Talsohle zur Höhe, von Jubel umbraust. Das Reiterregiment 13 reitet in Formation ein Hakenkreuz aus. Darré ergreift das Wort: «Das geeinte Volk feiert mit seinem Führer den Erntedank als einen Tag religiöser Weihe. Er ist das Bekenntnis der Nation zum deutschen Bauerntum als dem Träger deutscher Zukunft.»

Langfeld beugte sich zu Irene hin. «Was heißt hier religiös? Ich vermisse den Feldgottesdienst. Wart ihr heute in der Kirche?»

Irene flüsterte. «Der Pastor hat sich verkühlt. Es wäre ohnehin niemand gekommen. Manchmal predigt er sonntags vor fünf Leuten.»

«Schande», zischte Langfeld.

Alle drehten sich um zum Schweinepriester. Korel war auf die Bank gesprungen, klatschte mit seinen Riesenpranken und schrie immerfort «Heil!».

«He hätt nich alls tohopen, Herr Admirol», sagte der Vogt, indem er sich zu Langfeld vorbeugte. «Nix to moken.»

Dann spricht der Führer. Langfeld blickte rückwärts, um sich zu vergewissern, wie die Rede auf diese Menschen in Sternthal wirkte. Den Frauen war die Begeisterung anzusehen, sie lauschten begierig der Stimme. Die Männer blieben meist teilnahmslos. Dieser Redner kam nicht aus ihrer Welt wie etwa der alte Hindenburg, von dem in mancher Kate noch ein Bild hing. Man staunte Hitler an wie den Zirkusdirektor aus Ungarn, der unter dem Zelt in Ehlsen mit seltsamen Ausrufen die Peitsche geschwungen hatte. Ach so etwas muß es wohl geben, wir können nichts daran ändern . . .«Ihr dürft nicht nur der Nähr-, sondern ihr müßt auch der Willensstand in den deutschen Landen sein. An unseren Herrgott richten wir in dieser Stunde in Demut die Bitte, uns auch in Zukunft seinen Segen zu geben zu unserem Werk und das tägliche Brot.»

Das Horst-Wessel-Lied sangen nur Maibohm, der Vogt und Korel laut mit. Einige bewegten leise die Lippen. Alle waren aufgestanden und reckten die Arme. Langfeld durfte sich nicht ausschließen. Dann wurden die Bänke auf den Speicher getragen, und zum Erntebier, dem Höhepunkt des Jahres auf Sternthal, löste sich die Stimmung wie befreit nach dem feierlichen Gedröhn aus dem Radio.

«Stadt und Land – Hand in Hand» stand auf einem Plakat über dem Aufgang zum Speicher, dessen Tür von einer Girlande eingefaßt war. Das Klavier des Vogts hatten sie über eine Dachluke auf den Speicher gehievt, behämmert wurde es vom Sohn des Schmieds aus Ehlsen. An seiner Seite fiedelte der Schuster. Korel spielte die Teufelsgeige, einen Krachmacher ohne jede Musikalität. Er tat es seit Jahrzehnten schon, schlug und stampfte unter Feixen darauf los, niemand mochte ihm sein Spielzeug wegnehmen.

Es war keineswegs nur die Gefolgschaft des Gutes, die sich an den blank gescheuerten Tischen mit Eisbein und Sauerkraut, mit Faßbier und Korn gütlich tat. Auch einige Mädchen aus der Umgebung fanden sich als Tänzerinnen für die unverheirateten Wochenlöhner ein und wollten bewirtet sein, ferner waren frühere Gutsangehörige wie der Stellmacher und die dicke Meierin gekommen. Alle im Sonntagstaat, die Weiblichkeit in bunt bedruckten Kleidern, die Männer im frischen Hemd, ohne Kragen zwar, aber mit einem glänzenden Kragenknopf.

Sie saßen in Hufeisenform, jede Gruppe zusammen, die Familien der Tagelöhner mit dem Gärtner und Schlosser, die Wochenlöhner und Schweizer, die Gutsfremden und an den Nahtstellen jeweils einer von der Herrschaft als Bindeglied. Langfeld hielt sich an die Tochter des Vogts, eine muntere Brünette, die sich seine Späße gefallen ließ. Am liebsten hätte er sich, nicht zuletzt vor ihr, mit einer Ansprache hervorgetan, Langfeld war um markige Worte, von kleinen Scherzen gewürzt, nie verlegen. Aber das hieße Archibald vorzugreifen. Mal sehen, wie sich der Schwiegersohn bei solcher Gelegenheit bewährte. Sicher kein Mann der Rede, eher ein stilles Gemüt, Draufgänger nur zu Pferde.

Archibald erhob sich. «Hebbt ji all wat? Denn man prost ok.» Das war alles, mehr kam nicht. Die Leute schätzten solche Wortkargheit. Beim Grafen Ihlenfeld, auf dem benachbarten Gut Klevendorn, mußte die Gefolgschaft sich eine Viertelstunde gedulden, ehe sie sich über die Brotberge hermachen durfte. So lange dauerten die Ermahnungen des Grafen, die bewährte Treue der nächsten Generation weiterzureichen.

Den Tanz eröffneten Archibald und Irene mit einem Walzer. «Wenn das Faß und die zehn Flaschen Korn leer sind, soll der

Vogt die Musik nach Hause schicken. Das reicht», sagte Irene. «Vom Eisbein sind nur die Knochen übriggeblieben. Da freuen sich die Hunde. Der Rest des Sauerkrauts wird morgen in der Leuteküche aufgewärmt. Ich bin schrecklich müde. Laß uns bald gehen. Wir müssen sehen, daß wir Vater mitkriegen, sonst versucht er noch, die Vogtstochter abzuknutschen!»
«Ganz in meinem Sinne», sagte Archibald. «Maibohm kann den Rausschmeißer machen. Ich erhielt heute von italienischen Reiterkameraden drei schöne Briefmarkensätze, Graf Zeppelin über römischen Bauten, Geschwaderflug Rom–Chicago und Hochschulspiele in Turin. Die möchte ich noch einordnen. Kleine Auflagen werden mal gut.»
Irene sah ihn aus ihren blauen Augen vorwurfsvoll an. «Du mit deinen ewigen Freimarken. Sie kosten nur Geld. Trenne dich von ein paar alten wertvollen Stücken, und du könntest dein Pferd haben.» Archibald schüttelte den Kopf. Auf den Kaufpreis käme es gar nicht an, der Unterhalt eines Reitpferdes, die Transporte zu den Turnieren würden zu viel verschlingen. Im übrigen war ihm seine Sammlung zu sehr ans Herz gewachsen, nicht auszudenken, gerade auf die Perlen der Kollektion zu verzichten.
Solange das Gutsherrenpaar tanzte, wagte sich niemand auf die Bretter. Archibald bedeutete dem Klavierspieler, zum Ende zu kommen. Dieser befolgte die Weisung mitten im Takt. Auch der Fiedler hatte es mitbekommen. Nur Korel verpaßte den Schluß und stampfte noch weiter. Er erhielt Sonderapplaus und zeigte der Gesellschaft beleidigt seine Rückseite. «Kleit mi!»
Nur langsam kam die Tanzerei in Gang. Jedes Jahr mußte erst die Scheu überwunden werden, wer den Anfang machen sollte. Maibohm forderte die Frau des Gärtners auf, er wollte es ihrem Mann, dem letzten erklärten Sozialdemokraten auf Sternthal, zeigen. Archibald tanzte mit der verwitweten Meierin. Sie war kaum zu umfassen und roch immer noch nach verschimmeltem Quark. Der Vogt holte Irene. Er packte

die Baronin an den Hüften und tanzte den Walzer mit solcher Wucht links herum, daß sie fortgesetzt die anderen Paare anrempelten. Irene geriet aus der Puste und konnte kaum sprechen. «Ihre Tochter scheint ja einen mächtigen Eindruck auf meinen Vater zu machen.»
«Herr Admirol hat immer was für die Schugend übrig gehabt. Das war nie anders. Ist auch einen stattlichen Mann.»
Nun kam der Schieber dran. Die Wochenlöhner winkten die Mädchen mit den Daumen heran, und bald war der Speicher in eine Schweißwolke eingetaucht. Walzer, Schieber, ein pausenloser Wechsel. Die Fachgruppe Tanzlehrer im NS-Lehrerbund hätte Sternthal einige Bereicherungen zu bieten gewußt. Auf ihrer Reichstagung in Bayreuth hatten die Tanzautoritäten beschlossen, Foxtrott, Onestep und Tango durch den «Deutschen Tanz» zu ersetzen. Walzer, Marschtanz, Rheinländer, einen Wechselschrittler und Galopp ließen sie gelten. Die Quadrille nannten sie «Achter» und verboten ausdrücklich die Bezeichnung »Reichswalzer», die einige gesinnungstüchtige Veranstalter einführen wollten. Wink vom Propagandaministerium. Goebbels kümmerte sich darum, daß Deutschtümelei nicht die Grenze zum Lächerlichen überschritt. Die Gefahr drohte aus der Ecke von Heß, dem Wegbereiter einer Dirndlkultur. Mit seinem Votum für die Heilpraktiker hatte der Mann die gesamte Schulmedizin auf den Plan gerufen. Im Braunen Haus fanden die sonderbarsten Sektierer Gehör, Berlin mußte wach bleiben. Goebbels selbst dachte nicht daran, auf den Tango zu verzichten, mit dessen Hilfe, vom Schmelz seiner Suada abgesehen, er die schönsten Frauen Neubabelsbergs bedrängte.
Die Musikanten hatten zwar pausenlos zu trinken, aber noch nichts zu essen bekommen. Sie spielten noch falscher, als sie es schon nüchtern getan hatten. Die Mamsell brachte für sie frisches Kaßler vom Feuer, Langfeld überbrückte die Pause zum allgemeinen Beifall. Im Leben hatte er noch nicht an einem so verstimmten Klavier gesessen. Das eine Pedal hing auf

den Boden herab, drei Tasten fehlten. Aber was machte das schon aus? Die Vogtstocher, ein Teufelsmädchen, ergriff die Violine und strich gar nicht schlecht die Melodie «Mein Mann, der fährt zur See». Langfeld, die Kolbenpfeife zwischen den Zähnen, folgte in freier Phantasie ihrem Rhythmus. Er brauchte weder Noten noch auf die Tasten zu sehen, sein verliebter Blick blieb an der Geige und dem hübschen Mund des Mädchens hängen.

Korel konnte nicht schnell genug schlingen, um auch die neuen Musiker auf der Teufelsgeige zu begleiten. Langfeld wollte davon nichts wissen und rief es dem Vogt zu. Was nun passierte, hatte er niemals gewollt. Der Vogt riß Korel den Krachmacher aus der Hand, öffnete die Luke und war das Ding auf das Katzenkopfpflaster vor dem Speicher. Korel schrie auf vor Wut und langte mit seiner bratpfannengroßen Pranke nach dem Vogt aus. «Du Saukerl, ik kann mi vergeten.» Kraftlos wischte er sich mit dem Ärmel die Tränen von den Augen, humpelte zur Treppe, fuhr sich mit der Hand über den Hintern und rief der Gesellschaft nochmals «Kleit mi!» zu. In selbiger Nacht verheizte er sein geschändetes Instrument im Ofen des Schweinestalls. Er kraulte seine Lieblingssau. «O wat sün de Lüd slecht.»

Merkwürdig, alle waren dem Vogt für den kurzen Prozeß dankbar, nur Langfeld litt mit dem Schweinepriester. Die Vogtstochter zog ihn deshalb auf.

«Bitte sehr, mein Fräulein, ich habe Verständnis dafür, wenn Ihnen Ihr Vater näher steht als die armselige Mißgeburt von Korel. Was in dessen Seele kaputtgeschlagen wurde, will in Ihr reizendes Köpfchen natürlich nicht hinein.» Langfeld sah sich nach Irene um, die die Gelegenheit ergriff, die Walstatt mit Mann und Vater zu verlassen.

Jetzt konnte sich Maibohm ungestört wie in früheren Jahren an die Vogtstochter heranmachen und sie bis nach Mitternacht über die Bretter treiben. Tanz und Schnaps heizten die Atmosphäre an. Längst hatten die Wochenlöhner die feste Braut für

die Nacht im Heu errungen. Gewöhnlich teilten sie sich zu dritt eine Kammer. Als Langfeld ans Klavier gegangen war, würfelten sie darum, wer sein Mädchen mit in die Blaugewürfelten nehmen dürfe. Für die Verlierer blieb nur der Heuboden über dem Kuhstall. Wenn es dann im Frühjahr bei einem Mädchen hohe Zeit wurde, traute der Pastor in Ehlsen ein solches Erntebierpaar. Es mußte sich umsehen, in Klevendorn oder Senshöhe, wenn es Glück hatte, auch auf Sternthal eine leere Kate zu finden, um künftig als Tagelöhner und Frau mit einem Stückchen Land eine Familie aufzuziehen.
Amanda, so hieß die schnippische Tochter des Vogts, stellte das Schnapsglas, das Maibohm ihr nachschenken wollte, unter den Tisch. «Nein, auch dieses Jahr landen Sie nicht bei mir, Herr Administrator. Sie wollen sich bloß amüsieren, zum Heiraten kommt nur eine Dame in Frage, die mehr auf der Naht hat als ich. Dafür bin ich mir zu gut. Tschüs!»
Maibohm, kein Freund von Bier und Köhm – er hatte nur wenig getrunken –, war augenblicklich völlig ernüchtert. Wenn er erst im Reichsnährstand in Berlin saß, da gäbe es flotte Sekretärinnen, die sich nicht so zimperlich anstellten wie Amanda. Warum hatte er die Fahrkarte zum Bückeberg nicht aus eigener Tasche bezahlt? Immer der dumme Geiz. Es wäre doch gelacht gewesen, an Darré nicht heranzukommen. Einige Fäden hatte er schon gesponnen. Auf keinen Fall wollte er sein Leben auf Sternthal beschließen. Mochte Archibald auf sich gestellt dem Gut den Rest geben. Maibohm kam dem Vogt zuvor und schickte die Musikanten heim. In zehn Minuten leerte sich der Speicher ohne Murren. «Im Kohstall ward nich mehr smökt», rief er den Wochenlöhnern und ihren Mädchen nach.
«Wi hebbt Bederes vör», antwortete ihm Fiete, ein hagerer Geselle mit einem Kropf unter der Gurgel. Alle lachten. Maibohm stapfte vergrätzt zum Verwalterhaus. Drecksvolk, dachte er. Ohne jeden Sinn für die höhere Ordnung, an der mitzubauen mir bestimmt ist.

XVIII

Wo ist dein Bruder Abel?

Spitz kam gegen alle Gewohnheit sehr spät nach Hause. Er hatte auf der Straße einen alten Bekannten getroffen, einen Kommilitonen aus der Berliner Studentenzeit, seit langem Redakteur beim «Generalanzeiger». Der Redakteur hatte Leopold vor Monaten sein Scheidungsbegehren anvertraut. Spitz zählte unter seiner Klientel nur selten Angehörige ehemals rechtsbürgerlicher Kreise. Man hätte meinen sollen, sein Mandant sei nach der erfolgreichen Scheidung jetzt der glücklichste Mann, statt dessen wirkte er auf Spitz sehr niedergeschlagen. Der Anwalt lud ihn in die «Bierstuben» ein. Sie setzten sich in eine Nische, die sie gegen das übrige Lokal, in dem allerhand Parteivolk herumsaß, abschirmte.
Marschner, so hieß sein Mandant, händigte Spitz einen Brief aus, die fristlose Kündigung durch die Verlagsleitung. Darin war Bezug genommen auf das die Zeitung schwer schädigende Fehlverhalten Marschners. Es hatte der Redaktion einen warnenden Rüffel des Propagandaministeriums eingetragen. Marschner trug eine Kopie der Berliner Rüge bei sich und reichte sie Spitz hinüber. Von unausweichlichen Konsequenzen war die Rede. Gezeichnet: Georg Dertinger. (Weder Marschner noch Spitz konnten ahnen, daß der gleiche Dertinger sechzehn Jahre später in Ostberlin zum Außenminister avancieren würde.) Was Dertinger jetzt gegen Marschner so aufgebracht hatte, war dessen unverzeihliche Sympathiekundgebung für den Kommunisten Ernst Torgler, der im amtlichen Schreiben irrtümlich Torgeler genannt wurde.

Sympathie des «Generalanzeigers» für Kommunisten? Das war ja wohl nicht mehr als ein Witz.
In der Reichsgerichtsverhandlung gegen Torgler, drei bulgarische Kommunisten und Marinus van der Lubbe, der nach eigenem Geständnis im Februar den Reichstag angezündet hatte, war dem Abgeordneten Torgler vom Vorsitzenden Gelegenheit gegeben worden, seine und der KPD Unschuld am Brand zu beteuern, ja Urkunden zu verlesen, die bewiesen, daß van der Lubbe als nicht organisierter Anarchist zu den deutschen Kommunisten keine Beziehungen unterhalten habe. Das Propagandaministerium hatte in seiner Tagesparole vom 25. September, durch Dertinger mitgezeichnet, die Presse gegen die «Panne» des Gerichtsvorsitzenden geimpft. Der Vorsitzende habe die Grenze der Objektivität weit überschritten, das hieß unzweideutig: Berichterstattung hat zu unterbleiben.
Durch einen dummen Zufall, Zugluft beim Fensterputzen, war Marschner die «Parole», die wichtigste Richtschnur des Tages, unbemerkt vom Tisch in den Papierkorb geweht, schlimmer noch, er hatte mangels Kenntnis der Weisung von Dertinger an die unerwünschte Meldung eine Glosse angeschlossen: «Wir haben noch ein Reichsgericht!»
Beginnend mit dem Müller von Sanssouci hatte Marschner, so recht auf die Leserschaft des «Generalanzeigers» zugeschnitten, das Preußische Kammergericht als Garanten des preußischen Aufstiegs gefeiert und die folgerechte Toleranz des Leipziger Vorsitzenden als Beispiel für die Rechtsstaatlichkeit des neuen Reiches herausgestrichen. Dertinger fühlte sich verhohnepipelt und sprach von Sabotage.
«Nach dieser Geschichte nimmt mich keine deutsche Tageszeitung mehr. Aber selbst wenn ich bei einer Fachzeitschrift des Handwerks unterkröche, wer garantiert, daß Dertinger mir nicht den Schriftleiterausweis der Reichspressekammer abjagen läßt? Ich bin ruiniert.»
Besorgnis sprach aus Spitz' Zügen. Vor das Arbeitsgericht ge-

hen? Die Beisitzer von der NS-Betriebszellenorganisation würden nicht den Arbeitskollegen schützen, sondern, verdrehte Welt, in ihrer Gesinnungstüchtigkeit diesmal den Unternehmer stützen. Verwaltungsgericht? Das Ministerium hatte die Entlassung nicht *expressis verbis* gefordert, also Verweisung an das Arbeitsgericht.

«Herr Marschner, wir sind der Willkür ausgeliefert. Ich sehe nirgendwo ein Rechtsmittel. Dem Beruf des Juristen wird mehr und mehr die Grundlage entzogen, das Recht. Wir liefern nur noch Rückzugsgefechte, unser Spielraum wird von Tag zu Tag enger. Eine Wende ist nicht in Sicht. Wenn die Menschen nicht so an ihrem Lebenskreis hingen, müßte eine Massenflucht aus Deutschland einsetzen.» Marschner trank und trank. Nicht, weil Spitz ihn eingeladen hatte. Nur um für ein paar Stunden seine elende Lage zu vergessen. Spitz wollte Näheres über die ominösen Tagesparolen wissen.

«Geheim!» flüsterte Marschner. «Mußten jeden Monat unter Aufsicht verbrannt werden. Waren numeriert. Wie irre haben wir nach der Torgler-Anweisung gesucht, bis sie sich in meinem Papierkorb fand. Wie solche Parolen aussehen? Jetzt ist doch alles Wurscht.»

Marschner gab Spitz einige Beispiele zum Besten. Keine Beiträge über Sorben und Wenden. Niemals Bilder von Regierungsmitgliedern vor gedeckten Tafeln. Sonst denkt das Volk, sie prassen, während sie doch nur pflichtgemäß repräsentieren. «Wir haben schon früher einen auf den Deckel bekommen. Der Chef vom Dienst hatte die Schlagzeile fabriziert: ‹Der Führer bei der Reichsmarine – Chef der Marineleitung empfängt ihn.› Was wir uns einbildeten? Empfangen täte nur der Führer. Alle übrigen hätten sich bei ihm zu melden. Das wurde nicht als Monierung an uns geschickt. Das ging als zentrale Anweisung an die gesamte deutsche Presse. Der Goebbels versteht sein Geschäft.»

«Was Wunder, daß heute die Zeitungen wie ein Ei dem anderen gleichen», sagte Spitz. «Wir werden für dumm verkauft.

Ich frage mich, warum sich niemand zeigt, der dem Tyrannen das Licht ausbläst. Das Ausland hofiert Hitler, die Tat könnte nur von innen heraus kommen.»
«Auch daran hat Goebbels gedacht. Es ist strikt verboten, ein Minutenprogramm zu veröffentlichen, wenn Adolf kommt. Bilder von Görings Jagden sind tabu. Es darf nicht einmal erwähnt werden, daß die Schwester von Rudolf Heß sich an einer Hundeausstellung beteiligt. Alles geregelt. Verboten. Darf nicht kommentiert werden. Anderes ist hervorzuheben. Zum Beispiel, wenn ein Knabe vermißt wird. Dahinter sollen die Leser einen Ritualmord vermuten. Ich kann gar nicht so viel saufen, wie ich kotzen möchte.»
Spitz hatte Marschner zum Kantplatz begleitet, wo dieser sich ein möbliertes Zimmer gemietet hatte. In Claudias Schlafzimmer brannte noch Licht. Leopold setzte sich zu ihr auf den Bettrand und erzählte von seiner Begegnung. «Marschner hat dir nichts weisgemacht, ich habe selbst beim ‹Volksboten›, als er noch nicht verboten war, solche Tagesparolen gelesen. Unvorstellbar, was alles reglementiert wird. Greta Garbo dürfte gelobt werden, hieß es. Ich wette, der Reichsspruchbeutel ist scharf auf sie. Mein Gott, Leo, wohin sind wir gekommen ...»
Sie klammerten sich fest aneinander, als böte einer dem anderen Schutz. Als der Pudel Obadja vor der Tür aufheulte, ließ Leopold ihn herein. «Du gutes Tier merkst von alledem nichts. Analphabet müßte man sein.»
Am nächsten Morgen ging Claudia früh zum Fischhändler. Oberbürgermeister Ahrens hatte die Parole «Jeder Dienstag ist Fischtag» ausgegeben. Erstens sei Fisch gesund, und zweitens helfe «breiter Konsum» den heimischen Fischern. Prompt hatte Herr März am Mittwoch die Kinder befragt, was es gestern zu Hause zu essen gegeben habe. Evakind konnte als einzige nichts von Fisch vermelden. «Grüße deine Mutter von mir, Dorsch ist ein bekömmliches Nahrungsmittel und kostet nur fünfzehn Pfennige das Pfund.»

«Soll dieser Pauker von mir aus die ganze Woche Fisch fressen», sagte Claudia, als Eva hinausgegangen war. «Meinen Speisezettel bestimmt er nicht!» Aber um des lieben Friedens willen folgte sie fortan dem Aufruf von Ahrens. Vor dem Laden des Fischhändlers Krone stand eine Schlange. An der Tür prangte ein neues Schild. «Deutsches Geschäft», von Adler und Hakenkreuz flankiert. Das Schild wurde von der NS-Hago (Handwerks-, Handels- und Gewerbeorganisation) gegen zehn Reichsmark verliehen, wenn das Unternehmen frei von jüdischem Einfluß und Kapital war. «Hier hat der Käufer die Gewißheit, gut und preiswert bedient zu werden», stand darunter. Krone, Mitbegründer des «Kampfbundes des gewerblichen Mittelstandes», hatte erleben müssen, daß seine Schöpfung in der Hago aufging, und jetzt hatte man die Hago in die Deutsche Arbeitsfront eingegliedert. Robert Ley riß sich nach und nach die gesamte Wirtschaft unter den Nagel.

Mit Erfolg bemühte sich Ahrens, möglichst viele Kongresse und Tagungen von Verbänden und Organisationen in die Stadt zu ziehen. Sein jüngster Triumph war der große deutsche Gastwirtetag.Die Straßen waren reich beflaggt, das Rathaus wurde abends vom Opernhaus her angestrahlt. Daß sich Standesinteressen hinter einem Bekenntnis zu Führer und Reich versteckten, übersah er großzügig.

Wie hatte doch der Gastwirtepräsident gesagt, nachdem ihm eine Fusion miteinander konkurrierender Fachverbände geglückt war? «Ein Beruf, der eine Viertelmillion Betriebe und fast eine Million Beschäftigter umfaßt, hat einen Anspruch darauf, mit seinen Wünschen anders gehört zu werden, als es bei den Systemparteien üblich war. Gegen die Preisdrückerei durch Abbau überzähliger Existenzen. Heil dem Führer, dütsche Gastlüd holt tohopen!»

Wenngleich der letzte Satz von den Kollegen südlich des Mains nicht recht verstanden wurde, auch sie tobten voll Begeisterung.

Als Claudia endlich bis zur Theke vorgedrungen war und ein Pfund Kabeljaufilet verlangte, hielt Herr Krone die Luft an, um nicht zu explodieren. «Da stehen sich die Volksgenossen die Beine in den Leib, und ich soll für Sie filetieren. Wo denken Sie hin? Gehen Sie morgen auf den Markt, da hat man Zeit für Extrawünsche. Der nächste, bitte!»
«Ich denke, wir sollen dienstags Fisch essen.» Mit der guten Bedienung schien es nicht so weit her zu sein. Claudia nahm sechs Rollmöpse. Herr Krone suchte die kleinsten aus. Der Preis blieb sich gleich. Man muß die Kundschaft erziehen.
Zu Hause fand Claudia Besuch bei Leopold vor. Callsen, bisher Kalkulator bei den Licht- und Wasserwerken, brachte die Nachricht, daß er geflogen sei. Begründung: im Zuge der Umorganisation.
«Mensch, Cally, du hast doch Kündigungsschutz, so lange, wie du dabei bist.»
«Denkste. Ich habe mir Krummholz vorgenommen und gebohrt, bis er mit der Wahrheit herausrückte. Es hängt mit dem Konsumverein zusammen, Kain hat verlangt, daß ich entlassen werde.»
Alfred Kain! Beim Standesamt lief sein Antrag auf Namensänderung in Alfred Cauer. Kain war der Redner der Deutschen Arbeitsfront. «Kein Verein ohne eine Rede von Kain», hieß es in der Stadt. Jeden Tag berichtete die «Nordschau» mit einem Zweispalter, was Kain am Abend zuvor bei den Metallarbeitern, den Drogisten oder bei den Kleingärtnern gesagt hatte. Sein neuestes Steckenpferd hieß NdA, Nach der Arbeit, dem faschistischen *Dopo Lavoro* nachempfunden. Erst später kam man auf «Kraft durch Freude». Schenkte man Kain Glauben, waren die ersten Künstler für den deutschen Arbeiter eben gut genug, NdA zu dienen. Richard Strauss und Werner Krauß zu jeder Betriebsfeier. Von wegen die Spitzenkönner nur für die dicken Bäuche auf den teuren Plätzen. Schluß damit! Das ist deutscher Sozialismus.
Auch Claudia war auf der Jahresversammlung des Konsum-

vereins zugegen gewesen. Es fing ganz friedlich an. Geschäftsbericht, Ausschüttungsquote an die Genossen, Beifall für die Kassenprüfer. Wahlen standen nicht an. Dann hieß es, Pg. Kain möchte die Gelegenheit benutzen, einige Worte an die Versammlung zu richten. Wer hätte es wagen dürfen, ihm die Bitte zu verwehren.

Kain zog den Spickzettel 4b (Kurzrede vor noch nicht gleichgeschalteten Vereinen) aus der Brieftasche. Einleitend sprach er über das Arbeitsbeschaffungsprogramm. Das Bild der Zukunft gewinnt erst den richtigen rosigen Schimmer, wenn man es vor dem Hintergrund einer finsteren Vergangenheit entwirft. Kain klagte die marxistischen Verbrechen an, die jüdische Revolte von 1918, den Dolchstoß in den Rücken der Armee, die Feigheit der sozialdemokratischen Bonzen und versprach, der letzten Brutstätte des Marxismus den Garaus zu machen. Bei den Einzelhändlern hatte er Roß und Reiter genannt, den Konsumverein. Heute fragte er nur, warum wohl der Stellvertreter des Führers der Parteipresse untersagt habe, Inserate der Konsumvereine aufzunehmen.

Die letzten Ausführungen gingen im Tumult unter. Schon sehr bald hatte sich der Versammlung eine Unruhe bemächtigt. Es wurde gemurmelt und gescharrt, einige riefen «Unerhört!» und «Lüge!». Der Leiter der Versammlung schwang vergeblich die Glocke und bat umsonst um Ruhe. Kain ließ sich vom Lärm des Auditoriums nicht irremachen, das hatte er in der Kampfzeit gelernt. Er ging auf keinen Zwischenruf ein, fixierte nur die rückwärtige Tür und schrie gegen seine Widersacher an, solange seine Stimme noch etwas hergab.

Mit letzter Kraft schimpfte er auf den Janhagel und das Mordgesindel, dem Hunderte von tapferen SA-Männern zum Opfer gefallen seien. Eine hohe Frauenstimme, es war nicht Claudia, übertönte ihn. «Kain, wo ist dein Bruder Abel?» Da verlor der Redner die Beherrschung. Er stieß das Pult um, daß es polternd vom Podium herunterfiel, und verließ mit wutverzerrtem Gesicht den Raum. Die bibelfeste Zwischenrufe-

rin höhnte hinter ihm her. «Die Stimme des Blutes deines Bruders schreit zu mir von der Erde.»
«Ein Glück, daß die Versammlung sofort nach Hause geschickt wurde, sonst hätten sie noch Personalien festgestellt», sagte Callsen. «Aber mich hat er erkannt. Ich war zu spät gekommen und saß ganz hinten neben der Tür. Er hat mich angegiftet, als ob die ganze Sache von mir inszeniert gewesen wäre.»
«Kannst du Cally irgendwo unterbringen?» fragte Claudia ihren Mann.
Leopold dachte nach. Höchstens unter Tarif, als Aushilfe, zur Überbrückung. Am Nachmittag komme ein Mandant, Inhaber einer kleinen Pumpenfabrik, ein hilfsbereiter Mann, vielleicht habe er einen Posten als Lagerverwalter oder etwas Ähnliches. «Damit du nicht auf der Straße sitzt, Cally.»
Callsen war bereit, jede Arbeit anzunehmen. Nur nicht stempeln gehen. Vor dem Arbeitsamt am Kaiser-Friedrich-Platz gab die SA den Ton an. Da wurde ein früherer Stadtverordneter der SPD wie Callsen nur angerempelt. Jetzt blickte er schon wieder zuversichtlicher in die Welt. «Habt Ihr gelesen, daß unser alter Direktor Propper, den Ahrens so madig gemacht hat, rehabilitiert wurde? Er habe seinen Dienst mit voller Hingabe versehen, und seine charakterliche und nationale Einstellung sei anzuerkennen, schreibt die ‹Nordsau›. Das will etwas heißen.»
«Da wird sich Robert freuen», sagte Claudia. «Er hat immer behauptet, das ganze Material, das Ahrens gegen die Leitung der Licht- und Wasserwerke gesammelt hat, ginge an Propper vorbei.»
Leopold verließ mit Callsen das Haus. Es schüttete vom Himmel. Spitz nahm den Freund unter seinen Schirm.
«Wie verstehst du dich jetzt mit deinem Schwager?» fragte Callsen.
«Ach, weißt du, Cally, wenn der Knüppel auf den Sack drischt, dann hält drinnen alles zusammen. Die alten Gegen-

sätze zwischen rechts und links schrumpfen. Eines Tages müssen sich die Konservativen mit den Sozialisten zusammensetzen und gemeinsam überlegen, wie wir das Scheusal loswerden.»

Robert Langfeld war jetzt oft im Hause anzutreffen. Außer sonnabends, wenn er mit den Getreuen bei der «Blühenden Kastanie» des Geschwaderclubs den Frühschoppen nahm. Er war beschäftigt mit den Funden aus seiner Botanisiertrommel, dem Herbarium und einem ganzen Stapel von Bestimmungsbüchern. Er begann mit der Niederschrift seiner Flora des holsteinischen Knicks. Einige hundert Karteiblätter füllten schon die Zigarrenkiste. Ida kaufte auf dem Markt ein, Rosenkohl, sein Lieblingsgemüse.

Bevor er sich an den Schreibtisch setzte, ging er in den Salon hinüber und phantasierte am Flügel ein Potpourri. Er begann mit einem Choral, leitete zu Opernmelodien über, verweilte lange bei seiner Lieblingsoperette, dem «Land des Lächelns», um, als riefe ihn die Pflicht, mit «Heil dir im Siegerkranz» zu enden. Das Deutschlandlied sparte er aus, weil es von Ebert zur Nationalhymne proklamiert worden war, er ließ nur das Haydnquartett gelten. Das Horst-Wessel-Lied war ihm nach Text und musikalisch schiere Barbarei.

«Herrscher des Vaterlands«. Robert drückte die Akkorde kräftig in die Tasten. So hörte er das erste Schellen der Wohnungsglocke nicht und war erstaunt, nachdem er den Deckel geschlossen hatte, daß es draußen noch einmal klingelte. Welcher Esel rückt mir nun schon wieder auf die Pelle? Am Ende eine neuerliche Sammlung der NS-Volkswohlfahrt.

Sein ergrimmtes Gesicht wich freudigem Erstaunen, als Frau Mautberg vor ihm stand. Er hatte Marga seit Jahren nicht mehr gesehen, den Crewtreffen war die Witwe seines Kameraden ferngeblieben, denn der Tod ihres Mannes war in Dunkel gehüllt. Angeblich war beim Reinigen der Jagdgewehre ein Schuß losgegangen. Welcher Waidmann stellt seine Waffen geladen in den Gewehrschrank? Vermutlich war das Waldgut im Taunus überschuldet gewesen, und Mautberg hatte die Nerven verloren.

Auf der letzten Jagd, an der Robert teilgenommen hatte, war der Boxbeutel noch in Strömen geflossen. Bis Wilhelms Telegramm eintraf, die Mutter sei auf der Treppe gestürzt. Mautbergs Kutscher hatte den jäh ernüchterten Robert zum Frankfurter Nachtschnellzug geschafft. Als Tilly dann bald darauf einer Embolie erlag, schien ihm ihr Tod nicht schuldhaft, aber doch beziehungsvoll in einem Zusammenhang mit der Reise zu den Mautbergs zu stehen.

Während die Kameraden, angeführt von dem Gastgeber, zechten und lärmten, hatte Frau Marga ihre Steinsammlung Robert gezeigt. Er war der einzige in der Jagdgesellschaft, der über die teils sehr kostbaren Schliffe Kenntnisse besaß. Dieses Interesse dehnte sich schnell auf die schöne Besitzerin aus. Zugegeben, das Rauhbein Mautberg verdiente vielleicht die Frau nicht, die sich von Langfeld sogleich verstanden fühlte. Er hatte sie im Kabinett an sich gezogen und über ihr schweres Haar gestreichelt.

«Im Kern, Frau Marga, ist unser Mautberg eine gute Seele.»

Hatte sie sich damals an Robert geklammert? Schwer zu sagen, diese Begegnung war von der Sorge um Tilli bald überschattet worden.

Frau Mautberg ließ sich von Robert den Regenmantel abnehmen und ging ins Herrenzimmer. Die Tür zum Salon war offen geblieben, ihr Blick fiel auf das große Ölporträt Tillis.

«Ja, Langfeld, Sie haben eine wunderbare Frau verloren. Der Tod schlägt so wahllos zu. Heute denke ich, wenn mein Mann noch zwei Jahre durchgehalten hätte, wären wir über den Berg gewesen. Unsere Nachbarn beginnen sich zu erholen, seit die Holzpreise etwas anziehen. Aber gewesen ist gewesen.»

Langfeld holte einen Sherry und Gläser. Er mußte lange suchen. Er wußte in seiner eigenen Wohnung kaum Bescheid, ihm war ein Leben lang immer nur serviert worden.

«Sie sehen, Frau Marga, wie hilflos ich bin. Auf mich gestellt, würde ich verhungern.» Jetzt mühte er sich mit seinem Taschenmesser, die Flasche zu öffnen, weil er nicht wußte, wo er den Korkenzieher suchen sollte.
«Was führt Sie hierher, Frau Marga?»
Sie nippte am Sherry, strich ihren Faltenrock glatt und erzählte vom Verkauf des Gutes.
«Ich habe einen Käufer gefunden, und denken Sie sich diesen Glücksfall, es ist der Inhaber des Süddeutschen Mineralienkontors, ein passionierter Jäger übrigens, der meine Sammlung so über Erwarten hoch veranschlagt hat, daß ich alle Gläubiger befriedigen kann und noch etwas für mich behalte.»
Ihre Witwenpension sei bescheiden. Mautberg war 1918 als junger Korvettenkapitän abgegangen. Sie müsse sich jetzt alles zusammensuchen, Wohnung, Beruf, ein neues Leben.
«Mich zieht es an die See zurück, in eine Stadt, unter Menschen. Hier sind wir in den Jahren vor dem Krieg sehr glücklich gewesen, auch gesellig mit Ihnen und der lieben Tilli. Was macht Ihr Sohn Daniel? Ich las voriges Jahr Aufsätze von ihm in der ‹Voss›, recht republikanisch, schien mir.»
«Daniel publiziert nicht mehr, seit dieser Hitler das Heft in der Hand hält, Daniel ist Assessor am Kammergericht in Berlin und gedenkt sich zu verehelichen. Mit einer quicklebendigen Wiesbadenerin.»
«Ich sehe ihn noch als Zehnjährigen in der Leutnantsuniform, in die Sie ihn gesteckt hatten. Schon damals fühlte er sich nicht glücklich darin. Oder täusche ich mich?»
Langfeld war in Gedanken anderswo. «Mag sein.» Er überlegte, wo sich Frau Marga beruflich unterbringen ließe. Als Sekretärin am Petrographischen Institut der Universität? Wenig Ausicht. Als Hausdame bei einem der Getreuen von der «Blühenden Kastanie»? Am Ende bei sich selbst? Nachfolgerin der Peepchen? Frau Marga könne man natürlich nicht herumkommandieren. Warum auch? Eine Frau von Geist und

Kultur, dazu noch attraktiv. Mein Gott, wohin verlief sich die Phantasie . . .

«Störe ich Sie sehr? Ich habe den Eindruck, Langfeld, Sie sind mit Ihren Gedanken ganz weit fort. Ich kann ein andermal wiederkommen. Wüßten Sie eine erschwingliche Pension für mich, möglichst nicht in der Innenstadt? Mein Gepäck habe ich noch bei der Aufbewahrung auf dem Bahnhof.»

Robert empfahl Malieus Fremdenheim am Gottorpplatz und wollte Frau Mautberg anmelden. Während er die Nummer im Telephonbuch nachschlug, warf er einen prüfenden Blick auf ihre Erscheinung. Die hübsche Narbe am Kinn hatte sie schon damals gehabt, sie stammte vom Biß einer fremden Dogge, der sie aus Versehen auf die Pfote getreten war. Eine schöne Frau, stattlich und lebendig und mit Geschmack, wie ihr Kostüm verriet, dazu mit einer wundervollen Altstimme begabt. Wie geschickt hatte sie den oft unbeherrschten Mautberg gelenkt. Es war eine Liebesehe gewesen. Mautberg hatte aus dem Marinekorps Flandern nur seine heilgebliebenen Knochen eingebracht. Ihr einziges Kind war mit drei Jahren an Diphtherie gestorben, der Arzt war bei den Schneeverwehungen nicht durchgekommen, und so erfolgte der Kehlkopfschnitt zu spät.

«Können Sie die Nummer nicht finden? Dann gehe ich zu Fuß. Wir haben ja am Gottorpplatz gewohnt. Erinnern Sie sich?»

Langfeld nickte. Er hate Marga vor zwanzig Jahren, als er bei ihr in der Küche die Bowle abschmecken sollte, plötzlich geküßt.

«Ihr Klaps war nicht von schlechten Eltern», erinnerte er sich.

Sie lachten.

Langfeld leerte sein Glas. Sein Gesicht rötete sich. «Verstehen Sie mich bitte recht, aber was hielten Sie davon, Marga, wenn Sie hier wohnten? Ida, unsere Stütze, könnte Ihnen das Zimmer meiner entlaufenen Hausdame herrichten. Es ist nicht ge-

rade fürstlich möbliert, nimmt es aber sicher mit Malieus Fremdenheim auf.»
Frau Mautberg schien nachzudenken. Sie sah Langfeld aus ihren großen wasserblauen Augen an. «Wird man nicht daran Anstoß nehmen? Ich möchte mir die Rückkehr in diese Stadt nicht durch Klatsch verderben lassen. Das will gut überlegt sein. Erst einmal müssen Sie mir erzählen, warum Ihnen die Hausdame davongelaufen ist. Waren Sie zu schroff zu ihr, oder hatten Sie etwa Absichten?»
Langfeld prustete los. «Seien Sie unbesorgt.» Er entwarf ein wenig schmeichelhaftes Bild der Peepchen. Gewiß, sie habe nach Kräften den Haushalt versorgt, aber persönlich sei sie unleidlich gewesen. Eine lyrisch angehauchte Matrone, die tagaus, tagein hinter ihm hergewesen sei, hündisch ergeben mit flehendem Blick. Immer neue Tricks habe sie sich ausgedacht, um ihre Fürsorge anzudienen. In sein Kopfkissen habe sie «Des Hauses Liebling» eingestickt und als Lebenslicht auf der Geburtstagstorte eines mit roten Herzen ausgesucht.
»Zum Auswachsen, Marga. Wenn ich sie anpfiff, es war manchmal wirklich nicht zu umgehen, wurde ihr Auge feucht. Ihr Hirn brütete schon die nächste Anzüglichkeit aus, mit der sie wettmachen wollte, was soeben danebengegangen war. Endgültig verdorben hat der Hitler dieses Frauenzimmer. Bis dahin hatte sie mir nur die Wünsche von den Augen abgelesen, aber im Februar schlug ihr Ton um. Durch die Blume gab sie mir zu verstehen, daß ich noch viele gesunde Kinder haben könnte, die arische Rasse müsse sich volkreich bewähren, ihr, der Peepchen höchstes, bisher versagtes Glück sei die Mutterschaft, das alles in Gedichten, die sie so herumliegen ließ, daß ich sie gar nicht übersehen konnte. Ich habe sie gefragt, ob sie in viereinhalb Jahren noch immer nicht begriffen habe, worauf sich ihr Tun im Hause beschränke. Ihr Seelenleben sei mir, verzeihen Sie, schietegal.»
Frau Marga verzog die Lippen und sah Langfeld amüsiert an. «Darauf ist sie ausgerückt?»

«Nicht gleich. Unsere Nachbarin, wir nennen sie die Küstensirene, steckte mir, daß Fräulein Peepchen, bislang glühende Lutheranerin, neuerdings in die katholische Kirche zur Beichte laufe. Monsignore Butterfall muß sie zur Konversion gewonnen haben. Ende Juni bat sie mich um einen ehrlich verdienten Urlaub, den sie bei ihrer Schwester in Koblenz verbringen wollte. Ich spendierte ihr vier Wochen, weil sie die ganze Zeit über stets nur ein paar Tage genommen hatte, um in ihrer kleinen Wohnung in Preetz, die sie weiter aufrechterhielt, nach dem Rechten zu sehen. Im allgemeinen freut man sich, wenn es in Urlaub geht, sie heulte am Vorabend durch sämtliche Wände. Uns fiel auf, wie wenig sie von ihrer Habe zurückgelassen hatte. Nach drei Wochen kam dieser Brief.»

Langfeld suchte in seiner Schreibmappe nach einem veilchenfarbenen Bogen und reichte ihn Frau Marga. «Ich habe ihn aufbewahrt, weil wir uns nach dem Tode meiner Schwiegermutter, deren Vertraute die Peepchen geworden war, noch einer Intervention von ihrer Seite zu versehen hatten. Es ging um ein Vermächtnis an die Partei. Das ist eine andere Geschichte und scheint ausgestanden zu sein.»

Frau Marga las den Brief. Erst halblaut, dann mit anschwellender Stimme:

«Hochverehrter Herr Admiral!»
Die Sonne sank, ihr Gold entschwand den Blicken,
Ertrinkend sah ich ihren Feuerball im Untergehn,
Das blaue Meer verschlang mich mit Entzücken,
Da gab es kein Zurück, kein Auferstehn.

Doch sieh, indem mein Ich noch tiefer sinket,
Empfängt mich höh'rer Glanz als Sonnenstrahl,
Die Jungfrau, Jesu Mutter winket
Mich zu sich in der Engel Saal.

Ich knie vor der Benedeiten,
Maria segnet meinen Fall,
Sie läßt ins Kloster mich geleiten,
Den Weg bekränzet der Posaunen Schall.

Und morgen fällt das Haar
Und morgen schwör ich auf die Reine.
Gelübde ist es immerdar,
Ich jauchze Jesu, ob die Welt auch weine . . .

Zurücke laß ich Sie, Herr Admiral!
Der mein Gebieter war in Erdentagen,
Verzichte auf des Herzens Wahl,
Will allem Ird'schen mich entsagen.

Ich bet' für Sie, für Volk und Führer,
Für alle Heiden, auch die Evangelen,
Mit seiner Gnade reich berühr' Er
Und heb' empor verlor'ne Seelen.

Lebt wohl Ihr Lichter an der fernen See,
Novizin Barbara, verlasse das!
Es tut die Keuschheit mir nicht weh.
Mein Letztes gebt der Caritas.

heute noch

Ihre «Elfrune Peepchen»

«Uff!» machte Frau Marga. «Sie hätten sie telegraphisch vom Kloster zurückreißen können, Langfeld. Sie wäre postwendend heimgekehrt. Welche Mühe sie sich mit ihren Versen gemacht hat!»

«Mühe? Unter der troffen die Strophen nur so hervor. Da lobe ich mir meinen Geibel. Das ist Poesie nach meinem Herzen. Nein, Marga, ich fühle mich befreit, seit ich die Peepchen vom Hals habe. Mit ihr konnte man kein vernünftiges Wort reden, und diese Strapaze, sich dauernd gegen ihre Aufdringlichkeiten zu verschanzen. Und zum Schluß noch ihr Nazifimmel, was heißt zum Schluß?» Langfeld machte eine Pause. «Der Übergang mag etwas hart sein, aber mit Ihnen, meine Liebe, könnte ich bis ans Ende der Tage sprechen, Ihnen höre ich nur allzu gern zu.»

«Wirklich?» fragte Frau Mautberg und sah Robert halb ungläubig, halb glücklich an.

«Elfrune P.», sagte sie vor sich hin. «Langfeld, den Namen gibt es nicht häufig. Ich habe in der ‹Frankfurter Zeitung› über einen Heiratsschwindler gelesen, der vom Schöffengericht verurteilt wurde. Kurz vor meiner Abreise. Der Bericht las sich wie ein Witz. Eine Elfrune P. trat als Nebenklägerin auf, sichtlich gedrängt von ihrer Schwester aus Koblenz, die mitgeschädigt war. In Frankfurt hatte man den Kavalier auf frischer Tat gefaßt. Das Kuriose der Verhandlung bestand darin, daß die Nebenklägerin sich zur Fürsprecherin des Angeklagten entwickelte. ‹Ich klage ihn nicht an, Herr Richter, ich bereue nämlich nichts. Er ist ein so wunderbarer Mann, sofort würde ich ihn wieder bei mir aufnehmen.› Das muß die Peepchen gewesen sein.»

«Großer Gott! Dann ist es also Essig mit dem Kloster. Wir werden die volle Wahrheit wohl nie erfahren. Wo sie stecken mag?» Langfeld blies Ringe aus seiner Zigarre und schüttelte sich.

Die Peepchen war tatsächlich im Kloster nicht angekommen. Bald nach ihrem Eintreffen in Koblenz – vorher war die Wohnung in Preetz aufzulösen – hatte die Schwester eine Kur angetreten. Elfrune verblieb noch eine knappe Woche in der sturmfreien Wohnung, bevor sie der Welt ade sagte. Das «Morgen» im Gedicht war eine erlaubte dichterische Freiheit. Sie brachte die Schwester zum Bahnhof, verabredete mit ihr, wo sie den Schlüssel hinterlegen würde, wenn sie nach Münster ins Kloster ginge, und war kaum in die Wohnung zurückgekehrt, als es an der Tür klingelte.

Vor ihr stand ein seriöser Herr, der sich als Erik Sorgenfrei vorstellte, Major a.D. ließ er einfließen, und mit Fräulein Anna Peepchen die gewohnte monatliche Partie Mühle spielen wollte. Davon wußte Elfrune nun gar nichts. Der Herr glich, was die Statur betrifft, dem Herrn Admiral, statt eines Spitzbartes schmückte eine schmale Hitlerbürste die Oberlippe.

Sorgenfrei lud sich gewissermaßen selbst ein, er kam nicht ohne Gabe. «Wenn Fräulein Anna verreist ist, haben Sie vielleicht die Güte, meinen Mokkalikör zu probieren, er zergeht auf der Zunge.» Eigentlich hatte Elfrune dem Alkohol schon abgeschworen, versuchsweise übte sie sich bei den Mahlzeiten bereits im Fasten, aber einmal probieren, das durfte sie dem Gast nicht abschlagen.

Sorgenfrei verstand sich aufs Erzählen. Das Mühlebrett war bald beiseite geschoben, er spielte gar zu schlecht, Elfrune besaß im Handumdrehen zwei Zwickmühlen. Dafür schilderte Erik die Schlacht von Tannenberg in mitreißenden Farben. Dann kam er auf seinen Beruf zu sprechen. Er habe sich im Diamantenhandel engagiert, pendle zwischen Amsterdam und Köln und biete den Juwelieren des Rheinlandes die erlesensten Stücke an. Auf eigene Rechnung. «Wollen Sie einmal sehen, gnädige Frau?» Er öffnete ein Etui und hielt der Peepchen einige hochkarätige Exemplare unter die Nase. Ein Brillant hing an einer Platinkette, jedenfalls behauptete Sorgenfrei, daß es sich um Platin handle. Fräulein Peepchen besaß in Preziosen keine Erfahrung.

Er legte das Gebinde der Dame um, trat zurück und sagte. «Das Feuer des Steins wird nur noch von der Glut in Ihren Augen übertroffen, meine Verehrte. Möchten Sie ihn für immer tragen?»

Die Peepchen faßte sich an den Hals. Was sollte sie im Kloster mit dem Schmuck anfangen? Ihn der Frau Oberin weiterreichen, damit sie das Wertstück für die Armen hergäbe? Aber Sorgenfrei machte ja nur Spaß. «Nicht für immer», beschied sie ihn, «nur heute.»

Sorgenfrei erzählte. Von Südafrika, Kanada, Japan. Stets Hotels ersten Ranges, und wen er alles persönlich kannte. Persönlich! Von Likör allein kann der Mensch nicht leben, selbst wenn die beiden, Sorgenfrei hielt sich zurück, schon die halbe Flasche geleert hatten. Ein wenig beduselt bereitete Elfrune das Abendbrot, Erik sah sich in der Wohnung um. Beim Tee erzählte er weiter. Von Zeiten der Not, wie er sich durch die Inflation gebissen habe, vom Heimgang seiner lieben Frau, der Sohn verschollen in der Fremdenlegion. Er habe nur noch einen Wunsch an das Leben, ein Heim mit einer gütigen Frau, ja, wenn es nicht zuviel verlangt sei, möchte er noch einmal ein Kind aufziehen, um seinen Erstling, den Ausreißer, vergessen zu können.
Elfrune lauschte. In ihrem ganzen Dasein war ihr noch nicht ein so durch und durch sympathischer Mensch begegnet. Es ging auf Mitternacht. Sorgenfrei schlug sich vor den Kopf. «Jetzt kriege ich kein Hotel mehr. Ihre liebe Schwester hat mir schon einmal das kleine Fremdenzimmer neben der Küche zur Verfügung gestellt.»
Die Peepchen zog also mit ihrem Bettzeug in Annas Schlafzimmer um und bezog das Fremdenbett frisch für Herrn Sorgenfrei. Er wünschte ihr eine angenehme Nacht, küßte dezent die Hand und zog sich zurück. Elfrune lag ungeachtet ihrer Likörmüdigkeit lange wach. Morgen nach dem Frühstück würde dieser beste aller Menschen davonziehen und sie in ihrer Einsamkeit zurücklassen. Elfrune hatte sich noch nie einsam gefühlt, nicht einmal nach dem Tode ihrer gebrechlichen Mutter. Jetzt tat sie es, sozusagen auf Vorrat.
Aber Sorgenfrei blieb. Frau Elfrune kochte den besten Kaffee, den er auf fünf Kontinenten je getrunken hatte; ob er um noch ein Täßchen bitten dürfe. Sie kauften zusammen Fleisch und Gemüse zum Mittagessen ein, Erik schälte die Kartoffeln, nach Tisch ruhten sie in getrennten Betten. Wieder hatte sich Sorgenfrei mit einem Handkuß, ein wenig freizügiger schon, verabschiedet. Elfrune war weiter von der Angst bedrückt,

Erik könne aufbrechen. Als er ihr am Abend nach einem Erzählen ohne Ende, manches wiederholte sich etwas, gute Nacht wünschte, die Neige des Likörs hatte er ihr neidlos gegönnt, strich er ihr sanft über das Haar, und seine Augen schienen zu sagen, wie schwer es ihm falle, durch die Stubenwand von Elfrune getrennt zu sein.
Die Trennung dauerte keine zehn Minuten. Eben hatte Fräulein Peepchen das Licht ausgeknipst, als er ohne anzuklopfen die Kemenate betrat und vorgab, vergessen zu haben, das Wichtigste zu sagen. Elfrune lauschte und vergaß in Wonnen, was sie Herrn Admiral über ihr Keuschheitsgelübde geschrieben hatte. Erik war nicht nur der beste Mensch, er war auch der herrlichste Mann, jedenfalls für Elfrune, die zu vergleichen nie Gelegenheit gehabt hatte.
Am nächsten Tage zeigte sich Sorgenfrei einsilbiger. Er habe in Köln sein Scheckbuch liegen lassen, zu ärgerlich, zumal da er hier in Koblenz für einen Kunden eine Nachnahmesendung einlösen müsse. Fünftausend Mark. Da bliebe wohl nichts anderes übrig, als nach Köln zurückzufahren, wo ohnehin allerhand Arbeit auf ihn warte. Spätestens in zehn Tagen würde er wieder hereinsehen, falls er eine so lange Trennung von Elfrune überhaupt aushalte.
Sie war außer sich. In zehn Tagen wäre sie vor Sehnsucht gestorben, keine Stunde wollte sie dem Geliebten fern sein. Sie kramte ihre Ersparnisse hervor, die sie Anna in Verwahrung gegeben hatte, zwanzig blaue Hunderter.
«Das reicht nicht, Elfchen. Aber was haben wir da?» Er zog aus der Kommode Annas Sparbuch, in dem über viertausend Mark eingetragen waren. Elfrunens anfänglicher Widerstand schmolz schnell dahin, Eriks Küsse und Liebkosungen verhießen eine Nacht, die sie um keinen Preis ohne ihn verbringen wollte.
«Mein Geld ist dein Geld. Nimm es!» Sorgenfrei ließ sich nicht zweimal bitten. «Du mußt mir nur versprechen, daß wir Annas Konto in den nächsten Tagen wieder voll auffüllen.

Anna wird mir verzeihen, sie kennt dich ja schon so lange. Ob sie böse sein wird, daß du nun mich ihr vorgezogen hast?»

«Mit Anna habe ich wirklich nur Mühle gespielt. Sobald die Nachnahme eingelöst ist, zahlt mir mein Kunde achttausend, und ihr habt beide euer Geld zurück, und von dem Rest schenke ich dir etwas ganz Erlesenes.»

Die Abhebung bei der Sparkasse klappte, Annas und Elfrunes Unterschriften wichen nicht sehr voneinander ab. Sorgenfrei, der die Scheine sorgfältig in seine Brieftasche legte, hatte es mit der Einlösung der Nachnahme nicht mehr so eilig. Morgen ist auch ein Tag. Elfrune ertrank in Glück. Sie machten einen Spaziergang zur Festung. In Annas Wohnung zurückgekehrt, äußerte Erik den Wunsch, zum Abendbrot Kaviar und etwas Hummersalat zu essen. «Eine Flasche Sekt könnte nicht schaden», sagte er mit seinem lustigen Augenzwinkern. Elfrune war dienstbereit. Sie zog den Mantel wieder an.

«Das beste Delikatessengeschäft liegt gegenüber vom Bahnhof. Nimm die Linie drei.»

Elfrune gab ihm die Zeitung zu lesen, schob ihm die Nackenrolle unter und küßte ihn mit einem Zittern, als ob sie unterwegs der Tod auf der Straße erwarte. Eine gute halbe Stunde später, hätte sie doch nur auf seiner Begleitung bestanden, fand sie die Wohnung leer vor. Ihr Angebeteter hatte alle Schubladen aufgerissen und sogar die Silberbestecke mitgenommen. Dabei war die Mehrzahl nur aus Alpaka. Er mußte es sehr eilig gehabt haben ...

Annas Kuraufenthalt verfehlte das Ziel. So viel Ärger auf einem Haufen reizt die Magenschleimhäute in unverantwortlicher Weise. Noch nie habe ein Mann ihre Wohnung betreten. Sorgenfrei, ein geradezu lächerlicher Name. Kummerbringer müsse er heißen. Sicher habe der Hochstapler sie in der Konditorei beim Mühlespiel mit der Freundin beobachtet. Nun sei ihr auch diese letzte Freude verleidet. Anna schmetterte das Spiel aufs Linoleum, daß die Steine durchs Zimmer rollten.

«Du warst von allen guten Geistern verlassen, einem wild-

fremden Dieb unsere Ersparnisse in die Hand zu drücken für ein, für eine ... ich finde keine Worte. Du versprichst, eine feine Nonne abzugeben. Elfrune, ich vergesse mich!»
Fräulein Peepchen hielt schützend die Arme vor das Gesicht, um Annas Schläge abzufangen. Willenlos ließ sie sich von der Schwester zur Polizeiwache schleppen, jede Einzelheit sollte sie zu Protokoll geben. Merkwürdig, Elfrune empfand keine Scham. Das war es, was Anna noch aufbrachte, als sich die Schwestern schon längst wieder vertrugen.
Für Elfrune kam der schwerste Schlag, als sie nach Wochen entdecken mußte, daß das Liebesfest ohne Folgen geblieben war. Dem Führer einen kleinen Soldaten zu schenken, hätte alle Verfehlungen so wunderbar segnen können.

Es klopfte. Ida meldete sich zurück. Als sie vom kritischen Blick der Dame getroffen wurde, fiel sie in die alte Verlegenheit zurück, lief blaurot an und zupfte sich am Ohrläppchen.
Sie sollte für Frau Mautberg ein Gedeck mehr auflegen. Keine Schwierigkeit, bei Langfelds wurde immer für zwei Tage gekocht. Und heute Kompott. Und einen Rotspon. Ida atmete schwer beim Hinausgehen, Frau Marga wollte gegen den Aufwand protestieren.
«Kein Widerspruch, Marga! Ida ist in ihrer Art eine Perle. Als sie zu uns kam, mußte ich mich beherrschen, um über diesen Farbautomaten nicht loszuprusten. Ich brauchte den Mund nur aufzumachen, schon überlief es sie, die Hand flog ans Ohr. Heute werde ich wieder daran erinnert, wie meine Tilli die Ida behutsam an uns gewöhnt hat. Wollen Sie jetzt Ihr Zimmer sehen?»
Frau Marga erhob sich. Ein wenig zögernd. «Auf Ihre Verantwortung, Langfeld.»
Langfeld führte sie durch beide Stockwerke und zeigte ihr alle Räume, sein Schlafzimmer ausgenommen. Das Erkerzimmer, in dem vormals die Konsulin residiert hatte, war von den

Überbleibseln der Peepchen geräumt worden. Die Caritas hatte die Quittung an Elfrunes Schwester geschickt.
Langfeld schnupperte und riß das Fenster auf. «Unsere Dichterin ist noch nicht ganz verduftet. Verdammt kahl hier, ich sehe es zum ersten Male. Und so zusammengewürfelt. Ich kann es Ihnen nicht zumuten.»
Frau Marga war auf die Empore getreten und blickte die Tirpitzallee hinunter. «Ein schöner Ausblick auf das Buchengehölz! Ich bin rundum zufrieden, Langfeld. Lassen sie es mich ausprobieren. Vielleicht könnte ein Dienstmann mein Gepäck herschaffen. Kann mir Ida Bettwäsche und Handtücher herausgeben?»
Das Gespräch beim Mittagessen verlief ziemlich einseitig. Robert und Marga scheuten sich, vor Wilhelm zu vertraut zu wirken. So führte der Vater seinen Sohn der Besucherin vor. «Zwei Wochen dabei und noch immer nicht die Lust verloren?»
«Im Gegenteil. Es ist interessant, und Herr Wulfen eine Seele von Mensch, wenn nicht ein Kunde Anlaß zu Beschwerden hat, weil von uns etwas falsch gemacht wurde. Dann läuft der Alte Amok, das heißt, in seiner Wut wirft er zwei oder drei Bücher durchs Fenster auf den Hof. Danach ist er wieder ganz friedlich. Frau Wulfen hat ihm jetzt einen Stapel wertloser Schwarten in Griffnähe gepackt, damit ihn sein Zorn nicht so teuer zu stehen kommt.»
«Und die Unordnung im Laden?»
«Ein Antiquariat darf nicht wie geleckt aussehen, die Kunden müssen die Illusion behalten, daß es in den Winkeln und unter Packen etwas zu entdecken gibt. Wulfen hält das ganze Lager bis zum Reclamheft herab verzettelt, und auf den Zetteln steht der Standort. Du entsinnst dich, wie Wulfen die Kopien herausnahm, als er deinen Kauf addierte. Ein Riesenaufwand, der sich eigentlich nur lohnte, wenn wir Kataloge machten.»
«Und warum tut ihr es nicht?»
«Der Chef meint, es sei zu teuer. Er hat den Ehrgeiz, für die

Universität, für ihre Professoren und Assistenten eine große Auswahl präsent zu halten, die durch Kataloge, freilich zu höherem Preis, bald geräumt wäre.»
«Kaufmann scheint mir dein Lehrer nicht zu sein. Rentiert sich denn das Unternehmen?»
Wilhelm räumte erneut ein, daß man bei Wulfen auch lernen könne, wie manche Sache nicht anzufassen sei. Wulfen gehe ganz in seinem Beruf auf, er und seine Frau seien fast bedürfnislos, rackerten sich bis in die Nacht hinein ab, um den Kunden zu Diensten zu sein, und deren Zufriedenheit und Anerkennung entschädigten sie für den allzu bescheidenen Ertrag ihrer Arbeit.
Langfeld sah Frau Marga vielsagend an und sagte. «Prost Mahlzeit! Dein Meister scheint mir nicht kalkulieren zu können.»
Wilhelm wußte, worauf der Vater hinauswollte. Die Lehre bei Wulfen tauge nichts. Basta. «Sicher kommt das Kaufmännische bei Wulfens zu kurz. Das kann ich mir auf Abendkursen des Buchhändlerverbandes aneignen. Entscheidend ist, daß es weit und breit keinen so kenntnisreichen Bibliographen gibt wie Friedrich Wulfen. Frau Wulfen ist in der schönen Literatur großartig beschlagen. Hier ergänzen sich Kunst und Wissenschaft in idealer Weise, und ich bin jeden Tag glücklich, dort zu sein.»
«Worauf es allein ankommt, Herr Langfeld», meinte Frau Mautberg.
Der Admiral ließ nicht locker. «Was hast du denn nun gestern den Tag über bei Wulfen geleistet?»
Wilhelm legte die Gabel hin und dachte nach. «Am Morgen hatte ich die Bücherkästen vor die Tür zu stellen, dann die Systematische Theologie abzustauben. Dabei lernt man Titel und Lager kennen und hat manches zurechtzurücken, was verstellt ist. Später habe ich einen Karton Neueingänge verzettelt, am Anfang natürlich nur Romane, bei denen es keine Zweifelsfragen gibt. Am Nachmittag nahm mich Herr Wulfen

zu einem Ankauf mit, Nachlaß eines Entomologen. Er weiß in allen Disziplinen Bescheid. Die Witwe wollte sich nur vom Fachlichen trennen, die allgemeine Bibliothek mußten wir für die Kinder zurücklassen. In einer Stunde hatte Wulfen alles bewertet, ich reichte ihm die Bände zu. Dann trugen wir die Last zu unserem Handwagen herunter und zogen die Bücher heim. Die Rosinen zeichnete Wulfen sofort aus, er schreibt ganze Romane hinten ins Buch, wieviel Seiten diese vergriffene Auflage weniger hat als die lieferbare, daß die Abbildungen noch von den alten Platten gedruckt sind, daß die Ausgabe nur geheftet existiert und es sich hier um einen Privateinband handelt und was weiß ich. Am Schluß der Legende folgt der Preis, dem das Wörtchen «nur» vorgesetzt ist. Ich hatte die Anmerkungen auf eine Einsteckkarte zu kopieren und die Bücher, nachdem sie verzettelt waren, in einem der ohnehin schon überfüllten Schaufenster unterzubringen.»
Langfeld mußte an sich halten, um den Sohn nicht zu unterbrechen. «Du willst mir im Ernst erzählen, daß du, ein Kandidat der Philosophie, einen Handkarren durch die Straßen gezogen hast? Sage mal, verspürst du kein Schamgefühl im Leibe?»
«Warum? Herr Wulfen hat mit angefaßt. Unser Bote ist krank. Da muß der jüngste Lehrling heran. Ich finde nichts dabei.»
Frau Mautberg sekundierte Wilhelm. «Arbeit schändet nicht. Ich habe dutzendweise Hasen abgezogen und Wildenten gerupft, um uns durchzubringen. Das ist eine viel weniger appetitliche Tätigkeit.» Sie blickte auf die untadeligen Hände des Freundes. «Nicht jedem ist gegeben, seine Hände im Leben so zu schonen, wie Sie, Herr Langfeld, es durften.»
Wilhelms Blick wechselte zwischen dem Vater und der Dame hin und her. Lag ihre Vertrautheit in der Vergangenheit, oder bahnte sich etwas an? Frau Mautberg gefiel ihm, wenn man sie nicht gerade an Claudia maß. Jedenfalls kein Vergleich mit

der Peepchen. Nicht auszudenken, wenn die Dichterin den Vater herumgekriegt hätte!
Für Wilhelm waren Leute über vierzig, was die Vorstellung von etwaigen Liebesbeziehungen betraf, alt, grauenerregend alt. Claudia blieb die große Ausnahme. Man durfte sich nicht ausmalen, daß dieses Wesen sich von ihrem garstigen Leopold lieben ließ. Man sollte den alten Leuten einen Wecker einbauen. Regt sich bei ihnen tatsächlich noch ein Trieb, klingelte es. Feierabend! Aus der Traum.

XIX

Die Kanzler kommen und gehen

Robert und Marga fühlten sich noch nicht alt. Als Marga am dritten Abend eine Freundin besuchte, rief Robert seinen Sohn in Berlin an. «Daniel, ich gedenke mich mit der Witwe meines Crewkameraden Mautberg zu verehelichen. Du wirst dich ihrer erinnern. Als du zehn warst, sind wir einmal mit Mautbergs zur Oppendorfer Mühle gewandert. Hättest du Bedenken?»
«Tante Marga? Sie war sehr reizend zu mir. Ich finde es rührend, daß du bei mir anfragst. Welche Einwände sollte ich haben? Du hast lange genug allein gelebt. Ich beglückwünsche dich.»
Irene reagierte ähnlich. Alle drei Kinder waren verwundert, daß der Vater sich ihrem Votum unterwerfen wollte. Zumindest der Form halber tat er es. Wilhelm fand nicht gleich den richtigen Ton. «In deinem Alter willst du noch einmal heiraten? Ich habe gar nichts gegen Frau Mautberg, aber reichte es nicht, wenn sie bei uns als Hausdame tätig würde? Hausfrau ist natürlich billiger . . .»
«Lauseigel! Das ist kein Gesichtspunkt. Wir lieben uns. Kannst du das nicht verstehen?»
Wilhelm sah seinen Vater von oben bis unten an. «Wenn es so steht, dann man zu!»
Schon Mitte November war die Hochzeit.
«Großer Gott», flüsterte Langfeld Frau Marga zu, als beide in der Feldsteinkirche Ehlsens Einzug hielten und der Hochzeiter auf der Choraltafel gegenüber der Kanzel das Gesangsprogramm des Kirchspielgeistlichen las. Pastor Brodersen war

dafür bekannt, daß er seine Predigten gern durch einen ausgedehnten Gemeindegesang verkürzte. Eine Strophenauswahl wie bei seinen Amtsbrüdern hielt er für pietätlos, jeder Choral ist ein Unteilbares, die Gemeinde muß sich richtig warmsingen.

Langfeld, der die Nummern der Choräle gut im Kopf hatte, entschlüsselte die Tafel ohne Mühe. «Ich singe dir mit Herz und Mund» Vers 1–17 und die beiden Ehestandslieder «Ich und mein Haus, wir sind bereit» und «Wie schön ists doch, Herr Jesu Christ», noch einmal dreizehn Strophen, beide nach der Melodie «Wie schön leuchtet der Morgenstern». Phantasieloser ging es nicht.

Langfeld trug seinen Admiralsrock mit Schärpe, die Fangschnüre eines Flügeladjutanten hatte er auf Daniels Bitte zu Hause gelassen. Frau Marga war in fliederfarbene Seide gehüllt, einen Myrtenstrauß an der Schulter. Hochhirschs hatten auf ihren Emporenplatz in der Gutsloge verzichtet, zum ersten Male saßen sie unten in der zweiten Kirchenbank. Auch Irenes Schwiegermutter, Baronin Ilse, geb. Müller, war aus Düsseldorf gekommen. Sie fiel auf durch ein schulterfreies schwarzes Tüllkleid, in der Kirche nur spärlich verdeckt von einer Spitzenstola. In ihrem sehr gewagten Ausschnitt schlug ein Paar kleiner massiv goldener Sporen gegeneinander. Neben ihr saß ihr «Verlobter», wie sie ihn präsentiert hatte, ein junger Rennfahrer, dessen linke Gesichtshälfte von Brandwunden gezeichnet war, der aber sonst, wie sich aus den verliebten Augen der Reiterin ablesen ließ, ganz gut beieinander zu sein schien. Er steckte in der Uniform eines Sturmführers von Hühnleins Kraftfahrkorps.

Von Frau Margas Verwandtschaft war niemand vertreten, auf dem Standesamt hatten v. Warmleben und Claudia als Trauzeugen fungiert. Das Gros der Hochzeitsgesellschaft bildeten die Gutsnachbarn, bei denen Langfeld schon öfter gejagt hatte, an ihrer Spitze Graf Ihlenfeld von Klevendorn, eine barocke Figur, am Ende sein sehr viel sparsamer ausgefallener

Sohn, der Besitzer von Senshöhe. Die Damen hatten die ältesten Roben aus den Mottenschränken hervorgeholt, je vorgerückter das Alter, desto höher reichten die vergilbten Handschuhe hinauf. Auch die Zylinder der Herren variierten nach Jahrzehnten. Manche stammten noch aus dem vorigen Jahrhundert, Chapeau claque und Angströhre mit breit aufgenähtem Trauerflor nebeneinander.

Spitz und Wilhelm trugen als einzige einen Smoking, der Frack beherrschte das Bild, ohne daß dies elegant genannt werden konnte, obwohl manches alte Londoner Modell darunter war. Es gab schwarze Westen und einige noch rund angesetzte Schöße, sogar mit Tuch bezogene Knöpfe. Die Schneiderinnung hätte bei diesem Anblick die Hände über dem Kopf zusammengeschlagen, die Herren kannten sich nicht anders. Umsonst hatten die achtzig Herrenschneider der Innung im «Generalanzeiger» an Erneuerungsbedürfnisse erinnert:

«Der Deutsche trägt nur deutsche Kleider
Und diese macht der deutsche Schneider!»

Pastor Brodersen, ein rundliches Männlein mit flinken Augen, benutzte die Ermahnungen an das Brautpaar, sich einem christlichen Lebenswandel zu verschreiben, um jene zu schelten, die sich in seiner Kirche nur zu Amtshandlungen einfänden. Wie könne man vom Gesinde Gottesfurcht erwarten, wenn die Herrschaft es am Gottesdienst fehlen lasse. «Denn es ist hier kein Unterschied, sie sind allzumal Sünder und ermangeln des Ruhmes, den sie bei Gott haben sollten.»

Es gab zwei Hochzeitszüge. Den einen führte die Kutsche von Klevendorn an, ein Viererzug, auf dem Bock der Graf persönlich, drinnen das Hochzeitspaar, ihm gegenüber die Gräfin. Es folgten einige Landauer und Jagdwagen der Nachbarn von Sternthal. Die Autokolonne war länger. Sie wurde von Major a.D. Freiherrn v. Hochhirsch und Irene angeführt, die noch immer mit ihrem alten DeKaWe auskommen mußten. Im Gefolge gab es sogar einen Maybach. Diese schnellere Kara-

wane gelangte auf einem Umweg über Senshöhe eher nach Sternthal und stand schon zum Gruppenbild bereit, als die Quadriga Ihlenfelds aus der Allee einbog.
Der Photograph aus Rendsburg hatte immer noch etwas zurechtzurücken, die Damen fröstelten schon. Irene wurde dringend von der Mamsell in der Küche verlangt, sie bestand aber darauf, daß ihr Chow-Chow mit auf die Platte käme. Spitz hielt sich in der dritten Reihe hinter einem dicken Agrarier versteckt und mußte vom Lichtbildner hervorgezerrt werden. War die linke Hälfte eingermaßen geordnet, gab es auf der rechten wieder etwas zurechtzurücken und umgekehrt. Endlich drückte der Künstler auf seinen Gummiball, und die meisten waren überzeugt, gerade in diesem Augenblick ihr dümmstes Gesicht geschnitten zu haben. Die Tafel im Saal konnte sich sehen lassen. Es war für vierzig Personen gedeckt. Vor jedem standen fünf Gläser. Das Treibhaus hatte ein herrliches Blumenarrangement geliefert. Wegen der Kosten des Festmahls war es zwischen Irene und ihrem Vater zu einer kurzen Meinungsverschiedenheit gekommen. Langfeld wollte seiner Tochter die Kosten nicht aufbürden, aber sie hatte geantwortet: «Deine Hochzeit, Vater, ist die willkommene Gelegenheit, die ganze Gesellschaft einmal wieder abzufüttern, ein Aufwasch, und wir haben für Jahre Ruhe. Nimm es als Geschenk von Sternthal. Es war Archibalds Vorschlag.»
Das ehemals vierzigteilige Wedgwoodservice, das noch aus den Zeiten von Archibalds Großmutter stammte und den Brand des Schlosses überdauert hatte, reichte nicht für alle. In drei Generationen hatte es Scherben gegeben, so daß an den Flügeln für die jungen Leute Meißen aufgelegt werden mußte. Das Essen war mit sechs Gängen nicht eben ein Zeugnis für die Not der Landwirtschaft, die älteren Damen und Herren erinnerten sich jedoch, daß man früher bei Hochzeiten auf den Gütern üppiger geschmaust hatte.
Langfeld fühlte sich ganz als Gast und hatte sich auch nicht

um die Abfolge der Tischreden gekümmert. Nach der Suppe erhob sich Daniel und klopfte für seine Rede auf das elterliche Paar ans Glas. Der Hühnleinmensch, einziger in NS-Uniform, war schneller. «Meine Damen und Herren, der Führer!» Er hielt sein Glas vor die Brust und sah sich herausfordernd um, ob man nicht endlich aufstehen wolle. Als nichts geschah, leerte er es einsam und wurde, um die Peinlichkeit auf die Spitze zu treiben, von Baronin Ilse für seine mutige Rede beklatscht.

Daniel wartete verärgert den nächsten Gang ab. Seine Worte, geschliffen und von Anekdoten gewürzt, stellten seiner neuen Stiefmutter die Geschichte der Familie Langfeld vor. Beginnend beim Urgroßvater, dem Hamburger Senator, der die Tochter eines Seifensieders und Kerzengießers geehelicht hatte, über den Großvater, den Schiffsreeder, vermählt mit der Tochter eines Kapellmeisters am oldenburgischen Hofe, gedachte er der verstorbenen Tilli und ihrer Mutter, der Konsulin, einer Waterbloem.

«Du selbst», wandte er sich an Frau Marga, «magst entscheiden, ob dir Großmutter Elisabeths Heimgang im hohen Alter von fünfundachtzig Jahren zum Segen gereichen wird oder ob du etwas zu vermissen hast. Die Konsulin war der unübersehbare Farbklecks in unserer Familie, sie schmückte in ihrer unbekümmerten Nutzlosigkeit das von grauer Pflicht bestimmte Bild, ihre Launenspritzer trafen Gerechte und Ungerechte, wie es dem Zufall gefiel. Meine Mutter plättete die Kaffeetischdecke zwei- und dreimal, damit sich die Konsulin nicht über ein Fältchen zu mokieren hätte, sie, die zeitlebens nie ein Bügeleisen in der Hand gehalten hatte.»

Der Graf sprach auf die Gastgeber und die Damen im allgemeinen. Nur er benötigte für seine Pointen Stichworte, die er auf die Manschette gekritzelt hatte. Den Zuhörern war aus Jahren geläufig, was von ihm zu erwarten stand. Seine einzige Improvisation bestand in der Belehrung des Rennfahrers, daß es seit dem Ende des Königreichs Preußen vor fünfzehn Jah-

ren keinen Toast mehr auszubringen gebe. «Junger Freund, nehmen Sie zur Kenntnis, die Kanzler kommen und gehen, die Dynastie bleibt.»
Langfeld prostete dem Redner mit Feuer in den Augen zu, Baronin Ilse verließ pikiert die Tafel. Irene stürzte ihr nach und schaffte es, die Schwiegermutter zurückzuholen. Das war für Langfeld der Anlaß, in einer kurzen markanten Rede der Zeiten zu gedenken, als er als Gast bei Archibalds Vater und seiner Frau Ilse zu Besuch war, «ein Paar von gottbegnadeter Gastfreundschaft, dem Irene und Archibald heute so sichtlich nacheifern».
Bei Mokka und Cognac, die im Wohnzimmer und im Gartenzimmer eingenommen wurden, mußte Marga zusehen, wie ihr animierter Robert sich der Düsseldorferin widmete, während der Rennfahrer von dem motorbesessenen Senshöher ins Gespräch gezogen wurde. Robert ändert sich nicht mehr, dachte sie, so war er schon als Secondelieutenant. Immer galant, oft abgelenkt, nie aber eigentlich untreu. Wilhelm kam sich verloren vor. Archibald holte im Kontor aus dem Tresor die Briefmarkensammlung hervor. Wilhelm, der selbst eine unbedeutende Sammlung besaß und einiges davon verstand, war für die nächste Stunde gefesselt. Senta lag schlafend zu seinen Füßen. Im Kontor brauchte er nicht Zeuge zu sein, wie Claudia sich mit Bruder Daniel in eine Ecke des Jagdzimmers zurückgezogen hatte. In einer anderen lernten sich Spitz und Daniels Frau, Cornelia, kennen. Beide, bis vor kurzem Mitglieder der inzwischen verbotenen SPD, hatten sich viel zu sagen. Nachrichten vom Vorstand der Exil-SPD aus Prag drangen nur spärlich ins Reich. In beiden Ecken ging es wieder um die Frage: auswandern oder dableiben. Spitzens hatten diese Frage durch die Adoption Evas praktisch verneint, Cornelia wäre gern nach Belgien gegangen, aber Daniel zögerte.
Am nächsten Tag wurde Archibald vom Grafen Ihlenfeld auf das benachbarte Rittergut Klevendorn zur Fuchsjagd eingeladen. Irene fuhr ihn mit dem klapprigen DeKaWe hinüber und

leistete während der Reitveranstaltung der Gräfin, die sich nichts aus Pferden machte, im Schloß Gesellschaft. Sternthal besaß kein Pferd mehr, Archibald ritt den Rappenwallach des Grafen. Ihlenfeld erprobte seine kürzlich in Schleswig ersteigerte Schimmelstute. Vor dem Schloß stand ein Feld von etwa vierzig Reitern, zwei Drittel in kurzen roten Röcken, ein Dutzend Damen in schwarzem Samt, nur zwei Uniformen, und zwar Archibald in feldgrauer Litewka, die er nach seiner Verabschiedung aus der Reichswehr bei reitersportlichen Veranstaltungen anlegen durfte, und SA-Sturmbannführer Käsebach, Inspekteur der berittenen SA der Nordmark, überall nur der Reitergeneral genannt, in Braun. Die Fuchslunte hatte Ihlenfeld dieses Jahr zum ersten Male seiner Tochter Ulrike an die Schulter geheftet und ihr Archibald und Käsebach als Masters attachiert. Ulrikes jüngeres Bruderzwillingspaar im Alter von zwölf Jahren durfte auf Ponys hinterherzotteln. Vor dem Anritt brachten Diener den Reitern auf Silbertabletts Oldesloer Korn zum Bügeltrunk. Der Graf erläuterte die Strecke. Im Zeichen der Zeit war manches Feudale an diesem Jagdspringen gestutzt worden: keine Parforcejagd mehr und Verzicht auf die Hundemeute. Die Viecher fraßen zu viel und kamen nur einmal im Jahr zur Geltung. Entsprechend verzichtete man auf den Wettkampfcharakter der Jagd. Nicht, wer den Fuchs hat, hat die Braut, es sollte ein geselliger Geländeritt sein, der das alte Brauchtum nicht ganz außer acht ließ.

Neu war die Demonstration der Volksgemeinschaft. Der Graf hatte fünf Leiterwagen anspannen lassen, auf denen, wer vom Gut, aus dem Dorf oder der Nachbarschaft Lust hatte, dem Schauspiel an den kritischen Stationen zuschauen konnte. Jedem Gespannführer war eine Flasche Schnaps mitgegeben worden, die dem vorbeireitenden Ihlenfeld mit dem Zuruf «Denn man zum Wohl, Herr Graf» entgegengehalten wurde. An der Spitze der schlanken Reiter wirkte Ihlenfeld wie ein Monument. Er wog über zwei Zentner, sein Rotrock war län-

ger geschnitten und fiel über das Knie, er trug noch die hohen Dragonerstulpen seines Vaters. Ein Bild fast wie Schlüters Großer Kurfürst. Zwei Jungförster bliesen auf dem Horn das Signal «Aufbruch zur Jagd». Ulrike erhielt eine Vorgabe von der Länge des Klevendorner Parks. Sie ritt quer über die Hofbrache, am Rapsfeld entlang, dessen Saat schon einige Zentimeter aufgegangen war, zur Wolfsschlucht hinab. Ihr Pferd parierte bei dem steilen Abstieg mustergültig. Der lange Käsebach hatte Mühe, sich im Sattel zu halten, Archibald war höhere Anforderungen gewöhnt. Heil dir auf stolzen Rossen, du braune Reiterei. «Am langen Zügel, Sturmbannführer, sonst kaut es sich ab», rief Archibald ihm zu.
«Der verdammte Hirschhals und die elenden Haselnußzweige, Herr Major!» rief der Reitergeneral zurück. Ulrike lachte, die Lunte hüpfte auf ihrer Schulter. Ein Jammer, daß Irene nicht reitet, dachte Archibald. Was gibt es Schöneres? Seine Stiefmutter hatte er von der Fuchsjagd auf Klevendorn nicht verständigt. Da sich kein Pferd für sie fand, war sie mit ihrem Kavalier wieder abgereist. Man wußte nie, ob sie aus der Rolle fallen würde ...
Jetzt schimmerte der breite Rock des Grafen durch das Dikkicht der Schlucht, ein langer, rot-schwarz gestreifter Wurm schlängelte sich hinter ihm her. Die Hälse auf den Leiterwagen reckten sich. Mal sehen, ob die neue Stute es schafft, den Dikken die Steilwand hochzuzerren. Tatsächlich, die Vorderhufe schlugen in den Sand des Damms, mit einem letzten Satz war der Gipfel gewonnen, Graf Ihlenfeld stemmte die Faust in die Hüfte und blickte selbstzufrieden in die Tiefe hinter sich zurück. Ein paar Handwerker aus Ehlsen klatschten Beifall. Hei versteiht dat mit sin Per. Das Feld zum Fuchs verkürzte sich. Ihlenfeld sah zu den Buchen am Hügel empor. Hier stand das beste Schälholz seines Forsts. Es hatte vergangenes Jahr ganz hübsch abgeworfen. Trotzdem gedachte er, der Jagdgesellschaft nur eine Kaffeemahlzeit zu spendieren, große Festessen sind heute unzeitgemäß.

Weiter ging es durch den Wald. Und über Weiden und Felder. Die Strecke war von gegebenen Hindernissen wie Zäunen und Gräben belebt. Den Clou bildete der Gutsteich, wo die Kavalkade über einen gefällten Baumstamm ins Wasser zu springen hatte, um über den schlüpfrigen Grund im Schritt das trockene Gegenufer zu erreichen. Als der Graf mit einem machtvollen Plumps im Teich aufschlug, spritzte ihm der Schlamm bis zur Schulter. Manche Pferde seiner Nachfolger verweigerten. Der endliche Sieg über den Fuchs in einem Rennen um den Park war eher eine galante Farce. Ulrike gönnte dem Bruder von Senshöhe die Trophäe. Die Reiter saßen ab und holten sich einzeln von der Gräfin einen Eichenbruch, mit dem sie ihre Röcke schmückten. Die beiden Jungförster bliesen das Halali. An der Schloßtreppe, wo früher Lakaien den Reitersleuten das Schuhwerk gebürstet hatten, standen Wassereimer mit Lappen zur gefälligen Selbstbedienung bereit. Käsebach grinste. «So ändern sich die Zeiten, Herr Major. Heute putzt jeder Volksgenosse seine Stiefel selbst.» Der lange Käsebach ächzte, von Rheuma gepeinigt, während er sich zu seinen Langschäftern herunterbückte. Seine wie ein Spechtschnabel hervorragende Nase lief blaurot an. «Ganz meine Meinung, Sturmbannführer, sehr gesund», sagte Archibald.

Als Irene Käsebach die Hand geben mußte – Käsebach war als Familienvater sicher aller Ehren wert –, wurde sie durch das braune Tuch an Rucker erinnert, der einmal im Geäst der Blutbuche, wohin sie ihn eingeladen hatte, über sie hergefallen war. Fünf Jahre war das her. Jeder Tag bestätigte ihr von neuem, daß sie mit Archibald die richtige Wahl getroffen hatte.

Robert und Marga leisteten sich nur eine kurze Hochzeitsreise, die sie über Odense und Roskilde nach Kopenhagen führte. Marga war in Andersens Märchenwelt bewandert, und Robert konnte vor jedem Sarkophag im Dom der Könige von den Herrschern erzählen. In Kopenhagen zeigte es sich, daß Marga sich im Tivoli auskannte, Robert genoß es, die Rodins wiederzusehen. Sie fanden sich wechselseitig ungemein anregend, delektierten sich in den Restaurants um das Rathaus an der dänischen Küche und konnten es sich im Missionshotel, das sie aus Sparsamkeit gewählt hatten, wohl sein lassen. Von sich und von vielen Eindrücken erfüllt kehrten beide nach einer Woche über Warnemünde heim.

Von den Pflichten des Heldengedenktages hatten Robert und Sohn Wilhelm sich durch ihre Trennung vom Stahlhelm und von der SA entbunden, aber am Totensonntag gingen sie zusammen auf den «Gottesacker», um an Tillis Grab Blumen zu bringen. Robert hatte Marga ausdrücklich von diesem Gang dispensiert. Barhäuptig standen Vater und Sohn vor dem Findling, der nur Tillis Namen und die Lebensdaten trug. Der unbehauene Stein fiel zwischen all den Marmorplatten und Granitkreuzen auf. Langfeld sagte mit leicht bebender Stimme: «Deine gute Mutter . . .» und wandte sich zum Gehen. Zum Grab der Konsulin, hinter einer Ecke am Ende des Friedhofs gelegen, gingen sie nicht. Langfeld konnte seiner Schwiegermutter das gottlose Begräbnis nicht verzeihen.

Nachmittags begaben sie sich mit Frau Marga auf den langen Kirchenweg zur Johanneskirche am Holm. Die evangelische Garnisonskirche bot eine Vesper mit Mozarts letztem Werk, dem unvollendeten Requiem. Baß und Tenor waren gut besetzt, die Altstimme hervorragend, der Sopran schwächer. «Schadet nichts», sagte Langfeld, «Mozarts Genie strahlt noch aus schwachen Kräften, er ist kaum zu verderben.» Der Kantor hatte auf die Einstudierung des Chors alle Mühe verwendet, für die Orgel einen Kollegen gewonnen, denn er selbst gedachte zu dirigieren. Eben dies machte ihm der Stabsmusikmeister streitig, der das halbe Musikkorps für die Aufführung stellte, nicht nur Bläser und Pauken, auch das Cello und die Violinen, die von seinen Marinesoldaten nicht schlecht gespielt wurden. Der Marineoberpfarrer hatte sich um Hilfe an

den Stationschef gewandt, worauf der Stabsmusikmeister tätige Reue übte, indem er ins Glied trat und, was seit einem Jahrzehnt nicht geschehen war, die erste Geige übernahm.
Vizeadmiral Ulbrich zeichnete die Aufführung durch seine Anwesenheit aus. Er saß in der ersten Reihe vor dem Altar, die Stühle waren mit Blick zum Chor umgedreht. Neben ihm saß der neue Chef der Bildungsinspektion, Konteradmiral Hallpasser, beide mit ihren Damen. Die Langfelds ergatterten nur noch eine der letzten Kirchenbänke. Da half kein Halsrekken, von hier aus gab es von den Darbietenden auf der Empore nichts zu sehen.
Langfeld, dem die Musik geläufig war, der sogar manches vom Text noch präsent hatte, obwohl es lange her war, daß er als Primaner bei der Trauerfeier für seinen verstorbenen Gymnasialdirektor das Requiem im Schulchor mitgesungen hatte, war immer wieder versucht, mitzusummen. Wilhelm trat ihm behutsam auf den Fuß. Als die Posaunen den dritten Satz *Tuba mirum spargans sonum* einleiteten, hielt es ihn nicht länger, er blies die Backen auf, und «bu-bu-bu» begleitete er einige Takte das Orchester.
Von den Nachbarn, die überrascht zu ihm hinblickten, erntete er eher anerkennende Duldung, denn was er solcherart zum besten gab, war musikalisch passabel. Langfeld nickte seinem Sohn lächelnd zu. «Siehst du wohl!» Und als das Solistenquartett *Nil inultum remanebit* – nichts wird ungerächt verbleiben – wie mit einer Stimme sang, nickte Langfeld noch einmal seinem Sohn zu. Du verstehst, was ich meine, wollte er damit sagen.
Nach dem *Lux perpetua lucea eis* erhob sich die Familie und verließ die Kirche. «Was für Stümper waren wir doch damals. Mozarts ganze Schönheit hat sich mir erst heute erschlossen. Und erst heute weiß ich, woher ihm die Kraft zu dieser einleuchtenden Musik gekommen ist, aus dem Glauben, mein Junge. Müßig zu streiten, ob dieser Glaube katholisch oder

seinem Wesen nach nicht viel eher evangelisch wäre, nur eine tief gläubige Seele konnte zu diesen Tönen finden.»
Wilhelm war vom Requiem nicht weniger ergriffen als sein Vater, ließ aber des Vaters Absicht nicht gelten. «Verzeih mir, wenn ich das anders sehe. Ich meine, er hat nicht aus eigenem Glauben, sondern hat für Gläubige komponiert, hat sich in das Wesen des Glaubens hineinversenkt, um ihn in solcher Vollendung darzustellen. Ein viel schwereres Unterfangen, das Genie verlangt, wie mir scheint.»
Dem Vater mißfiel diese Deutung, obwohl ihm Wilhelms Art nachzudenken Eindruck machte. Davon sagte er selbstverständlich kein Wort. Schweigend gingen sie den Weg zurück. Die Dunkelheit fiel ein, zur Rechten stieg Nebel aus dem Sumpf, von der Linken glitzerten die Lichter auf der Förde. In der Tirpitzallee setzte sich Langfeld an den Flügel und improvisierte *Requiem aeternam dona eis.* Manche Passagen sang er mit. Er hatte die Tonlage seinem Bariton entsprechend gewählt. Wilhelm stand am Fenster und blickte in den Himmel. Man muß den Alten gern haben, trotzdem, dachte er.

XX

Das Geschäft meines Lebens

Daniel hatte dem Vater erklärt, warum er bei der Volksabstimmung mit «ja» stimmen werde. «Der Austritt aus dem Völkerbund ist unwiderruflich. Nicht wahr? Wer garantiert mir, daß mein ‹Nein› nicht durch irgendwelche Tricks registriert werden kann und mich Repressalien aussetzt? Das Wahlergebnis steht vorher fest. Über 90% für Hitler. Wir geben uns zu keiner nutzlosen Mutprobe her.»
Wilhelm war aufgebracht. «Claudia sagt, es komme auf jede Neinstimme an, es sei vermutlich das letzte Mal, daß man zeigen könne, daß man die Nazis nicht will. Ich kreuze ‹Nein› an.»
Illegale Flugblätter hatten einige Verwirrung gestiftet. «Nein zu Genf – nein bei der Abstimmung», stand da. Goebbels machte alle Anstrengungen, dem Wahlvolk das «Ja» einzutrichtern. Blomberg ließ sich für die Reichswehr vernehmen: «Noch nie hat die Wehrmacht bisher bedauert, daß ein kluges Gesetz ihr das Stimmrecht versagte. Für den deutschen Soldaten gibt es nur ein Ja.» Hitler sprach aus den Siemenswerken zur Nation, eine Stunde ruhte in allen Betrieben im Reich für den Gemeinschaftsempfang die Arbeit. Weil die Unternehmer den Ausfall am 1. Mai ertragen hatten, war diese Stunde von den Arbeitern nachzuholen. Mit dem Ausklang des Horst-Wessel-Liedes ertönten überall die Sirenen, der Verkehr ruhte eine Minute. Bei dieser Rede trug Hitler Räuberzivil, zu Reitstiefeln und brauner Hose ein grau gemustertes Jackett vom Obersalzberg. Da an eine wirkliche Gleichberechtigung nicht gedacht werde, sei es uns nicht möglich, uns

in einer so unwürdigen Stellung anderen Völkern aufzudrängen. «Wer mutig sein Recht vertritt, wird am Ende auch recht bekommen.»
«Was machen wir, Marga?» fragte Robert seine Frau und fügte gleich hinzu: «Den Austritt aus dem Völkerbund kann ich nur unterschreiben. Der Weg zum Ausbau der Flotte ist frei geworden.» Vor ihnen lag das Muster des Stimmzettels vom «Generalanzeiger» bereits bei «Ja» angekreuzt: «Billigst Du, deutscher Mann, und Du, deutsche Frau, die Politik Deiner Reichsregierung und bist Du bereit, Dich feierlich zu ihr zu bekennen?» Das deutsche Fräulein hatte man bei der Anrede übersehen.
«Wir sagen ‹Ja› und damit basta», beschloß Robert den Monolog, da seine Frau nichts einzuwenden hatte. Daß mit dem Volksentscheid zugleich ein neuer, der letzte Reichstag gewählt wurde, trat bei der Agitation in den Hintergrund. Hindenburg hatte mit dem Reichstag zugleich die Länderparlamente aufgelöst. Den Reichsstatthaltern war die Weisung zugegangen, von einer Neuwahl der Landtage und Bürgerschaften abzusehen. Göring behielt seinen von ihm ernannten Staatsrat, es ging alles wie geschmiert. Die Sitzung des Reichswahlausschusses war die kürzeste seit Menschengedenken. Beim Reichswahlleiter hatte ja nur die NSDAP einen Wahlvorschlag eingereicht. Die Liste enthielt 685 Männer.
Laut Auszählung wählten dann 39 Millionen Reichsdeutsche 661 Abgeordnete, die keine Immunität mehr schützte, als Himmlers Scherbengericht ein halbes Jahr später die höheren SA-Führer unter ihnen dezimierte. Auf drei Millionen ungültige Stimmen schien die Opposition gegen Hitler geschrumpft. Noch im März hatte die NSDAP im Raum Köln–Aachen und in Berlin weniger als ein Drittel der Stimmen erzielt, jetzt verteilte sich das Ja und Nein ziemlich gleichmäßig über das Reichsgebiet. Wer gewählt hatte, erhielt eine Plakette mit «Ja» angesteckt. So wurde der geheime Charakter der Volksabstimmung auch nach außen bekräftigt. Ah-

rens war mit dem Wahlergebnis seiner Stadt zufrieden. Zum Feiern blieb keine Zeit, denn der Regierungspräsident hatte sich angesagt, endlich sollte Ahrens auch offiziell als Oberbürgermeister vor den Kollegien eingeführt werden. Bei einem solchen Anlaß durften die Stadtverordneten noch die Kulisse abgeben, ihre Aufgabe als Stadtparlament war inzwischen einem Fünferausschuß übertragen worden, der seine Beschlüsse in nichtöffentlicher Sitzung faßte. Als einziger Konzessionsschulze gehörte Schönle, der frühere Stahlhelmmann, zu den fünfen. Ahrens hatte an dem Dicken wohl einen Narren gefressen.
Umständlich schloß er in seinem Arbeitszimmer den kleinen Schrank auf, der neben dem Sockel mit der Hitlerbüste stand, und holte die eiserne Amtskette des Oberbürgermeisters heraus. Heute sollte sie wieder zu Ehren kommen. Sie war zuletzt bei Hindenburgs Besuch 1927 vom Oberbürgermeister Dr. Sybel getragen worden. Ihn hatte Ahrens mit seiner Spielart von Machtergreifung gestürzt. Die alte goldene Kette, 1911 dem O.B. vom Kaiser verliehen, war im Kriege eingeschmolzen worden: «Gold gab ich für Eisen.» Aber der Pokal stand noch im Schrank, «aus dem Seine Majestät geruhte, den Ehrentrunk zu nehmen», wie die Inschrift festhielt. Und die Glocke für den Kollegiensaal, gestiftet vom SS-Sturmbann im März des Jahres, trug den Ruf: «Kampf und Sieg Heil!»
Wohin die alte Glocke geraten war, die die jüdische Gemeinde den Kollegien geschenkt hatte, wußte Ahrens nicht mehr zu sagen. «Weil es früher in den Kollegien wie in einer Judenschule zuging, deshalb kamen die Juden auf ihren Einfall mit der Glocke. Ich hätte das Ding nicht angefaßt», sagte er zu Bockhals.
Bockhals wurde gelegentlich von einem Staunen über seinen Dienstherrn erfaßt. War Ahrens abergläubisch? Aus ungeklärtem Umstand fiel Ahrens die Kette hin, als er sie aus dem Schrank zog. Der Oberbürgermeister wurde gelb im Gesicht

und wischte sich den Schweiß von der Stirn. Glich er auch darin seinem großen Vorbild? Als Hitler Mitte Oktober unter einer Pompentfaltung wie zu Wilhelminischen Zeiten in München den Grundstein zum «Haus der deutschen Kunst» legte, zerbrach ihm der von Professor Troost entworfene Silberhammer in der Hand. Hitler deutete es als Vorzeichen für den Tod von Troost, der erst ein Vierteljahr später eintrat. «Wenn Berlin die Hauptstadt des Reiches ist, dann soll München wieder werden Hauptstadt der deutschen Kunst!» überschrie er den Schrecken, der ihm in die Glieder gefahren war. Bockhals überbrachte also, nachdem Ahrens sich erholt hatte, die Kette dem ältesten hauptamtlichen Stadtrat, dem früheren Volksparteiler Henn. Dieser sollte Ahrens nach der Eidesformel die Amtskette umhängen und ihm die Anstellungsurkunde aushändigen. Zunächst aber war der Regierungspräsident dran: «Nicht mehr das Stadtparlament, sondern der Oberbürgermeister bestimmt Art und Ziel der städtischen Verwaltung.» Das ging Ahrens glatt ein. Vom Projekt einer Reichsautobahn nach Hamburg, ergänzt von einem Anschluß nach Flensburg – der Regierungspräsident tat so, als ob beides morgen schon Wirklichkeit würde –, hielt Ahrens viel, wußte aber nur zu gut, daß noch Jahrzehnte darüber vergehen könnten. Er besaß einiges Augenmaß und nahm sich selbst nicht mehr vor, als was sich schaffen ließe.

Langfeld verfolgte die Zeremonie mit Mißfallen in der Zeitung. «Kein Mensch kommt auf den Gedanken, bei solchem Anlaß des Kaisers zu gedenken, dem unsere Stadt alles, aber auch alles verdankt. Ohne ihn wäre sie heute noch ein Dorf», sagte er zu Frau Marga. «Da lobe ich mir die Kaiserin Zita, die ihrem Sohn, dem Prinzen Otto von Habsburg, in Rom durch den legitimistischen Adel Österreichs hat huldigen lassen. Sie hat einen Beschluß des Familienrats durchgesetzt, den Prinzen künftig als Kaiser von Österreich zu titulieren. Ungarn hat sie schlauerweise ausgelassen. Bei uns dagegen kommt nichts voran.»

Marga erwiderte nichts. Sie packte Roberts Koffer für Doorn. Wieder sollte Langfeld dort fünf Wochen Dienst als Flügeladjutant tun. Der große Überseekoffer reichte kaum für die umfangreiche Equipierung, Rock und Messejacke, Yachtclub- und Abendanzüge, Holzhackerdress und Wandergarderobe. Jeder Schuh, ein Dutzend Paar, wurde in den «Generalanzeiger» eingewickelt. Langfeld beaufsichtigte pfeiferauchend ihre Geschäftigkeit, an der er sich nicht beteiligte. War die geistige Vorbereitung auf die Reise nicht auch Arbeit gewesen? Wie ein Primaner, der noch nicht weiß, was im Abiturientenexamen für ihn drankommt, hatte Langfeld sein Wissen in verschiedenen Gebieten zu vervollkommnen getrachtet. Er las noch einmal des Exkaisers «Erinnerungen an Korfu» und rekapitulierte die norwegische Geschichte von der Kalmarer Union bis zur Trennung von Schweden 1905. Er befaßte sich mit Max Plancks «Wegen zu physikalischer Erkenntnis» und Pinders «Deutscher Barockplastik» und arbeitete Onckens «Deutsches Reich und die Vorgeschichte des Weltkrieges» durch.

Er ahnte, welche Themen seinen Herrn und Kaiser beschäftigen könnten, und wollte nicht mit leerem Hirn vor ihm stehen. Wulfen konnte für diesen aktuellen Bedarf wenig beisteuern, aber Herr Hüneberg ließ mit feinem Spürsinn die wichtigsten Novitäten zur Ansicht schicken. Derart gerüstet, trat Langfeld die Reise in Richtung Utrecht an.

Nach einer Woche traf sein erster Brief ein.

Haus Doorn, 28. 11. 33

Meine liebe Marga!

Heute komme ich dazu, Dir ausführlich zu schreiben. Die Majestäten sind einer familiären Einladung beim Grafen B. gefolgt, und ich bin also dienstfrei. Verwahre bitte diese Zeilen gut, ihr Inhalt ist für niemanden außer Dich bestimmt, sie können mir in späteren Jahren vielleicht einmal als Gedächtnisstütze dienen, wenn ich Aufzeichnungen über die Doorner

Jahre anfertige. v. Warmleben hat meine Briefe von hier aus früheren Jahren gesammelt. Ihm magst Du Geeignetes inhaltlich bekanntgeben.
Vorgestern ist Prinz Ernst Heinrich von Sachsen wieder abgereist. Er hat wenig gemein mit seinem Vater, dem verewigten «Geenich», den ich vor zwei Jahren hier erlebte. Der Prinzenbesuch war eher steif, ganz unsächsisch. Beim «Geenich» hatten wir uns gekugelt, es war reenewech zum Beamseln. S. M. hat damals oft schallend gelacht, I. M. war dieser Bundesgenosse zu gewöhnlich, Sie hielt sich zurückgezogen. Als der Kaiser ihn nach einem Oberst fragte, der Ihm 1912 bei einem Manöver aufgefallen war, sagte der Dresdner: «Potzöberschter Golleche, weeßten das nich, där Dingrich is doch abgenippelt, där is aus 'n Kriech nich redurgekommen.»
Mich nahm er beiseite, nachdem er einen Tag wegen Muskelkaters von der Gartenarbeit im Bett geblieben war. «Ich habe keene Forsche mehr, gälle? De beste Krankheet daucht ähm nischt, 's is zeviel. Un alles wächen dem Willäm seine Bellergonchen. Där muddelt ja eechal in sein' Garten rum.»
Im Kriege besichtigte der König wie viele Bundesfürsten meine Schule. Ich versuchte ihm in groben Zügen die Wirkungsweise des Torpedos zu erklären. «Das neimod'sch Mengenke geht hüm nein um drüm naus. Wer müssen derwächen nochemal davon reden», sagte er und heftete mir seinen Hausorden an. En Gavalier mit Kontenangse.
Nun zu Ernsterem. Gestern kam S. M. noch einmal auf das Telegramm des Reichspräsidenten zu sprechen, mit dem sich Hindenburg für die Glückwünsche des Kaisers zum Geburtstag bedankt hat. «Euer Kaiserlichen und Königlichen Majestät lege ich tiefbewegt meinen ehrerbietigsten Dank für so gnädiges Meingedenken zu Füßen. In alter Treue gez. Hindenburg.» Der Kaiser ist immer noch verstimmt, weil kein Wort der Hoffnung auf Seine Rückkehr darin zu finden ist. Dabei hat sich der Hausminister in persönlicher Audienz bei Hindenburg erst jüngst eine Abfuhr geholt, über die S. M. scho-

nend unterrichtet wurden. Hindenburg soll geäußert haben, er selbst sei für die Wiederkehr der Monarchie, aber weder das Volk noch die Verhältnisse seien schon so weit gereift. Nicht anders ist es dem Hausminister beim Staatssekretär der Reichskanzlei ergangen. Laut Dr. Lammers sei Hitler zwar Monarchist, aber kein Legitimist. Er habe den Bundesstaat durch den Einheitsstaat abgelöst und sehe im übrigen bei den Hohenzollern keine klare Präferenz für einen Thronprätendenten.

Du kennst meine Ansicht. Ich diene dem Kaiser als meinem geliebten alten Obersten Kriegsherrn und bin gleichzeitig überzeugt, daß Er Sich in die heutigen deutschen Verhältnisse kaum würde schicken können. Er mißt Sein Handeln an den Zeiten, als Er noch Sein persönliches Regiment führte. Meine ganze Hoffnung hatte ich auf den Prinzen Wilhelm gesetzt. Er wäre aus seiner schlichten Zucht in Bescheidenheit an das hohe Amt herangegangen, weil er von Vergleichsmaßstäben unbelastet ist. Es hat zäher Überredung bedurft, S. M. davon abzuhalten, den Prinzen Wilhelm zum Grafen von Brandenburg zu degradieren, nur damit Fräulein v. Salviati nicht Prinzessin von Preußen wird. Soviel ich weiß, bleibt es bei der Junggesellenapanage des Prinzen. Der Kaiser will damit die Ehe ignorieren. Überraschend hat sich in dieser Frage der bisher ungemein bürgerliche Prinz Louis Ferdinand an die Seite seines Großvaters gestellt. Nun wird man dessen Entwicklung im Auge behalten müssen. Begabt und liebenswürdig ist er. Nur sehr nonchalant.

Auch zum Kronprinzen ist das Verhältnis gespannt. Nach dem Eklat im Mai, als S. M. den Kronprinz aus der Familie ausstoßen wollte, weil er in Doorn nicht um Erlaubnis für eine Italienreise angefragt hatte, ist jetzt m. E. ein viel schlimmeres Malheur passiert. Ein Brief S. M. an den Kronprinzen, worin bittere Worte gegen die Regierenden fallen, soll in Görings Hände gelangt sein, der darauf jedes Interesse an der Monarchie verloren hat. Das Verbot aller monarchischen Verbände geht auf ihn zurück. So berichtete jedenfalls Levetzow, der den Kaiser immer auf Hitler festlegen wollte. Für I. M. die willkommene Gelegenheit zu behaupten, die Kronprinzessin habe Göring das Schreiben zugespielt. Die beiden Hohen Frauen könnten sich gegenseitig die Augen auskratzen. Die Kaiserin rät S. M., zunächst als Privatmann nach Deutschland zurückzukehren, als ob Hitler den Ovationen, die für S. M. zu erwarten stünden, ruhig zusehen würde.

Der Kaiser reagiert nach dem Motto wait and see. *Man dürfe Hitler nicht nachlaufen, wie es I. M. in bester Absicht tue. «Die Vorsehung wird dafür sorgen, daß Ich auf den Thron zurückkehre.» Voriges Jahr, als ich hier Dienst tat, hieß es noch, Hitlers Legalitätsprinzip sei falsch, seine radikalen Anhänger, die die Republik stürzen wollten, wären auf dem richtigen Wege. Ich erkühnte mich, S. M. zu verdeutlichen, daß diese Radikalen eher Nationalbolschewisten als Anhänger der Monarchie seien. «Das Küken ist wieder schlauer als die Henne», wandte sich S. M. von mir ab. Nur für einen Augenblick, er trägt nicht nach.*

Voriges Jahr war es auch, daß wir hier ein abgewogenes Huldigungstelegramm des 13. Frontsoldatentages des Stahlhelm entwarfen, das ich voll unterschrieben hätte. Was Seldte und unter dessen Druck Duesterberg dann tatsächlich telegraphierten, war so abgeschwächt, daß es S. M. eher verbitterte. Die Erregung soll ihren Höhepunkt erreicht haben, als v. Papen gestürzt, Schleicher noch nicht ernannt war. Die Nervosität, weil kein Zeichen aus der Heimat eintraf, muß unerträglich gewesen sein. Dann großer Jubel am 30. Januar. S. M. ließ noch in der Nacht Champagner auffahren. Eine Regierung nach Seinem Herzen. I. M. hatte nichts Eiligeres zu tun, als in Berlin Herrn v. Papen zu empfangen. Röhm, ich kann diesen Widerling nicht ausstehen, soll zu meiner Ablösung, dem Admiral v. Gr., geäußert haben, im Herbst hätten wir die Monarchie. Ringsum Euphorie. Jetzt haben wir Winter! Und nichts ist eingetroffen. Schon der Tag von Potsdam soll S. M.

ernüchtert haben. Statt das Historie gewordene friderizianische Preußen zu feiern, hätte man an das junge Kaiserreich anknüpfen sollen. Der für Ihn in der Garnisonkirche freigehaltene Sessel tröstete wenig. Und gar der Parteitag in Nürnberg. Kein Wort des Gedenkens an den Kaiser und Seine Vorfahren. Und das in der Stadt der Burggrafen von Hohenzollern! «Die Deutschen werden die Hakenkreuzfahne eines Tages verbrennen», rief S. M. uns zu. Im übrigen liefe die Swastika der Nazis verkehrt herum. Es folgte ein glänzender archäologisch-heraldischer Exkurs. Ich lerne immer wieder sehr viel hinzu.

Kenne sich einer aus in den spontanen Entschlüssen, die so oft einander widersprechen. Der Kaiser hat streng untersagt, auf Seinen Gutshäusern in Deutschland die Hakenkreuzfahne aufzuziehen, aber Seine Majolikafabrik in Kadinen fabriziert neuerlich auf Allerhöchsten Befehl Hitlerbüsten. S. M. rieb sich gestern die Hände, als Er mir sagte: «Mein Admiral, dieser Nonvaleur wird noch zum Geschäft Meines Lebens, die Kadiner Hitlerbüsten gehen weg wie warme Semmeln.» Na ja, I. M., die zentnerweise Bücher von Herzog und Zobeltitz verschenkt, wird die Einnahmen schon wieder unter die Leute bringen.

Drei spaßige Tage erlebten wir mit Harold Lloyd. Der Kaiser ist wie vernarrt in dessen Komik, und der Amerikaner hat in S. M. sein dankbarstes Publikum gefunden. Sechs Filme wurden vorgeführt, «Matrose wider Willen» zweimal. Bei der Abreise schenkte ihm der Kaiser einen Strohhut aus Seiner Garderobe. Der Star nahm die Auszeichnung wie einen Ritterschlag entgegen.

Vorige Woche legte Frobenius dem Kaiser seine soeben vollendete «Kulturgeschichte Afrikas» vor. Er hielt einen glänzenden Vortrag über die historische Gestaltlehre. S. M. sprach tagelang von nichts anderem. Die Herren langweilten sich fürchterlich, für mich waren es Offenbarungen. Natürlich gibt es Neid, wenn ich als einziger auf die Gedankenflüge des Ho-

hen Herren einzugehen verstehe. Trotzdem bin ich bei den Kameraden nicht etwa unbeliebt. Wenn sich die Majestäten zur Ruhe begeben haben, pokulieren wir noch ganz kräftig, und dann sinkt das Niveau der Gespräche in Gefilde ab, auf denen sich alle tummeln können.

Hat Daniel auch Dir nur eine gedruckte Anzeige seiner vollzogenen Vermählung geschickt? Ich finde diese Art beim eigenen Sohn befremdend distanziert. Wir haben noch gar nicht die Frage eines Hochzeitsgeschenks besprochen. Am besten, Du läßt Dir vom Hofjuwelier am Burggraben schon einmal Silber zeigen. Ich dachte an ein Tablett mit Kaffee- und Teekanne sowie Rahmguß und Zuckerdose. In möglichst schlicht gediegener Ausführung, denn das junge Paar ist ja Schnörkeln jeder Art abhold. Kostenpunkt bis fünfhundert Mark. Sie sollen merken, daß etwas mehr familiäre Herzlichkeit nicht hätte schaden können. Hat Irene Dich inzwischen einmal besucht? Ich hatte es ihr nahegelegt. Im neuen Jahre werden wir wohl zur Treibjagd nach Sternthal eingeladen werden. Findet Wilhelm immer noch Freude an seinem Verlegenheitsberuf? Es bleibt ein Jammer, daß ihm das Studium abgeschnitten ist. Er hätte das Zeug zum Hochschullehrer gehabt.

Und Du? Langweilst Du Dich sehr? So wohl ich mich hier fühle, die Waldarbeit bekommt mir ausgezeichnet, zähle ich die Tage, bis ich Dich wieder in die Arme schließen kann. Empfange inzwischen tausend Küsse

Deines Robert

Frau Marga legte die Blätter nieder, holte das Scheckbuch aus Roberts Schreibtisch und fuhr mit der Straßenbahn zum Hofjuwelier. Hätte sie Claudia bei diesem Einkauf zu Rate ziehen sollen? Claudia verstand sich auf Daniels Geschmack. Sie selbst war mit Claudia noch nicht recht warm geworden. Gewiß sollte man nicht nur familiär, sondern auch in der Gesinnung gegen das Regime zusammenstehen. Mußte man deshalb seine republikanisch-sozialistische Einstellung so

demonstrativ ins Spiel bringen, wie Claudia es Robert und ihr gegenüber tat?
Sie hatte die Schwägerin seit der Wahl nicht mehr gesehen, und Claudias erste Frage würde darauf abzielen, wie sich die Tirpitzallee bei der Volksabstimmung verhalten habe. Schon wäre sie vor Claudia in die Verteidigung gedrängt. Ich rufe sie nicht an, entschied sich Marga. Lieber mochten Cornelia und Daniel an dem Geschenk etwas auszusetzen finden, als daß sie sich der streitbaren Claudia stellte. Politik ist Männersache. Tilli hatte nicht anders gedacht. Und Marga hatte Tillis Platz eingenommen. Das stand ihr immer vor Augen.
Auch am Abend, als Wilhelm fragte, was der Vater geschrieben habe, hielt sie sich an das Gebot. Wilhelm erfuhr nur etwas über die Besuche von Harold Lloyd und Frobenius. «Merkwürdig», sagte der Sohn, «sonst hat Vater immer lange Briefe geschickt.»
Frau Marga lenkte ab und zeigte Wilhelm das Hochzeitsgeschenk. Der Sohn fand das Silber formschön, aber etwas zu leichtgewichtig. «Daniel wird merken, daß Ihr ein wenig geknausert habt. Was soll ich ihm nur schenken. Findest du Salzstreuer nicht zu dürftig? Ich habe mich zu eurer und zu Lamberts Hochzeit verausgabt. Die Heiraterei ringsum wächst mir über den Kopf.»

XXI

De Rummelpott geiht üm

Lambert hatte es schwer im Wintersemester. Der Literarhistoriker Amos, bei dem er ein Jahr später promovieren wollte, war von der Universität entfernt worden. Oberscharführer Pult – die Litze zum Stern sollte ein Trostpflaster sein für die Verwundung im Dienst – holzte nun auf Lambert noch mehr herum, nachdem sein früheres Opfer, die Flasche Langfeld, aus dem Gesichtskreis verschwunden war. Und mit den Eltern hatte es ein Zerwürfnis gegeben. Lamberts Vater war allenfalls zur Alimentierung der unerwünschten Enkeltochter bereit, die Eheschließung des Sohnes aber hatte er mit Sperrung des Wechsels und Hinauswurf aus der elterlichen Wohnung beantwortet. Für die Friseuse und ihr Wurm sei in der landgerichtsrätlichen Villa kein Platz. Lamberts Mutter, Tochter eines Geheimrats, teilte diese Auffassung. Lieber den Sohn verlieren als eine solche Person im Hause aufnehmen, klagte sie im Bekanntenkreis.

Das junge Paar zog in die Mansardenkammer, in der Toni Sybel seinem Leben ein Ende gesetzt hatte. Der Nachfolger war die Miete schuldig geblieben und auf die Straße gesetzt worden. Lambert ernährte die Seinen dürftig durch Nachhilfestunden. Wilhelms Taufpatengeschenk, ein reichhaltiger Freßkorb, half dem Freunde mehr, als es ein silberner Breischieber getan hätte. Bei einer Flasche Wein vergaßen die jungen Männer schnell Mutter und Kind und nahmen nach langer Zeit einmal wieder die politische Lage durch. Die Taufrede des Pastors fanden sie sehr mutig, Lambert hatte nach einem Dimissionale vom Gemeindepfarrer den letzten Geistlichen

der Bekennenden Kirche in der Propstei aufgesucht. Die kleine Maria sollte im Zeichen des Kreuzes, nicht des Hakenkreuses der Deutschen Christen getauft werden.
«Kennst du die Begründung für die Amtsenthebung Niemöllers und Scharfs? Disziplinarverfahren, weil sie Widerstand gegen den deutsch-christlichen Geist gezeigt haben.»
«Eine evangelische Kirche bei Lahr in Baden hat jetzt eine Glocke, auf der Hitlers Relief und das Hakenkreuz zu sehen sind. Die erste Hitler-Glocke im Reich! Wenn das Schule macht, wird es einmal viel einzuschmelzen geben.»
«Wann, Lambert, wann endlich?« Wilhelm sah schwarz. «Deine Aussichten als Philologe werden auch verbaut. 1934 erteilt man nur noch 15000 Abiturienten die Hochschulreife, hübsch auf die Länder verteilt. Lübeck erhält ganze vierunddreißig zugesprochen. Die Richtzahlen, so nennt sie Frick, werden Jahr um Jahr weiter gedrückt werden. Wer schickt da seine Kinder noch aufs Gymnasium? Bildung ist unerwünscht.»
«Mir bereitet der Arbeitsdienst mehr Sorgen», sagte Lambert. «Eine halbe Million Jugendliche sollen innerhalb von zwei Jahren fünftausend Bauernstellen zu achtzig Morgen aus dem Boden stampfen, Arbeit für ein einziges riesiges Dienstheer zwischen Emsland und Schlesien. Das ist doch mit Freiwilligen nicht auf die Beine zu stellen. Als Lohn winkt der Arbeitspaß, künftig Voraussetzung für die Einstellung in den öffentlichen Dienst.»
Wilhelm hielt es nicht länger aus und nahm ohne Rücksicht auf die kleine Maria eine Zigarette aus dem Etui. Lambert hatte notgedrungen auf das Rauchen verzichtet, es war zu teuer. «Willst du dich freiwillig melden? Dann kommst du mit einem halben Jahr davon. Die allgemeine Arbeitspflicht soll ein ganzes Jahr dauern, wenn sie kommt. Und sie wird kommen. Von ‹Schönheit der Arbeit›, wie sie das Amt bei der neuen ‹Kraft durch Freude› genannt haben, werden wir nicht viel zu spüren bekommen. Die exerzieren mit dem Spaten, hei

und wie! Stell dir vor, du gerätst dort abermals an einen Schinder wie Pult.»
«Mir bleibt keine Wahl, wenn ich in den Schuldienst will, aber auch dich, Freundschaft, kriegen sie an den Hammelbeinen. Bei Hierl sehen wir uns wieder. Nirgendwo eine Chance, aus dem Teufelskreis auszubrechen. Male ich mir aus, daß mich der Oberschulrat als Referendar an die Nationalpolitische Bildungsanstalt nach Plön schickt, die Rust sinnigerweise auf den Namen Ernst Röhm getauft hat, werde ich sterbensmüde. Über vier Millionen Mann SA, wenn man die eingegliederten Stahlhelm und Kyffhäuser mitzählt, haben dem Herrn Röhm den Kabinettsrang eines Reichsministers eingebracht. Himmler hat in allen Ländern außer Preußen die Politische Polizei unter seine Fittiche gezwungen, Menschlein, sie schnüren uns ganz schön die Luft ab.»
«Der Ausreisesichtvermerk ist aufgehoben», sagte Wilhelm und drückte seine Zigarette aus, kaum daß er sie angezündet hatte, weil Marias Mutter böse zu den Rauchschwaden hinblickte. «Das gibt mir wieder etwas Hoffnung. Man kann hinaus. Aber die armen Volksdeutschen, die heim ins Reich wollen, weil sie draußen für unser System Schläge beziehen, werden an der Grenze abgewiesen. Jetzt sind drei junge Deutsche, die aus Mährisch-Schönberg kamen, abgeschoben worden. Sie hätten gefälligst auf ihrem Posten in der deutschen Volksfront auszuharren.»
Das Gespräch währte bis in die Nacht. Sie flüsterten. Der Täufling war längst eingeschlafen, Lamberts Frau hatte sich zu ihnen gesetzt und häkelte ein Strampelhöschen. Sie vermochte den Gedankenflügen nicht zu folgen, denn Lambert und Wilhelm rangen mit der Frage, wie es zu Hitlers Triumph hatte kommen können. Standen die geistigen Wegbereiter bis kurz vor Toresschluß nicht alle außerhalb der Partei, waren sie sich nicht nur einig gewesen in der Ablehnung dessen, was sie Kulturbolschewismus nannten? Ein weitgefaßter, verschwommener Begriff, der Namen wie Döblin, Heinrich

Mann, Brecht und Kaiser, Tucholsky und Werfel einschloß. «Die Nazis können sich doch nur auf Adolf Bartels und Schultze-Naumburg berufen, wahrhaftig keine Leuchten. Nicht einmal auf Moeller van den Bruck. Die Beumelburg und Dwinger, die Jünger-Brüder, dieser Hanns Johst und Will Vesper, sie alle wollten anderes, auch wenn manche von ihnen eingeschwenkt sind. Hast du gehört, daß Goebbels beabsichtigte, den toten Stefan George durch eine HJ-Stafette nach Berlin heimzuholen? Goebbels ist Gundolfschüler. Zum Glück blieb die Familie standfest. Es wäre ein Hohn gewesen.» Lambert trank den Rest der Flasche verächtlich aus.
«Auch Nikisch, Wirsing und Zehrer haben die Bahn geöffnet, auf ganz anderer Ebene, Spengler nicht zu vergessen. Ich verstehe nicht, daß Männer wie Benn und Heidegger heute mitspielen. Der Katzenjammer wird nicht lange auf sich warten lassen. Irrationalisten und preußische Sparta-Anbeter sind getrennt marschiert und haben, ohne es zu wollen, vereint geschlagen. Auf der Strecke blieb das Bild der Republik, wie es Thomas Mann und Rathenau geprägt haben.»
«Für die Rathenau-Mörder Fischer und Kern, die sich auf der Burg Saaleck das Leben nahmen, hat man eine Tafel enthüllt, ein Denkmal für Mörder. Es bleibt einem in diesem Stall die Luft weg.»
«Ich mache das Fenster auf», sagte Lamberts Frau und erhob sich. Wilhelm merkte, daß es höchste Zeit zum Aufbruch war. Das Problem der Freunde: Wie konnte es geschehen, blieb ungelöst. Wilhelm machte einen Umweg über die Lessingstraße. In Claudias Schlafzimmer brannte noch Licht. Wie lange würde der geliebten Frau wenigstens die häusliche Freiheit erhalten bleiben? Der Gleichschaltung der Arbeitersamariter hatte sie monatelang erfolgreich Widerstand entgegengesetzt. Jetzt war auch diese bescheidene Bastion gefallen. Der Tag ließ sich absehen, an dem man die mutige Frau in ein Lager abführen würde. Wie oft hatte Wilhelm sie um Vorsicht

angefleht. Ein Lachen war die Antwort gewesen. Gute Nacht, Claudia!

Auch Claudia öffnete das Fenster. Leopold hatte in ihrem Zimmer geraucht, er konnte es nicht lassen. Manchmal hielt sie mit. Sie sah noch Wilhelm fortgehen, ohne daß der Neffe es bemerkte. «Der Junge tut mir leid, alle Fröhlichkeit ist von ihm abgefallen. Ob die Arbeit bei Wulfen ihm wirklich genügt?«

Leopold deckte den Aschenbecher zu. «Er hat sich bei mir die ›Instruktionen für die alphabetischen Kataloge der preußischen Bibliotheken› ausgeliehen. Er nimmt den neuen Beruf sehr ernst und wird reüssieren, davon bin ich überzeugt. Ich fürchte nur, bevor er seine Lehre hinter sich gebracht hat und als Gehilfe ins Ausland gehen kann, hat ihn die Arbeitsdienstpflicht eingeholt. Da der kleine Rebell dir nacheifert, wird er sich mit seinem Feldmeister anlegen. Das könnte ein schlimmes Ende nehmen.»

«Leone, du fängst an, ängstlich zu werden. Wenn alle zu den Schikanen immer nur gut Wetter machen würden, dann könnten wir gleich die Hoffnung sinken lassen, uns jemals von der Knute zu befreien.»

«Mein Herz, dir entgeht, wie sehr auch die Wirtschaft Haare gelassen hat. Die Arbeitgeberverbände mußten sich auflösen. Ihnen fehlt das Sprachrohr. Mein Pumpenfabrikant zeigte mir übrigens einen neckischen Runderlaß der Deutschen Arbeitsfront, die ständig in die Betriebe hineinregiert: Kündigungen dürfen nicht mit ‹Heil Hitler!› unterschrieben werden. Das sei eine mißbräuchliche Verwendung des Namens des Mannes, unter dessen Führung Millionen Volksgenossen wieder Lohn und Brot erhielten. Jetzt versuchen die Treuhänder der Arbeit das Konkursrecht zu überspielen. In Schlesien hat ein solcher Herr auf der Belegschaftsversammlung der Ruscheweih A.G. gefordert, die Mitglieder des Aufsichtsrats sollten das Kapital aufbringen, um den Verlust aufzuwiegen und sechshundert Volksgenossen ihre Arbeitsstätte wiederzugeben.»

«Ist das so unvernünftig?» Claudia begann sich zur Nacht auszuziehen.

«Es ist demagogisch und durchaus ungesetzlich. Ich bekomme täglich zu spüren, wie Gesetze auf den Kehricht gefegt werden. Dafür ist die Partei Körperschaft des öffentlichen Rechts geworden. Mit eigener Partei- und SA-Gerichtsbarkeit. Heß, dieser Phantast, wurde Reichsminister. Die Kriegsrichter hat man zu Offizieren gemacht. In jedem Bereich, wohin man blickt, kostümiert sich alles, was ein bißchen Autorität beansprucht, mit Reitstiefeln. Zu parieren hat der Zivilist, ganz gleich, was die Uniform jeweils anordnet.»

Aus dem Zimmer nebenan, das früher von der Konsulin bewohnt war, drang ein Wimmern. Claudia ging hinüber, um Eva zu beruhigen. Das Kind hatte am späten Nachmittag seinen dritten Schock erlitten. Erst der Tod des Vaters, dann die dumme Ziege an der Schleuse und nun heute der Schreck an der Haustür. Es war zuviel für das kleine Gemüt.

Gegen sechs Uhr hatte es an der Tür geklingelt, und Eva, die gerade aus der Garderobe einen Wollschal für die kranke Puppe Anja holen wollte, hatte eher mechanisch geöffnet. Claudias Verbot, an die Tür zu gehen, war im Augenblick vergessen.

«Hau de Katt den Steert af!
Hau em nich to lang af,
Lat en lütten Stummel stahn,
Denn wie wüllt noch wieder gahn.»

Das grölten drei etwa zwölfjährige Jungen, in Wolldecken vermummt, mit rußbeschmierten Gesichtern. Dazu betätigten sie den Rummelpott, mit einer Schweinsblase bespannte Tontöpfe, die durch Eindrücken eines Holzlöffels einen Höllenlärm verbreiteten. Der Rummelpott gehörte zur Folklore der Vorweihnachtszeit: Kinder, meist aus den ärmeren Vierteln, verkleideten und bemalten sich, schwärmten über die ganze Stadt aus, um an den Türen Äpfel, Pfeffernüsse oder noch lieber ein paar Groschen in den Beutel zu sammeln. Wer gab, war sofort von ihrem Krach erlöst, wer die Tür zuwarf, wurde nicht geschont. Sie hatten viele Verse auf Lager, manche voller Drohungen gegen Hartherzige. Am Ende fiel immer etwas ab.

Eva sah sich von allen Teufeln der Welt umringt, ließ die Tür offen stehen und lief schreiend zur Mutter in die Küche. Claudia zog gerade eine Platte mit Spekulatius und Berliner Brot aus dem Gasherd. Sie mußte das Kind trösten, aber auch die unentwegten Schreihälse zum Schweigen bringen. Kurz entschlossen legte sie etwas von dem heißen Gebäck in eine Papierserviette und warf sich Evas Feinden entgegen. «Hier habt ihr etwas zu knabbern, und nun verschwindet!»

Der Rummelpott, in dem man noch eine Anknüpfung an die Heiligen Drei Könige aus dem Morgenland erkennen mochte, war nicht das einzige Zeichen der Vorweihnacht. Zwischen den SS-Veranstaltungen, die auf ein nordisches Julfest zusteuerten, und den kirchlichen Adventsbibelstunden gab es eine ganze Skala von Vereinszusammenkünften, bei denen mit wechselndem Erfolg versucht wurde, die Ankunft des Christkindes mehr oder minder mit germanischem Volksgut zu verbrämen.

Die Weihestunde der NS-Frauenschaft, deren Programm die Mutter von Bockhals entworfen hatte, zeigte den Damen, die aus dem aufgelösten «Bund Königin Luise» übernommen worden waren, wie eine Feier im Dritten Reich auszusehen habe. Es gab lebende Bilder zu Strophen von Frau Mette Bierzapf, ihr Mann, der neue Ordinarius für Philosophie, saß in der ersten Reihe und fand das ganze gar zu herzig. Der Stuhl von Kreisleiter Ahrens blieb leer. Er hatte sich mit seinen Politischen Leitern zu einem Grünkohlessen versammelt.

Höhepunkt der Weihestunde war die Rede des Oberkonsistorialrats Gerhart Hauptmann. Er, als Pastor langjähriger Abgeordneter der NSDAP im Preußischen Landtag, hatte sein Mandat verloren, denn es gab keinen Landtag mehr. Dafür war er in der Kirchenleitung aufgerückt. «Wir wissen, daß

hinter den braunen Heeressäulen noch eine andere steht, die Armee der deutschen Mädchen und Frauen. Brünhildenaturen, ich will sie die nordischen Marien nennen. Herb und kühl, mit hohen Stirnen und klaren Augen, binden sie sich nur an den Stärksten. Wie die eisernen Würfel der Weltgeschichte auch fallen mögen, aus diesen Lippen wird kein Klagelaut hervordringen. Durch sie erst wird jeder Kampf verklärt.»
Brünhilde war nun nicht das Idealbild im Konsistorium, und seine Kollegen in der Kirchenleitung hielten sich, so gut es ging, von Hauptmann fern.

Max Seelund lahmte vor dem SA-Bewacher her. Er kam aus der Handwerkerbaracke. Während die meisten Lagerinsassen beim Torfstechen und Holzfällen geschunden wurden, durfte er in der warmen Stube an der Hobelbank und mit der Laubsäge hantieren. Die KZ-Aufseher überschütteten ihn mit Aufträgen.
Als er ins Lager kam, hieß es am dritten Tag, der Anstreicher Seelund soll die Wachstube ausmalen. Nicht schlicht kalken, über die Tür gehörten Schwert und Hakenkreuz. Seelund stellte sich dumm, malte das erste Hakenkreuz verkehrt herum und tat so, als wisse er nicht, wie ein Schwert aussieht. Er hatte keine Lust, umsonst das ganze Lager von hinten bis vorne anzustreichen.
Abends saß er oben auf seiner Pritsche und schnitzte sich einen Holzöffel, dessen Stil in Flechtwerk auslief. Weiß der Teufel, woher er das Taschenmesser hatte. Bei der Runde wurde sein Platz gefilzt. Statt bestraft zu werden, wurde er am nächsten Tag in die Handwerksbaracke geführt und zeigte dort erstaunliche Proben seines Könnens. Für den Lagerarzt hatte er einen Nähkasten zu tischlern, der Spieß wollte ein Wandbord haben, seit einer Woche saß Max an einer Puppenstube für das Töchterchen des Lagerkommandanten. Alles hübsche Sachen für die Lieben der Schinder zu Weihnachten.
Erst hatten sie Seelund nach Glashütte im Kreis Stormarn ge-

schafft. Das war die Zitterzeit. Glashütte galt als Durchgangslager. Manche hatten Glück und wurden nach vier Wochen heimgeschickt. Seelunds Hoffnung war vergebens. Wen Rukker als gefährlich bezeichnet hatte, der kam mit Monaten nicht davon. Der Transport ins Emsland ließ jede Zuversicht fahren. Nun galt es, sich für lange Zeit möglichst erträglich einzurichten.

Der Bewacher schloß Seelund ein. Das Tor schepperte. Seelund war nicht sehr gesellig. Sein Instinkt sagte ihm, jeder Leidensgefährte könnte ein Spitzel sein. So schlug er den Kragen hoch und umrundete ohne Gesellschaft ein paar Male seine Baracke, immer auf dem Trampelpfad am Stacheldraht entlang und durch den Schnee. Es war noch eine Stunde bis zur Essensausgabe.

Der Vollmond schwebte flach über dem Lager. Er hatte einen Hof. Nebenan ging ein mittelgroßer Mann den entgegengesetzten Weg. Alle drei Minuten begegneten sie sich. Der Mann schien sich um Max nicht zu kümmern. Max kam sein Gang bekannt vor. Ehe er ihn zum vierten Male passierte, blieb Seelung am hohen Drahtzaun stehen und versuchte das Gesicht zu erkennen. Die Augenbrauen, kein Zweifel.

»Mensch, Martin!« Seelund hätte es fast geschrien, so freute er sich.

Der Mann wandte sich zur Seite. Seine Zähne klapperten. «Du hast mich ganz schön verpfiffen», sagte er. Es sah aus, als ob er weitergehen wollte. Max streckte zwei Finger durch den Zaun und versuchte ihn festzuhalten. «Dein Buch, die Widmung, sie haben mir den Arm ausgekugelt, bis sie deinen Namen zu fassen hatten. Er stand unter eurer Zigarrenkiste.»

«Die Scheißwidmung. Warum habe ich mich bloß von dir breitschlagen lassen? Du bist für einen Illegalen zu harmlos. Mein klägliches Gedächtnis. Spätestens im Februar hätte ich dir das dumme Buch klauen und verheizen sollen. Bei mir in Bordesholm haben sie kein Exemplar gefunden, aber da nützte es nichts mehr. Komm in den Schatten!»

Sie gingen den Zaun entlang bis zu den Latrinen. Max schob Martin Menzel eine Schachtel Zigaretten durch den Draht. «Vom Lagerarzt. Für den habe ich gearbeitet. Martin, wie soll ich das bloß wieder gutmachen, was ich dir angetan habe. Wenn du enttäuscht von mir bist, haben die Banditen erreicht, was sie wollen, uns auseinanderzubringen.»
«Schwamm drüber, schon gut, Max», sagte Menzel und zündete sich hinter der vorgehaltenen Hand eine Zigarette an. Früher hatte er beim Reden die Zigarette immer vor der Brust hin und her geschoben, jetzt hatte er gelernt, das Glimmen zwischen den Fingern zu verbergen. Außerdem erwärmte es ein bißchen. Die Kanonenöfen in den Baracken durften nur mit Unterholz geheizt werden. Es war nicht viel, was die Hälftlinge nach der Waldarbeit einsammeln durften.
«Auch ich habe einen Posten«, sagte Menzel. «Nach der Arbeit steige ich auf das oberste Bett, wir haben nur ein einziges vierstöckiges, und lese der ganzen Belegschaft aus dem ‹Völkischen Beobachter› und dem ‹Angriff› vor. Andere Zeitungen bekommen wir nicht. Wie ich das zusammenbaue, was ich auslasse, was ich betone, was ich gegenüberstelle, Junge, da kann man eine Menge ausrichten. Alle sind sie pünktlich zur Stelle, wenn ich anfange, und mucksmäuschenstill. Ich hüte mich, ein Wort des Kommentars zu sagen. Bestimmt ist einer dazwischen, der nur darauf schpekuliert, mich zu denunzieren. Bisher passierte noch nichts.»
«Bei uns wird auch vorgelesen. Der Macker versteht nichts vom Geschäft. Keiner hört zu. Im Augenblick ist er wieder dabei. Ich laufe lieber meine Tour.»
«Habt ihr das mit Saitendorf mitgekriegt?»
«Wer ist Saitendorf?»
«Der Polizeipräsident und Reichstagsabgeordnete von der SPD, den sie niedergeknallt haben.» Menzel schilderte den Vorgang, den er aus der Nähe erlebt hatte. Beim Holzsägen erhielt Saitendorf den Befehl, einen Ast zweihundert Meter ins Gehölz zu tragen. Was sollte das? Saitendorf durfte nicht

fragen. Als er den Ast niederlegte, war weit und breit kein Mensch zu sehen. Würde er noch einmal solche Gelegenheit zur Flucht finden? Er blickte sich um und türmte. Eine Falle. Hinter jedem Baum trat ein SS-Bewacher hervor. Mit Gewehr. Auf der Flucht erschossen ...

«Die Bestien», sagte Seelund. Er wollte künftig doch mehr mit den Genossen sprechen, ihm entging zuviel. «Morgen um die gleiche Zeit, Martin.» Der Mond hatte sich über dem Dach der Latrine erhoben, sie standen im Licht.

«Block sieben und acht auseinander!» brüllte einer vom Wachtturm. Schüsse spritzten Dreck hoch. Die Freunde stoben nach verschiedenen Richtungen ins Dunkel.

Am nächsten Abend fehlte Martin. Beim vierzehnten Pfahl, ihrem Treffpunkt, lag eine Steinpost von ihm, über den Zaun geworfen. Max Seelund entblätterte den Ziegel, zerknüllte das Zeitungspapier und nahm zwei kleine Zettel an sich, die er oben in seiner Koje entzifferte. Der eine war mit bloßem Auge zu lesen, in Blockschrift abgefaßt: «Kolben ins Kreuz. Total kaputt. Heute *keine* Zeitungen. Warum? Das *mußt* Du herauskriegen.»

Richtig, auch bei ihnen kein Vorlesen mehr. Die Schrift auf dem zweiten Zettel war so winzig gekritzelt, daß die Brille kaum reichte. Seelund benutzte sie als Lupe. «Wir haben wieder einmal starke Erscheinungen des Zurückbleibens hinter den Massen. Wir müssen erreichen, daß die Kette der Massenaktionen und Massenkämpfe gegen die faschistische Diktatur in ganz Deutschland nicht mehr abreißt. Der revolutionäre Brand muß stets an anderen Stellen wieder verstärkt aufflakkern. Nur der revolutionäre Sturz kann diese Regierung ablösen. Zeigt Siegeszuversicht und Angriffsfreude bei bolschewistischer Nüchternheit!» Darunter stand: Thälmann vor dem Z.K. in Niederlehne am 7. 2. 33.

Der Zettel war nicht größer als eine Streichholzschachtel. Max ging zum Ofen, als ob er nach dem Feuer sehen wollte. Bloß weg mit dem Gift. Das konnte einen den Kragen kosten. Nie-

mand bemerkte das Anheben der Ofenklappe. Martin konnte doch nicht im Ernst glauben, daß mit der Weitergabe solcher Parolen noch etwas auszurichten sei. Wem nützte nach mehr als einem dreiviertel Jahr Thälmanns letzter Appell vor seiner Festnahme. Max wollte aus dem verfluchten Lager heraus, zu Emma und Erna. Nichts anderes. Hitler zu stürzen, das konnten sich nur Idioten einbilden.
Am folgenden Abend war Martin wieder da. Man sah, daß er sich nur mit Mühe aufrecht halten konnte. Er stöhnte noch immer unter den Schmerzen. «Mit dem Kolben?» fragte Max.
«Laß man. Etwas besser geht es schon. Die Schweine haben sich eine ganz gemeine Schikane ausgedacht. Mit zwanzig Mann müssen wir einen Stamm auf den Ast nehmen, und dann ziehen sie einen nach dem anderen aus der Kolonne heraus. Sie wollen sehen, was wir aushalten. Der erste, der einknickt, kriegt eine gescheuert. Gestern ist es mir passiert. Mir war alles egal. Deshalb wollte ich bei dir loswerden, was Teddy von uns erwartet. Die draußen müssen noch mehr aushalten. Die Aktiven. Langsam läßt es nach. Der ‹Völkische Beobachter› meldet jeden Fall. In Wernigerode und Halberstadt hat sich die KPD neu aufgebaut. Hausdurchsuchungen, über hundert Jahre Zuchthaus. Bei euch an der Preetzer Chaussee hat die SS Mengen von Karabinern und Pistolen gefunden, bei der Munition angeblich Dumdumgeschosse dabei, schreibt der ‹V.B.›.Mann, aufs Durchhalten kommt es an. Lieber vom Bischof ausgepeitscht als vom König gehenkt. Sieh mal, euer Polizeiboot ‹Greif› hat nur drei von zehn Fahrtenseglern innerhalb der Dreimeilenzone geschnappt. Agitationsmaterial an Bord. Der Rest ist entkommen. Sicher um Mecklenburg und Pommern zu versorgen.»
«Das sind doch alles Spinnereien», sagte Seelund. «In Block eins mußten die Häftlinge Heringslake saufen und haben zwei Tage keinen Schluck Wasser bekommen. Halb irre sind sie geworden. Schicke mir nicht noch einmal Post, sonst werde auch

ich nach Block eins verlegt. Wir müssen hier raus. Alles andere ist Nebensache. Du, wir haben Schangsen! Weißt du, warum wir gestern keine Zeitung bekommen haben? Weil die Wahl so gut ausgegangen ist, hat der eiserne Hermann die Amnestie von 5000 Schutzhäftlingen angeordnet. Noch zu Weihnachten. Wer diese Großmut, so hieß es im ‹V.B.›, weiter mit staatsfeindlichen Treibereien entgilt, wird für immer unschädlich gemacht. Ich nicht, damit du es weißt.»

Menzel hatte plötzlich seine Schmerzen vergessen. «Da siehst du, was für Schiß die vor uns haben. Wir sollen nicht wissen, daß mindestens jeder dritte rauskommt.»

«Jeder dritte?» sagte Seelund. «Du, ich habe noch mehr auf Lager. Im Führerbau spielen sie verrückt. Die Arbeiten an Baracke vierzehn und fünfzehn sind eingestellt worden. Statt dessen werden vor der Einfahrt Spanische Reiter aufgestellt. Ist was im Anmarsch, oder will man uns in den Stacheldraht jagen?»

Menzel ging auf und ab. «Schon ein Fortschritt, wenn wir nicht mehr für weitere Häftlinge bauen müssen. Wieso spielen sie verrückt?»

«Am Telephon schreien sie herum wie die Wilden, dauernd Kuriere am Tor. Und der Alte hochrot im Gesicht. Alle laufen nur im Karacho. Die kümmern sich kaum noch um uns, sind mit ihrem eigenen Mist beschäftigt. So nervös habe ich das Lager nur erlebt, als Nehlsen ausgebrochen war.»

«Abwarten, was dabei herausspringt«, sagte Menzel. «Du und ich, wir verständigen unsere Blockältesten von deinen Neuigkeiten. Unserer ist in Ordnung, deiner auch?» Max nickte. Menzel fuhr fort. «Jetzt kommt es darauf an, den Kumpels, die schlappzumachen drohen, den Rücken zu stärken, fünf Minuten vor zwölf. Natürlich darf es nicht die Runde machen, daß wir freikommen könnten. Dann drehen einige durch, und die Gesamtheit hat es auszubaden.»

Der Martin war nicht umsonst Vizefeldwebel im Krieg, dachte Max. Er weiß, wie man die Leute zu führen hat. See-

lund wollte viel vom Freunde erfahren, mit einem Male nachholen, was ihm in Monaten entgangen war. So erzählte ihm Menzel den ganzen Reichstagsbrandprozeß, auch was in der Zeitung über den internationalen Juristenausschuß in London gestanden hatte. Ankläger Sir Stafford Crips. Ergebnis, Lubbe sei nur Werkzeug in den Händen der Nazis gewesen.
«*Is fecit, cui prodest,* sagt der Lateiner. Der hat es verbrochen, dem es nützt. Der Senatspräsident Bünger dagegen: ‹Nur was in diesem Saale zur Verhandlung kommt, hat für die Rechtsprechung Bedeutung.› Ich habe mir die ganzen Passagen gemerkt. Torgler war sehr still, prima verteidigt von seinem Anwalt Sack. Aber Dimitroff hat vielleicht auf die Pauke gehauen!»
Seelund war ganz Ohr. Menzel spielte die Szene. «Zeuge Göring: ‹Sie sind in meinen Augen ein Gauner, der direkt an den Galgen gehört.› Angeklagter Dimitroff: ‹Ich bin sehr zufrieden mit der Antwort des Herrn Ministerpräsidenten.› Menschenskind, das gaben sie uns zu lesen und merken nicht, wer der Blamierte ist. Dimitroff war ein Held, sage ich dir. Und nun, freigesprochen. Wenn sie ihn bloß nicht an Bulgarien ausliefern. Dann hat er die längste Zeit gelebt.»
«Weißt du, was die Totenkopfverbände machen, wenn ihre Leute nicht hart genug im Konzertlager vorgehen? Vor versammelter Mannschaft degradiert, geschoren, fünfzig Stockhiebe, und dann sind sie plötzlich selber Kazetler. Einer, der in Papenburg war, hat es mir erzählt. Meine Fresse, raus hier!»
Max stutzte. «Mensch, ich habe heute Stubendienst, ich soll das Brot verteilen. Tschüs.»

Seelund hatte richtig beobachtet. Es war etwas im Busch. Für den Inspekteur Derl bedeutete Görings Amnestie, ein falsches Wort, denn man kann nur Schuldige amnestieren, einen Anfang. Er legte seinem Chef immer neue Berichte über die Greuel in den Lagern vor, mit dem Ziel, eine Schließung der

Lager zu erwirken oder zumindest SS und SA in der Bewachung durch Polizei abzulösen. Himmler schickte Rucker zu Göring. Rucker sollte den preußischen Ministerpräsidenten davor warnen, den Reichsführer SS zu brüskieren. Nur die SS garantierte, daß die Kommunisten entlarvt und unschädlich gemacht würden, die bürgerlichen Praktiken des Herrn Derl ermutigten den Bolschewismus geradezu, das Haupt wieder zu erheben.
Göring schielte, mit Himmlers rostiger Gabel im Hintern, auf den Führer. Wenn Derl nicht parierte, konnte er sich seiner jeden Tag entledigen. Derl war bei der SA und SS gleichermaßen verhaßt. Hatte Göring aber erst in Gestalt Ruckers Himmler das Tor nach Preußen geöffnet, war er selbst der Gefangene. Aus, die ganze Preußenherrlichkeit. Schlimm für ihn, daß der Führer heute so, morgen anders entschied. Ging er mit Derl zu Hitler, war der Führer empört, was Derl vor ihm ausbreitete. Dann hieß die Parole Ordnung schaffen, durchgreifen. Gewann zur Abwechslung Himmler das Gehör des Tyrannen, mußte sich Göring Sentimentalität und schlappes Auftreten um die Ohren schlagen lassen, und Derl fiel für ein paar Tage in Ungnade.
Rucker ließ es sich nicht nehmen, in Derls Amtszimmer einzudringen und dem Inspekteur ins Gesicht zu sagen, was er von ihm halte. «Sie treiben Sabotage an der deutschen Revolution. Wenn Sie nicht den Elan der SS auf Flaschen gezogen hätten, wären dreißigtausend Untermenschen auf die Decke gelegt worden.»
Derl blieb zäh. Den Durchbruch bei Hitler erzielte er, als er Molotow zitierte: «Ich habe nichts gegen die Konzentrationslager in Deutschland. Dort werden den deutschen Klassenkämpfern die letzten bürgerlichen Hemmungen aus dem Leibe geprügelt.» Wenn der kleine Kommunist aus dem Dorf, dem der Nachbar das Lager verschafft habe, zu seiner Familie zurückkehren dürfe, werde er der friedlichste Volksgenosse und Staatsbürger werden. Des Führers Macht habe sich bei

der Volksabstimmung so grenzenlos bestätigt, daß ein gefahrenloser Gnadenakt auch sein Ansehen im Ausland enorm steigern würde.
Das zog bei Hitler. Derl erhielt Vollmachten. Die zurückliegende Ermordung Saitendorfs gab den Vorwand für eine Untersuchung. Die SS verweigerte dem Inspekteur den Zutritt zum Lager, die Legitimierung als Beauftragter Görings nützte ihm nichts. Auch als Derl mit zwei Hundertschaften Polizei anrückte, die er sich unter Umgehung des Generals Daluege vom Staatssekretär erbeten hatte, pfiffen seinem Parlamentär Kugeln um die Ohren. Mit der SS hinter den Spanischen Reitern war nicht gut Kirschen essen. Da konnte nur noch ein Führerbefehl helfen.
Hitler tobte, als Derl Bericht erstattete. Dabei ließ der Fuchs durchblicken, daß sich wegen ausgebliebenen Solds eine Verbrüderung der meuternden Besatzung mit den Häftlingen anbahne, eine gewagte Behauptung, aber auf Hitler wirkte das Reizwort Meuterei. «Ich befehle, Artillerie des Heeres beim Reichswehrminister anzufordern und das ganze Lager, die rebellierende Schutzstaffel eingeschlossen, zusammenzuschießen. In Grund und Boden!»
Dieser Ausbruch war nicht ernst zu nehmen, denn noch besaß der Kanzler keine Kommandogewalt über die Reichswehr. Aber die Drohung genügte, um den zuständigen SS-Gruppenführer in Köln zum Einlenken zu bewegen. Die Polizei übernahm das Lager, und Derl trat auf dem Appellplatz vor die zur Entlassung angetretenen Häftlinge. «Ich bin bei Ihrem geschulten Verstande sicher, daß Sie bald den rechten Weg finden und vergessen werden, was sie in diesen Monaten als eine Unbill empfunden haben. Ich wünsche keinem, daß er je wieder in eine solche Lage kommt.»
In der «Nordsau» zeigte sich das Geschehen anders. «Tausenden verführter Marxisten leuchteten die Augen, daß sie Weihnachten als Fest der Familie erleben dürfen. Singend marschierten sie aus dem Tor und umdrängten den Lagerkom-

mandanten und seine Männer, um sich dafür zu bedanken, in harter Schule deutsche Volksgenossen geworden zu sein. Noch aus den Sonderzügen heraus reckten sich die Arme zum deutschen Gruß.»

Nichts reckte sich. Den Kopf gestützt, die Ellbogen auf den Knien zuckelten die Häftlinge a.D. im Transportzug nach Norden. Kaum einer sprach ein Wort. Nirgendwo Übermut. Nur Erschöpfung nach den Monaten angespannter Selbstdisziplin, sich keine Blöße zu geben, die die Peiniger reizen könnte. Max Seelund standen Tränen in den Augen. «Ich kann es noch nicht fassen, Martin, daß der Spuk ein Ende haben soll. Bitte sei vernünftig und mache keinen Blödsinn, wenn wir wieder zu Hause sind. Was hinter uns liegt, geht niemanden etwas an.»

Menzel nickte. «Schon gut, Max.»

«Mein Großvater», fuhr Seelund fort und wurde in seinem Tonfall richtig pathetisch, «hat uns Kindern öfter den schönen Satz des Chronisten von Dithmarschen aufgesagt: ‹Höde di nu und bewahre diene Seele wol! Dat du nicht vorgetest de Geschichten, de diene Ogen gesehen hebben. Und dat se nicht ut dienem Harten kamen all dien Lewent lang.› Das war für uns bestimmt, Martin.»

«Amen!» sagte Menzel. «Laß mich schlafen.»

Langfeld und Frau Marga kamen aus dem Kino. Sie hatten «Volldampf voraus!» gesehen mit Carl Ludwig Diehl als Oberleutnant zur See. Der Entwurf stammte von Langfelds Schüler auf der Torpedoschule, dem Freiherrn v. Spiegel. Schon das bürgte Langfeld für die Qualität des Films. Als er die Haustür aufschloß, schlurfte Seelund in Puschen mit zwei Flaschen Bier unter dem Arm die Kellertreppe herauf. Daß Seelund wieder gesund im Hause sei, diesen Augenblick hatte Langfeld seit Monaten herbeigewünscht, zugleich aber auch ein wenig gefürchtet. Immer wieder hatte er sich ausgeredet, daß Seelunds Verhaftung einen Zusammenhang mit Ruckers

Besuch hätte haben können, nichts wäre Langfeld ferner gewesen, als Seelund anzuschwärzen. Der Stachel blieb zurück, Seelund stand vor ihm.
«Willkommen, Herr Seelund. Dem Himmel sei Dank, daß Sie endlich den Ihren wiedergegeben sind. Ich mache Sie mit meiner Frau bekannt. Ich habe, wie Sie sehen, auf meine alten Tage noch einmal geheiratet.»
Max wischte sich die Hand an der Strickjacke ab und streckte sie Frau Marga entgegen. «Emma hat es mir schon erzählt. Ach, ich freue mich ja so, gnädige Frau.»
«Sie wollen nach oben. Sobald Sie einmal Zeit für mich haben, müssen Sie mir ausführlich erzählen, was Sie hinter sich gebracht haben. So oft waren unsere Gedanken bei Ihnen.» Langfeld zog eilig den Schlüssel ab.
«Da gibt es nichts zu erzählen, Herr Admiral. Vergangenheit, gewesen. Nie mehr daran denken. Nächste Woche gehe ich wieder auf die Werft, und alles ist in bester Butter.»
Langfeld fiel ein Stein vom Herzen. Was immer es mit seiner Schuld auf sich haben mochte, Seelund trug nicht nach. Das war ihm eine Pulle wert. Die Eheleute besprachen den Silvesterablauf. Daniel würde kommen. Merkwürdig, er ließ seine junge Frau allein zum Skilaufen fahren. Daniel hielt nichts von den Brettern. Wo immer er Urlaub machte, seine Ferien liefen stets im gleichen Rhythmus ab. Morgens holte er sich Berge von Zeitungen am Bahnhof, kehrte auf die Hotelveranda zurück und gab sich eingehüllt in Tabakwolken der Lektüre hin. Allenfalls hoffte er, am Abend beim Wein einen interessanten Gesprächspartner zu finden.
«Welcher Luxus, deshalb zu verreisen», sagte Frau Marga. «Eigentlich sollten wir Silvester alle zusammen ausgehen, ich möchte so gerne einmal mit dir das Tanzbein schwingen. Keine Polizeistunde und, denke dir, sämtlichen Formationen, SA, HJ und was weiß ich, ist das Tragen des Dienstanzugs bis Neujahr verboten. Daniel könnte also keinen Anstoß nehmen an braunen Uniformen im ‹Sevilla› oder wohin wir gehen.»

«Daniel tanzt nicht. Wir bleiben hübsch in unseren vier Wänden. Der Junge besucht uns so kurz, da will man sich aussprechen. Im Lokal muß man jeden Satz auf die Waagschale legen und versteht vor lauter Krach sein eigenes Wort nicht. Ich lade dich ein zum Yachtclubball im Februar, da sind wir in netter Gesellschaft.»
Marga fügte sich. Es würde auf ein langweiliges Politisieren hinauslaufen. Am nächsten Tage kaufte sie bei Udo Bunsen allerhand Scherzartikel ein, zu ihrem Glück verzichtete sie auf ein Feuerwerk. Langfeld konnte Raketen nicht ausstehen. Als er die Knallbonbons und Pappnasen sah, mußte er an sich halten. «Du, ich glaube, uns allen ist nach Hokuspokus nicht zumute.» Eine harte Lektion.
Marga versuchte, wenigstens die kleinen Sprüche zu retten, die in den Knallbonbons steckten. Mit zugekniffenen Augen riß sie den Flitter auf und backte die Lebensweisheiten, in Kapseln eingerollt, in ihre Berliner Pfannkuchen. Poesie statt Marmelade. Die Bleifiguren zum Gießen hob sie für bessere Jahre auf. Daniel traf sehr aufgeräumt ein. Er küßte seiner Stiefmutter die Wange und brachte dem Vater auserlesene Zigarren mit. Zum Abendbrot gab es Katenrauchschinken mit Spargel aus Gläsern von Sternthal, Daniels Lieblingsgericht. Danach versammelte man sich im Wohnzimmer zum Punsch. Der Volksempfänger, die «Goebbelsschnauze», blieb bis fünf Minuten vor zwölf abgestellt. Wilhelm hing an Daniels Lippen. Was der Bruder zu erzählen wußte, war in der Tat mehr, als in den Zeitungen stand.
«Das Jahr geht gut aus für Hitler. Im Innern hat er keinen Widerstand mehr zu fürchten, die Reichswehr steht zu ihm, Sozialdemokraten und Kommunisten verhalten sich seit zwei Monaten still. Ihre Führer sind entweder emigriert oder festgesetzt, wenn sie nicht umgebracht wurden. Die Lager sind dank Derl teils aufgelöst, teils der Polizei überstellt, auf jeden Fall beträchtlich geschrumpft. Das wird draußen registriert. Wie schnell die Ansprüche schwinden. Nicht wahr?»

«Wer ist Derl?» fragte der Vater.
«Derl ist oder besser war ein Mirakel in der ganzen neuen Hierarchie. Grundgescheit, ein begnadeter Intrigant, nicht ohne Beamtenethos, aber sehr beweglich, kein Pg., im Gegenteil Severings Gehilfe im preußischen Innenministerium, aus dieser Zeit kenne ich ihn. Derl hat sich das Vertrauen Görings und, das grenzt an Wunder, Hitlers zu gewinnen verstanden. Mit dem Instrument der preußischen Polizei in der Hand und mit Querverbindungen zu gerecht denkenden Beamten in den Reichsministerien und im eigenen Hause ist es ihm gelungen, viele an Leib und Leben Bedrohte der SA und SS abzulisten und in Polizeigewahrsam zu retten. Offenbar hat er des Guten zuviel getan, er ist, sicher auf Himmlers Betreiben, abgelöst worden, und kein Mensch weiß, wo er steckt. Mein Nachbar, ein Reisevertreter, will ihn ins Karlsbad gesehen haben.»
Der Vater lachte. Nicht über Derl. Langfeld hatte aus seinem Pfannkuchen die Kapsel gefischt und las seinen Vers laut vor:
«Zürnt nicht, ihr Frauen, daß wir das Mädchen bewundern,
Ihr genießet des Nachts, was sie am Abend erregt.»
Er zog seine Frau an sich und gab ihr einen zärtlichen Kuß.
«In meiner Goetheausgabe fehlt dieses Epigramm», beklagte sich Wilhelm.
«Deine Ausgabe mußte vor den Augen des Oberpfarrers bestehen können ... Und wer hat Derl ersetzt?» fragte Langfeld.
Daniel lehnte sich zurück. «Das war für Göring ein heikles Problem, das er schlecht gelöst hat. Nahm er einen SA- oder SS-Führer, war der Knabe nicht nur ihm, sondern auf dem anderen Befehlsstrang Röhm oder Himmler gefügig. Er hat sich für einen gewissen Humpel entschieden, einen absolut unfähigen Mann aus der Politischen Organisation. Humpel ist einmal auf Grund des Paragraphen 51, also als unzurechnungsfähig mit dem blauen Auge davongekommen. Das sagt alles. Humpel wird sich keine zwei Monate halten.»
«Und dann?»

»Dann, lieber Vater, muß Göring doch in den sauren Apfel beißen, dann kommt dein Adjutant von der Torpedoschule zum Zuge. Hätte Göring für Derl einen überzeugenden Nachfolger gefunden, bliebe uns Rucker erspart. Jetzt sehe ich kein Halten mehr. Unter Rucker werden sich die Lager schnell wieder füllen, und vergiß nicht, er ist ein Intimfeind von Röhm. Rucker verfügt über Dossiers von Ernst, Heines und wie diese gefährlichen Landsknechte alle heißen. Die wird er Hitler präsentieren. Deren Sündenregister ist kilometerlang. So relativ friedlich es am Ausklang des Jahres aussieht, das nächste Jahr kann uns den Bürgerkrieg bescheren, SS gegen SA. Wenn die Reichswehrführung nicht so hitlergläubig wäre, könnte sie als Schiedsrichter in solcher Lage dem Affentanz ein Ende bereiten. Aber sie gehorcht Hindenburg, und der alte Mann hat jede Übersicht verloren. Eine Autoritätsruine, mehr nicht.»
«Das sind ja sonnige Aussichten. Prost, ihr Lieben!»
Daniel nahm sich Zucker zum Punsch. Der Löffel knickte ab, er hatte ein Scharnier. Marga lächelte schuldbewußt, Robert prustete los. «Hast du noch mehr solcher Scherze auf Lager, Margachen?» Eine Maus lief über den Tisch, an Frauenhaar gezogen. Sah täuschend echt aus. Die Stimmung hob sich.
Langfeld setzte sich an den Flügel und improvisierte einige Schlager, Frau Marga bat Wilhelm um ein Tänzchen. Es ging ganz gut mit den beiden. Robert nickte beifällig. Daniel fiel das Kinn auf die Brust. Er schlief für Minuten im Sessel ein. Als er von der Stille ringsum erwachte, lag in seinen Augen etwas von tiefer Skepsis.
«Kinder, man muß die Dinge aus der Distanz beurteilen. In diesem einen Jahr ist bei uns mehr umgekrempelt worden als im ganzen Jahrhundert zuvor. Ihr habt auf die Parteien geschimpft, ohne die keine Demokratie auskommt, der Volkstribun hat die Parteien ausgelöscht und die Demokratie begraben. Du, Vater, trauertest deinem Kaiser Wilhelm und den Bundesfürsten nach, der Usurpator errichtete über die

Reichsstatthalter mit einem Federstrich den Zentralstaat. Ein Unstaat, ohne Verfassung, ohne Instanz, die den Diktator überdauerte, wenn der alte Hindenburg stirbt. Was nach Ordnung ausieht, ist das organisierte Chaos. Jeder Trabant beruft sich auf den Willen des Führers. *Divide et impera*, nichts anderes hält den Karren vorläufig in Gang.»

Daniel tat einen tiefen Zug. Seine Stimme wurde lauter. «Als ob Hitler der Weimarer Republik den Garaus gemacht hätte. Euch, lieber Vater, den Verfassungsgegnern, hat er die Beute abgejagt, mit der Witterung einer Hyäne ist er über das Aas hergefallen. Die Jungens nennen das Machtergreifung. Glaube mir, die Fesseln von Versailles wären auch ohne den Wundertäter brüchig geworden. Ich traue seinem Frieden nicht . . .»

«Ich auch nicht», sagte Wilhelm. «Aber muß denn der Krieg die einzige Möglichkeit bleiben, uns vom Tausendjährigen Reich zu erlösen?»

«Tausend Jahre sind vor Dir wie der Tag, der gestern vergangen ist, und wie eine Nachtwache», sagte der Vater mit dem Psalmisten ernst und betont. Er sah auf die Uhr und stellte den Lautsprecher an. «Wilhelm holt den Sekt. Punkt zwölf knallt der Proppen!»